U0006533

論語

語法通論

何永清——著

目次

表次

提要

本書共七章，踰二十萬字。寫作過程中，參考了古今相關的專著二五九本，期刊及學報的論文一二一篇，資料豐贍，富有體系。

第一章緒論，分作三節，第一節敘研究動機與目的，第二節述研究範圍與限制，第三節言「文本閱讀法」、「語句分析法」、「文獻參考法」、「歸納法」、「類推法」、「比較法」、「統計法」這七種研究方法。

第二章《論語》的實詞，分作三節，第一節言《論語》的名詞、動詞與形容詞及它們的語法特點，第二節言《論語》的數詞與量詞及它們的語法特點，第三節言《論語》代詞及它們的語法特點。

第三章《論語》的虛詞，分作四節，第一節敘述《論語》的副詞及它們的語法特點，第二節敘述《論語》的介詞與連詞及它們的語法特點，第三節敘述《論語》的助詞與語氣詞，第四節敘述《論語》的嘆詞與象聲詞及它們的語法特點。

第四章《論語》的構詞，分作三節，第一節探討《論語》的單純詞，第二節探討《論語》按照

「派生法」、「重疊法」、「複合法」構成的合成詞，第三節探討《論語》的「人名」、「山名」、「水名」、「地名」、「國名」、「氏族名」、「種族名」、「朝代名」、「書名」、「篇名」、「樂名」這十一種專名的詞。

第五章《論語》的特殊詞法與句法基礎，分作三節，第一節探討《論語》「諸、焉、盍」這三個兼詞與各種兼類現象，第二節說明《論語》的「名詞活用、動詞活用、形容詞活用、數詞活用」這四種的詞類活用，第三節言《論語》的主語、謂語（述語）、賓語、定語、中心語、兼語、狀語、補語、插說語這些句子的成分及基本語序。

第六章《論語》的造句，分作三節，第一節說明《論語》的並列短語、定中短語、謂語短語、同位短語、兼語短語、連謂短語、介詞短語、數詞短語、所字短語、者字短語這十種短語，第二節論析《論語》的單句與複句，第三節討論《論語》的「省略」、「倒序與倒裝」、「外位」、「雙重否定」、「被動表示法」這些特殊的語法現象。

第七章結論，分作二節，第一節建構出《論語》的語法體系，並歸納出《論語》的詞法有三項特色：㈠詞類完整，實詞虛詞俱備。㈡詞性靈活，單用兼類互行。(三) 構詞條理，單詞複詞並用；《論語》的句法有四項特色：㈠句型簡單，結構有法簡明易懂。㈡成分單純，語句安排井然有序。㈢語態主動，尚未發展被動句型。㈣語序固定，語意表達清楚明白。第二節論敘《論語》的「經學、語文教育及文學、修身養心、經世救弊、古代史料及語法研究」這五大價值與其對於「政教思想、中國文學、漢語語言」的影響。

凡例

一、本書各例句後的篇章數字，係依據楊伯峻《論語譯注》章節的編號，以便於查索，故某些章節編號與坊間所見微異。

二、《論語》的經文，以清代阮元在清嘉慶二十年（一八一五年）校勘的《論語注疏》為準。

三、本書各例句的《論語》標點，採用較符合文義及多數學者認同者。

四、全書引用《論語》的原文，以配合相關的語法論述為考量，有的僅引片段的文句。

五、書中敘及學者的尊姓大名，按學術習慣，未加上頭銜或職稱，敬請師長前輩諒察。

六、凡文中參考專家學者說法，依研究倫理，註明其說法來源及出處。

自序

語法學是一門人文科學，也是研習漢語語言的必要學科，二十一世紀以來，隨著全球學習和使用漢語人口的增多，漢語語法學的效用及重要性，自不待言。

《論語》是大家耳熟能詳的經典，也是生活的聖經，其中的哲理，確實而深邃，宋代趙普說過「半部《論語》治天下」，此言已成為千年以來《論語》的最佳評議。所以《論語》的價值，不僅是政治的、社會的、教育的、道德的、倫理的、文化的，它也是探討上古漢語、文學、學術很有益的史料。

個人半生從事語法學的探討，早年由古漢語語法入門，一九八七年撰就《國語語法研究》，二〇〇二年之後，在臺北師院教授「語法學」、「漢語語法專題研究」等課程，對於現代漢語語法，有幸一睹堂奧，深究其精奧，於二〇〇五年寫成《現代漢語語法新探》一書，由臺灣商務印書館出版，並蒙學術機構、圖書館重視及典藏，與有榮焉，爰思以今知古，進一步探討經典之語法。

年近耳順，細心品讀《論語》，更覺熟悉其語法，對於研究上古漢語有莫大助力；熟悉古代法規律例，亦較能正確理解經典的真義，例如：「無乃爾是過與！」（〈季氏〉一六—一）這一句話，諸家的解讀不一，或謂「這恐怕是你們的錯處吧！」，或謂「這恐怕是你的過失吧！」，或謂「無乃是爾過與」的倒裝句，或謂「這恐怕是你的過錯罷？」，或謂「這豈不是你的過失嗎？」，或謂「這難道不應該責備你嗎？」，莫衷一是。如果能夠從語法來理解它，「無乃」是表示揣測的語氣副詞，用法同於「恐怕」；「爾是過」為倒序的句法，「是」是將賓語置於述語前面的倒序助詞（類似「主義是從」的句法），《論語》的「是」字僅一例用作動詞，其他都用作「代詞」或「助詞」；「爾是過」即「過爾」，語義為「責備你們」；「與」同「歟」，為反詰的語氣詞，用法同於「呢」；整句的白話語譯為：「這恐怕要責備你們呢？」。諸如此類的例子頗多，不擬一一贅述；可知了解《論語》的語法，更益於我們體悟《論語》的微言大義。

《論語》是語錄體的經典，記言富哲理，敘事有文采，前輩關於它的語法研究，如馬建忠《馬氏文通》、許世瑛《論語二十篇句法研究》、楊伯峻《論語譯注》等專著，真知灼見，啟迪後輩，功不可沒；然而隨著語法觀念的更新進化，某些新的說法及語法理念，與昔年的舊認知，難免隔閡，孔子說過：「溫故而知新，可以為師矣。」，古今兼容，收益更大。個人深覺學問的精進，實為不易，多載以來，感謝師友的砥礪，對於前賢披荊斬棘的貢獻，永存感配之敬意。

透過《論語》的語法的有系統論述，冀能由博返約，以古證今，故費時多歲，撰成本書。不揣固陋，負暄獻曝，不足之處，自知不免，尚祈　方家賜教。在此，誠摯感恩師長及親友鼓勵與襄贊，濃情厚誼，常存我心，謹致謝忱。

二〇一六年九月　何永清（適生）寫於臺北市立大學

第一章　緒論

本章分作三節，第一節敘研究的動機與目的，第二節述研究的範圍與限制，第三節言研究方法。

第一節　研究動機與目的

《論語》是儒學的要籍，也是一部流傳廣遠的儒家經典，宋代之後列入「十三經」，也是《四書》之一，更是現代人為人處世的道德依據。這部書不僅流行於華夏，也深深影響韓國、日本、新加坡、越南等儒家文化浸潤的邦域，成為生活指針。

中國文化以儒家為中心，要了解儒家思想，必須從記載孔子語錄的《論語》入手，故柳詒徵說：「孔子者，中國文化之中心也，無孔子則無中國文化。自孔子以前數千年之文化，賴孔子而傳；自孔子以後數千年之文化，賴孔子而開。」[1]漆緒邦說：「孔子的言論，遠不止於《論語》所記，但是應當指出，凡所記述，大都精粹扼要，頗能反映孔子的思想、學說、精神風貌，便於誦習流傳。」[2]因此探討《論語》為研究孔子思想、言行和中國文化的根本。

其次，從漢語發展來看，《論語》保留了先秦的一些書面或口頭語料，栩栩如生，是古漢語語法的活化石，無論是它的構詞或造句，對於先秦與後代的散文發展都產生了深遠的影響，其學術價值不言而喻。

我國當代一些名人、學者諄諄告訴我們，研讀古籍要先重視「文法」，讀書才會有大用。舉其犖犖大者，孫中山說：「欲知文章之所當然，則必自文法之學始；欲知其所以然，則必自文理之學始。文法之學為何？即西人之『葛郎瑪』也，教人分字類詞，聯詞造句而達意志者也。」[3]楊樹達說：「凡讀書有二事焉：一曰明訓詁，二曰通文法。訓詁治其實，文法求其虛。」[4]胡適曾對胡頌平說：「活的語言是有文法的。我的文章寫通的原因，是從《論語》、《孟子》裡讀通的。你應該熟讀《論語》，把《論語》讀得熟透了，文章自會寫通的。」[5]黃慶萱說：「文法學的學習，可以使學生知道怎樣構成通順的說辭或文章。」[6]黃錦鋐說：

1 柳詒徵：《中國文化史》（臺北：正中書局，一九七一年三月），頁三〇〇。
2 漆緒邦主編：《中國散文通史》（長春：吉林教育出版社，一九九四年十二月），頁一五〇。
3 孫中山：《孫文學說》第三章，《建國方略》（臺北：三民書局，一九七六年二月），頁二三。
4 楊樹達：《詞詮》（臺北：臺灣商務印書館，一九七七年一月），序例，頁一。
5 胡頌平：《胡適之先生晚年談話錄》（臺北：聯經出版事業公司，一九八四年六月），頁六二。
6 黃慶萱：《修辭學》（臺北：三民書局，二〇〇二年十月），頁一三。

> 文法與修辭，是國文教學中的兩大工具，因為中國文章的組織，很多模稜兩可的地方，很容易望文而生義，若不講求文法，則必扞格而不通。古人雖無文法，然學童入學，一年視離經辨志。離經，即離析經書的義理，能夠離析經書的義理（見《禮解疏》），也就是能分析經書的文法，雖無文法之名，卻有文法之實，古人所謂「句讀」、「章句之學」，實即文法的分析，知道什麼是主語，什麼是動詞，什麼是賓語。[7]

從諸家的這些看法，可知精通文法對於研讀國學的重要性。探討《論語》的語法，除了有助於了解上古漢語的語法的一些現象之外，並能夠幫助我們深究古文的精義。林傳甲說：

> 《論語》章法，多一句二句成章者，周秦諸子，不如此之簡，一便也；文理平易近人，無奇字難解，二便也；今塾師已能講解，童子已能熟誦，三便也。變《論語》為初學文法書，亦隨時通變之一端也。[8]

7 黃錦鋐：〈文法與修辭在國文教學中的重要性〉，見《語文教學論叢》（基隆：法嚴出版社，二〇〇〇年一月），頁一三五。

8 林傳甲：《中國文學史》（臺北：學海出版社，一九八六年三月），頁五七。

林傳甲所說「初學文法」，雖然言及初學古文的章法，其實與學習古漢語的句法，息息相關；許世瑛也說：「文言文的結構方式，有很多地方和現代國語的結構方式不同，如果不研究中國古代文言文的文法，又如何能理解文言文，更如何能寫通文言文。」[9]可見熟悉《論語》的語法，對探悉古代典籍的構詞、造句規律、學習古文等亦有莫大的裨益。

專書語法的描述，對於衷心於語言研究的筆者，是件責無旁貸的工作。植基於《論語》的高度價值，希冀藉語法的知識輔助閱讀《論語》，與個人多年來研究漢語語法的興趣與專業知能這些動機，筆者遂探討《論語》一書的語法，希冀能達到下列幾項研究目的：

第一、敘述《論語》的實詞、虛詞的種類及其分類，各個詞類的語法特點。

第二、了解《論語》單詞及各種構詞方式，並統計出它們所占的百分比例。

第三、分析《論語》的各種句型與特殊句法（含倒置、外位、被動的表示法）的語法規律。

第四、系統地了解《論語》的語法特點及其語法體系。

第五、敘述《論語》的價值與影響。

9 許世瑛：《中國文法講話》（臺北：臺灣開明書店，一九七九年三月），頁六。

第二節　研究範圍與限制

本研究以《論語》為範疇，採用清代阮元校勘《論語注疏》的二十卷本《論語》為研究的文本，探討其中語句語法現象。囿於篇幅限制，除了重要的關鍵點之外，同樣的語法舉其部分實例為例，以免篇幅冗贅。各章節的號碼係採用楊伯峻《論語譯注》的編號，以便利檢索，此係目前多數研究者所用，故筆者遵循它。

西方所謂的Grammar，目前或譯為「語法」、「文法」，其意義均相同，馬建忠說：「葛郎瑪者，音原希臘，訓曰字式，猶云學文之程式也。」[10]王力說：「Grammar，在希臘文原意是『字學』。」[11]楊樹達說：「語言文字之初起，其組織蓋亦錯互而不醇。迨積年既久，隨時改善，至於約定俗成，則形成共遵之規律而不可畔越，後人紬繹其規律而敘述之，則所謂文法是也。」[12]是知「語法」（文法）指根據語料所歸納出來的語言規律，包含構詞及造句的各種法則，這是科學化處理古代文獻的方式。

大抵來說，《論語》為上古書面語的一部分，它保留的口語文獻也有其限度，若認為要透過

---

10 馬建忠：《馬氏文通》（北京：商務印書館，二〇〇〇年十二月），頁一五。
11 王力：《國文常識講話》（北京：北京大學出版社，二〇〇九年一月），頁一八八。
12 楊樹達：《高等國文法》（臺北：成偉出版社，一九七五年十一月），頁一。

《論語》來全面了解古代語言的全貌，這也是不可能的事，這是研究上的先天限制。其次，《論語》為早期的語錄體，以對話為主，敘事為輔，在詞法的研究上比較有可觀的成果，而在單句及複句的類型上，就相對顯得薄弱，這是研究者共同面臨的另一種限制。即便是如此，筆者仍殫精竭力，運用下述七種研究方法，補足前賢零星片段研究的不足，希冀將《論語》語法的研究成果作有系統、全貌的呈現。

第三節　研究方法

本書先後運用的研究方法，計下列七種。

一、文本閱讀法

「文本閱讀法」即先讀《論語》原文，再參照諸多的注疏、學者對於《論語》的解釋、語譯；通過閱讀《論語》的原文，反覆讀誦，以求對字句的涵義作透徹與同情的理解。錢基博也是主張研討《論語》必須先閱讀文本，他說：

《論語》注家不一；而未看注之前，須將白文先自理會，得其意理；然後看注以驗得失，虛心涵泳，勿固我執，勿膠古人，擇其善者從之，其不善者改之，思有不得，則記以存疑；積久思之，必有豁然開悟之一日。[13]

二、語句分析法

「語句分析法」是研究《論語》語法最確實可行的方法，透過語句分析來了解《論語》語句的成分、結構、詞性、句型等，是研究語法的正確作法，正如蔣伯潛所說：「我以為研究文法和修辭當根據完形心理學作整個的觀察研究，由整篇以研究句語，從整句以研究各個的詞。」[14]

語句分析法是屬於「內容分析研究」的一種研究方法，葉重新說：

> 內容分析研究（content analysis research）又稱為文獻分析研究或資訊分析研究。這種研究是透過質的分析與量化的技巧，以客觀的態度，對文件內容進行有系統的分析，藉以推論出該文件內的意義，以及其歷史背景。[15]

筆者首先將《論語》原文逐一分析《論語》五一二個章（節）文句的詞性。（名：名詞，動：

13 錢基博：〈論語解題及其讀法〉，見毛鵬基：《論語會通》（臺北：雅言出版社，一九六九年八月），附錄，頁四九。

14 蔣伯潛：《中學國文教學法》（臺北：泰順書局，一九七二年五月），頁一七七。

15 葉重新：《教育研究法》（臺北：心理出版社，二〇〇一年六月），頁一六。

動詞，形：形容詞，副：副詞，代：代詞，介：介詞，連：連詞，語：語氣詞），例如：

子曰：「學而時習之，不亦說乎？有朋自遠方來，

名動　動連副動代　副副名語　動名介形名動

不亦樂乎？人不知而不慍，不亦君子乎？」（〈學而〉一—一）

副副名語　名副動連副形　副副名語

許世瑛說：「『不亦說乎』、『不亦樂乎』、『不亦君子乎』裡的『說、樂、君子』，是三句判斷繁句的謂語。」[16]此說可知「說」、「樂」、「君子」都是名詞，「不亦說乎」意即「不也是喜悅的事嗎？」「不亦樂乎」意即「不也是快樂的事嗎？」「不亦君子乎」意即「不也是君子的風度嗎？」

此外，筆者依戴璉璋提出的語句分析三個原則：「重視整體」、「分別層次」、「明辨關係」，[17]再運用「句型的分析」三步驟（「剝洋蔥法」），[18]進行語句分析，以了解句型及成分、

---

16 許世瑛：《論語二十篇句法研究》（臺北：臺灣開明書店，一九七八年十月），頁一。

17 戴璉璋：〈中國語法中語句分析的商榷〉，《國文天地》第一卷第一期（一九八五年六月），頁六三、六五、六八。

18 此方法即是：「由外而內，由大而小。有層次地作語句分析。」，見何永清：《文法與修辭》（上冊）（臺北：三民書局，二〇〇一年八月），頁一三〇。

構詞情況。例如：

孔子曰：「不知命，無以為君子也；不知禮，無以立也；不知言，無以知人也。」（〈堯曰〉二〇—三）

步驟一：判別句型。

這是一個單句，而且它是個「動詞謂語句」。

步驟二：分析句中的成分。

「孔子」是主語，「曰」是及物動詞作述語，「不知命，……無以知人也。」是賓語。

步驟三：分析成分的構詞。

主語「孔子」是專名。

述語「曰」是單詞。

賓語「不知命，……無以知人也。」是複合式的連謂短語，[19]由「不知命，無以為君子也」、「不知禮，無以立也」、「不知言，無以知人也」這三個連謂短語藉由「並列關係」複合而成。第一個連謂短語「不知命，無以為君子也」是由狀謂短語「不知命」與狀謂短語「無以為君子也」藉由「條件關係」複合而成；第二個連謂短語「不知禮，無以立也」、第三個連謂短語「不知言，無以知人也」一樣都是藉由「條件關係」複合而成。

19 許世瑛將此視為「複句」處理，但筆者認為它是個單句中的短語結構，同註16，頁三六九。

第一個連謂短語裡，「不知命」這個狀謂短語，「不」是狀語，單詞；「知」是述語，單詞；「命」是賓語，單詞。「無以為君子也」，「無以」是狀語，帶詞尾詞；「為」是述語，單詞；「君子」是賓語，偏正複詞；「也」是語氣詞，單詞。第二個連謂短語裡，「不知禮」這個狀謂短語，「不」是狀語，單詞；「知」是述語，單詞；「禮」是賓語，單詞。「無以」是狀語，帶詞尾詞；「立」是謂語，單詞。第三個連謂短語裡，「不知言」這個狀謂短語，「不」是狀語，單詞；「知」是述語，單詞；「言」是賓語，單詞。「無以知人也」這個狀謂短語，「無以」是狀語，帶詞尾詞；「知」是述語，單詞；「人」是賓語，單詞；「也」是語氣詞，單詞。《論語》此章的語句分析，表述如下：

表一—三—一　〈堯曰〉二〇—三的「語句分析」結果

〈堯曰〉二〇—三	語法現象	
句型	動詞謂語句	
構詞	單詞	曰、不（三次）、知（三次）、命、為、也（三次）、禮、立、言、人。
	偏正複詞	君子。
	帶詞尾詞	無以（三次）。

（筆者整理）

三、文獻參考法

「文獻參考法」是參考文獻上專家學者對某個問題的說法而斟酌損益，得出其合宜者加以敘論陳述及參酌，又稱為「文獻探討法」，黃光雄、簡茂發說：

> 文獻探討乃針對一問題有關的文獻進行蒐集、評鑑、分析、歸納、統整的工作，其主要目的在確定問題的性質、形成待答問題或研究假設、引導研究設計、對照解釋新的研究結果、充實理論建構等。[20]

本書各章節中所參酌的諸家說法，與所列的「主要參考書目」，筆者均是運用此法來參考相關文獻。

四、歸納法

「歸納法」是從諸多的語法實例中，先運用語句分析法，分析出其中的語法現象，然後歸納出語法的條例、結果而得到結論，王熙元說：「從許多紛歧的脈絡，歸結到一個論點，一個解釋，一

20 黃光雄、簡茂發：《教育研究法》（臺北：師大書苑有限公司，一九九一年三月），頁八九。

個道理，好像納百川於海洋一般，這就是歸納的方法。」[21]歸納法通常可以用圖或表格的方式來呈現歸納的結果，以輔助文字說明的不足之處，陳望道說：「圖表可以刺激人的眼目，使人一目了然，而語言卻總無法做到那樣的簡明。」[22]即是指此而言。楊樹達說：「科學之成，大抵由於此法。吾人繼此研究國文文法，亦當以此法為主。」[23]胡適說「歸納法的真義在於教人『舉例』，在於使人於亂七八糟的事物裡面尋出一些『類似的事物』。」[24]許威漢說：

除了哲學含義的方法論之外，在人類認識史上的很長期間裡，方法論主要是指思維過程中的方法論。思維方法論包括歸納與演繹，分析與綜合，具體與抽象，類比、假設與想像等等。目前從古漢語語法研究來看，歸納法尤為重要。[25]

筆者用分析的方式分析《論語》四十八個「樂」字的讀音及其詞性，再運用「歸納法」綜合歸結其語法：

21 王熙元：《關懷國文》（基隆：法嚴出版社，二〇〇一年七月），頁一四八。
22 陳望道：《修辭學發凡》（上海：復旦大學出版社，二〇〇一年三月），頁二八。
23 同註12，頁四四。
24 胡適：〈清代學者的治學方法〉，見《胡適文存》（臺北：遠東圖書公司，一九七九年十一月），第一集，頁四〇一。
25 許威漢：《古漢語語法精講》（上海：上海大學出版社，二〇〇二年二月），頁二三八。

「有朋自遠方來，不亦①樂（ㄌㄜˋ，形容詞）乎？」（〈學而〉一—一）
「未若貧而②樂（ㄌㄜˋ，形容詞），富而好禮者也。」（〈學而〉一—一五）
「人而不仁，如③樂（ㄩㄝˋ，名詞）何？」（〈八佾〉三—三）
「〈關雎〉，④樂（ㄌㄜˋ，形容詞）而不淫，哀而不傷。」（〈八佾〉三—二〇）
子語魯大師⑤樂（ㄩㄝˋ，名詞），曰：「⑥樂（ㄩㄝˋ，名詞），其可知也：始作，翕如也；從之，純如也，皦如也，繹如也，以成。」（〈八佾〉三—二三）
「不仁者，不可以久處約，不可以長處⑦樂（ㄌㄜˋ，名詞）。」（〈里仁〉四—二）
「一簞食，一瓢飲，在陋巷，人不堪其憂，回也不改其⑧樂（ㄌㄜˋ，名詞）。」（〈雍也〉六—一一）
「知之者不如好之者，好之者不如⑨樂（ㄧㄠˋ，動詞）之者。」（〈雍也〉六—二〇）
「知者⑩樂（ㄧㄠˋ，動詞）水，仁者⑪樂（ㄧㄠˋ，動詞）山。知者動，仁者靜。知者⑫樂（ㄌㄜˋ，形容詞），仁者壽。」（〈雍也〉六—二三）
「不圖為⑬樂（ㄩㄝˋ，名詞）之至於斯也。」（〈述而〉七—一四）
「飯疏食，飲水，曲肱而枕之，⑭樂（ㄌㄜˋ，名詞）亦在其中矣。」（〈述而〉七—一六）
「其為人也，發憤忘食，⑮樂（ㄌㄜˋ，形容詞）以忘憂，不知老之將至云爾。」（〈述而〉七—一九）

「興於詩，立於禮，成於⑯樂（ㄩㄝˋ，名詞）。」（〈泰伯〉八—八）

「吾自衛反魯，然後⑰樂（ㄩㄝˋ，名詞）正，〈雅〉、〈頌〉各得其所。」（〈子罕〉九—一五）

「先進於禮⑱樂（ㄩㄝˋ，名詞），野人也；後進於禮⑲樂（ㄩㄝˋ，名詞），君子也。」（〈先進〉一一—一）

「子⑳樂（ㄌㄜˋ，形容詞）。」（〈先進〉一一—一三）

「如其禮㉑樂（ㄩㄝˋ，名詞），以俟君子。」（〈先進〉一一—二六）

「事不成，則禮㉒樂（ㄩㄝˋ，名詞）不興；禮㉓樂（ㄩㄝˋ，名詞）不興，則刑罰不中。」（〈子路〉一三—三）

「『予無㉔樂（ㄌㄜˋ，形容詞）乎為君，唯其言而莫予違也。』」（〈子路〉一三—一五）

「文之以禮㉕樂（ㄩㄝˋ，名詞），亦可以為成人矣。」（〈憲問〉一四—一二）

「㉖樂（ㄌㄜˋ，形容詞）然後笑，人不厭其笑。」（〈憲問〉一四—一三）

「行夏之時，乘殷之輅，服周之冕，㉗樂（ㄩㄝˋ，名詞）則韶舞。」（〈衛靈公〉一五—一一）

「天下有道，則禮㉘樂（ㄩㄝˋ，名詞）征伐自天子出；天下無道，則禮㉙樂（ㄩㄝˋ，名詞）征伐自諸侯出。」（〈季氏〉一六—二）

「益者三㉚樂（ㄩㄝˋ，名詞），損者三㉛樂（ㄧㄠˋ，名詞）。㉜樂（ㄧㄠˋ，動詞）節禮㉝樂

（ㄩㄝˋ，名詞），㉞樂（ㄧㄠˋ，動詞）道人之善，㉟樂（ㄧㄠˋ，動詞）多賢友，益矣。㊱樂（ㄧㄠˋ，動詞）驕㊲樂（ㄌㄜˋ，名詞），㊳樂（ㄧㄠˋ，動詞）佚遊，㊴樂（ㄧㄠˋ，動詞）晏㊵樂（ㄌㄜˋ，名詞），損矣。」（〈季氏〉一六—五）

「㊶樂（ㄩㄝˋ，名詞）云㊷樂（ㄩㄝˋ，名詞）云，鐘鼓云乎哉？」（〈陽貨〉一七—一一）

「惡鄭聲之亂雅㊸樂（ㄩㄝˋ，名詞）也。」（〈陽貨〉一七—一八）

「三年不為㊹樂（ㄩㄝˋ，名詞），㊺樂（ㄩㄝˋ，名詞）必崩。」（〈陽貨〉一七—二一）

「聞㊻樂（ㄩㄝˋ，名詞）不㊼樂（ㄌㄜˋ，形容詞）。」（〈陽貨〉一七—二一）

齊人歸女㊽樂（ㄩㄝˋ，名詞）。（〈微子〉一八—四）

上述分析結果，歸納如表一—三—二：[26]

26何永清：〈《論語》「樂」字的語法探討〉，《中國語文》第九十七卷第五期（二〇〇五年十一月），頁五一—五五。

表一—三—二《論語》「樂」的讀音及詞性歸納

讀音	詞性	編號	個數
ㄌㄜˋ（lè）	名詞	⑦⑧⑭㊲㊵	5個
	形容詞	①②④⑫⑮⑳㉔㉖㊼	9個
ㄩㄝˋ（yuè）	名詞	⑨⑩	2個
	動詞	⑪㉚㉛㉜㉝㉟㊱㊳㊴	9個
ㄧㄠˋ（yào）	名詞	③⑤⑥⑬⑯⑰⑱⑲㉑㉒㉓㉕㉗㉘㉙㉞㊶㊷㊸㊹㊺㊻㊽	23個

（筆者整理）

五、類推法

「類推法」是基於「語法內部一致」的原理所衍生的研究方法，可從相同或相似的語法結構相互對照，由「已知」而類推出「未知」的語法現象或規律，又稱為「類比法」。

㈠類推出詞性

子路曰：「子行三軍，則誰與？」子曰：「暴虎馮河，死而無悔者，吾不與也。必也臨事而懼，好謀而成者也。」（〈述而〉七—一一）

這段文句，前後都有「與」，從後面「不與」知道「與」是由否定副詞「不」修飾的動詞，類推「則誰與」的「與」也用作動詞。

「孔子於鄉黨，恂恂如也，似不能言者。其在宗廟朝廷，便便言，唯謹爾。」（〈鄉黨〉一〇—一一）

這段文句，「孔子於鄉黨」、「其在宗廟朝廷」句型相同，「在」是個動詞，故類推出「於」也是個動詞。

子路問君子。子曰：「脩己以敬。」曰：「如斯而已乎？」曰：「脩己以安人。」曰：「如斯而已乎？」曰：「脩己以安百姓。脩己以安百姓，堯舜其猶病諸！」（〈憲問〉一四—四二）

《論語》這章裡有四個「以」字，後面三個「以」字都用作連詞，從語法內部一致性來類推「脩己以敬」的「以」字，也是個連詞，筆者認為這種「以」相當於「而」、「而且」的作用。[27]

「古者民有三疾，今也或是之亡也。」（〈陽貨〉一七—一六）

這段文句，前後句的開頭都用了時間副詞「古」、「今」，因為「今也」的「也」字是語氣詞，所以類推出「古者」的「者」是個語氣詞，而不是代詞。

「惡紫之奪朱也，惡鄭聲之亂雅樂也，惡利口之覆邦家者。」（〈陽貨〉一七—一八）

這段文句，末尾的三個虛字「也」和「者」，句法一致，因為「也」是句末的語氣詞，所以類推出句末的「者」是個語氣詞，而不是代詞。

---

27 何永清：〈《論語》「以」字的用法探討〉，《臺北市立教育大學學報》（人文社會類）第四十二卷第一期（二〇一一年五月），頁一二。

㈡ **類推出倒裝的句法**

「民之於仁也，甚於水火；水火吾見蹈而死者矣，未見蹈仁而死者也。」（〈衛靈公〉一五—三五）

這段文句，從後面「未見蹈仁而死」類推出前面「水火吾見蹈而死」係「吾見蹈水火而死」的倒裝。

㈢ **類推出省略的成分**

子曰：「女，器也。」（子貢）曰：「何器也？」（〈公冶長〉五—四）

這段文句，從前面「女，器也。」類推出後面「何器也？」省略了主語「吾」。

「人皆有兄弟，我獨亡。」（〈顏淵〉一二—五）

這段文句，前後的語法結構相同，「有」、「無」對比，述語「有」後面接賓語「兄弟」，類推出述語「無」後面省略了賓語「兄弟」。

「望之儼然，即之也溫，聽其言也厲。」（〈子張〉一九—九）

這段文句，前後的語法結構相同，從後面「即之也」、「聽其言也」類推出前面「望之」省略了語氣詞「也」。

六、比較法

由於《論語》的語法屬於上古語法，故在研究上可與《國語》、《左傳》、《孟子》等共時的語料，比較某些語法現象，而見其異同，此即所謂的「比較法」。例如：筆者探討《論語》的量詞（參閱第二章第二節「量詞」部分），得出：時間量詞（日、月、期月、年、世）、長度量詞（尺、仞）、容量量詞（釜、庾、秉）、借用量詞（簞、瓢、室、乘、人、駟）。筆者曾探討《孟子》的量詞，得出：計重類量詞（鎰、鈞）、容量類量詞（鍾）、計物類量詞（乘、兩、駟）、編制類量詞（鄉、家、國）、時間類量詞（朝、日、月、年、歲、載、世、代）、距離類量詞（里、步）、面積類量詞（畝）。[28]比較彼此異同，以見其特徵。

七、統計法

「統計法」是運用簡易數量統計的方式來處理《論語》的某些專題，以了解其出現頻數或比例。例如：關於《論語》經文的總字數，筆者根據《論語注疏》逐篇統計各篇的字數，再總計出《論語》全書的字數，如表一—三—三所述：

28 何永清：〈孟子書量詞探究〉，《孔孟月刊》第二十六卷第十二期（一九八八年八月），頁二四—二八。

表一—三—三　《論語》經文字數統計表

章次	學而	為政	八佾	里仁	公冶長	雍也	述而	泰伯	子罕	鄉黨
一	三二	一八	一九	一三	二三	八	一六	二三	八	二六
二	四八	一四	二三	二五	二三	四四	一九	四四	三七	二九
三	九	二七	一六	一一	一八	四一	二四	三九	二九	四〇
四	二八	四〇	二五	一〇	二一	五四	一三	六八	一一	七三
五	二〇	四九	一四	六五	二九	二三	一六	三四	四四	三六
六	二七	一四	三三	六三	一六	二一	一四	三三	五六	八三
七	三八	二八	二三	一六	三三	二一	一四	三二	九	一四
八	二七	二七	四四	九	八六	六一	二三	一一	二八	七四
九	一二	二五	三七	一八	四四	三〇	一二	一二	一四	一九
一〇	五三	二三	一五	一九	五六	三四	八	一八	二三	六
一一	二四	二二	二八	一八	二〇	三〇	五七	二一	六〇	一一
一二	三八	六	一七	九	二八	二六	二四	一三	六六	五
一三	二八	一五	二九	二一	二七	一五	七	四六	三二	一〇
一四	三一	一四	一五	二〇	一二	三六	二一	一〇	二一	一〇
一五	六四	一四	三一	三五	二九	二五	五一	一六	一七	一〇
一六	一四	一〇	一五	一二	三一	二三	二九	二〇	二七	一五

表一—三—三 《論語》經文字數統計表（續）

章次	學而	為政	八佾	里仁	公冶長	雍也	述而	泰伯	子罕	鄉黨
一七		二一	二一	一五	一三	一四	一七	一〇	一四	一二
一八		四〇	一一	一九	一六	二〇	一二	一六	一二	三一
一九		三〇	二六	一二	二一	一四	三八	四二	二六	二一
二〇		三三	一二	一四	一六	一八	一七	六四	一二	八
二一		三五	四五	一九	二六	二一	七	四一	一七	六
二二		二五	七一	一四	二五	三四	二四		一八	一〇
二三		四三	三〇	九	四	二一	一三		三〇	一二
二四		一七	五〇	一二	九	一四	二八		四二	六
二五			一九	八	三二	九	八		一六	四二
二六			二〇	一五	六二	四一	五五		一五	一八
二七					一八	一九	九		四三	二五
二八					二一	二三	三二		一三	
二九						一六	三九		一四	
三〇						六一	一三		二六	
三一							七三		二七	
三二							一四			

表一—三—三　《論語》經文字數統計表（續）

章次	三三	三四	三五	三六	三七	三八	小計
學而							四九三
為政							五七九
八佾							六八九
里仁							五〇一
公冶長							八六九
雍也							八一六
述而	一八	三八	三三	一六	一二	一一	八七三
泰伯							六一三
子罕							八〇六
鄉黨							六四二

章次	一	二	三	四	五
先進	二六	一三	三〇	一六	一八
顏淵	六九	四六	三五	三七	五七
子路	一五	四〇	一一九	七九	二六
憲問	四〇	一二	一六	二六	四八
衛靈公	三三	三三	二八	八	二三
季氏	二七四	八〇	二八	三一	三七
陽貨	八一	一〇	一〇	六五	四九
微子	二二	四〇	三二	一七	五五
子張	二三	一九	八〇	二三	二一
堯曰	一五二	一九一	二七		

表一—三—三　《論語》經文字數統計表（續）

章次	先進	顏淵	子路	憲問	衛靈公	季氏	陽貨	微子	子張	堯曰
六	一五	四〇	一七	一九	五九	三七	五二	一四三	一八	
七	三〇	六〇	九	一四	三六	四三	七九	一三四	一八	
八	五二	四七	二七	二八	三〇	三七	七四	七九	一〇	
九	一二	五二	三五	三八	一八	三四	三九	四一	二二	
一〇	二六	四六	一七	一二	三四	三六	三〇	三五	三一	
一一	四二	四六	二一	一九	三五	四六	二〇	二〇	一四	
一二	二七	一八	一一	七	一〇	三七	一九		七八	
一三	三二	一四	二三	六九	一五	一〇〇	八		一三	
一四	二九	一四	三〇	二	二一	四三	一一		九	
一五	二九	一七	一二〇	一六	一四		三四		一五	
一六	三〇	一七	一二	四四	一九		四九		一四	
一七	三二	二四	三〇	七二	一七		九		二〇	

表一—三—三 《論語》經文字數統計表（續）

章次	先進	顏淵	子路	憲問	衛靈公	季氏	陽貨	微子	子張	堯曰
一八	一二	二三	四四	二五	二三		二四		三三	
一九	二一	五二	二三	四五	一六		三七		三三	
二〇	一七	八九	九〇	一二	一二		二四		二八	
二一	一四	五七	二五	七四	一二		一三七		二六	
二二	八四	九九	三四	一三	一二		二五		五九	
二三	二三	二〇	一四	一〇	一四		三四		八〇	
二四	六八	一三	四三	一四	二九		六五		六一	
二五	四二		四九	四二	三四		二一		九六	
二六	三二五		一四	二〇	二一		一三			
二七			八	一一	一三					
二八			三六	三一	一四					
二九			一四	一六	一〇					

表一—三—三　《論語》經文字數統計表（續）

章次	三〇	三一	三二	三三	三四	三五	三六	三七	三八	三九	四〇	四一
先進												
顏淵												
子路	一一											
憲問	一四	一七	三一	二一	二三	三六	五九	二五	二八	五三	四〇	一〇
衛靈公	一〇	一〇	三〇	五一	一四	一八	八	八	一二	六	九	七
季氏												
陽貨												
微子												
子張												
堯曰												

表一—三—三　《論語》經文字數統計表（續）

章次	四二	四三	四四	小計
先進				一〇五四
顏淵				九九二
子路				一〇三五
憲問	四八	二八	四〇	一三四〇
衛靈公	四九			九〇四
季氏				八六三
陽貨				一〇一九
微子				六一八
子張				八四二
堯曰				三七〇

（筆者整理）

由表一—三—三可知，《論語注疏》的《論語》經文總字數為一五，九一八字。

表一—三—四　《論語注疏》與《論語集注》經文字數對照表

篇　名	《論語注疏》本	《論語集注》本
〈學而〉	四九三字	四九三字
〈為政〉	五七九字	五七九字
〈八佾〉	六八九字	六八九字
〈里仁〉	五〇一字	五〇一字
〈公冶長〉	八六九字	八六九字

表一—三—四　《論語注疏》與《論語集注》經文字數對照表（續）

篇名	《論語注疏》本	《論語集注》本
〈雍也〉	八一六字	八一六字
〈述而〉	八七三字	八七三字
*〈泰伯〉	六一三字	六一四字
〈子罕〉	八〇六字	八〇六字
*〈鄉黨〉	六四二字	六四一字
*〈先進〉	一，〇五四字	一，〇五三字
〈顏淵〉	九九二字	九九二字
〈子路〉	一，〇三五字	一，〇三五字
〈憲問〉	一，三四〇字	一，三四〇字
*〈衛靈公〉	九〇四字	九〇五字
〈季氏〉	八六三字	八六三字
〈陽貨〉	一，〇一九字	一，〇一九字
〈微子〉	六一八字	六一八字

表一—三—四　《論語注疏》與《論語集注》經文字數對照表（續）

篇名	《論語注疏》本	《論語集注》本
〈子張〉	八四二字	八四二字
*〈堯曰〉	三七〇字	三六九字
總計	一五，九一八字	一五，九一七字

（筆者整理）

林礽乾以《論語集注》統計《論語》經文為「一萬五千九百一十九字。」[29]但是筆者以為《論語集注》的〈鄉黨〉經文字數，應為六四一字；又《論語集注》的〈先進〉經文字數，應為一，〇五三字，故《論語集注》的經文總計為一五，九一七字。自宋代以來，上述兩種《論語》的注解均流行廣遠，其中《論語》的經文，筆者比對之後發現有五處的不同，如表一—三—五：

29 林礽乾：〈《論語》導讀〉，見周何、田博元主編：《國學導讀叢編》（臺北：康橋出版事業公司，一九七九年四月），頁三三五。

表一—三—五　《論語注疏》與《論語集注》經文相異之處

篇章	《論語注疏》本	《論語集注》本	說明
〈泰伯〉八—二〇	可謂至德也已矣	其可謂至德也已矣	《論語集注》本多一個「其」字。
〈鄉黨〉一〇—四	趨進，翼如也。	趨，翼如也。	《論語注疏》本多一個「進」字。
〈先進〉一一—一二	曰：「敢問死。」	「敢問死。」	《論語注疏》本多一個「曰」字。
〈衛靈公〉一五—八	子曰「可與言而不與言，失人；不可與言而與之言，失言。知者不失人，亦不失言。」	子曰「可與言而不與之言，失人；不可與言而與之言，失言。知者不失人，亦不失言。」	《論語注疏》本「可與言而不與言」，《論語集注》本作「可與言而不與之言」，多一個「之」字。
〈堯曰〉二〇—三	孔子曰：「不知命，無以為君子也；不知禮，無以立也；不知言，無以知人也。」	子曰：「不知命，無以為君子也；不知禮，無以立也；不知言，無以知人也。」	《論語注疏》本「孔子」，《論語集注》本作「子」，《論語注疏》本多一個「孔」字。

（筆者整理）

李曰剛說：「現行之《論語》凡二十篇。四百八十一章又十八節，計一萬五千九百十九字。」[30]
高小方說：「《論語》全書究竟多少字？宋代鄭畊老云一二七〇〇字（一作一二七〇〇字），小方

30 李曰剛：《國學導讀》（臺北：文津出版社，一九八九年八月），頁四二。

統計得一五九一九字。」[31]何根祥說：「《論語》在十三經中，是屬於篇幅較短的。據統計顯示：整個《論語》二〇篇，五〇七章（句），一五九一九字。」[32]總合來說，李曰剛、高小方、何根祥等人提出的統計數字一五，九一九字，與筆者統計的結果一五，九一八字，雖然數字不盡相同，但是大家都運用了統計的研究法來探討《論語》經文的總字數。

綜之，筆者所運用《論語》語法的研究方法是交互進行的，除了文獻參考法、語句分析法、類推法和歸納法是在本書的寫作過程經常運用的，彼此相輔相成，務期相對客觀、確實地得到各項研究的結論。

31 高小方：《古代漢語》（南京：江蘇教育出版社，二〇〇九年一月），頁六。
32 何根祥：《論語通讀》（南京：鳳凰出版社，二〇一一年三月），前言，頁一。

第二章 《論語》的實詞

本章分作三節，第一節言《論語》的名詞、動詞與形容詞，第二節言《論語》的數詞與量詞，第三節言《論語》代詞。

第一節 《論語》的名詞、動詞與形容詞

「詞」是最小的語法單位，又稱為「詞彙」，它是語法、語音和語義的語言元素，許世瑛說：「凡本身能表示一種概念的是實詞。」[1]實詞與虛詞的區分，是為了便於探討詞類而已，其實，文章當中的實詞、虛詞必須共同搭配，實詞與虛詞不是絕對對立的，清代劉淇說得很有道理：「構文之道，不過實字虛字兩端，實字其體骨，而虛字其性情也。」[2]實詞和虛詞的區分係為了詞類的分

1 許世瑛：《中國文法講話》（臺北：臺灣開明書店，一九七九年三月），頁二九。
2 〔清〕劉淇：《助字辨略》（臺北：臺灣開明書店，一九五八年四月），自序，頁一。

類需要，對於文章都同等重要，不可藉以定論其語用的良窳，這是筆者探討《論語》各個詞類所抱持的基本理念。

「詞類」是詞在語法的分類，「詞性」即詞在它所屬的詞類所呈現的語法特點或特性，二者相輔相合，不同的詞類就表現出不同的詞性。楊如雪說：「漢語的語句裡，某一類詞可以出現在某些詞的前頭或後頭，是有規律可循的，這就是說，語序和詞類區分有密切的關係。」[3]吳鴻清說：

> 分析一個詞的詞性，首先要抓住各類詞的主要特點。例如：要看它能否與介詞、副詞結合，就可以判斷是名詞還是形容詞或動詞；從能否帶賓語上，就可以把名詞與及物動詞區別開來（形容詞帶賓語都屬於活用為動詞）；是充當敘述句謂語還是描寫句謂語，就可以把形容詞與不及物動詞區別開來。其次是結合上下文的意義分析。因為有時從詞的語法功能上不能判斷詞性，就要結合詞在上下文中的意義進行分析。[4]

因此，探討《論語》的詞類及詞的詞性必須關注到「語序」及「詞」在語句中的位置或前後的意義，馬瀛說：「古世文法，無論何字，絕無確定之詞性，決不能判斷為何種詞類。」[5]蔣伯潛

3 楊如雪：《文法ABC》（臺北：萬卷樓圖書有限公司，一九九八年九月），頁四五。
4 吳鴻清：《古代漢語基礎》（北京：北京大學出版社，二〇一〇年三月），頁六六。
5 馬瀛：《國學概論》（臺北：第一文化社，一九六九年一月），頁三八二。

說：「我以為研究文法和修辭，當根據完形心理學，作整個的觀察研究，由整篇以研究句語，從整句以研究各個的詞。因為獨立的字與詞，不能斷定其詞性如何，須看它在句中組織中所占的地位。」[6]上述這些說法，都根據語法的原理而立說，因為漢語是孤立語，不能靠著字形辨認詞性，判定一個詞所屬的詞類必須要看它所在的語句位置、語意（詞義）、語法特點而定，因為馬建忠說：「字無定義，故無定類。而欲知其類，當先知上下之文義何如耳。」[7]此即所謂「因句辨詞」（因句辨品）的門法。

一、名詞

「名詞」是表示人、事、物、時、地等名稱的詞，馬建忠稱為「名字」，他說：「名字所以名一切事物者，省曰名。」[8]劉景農說：「名詞，是表示人或事物的名稱。」[9]康瑞琮說：「表示人、事物或者時間、地點名稱的詞叫做名詞。」[10]《論語》的名詞可細分為五類：

6 蔣伯潛：《中學國文教學法》（臺北：泰順書局，一九七二年五月），頁一七七。
7 馬建忠：《馬氏文通》（北京：商務印書館，二〇〇〇年十一月），頁二四。
8 同註7，頁三三。
9 劉景農：《漢語文言語法》（北京：中華書局，二〇〇七年四月），頁二四。
10 康瑞琮：《古代漢語語法》（上海：上海古籍出版社，二〇〇八年一月），頁一四。

㈠普通名詞

楊伯峻、何樂士說：「普通名詞：表示具體事物的名稱。」[11]這是數目較多的一種名詞。

「有朋自遠方來，不亦樂乎？」（〈學而〉一—一）

「朋」是普通名詞，魏何晏引包氏說：「同門曰朋。」[12]詞義正確。

「君子務本，本立而道生。」（〈學而〉一—二）

「本」是普通名詞，魏何晏說：「本，基也。」[13]周光慶、楊合鳴解釋「本」說：「事物的根本、基礎。」[14]均可採。

「子張學干祿。」（〈為政〉二—一八）

「祿」是普通名詞，錢遜說：「祿，古代官吏的俸祿。」[15]詞義正確。

「射不主皮。」（〈八佾〉三—一六）

「皮」是普通名詞，閻韜、馬智強說：「皮，獸皮做成的箭靶子。」[16]詞義正確。

11 楊伯峻、何樂士：《古漢語語法及其發展》（北京：語文出版社，一九九二年三月），頁八〇。
12 〔魏〕何晏集解、〔宋〕邢昺疏：《論語集解》，《論語注疏》卷一（臺北：藝文印書館，一九八一年一月），頁五。
13 同註12，卷一，頁五。
14 周光慶、楊合鳴：《古代漢語教程》（武漢：華中師範大學出版社，二〇〇八年三月），頁一九八。
15 錢遜：《論語讀本》（北京：中華書局，二〇〇七年二月），頁二三。
16 閻韜、馬智強注評：《論語》（南京：鳳凰出版社，二〇〇六年六月），頁二七。

「父母之年，不可不知也。」（〈里仁〉四—二一）

「年」是普通名詞，宋凝、孟德民說：「年，年齡。」[17]詞義正確。

「乘桴浮于海。」（〈公冶長〉五—七）

「桴」、「海」都是普通名詞，宋代朱熹說：「桴，筏也。」[18]詞義正確。

「臧文仲居蔡。」（〈公冶長〉五—一八）

「蔡」是普通名詞，吳宏一說：「蔡，這裡是指古代國君用來占卜的大烏龜。」[19]此說可採。

「三年學，不至於穀，不易得也。」（〈泰伯〉八—一二）

「穀」是普通名詞，宋代朱熹說：「穀，祿也。」[20]而宋代蘇轍說：「穀，善也。善之成而可用，如苗之實而可實也。盡其心力於學，三年而不見其成功者，世無有也。」[21]朱熹從基本層面解釋詞義，而蘇轍從引申層面解釋詞義，二說皆有理。

「危而不持，顛而不扶，則將焉用彼相矣？」（〈季氏〉一六—一）

「相」是普通名詞，周光慶、楊合鳴解釋說：「輔助他人的人。」[22]詞義正確。

---

17 宋凝、孟德民主編：《孔子語錄》（武漢：湖北人民出版社，二〇〇八年三月），頁五九。

18 （宋）朱熹：《論語集注》卷三，《四書章句集注》（臺北：學海出版社，一九九一年三月），頁七七。

19 吳宏一：《論語新繹》（臺北：聯經出版事業股份有限公司，二〇一〇年五月），頁一五四。

20 同註18，卷四，頁二。

21 （宋）蘇轍：《論語拾遺》，《叢書集成新編》（臺北：新文豐出版公司，一九八六年一月），第十七冊，頁五八二。

22 同註14，頁二二六。

顏淵曰：「請問其目。」（〈顏淵〉一二—一）

「目」是普通名詞，黎千駒說：「目，綱目、條目。」[23]詞義正確。

子路問政。子曰：「先之，勞之。」（〈子路〉一三—一）

「政」是普通名詞，伍玉成謂「如何管理政事。」[24]從內涵說明「政」的詞義。

衛靈公問陳於孔子。（〈衛靈公〉一五—一）

「陳」是普通名詞，宋代朱熹說：「陳，謂軍師行伍之列。」[25]可知「陳」謂「戰陣之事」。

「虎兕出於柙。」（〈季氏〉一六—一）

「兕」是普通名詞，宋代朱熹說：「兕，野牛也。」[26]宋代趙順孫說：「兕似牛，一角，青毛，其皮堅厚，可制鎧。」[27]均可採。

「殷有三仁焉。」（〈微子〉一八—一）

「仁」是普通名詞，指「仁人」，錢穆說：「此所謂三仁，也即是處群得其道之人，也可說其是三完人，即三個人格完整的人。」[28]此說可採。

---

23 黎千駒：《論語導讀》（北京：社會科學文獻出版社，二〇一二年六月），頁三七〇。

24 伍玉成：《孔子給年輕人的七十七個處世智慧》（北京：商務印書館國際有限公司，二〇一一年八月），頁一三〇。

25 同註18，卷八，頁一六一。

26 同註18，卷八，頁一七〇。

27 〔宋〕趙順孫：《論語纂疏》卷八，《四書纂疏》（臺北：學海出版社，一九八〇年七月），頁三二七。

28 錢穆：《中國歷史精神》（臺北：東大圖書股份有限公司，二〇〇三年三月），頁一四〇。

「使子路問津焉。」（〈微子〉一八—六）

「津」是普通名詞，王彥坤等說：「津，渡口。」[29]詞義正確。

「譬之宮牆，賜之牆也及肩，闚見室家之好。」（〈子張〉一九—二三）

「宮」是普通名詞，王海棻說：「指一般房屋、住宅。」[30]詞義正確，此處的「宮」並不是指宮殿。

「飯疏食，飲水。」（〈述而〉七—一六）

「疏食」是普通名詞，陳基政說：「疏食，粗飯。」[31]詞義正確。

「卑宮室，而盡力乎溝洫。」（〈泰伯〉八—二一）

「宮室」是普通名詞，王文清說：「宮室，古時對房屋的統稱。」[32]詞義正確。

晨門曰：「奚自？」（〈憲問〉一四—三八）

「晨門」是普通名詞，賴明德、陳弘治、劉本棟說：「晨門，主管城門晨夜開閉者。」[33]此說可採。

---

29 王彥坤等：《古代漢語教程》（廣州：暨南大學出版社，二〇一一年八月），頁一一〇。
30 王海棻：《古代漢語簡明讀本》（北京：社會科學文獻出版社，二〇〇二年八月），頁三三。
31 陳基政：《四書廣解》（臺南：綜合出版社，一九七八年八月），頁一三五。
32 王文清等編：《論語孟子詞典》（濟南：山東教育出版社，二〇〇四年十二月），頁四二。
33 賴明德、陳弘治、劉本棟：《四書讀本》（臺北：黎明文化事業股份有限公司，一九八八年二月），頁二九七。

㈡ 抽象名詞

楊伯峻、何樂士說：「抽象名詞：表示抽象概念的名稱。」[34]這類的名詞多有其哲學上的涵義。

子謂子夏曰：「女為君子儒，無為小人儒。」（〈雍也〉六—一三）

「儒」是抽象名詞，宋代朱熹說：「儒，學者之稱。」[35]南懷瑾說：「『需人』則是人類需要他，社會當中不可缺少的人，這就是『儒者』。」[36]陳立夫認為「君子與小人之分，一則循天理，一則逞人欲，簡言之，即義與利而已。」故孔子在此章勉勵子夏，旨在「欲其重義而輕利也。」[37]此說可採。

「死生有命，富貴在天。」（〈顏淵〉一二—五）

「天」是抽象名詞，余家驥釋為「上天」，[38]此義的「天」近乎人格神。

「孝弟也者，其為仁之本與！」（〈學而〉一—二）

「孝」、「弟」、「仁」都是抽象名詞。

---

34 同註11，頁八〇。

35 同註18，卷三，頁八八。

36 南懷瑾：《論語別裁》（上海：復旦大學出版社，二〇一一年十一月），頁二七五。

37 陳立夫：〈君子與小人〉，《陳立夫儒學研究言論集》（臺北：黎明文化事業股份有限公司，一九八三年七月），頁六七〇。

38 余家驥：《古代漢語常用字匯釋》（呼和浩特：內蒙古人民出版社，二〇〇一年三月），頁三〇四。

「夫仁者，己欲立而立人，己欲達而達人。」（〈雍也〉六—三〇）

「仁」是抽象名詞，程樹德說：「儒家之所謂仁，即佛氏之慈悲。」[39]此說可參考。

「剛、毅、木、訥，近仁。」（〈子路〉一三—二七）

「剛」、「毅」、「木」、「訥」都是抽象名詞，許景重說：「剛，無欲，志強不屈。毅，果斷敢為。木，質樸無華。訥，言語遲緩。」[40]四者都是君子的人格特質。

「中庸之為德也，其至矣乎！」（〈雍也〉六—二九）

「中庸」是抽象名詞，魏何晏說：「庸，常也，中和可常行之德。」[41]「中庸」是孔子提出的最佳處世之道。

「聖人，吾不得而見之矣；得見君子者，斯可矣。」（〈述而〉七—二六）

「聖人」、「君子」都是抽象名詞，宋代朱熹說：「聖人，神明不測之號。君子，才德出眾之名。」[42]此說可採。

(三) 專有名詞

「**專有名詞**」是表示特有的名稱，簡稱為「**專名**」，又稱為「**特有名詞**」，專名在構詞自成一

---

39 程樹德：《論語集釋》（北京：中華書局，二〇一一年二月），頁四三〇。
40 許景重：《四書讀本》（臺南：大行出版社，一九九一年三月），頁一七八。
41 同註12，卷六，頁五五。
42 同註18，卷四，頁九九。

格，建構成為專名的詞。《論語》的專有名詞可細分為人名、山名、水名、地名、國名、氏、族名、種族名、朝代名、書名、篇名、樂名等（參閱第四章第三節「《論語》專名的詞」）。

(四)時間名詞

「時間名詞」是表示時間的名詞，《論語》的實例不多。

「射不主皮，為力不同科，古之道也。」（〈八佾〉三—一六）

「古」為時間名詞，義為「古時」。

伯夷、叔齊餓于首陽之下，民到于今稱之。（〈季氏〉一六—一二）

「今」為表示時間的名詞，義為「今日」。

「少之時，血氣未定，戒之在色。」（〈季氏〉一六—七）

「少」為表示時間的名詞，王天恨解為「少年」，[43]詞義正確。

(五)方位名詞

「方位名詞」是表示方位的名詞，或稱為「方位詞」，《論語》的方位名詞有：上、中、下、內、南、前、後、側、間、際。

「中人以上，可以語上也；中人以下，不可以語上也。」（〈雍也〉六—二一）

第一個「上」、「下」都是方位名詞，表示範圍。第二個和第三個「上」則是抽象名詞，李澤

---

43 王天恨：《四書白話句解》（臺北：文化圖書公司，一九七九年三月），頁一四〇。

厚語譯為「上等」，[44]張榮華語譯為「高深的學問」，[45]二說皆可採。

子在川上，曰：「逝者如斯夫！不舍晝夜。」（〈子罕〉九—一七）

「上」是方位名詞，馬恆君說：「『川上』指河的岸上。」[46]可知此處的「上」義為「河岸上」、「河邊」。

「言寡尤，行寡悔，祿在其中矣。」（〈為政〉二—一八）

「中」是方位名詞，義為「裡面」。

「且在邦域之中矣。」（〈季氏〉一六—一）

「中」是方位名詞，義為「裡面」。

「而謀動干戈於邦內。」（〈季氏〉一六—一）

「內」是方位名詞，義為「內部」。

「南人有言曰：『人而無恆，不可作巫醫。』」（〈子路〉一三—二二）

「南」是方位名詞，義為「南方」。

「瞻之在前，忽焉在後。」（〈子罕〉九—一七）

---

44 李澤厚：《論語今讀》（臺北：允晨文化實業股份有限公司，二〇〇二年六月），頁一五六。

45 張榮華編譯：《孔子語錄》（上海：上海古籍出版社，一九九七年七月），頁八〇。

46 馬恆君：《論語正宗》（北京：華夏出版社，二〇〇七年八月），頁一四一。

「前」、「後」都是方位名詞，義為「前面」、「後面」。

子食於有喪者之側。（〈述而〉七—九）

「側」是方位名詞，義為「旁側」。

「千乘之國，攝乎大國之間。」（〈先進〉一一—二六）

「間」是方位名詞，義為「中間」。

「唐虞之際，於斯為盛。」（〈泰伯〉八—二〇）

「際」是方位名詞，宋代朱熹說：「際，交會之間。」[47]此說可採。

《論語》名詞的語法特點如下：

第一、名詞可以放在動詞或介詞的後面。

第二、一個名詞可以放在另一個名詞前面表現修飾或區別的作用。

第三、名詞的前面可以加上名詞、形容詞、動詞、代詞「其」、數詞加以修飾。

第四、名詞後面不能帶賓語。

第五、名詞不受副詞修飾。

47 同註18，卷四，頁一〇七。

二、動詞

「動詞」是敘述行為與動作、活動的詞，馬建忠稱為「動字」，他說：「動字者，所以言事物之行也。」[48]動詞有的帶著賓語稱為「及物動詞」，又稱為「外動詞」、「他動詞」，李佐豐說：「及物動詞是意義外向的動詞，即動詞所表示的行為、活動可以支配或經常指向主語之外的某個人、物。」[49]動詞中不帶賓語的稱為「不及物動詞」，又稱為「內動詞」、「自動詞」，李佐豐又說：「不及物動詞是意義內向的動詞，即動詞所表述的行為、變化除了陳述主語之外，通常並不支配或指向其他的人、物。」[50]按照其本身的詞義，筆者細分《論語》的動詞為十四類，分述如下：

㈠行為動詞

「行為動詞」是表現一般的行為或某種行動的動詞，《論語》的行為動詞最多，有：共、旅、監、釣、弋、射、叩、侍、為、與、能、攘、相、時、以、書、忍、克、復等。

「為政以德，譬如北辰居其所而眾星共之。」（〈為政〉二—一）

「共」是行為動詞，劉蘇鈺說：「『共』本義是兩手抱拳向上舉往前擺動，表示敬意，此處為

48 同註7，頁一四四。
49 李佐豐：《古代漢語語法學》（北京：商務印書館，二○○四年九月），頁一○二。
50 同註49，頁一○一。

環繞，但有更深層的形象義，這種形象義就是通過錘煉而產生的。」，[51]此說可採。

「季氏旅於泰山。」（〈八佾〉三—六）

「旅」是行為動詞，義為「旅祭」。

「周監於二代。」（〈八佾〉三—一四）

「監」是行為動詞，竹添光鴻說：「監、鑑同，言觀而取法焉。有比擬參伍而斟酌損益之意。監而折衷，是以備矣。」[52]故知「監」義為「觀察取法」。

子釣而不綱，弋不射宿。（〈述而〉七—二七）

「釣」、「弋」、「射」都是行為動詞，宋代朱熹說：「綱，以大繩屬網，絕流而漁者也。弋，以生絲繫矢而射也。」[53]此說可採。

「我叩其兩端而竭焉。」（〈子罕〉九—八）

「叩」是行為動詞，李申說：「叩，考察。」[54]詞義正確。

顏淵、季路侍。（〈公冶長〉五—二六）

「侍」是行為動詞，義為「隨侍」，楊伯峻說：「若單用『侍』字，便是孔子坐著，弟子站

---

51 劉蘇鈺：〈情文並茂——談《論語》對詞語的選擇和運用〉，《語文學刊》二〇一〇年第十期，頁一二〇。

52 〔日本〕竹添光鴻：《論語會箋》（南京：鳳凰出版社，二〇一二年四月），頁一九五。

53 同註18，卷四，頁九九。

54 李申注譯：《論語》（北京：中華書局，二〇一一年三月），頁三四。

著。」[55]十分正確。

子游為武城宰。（〈雍也〉六—一四）

「為」是行為動詞，高小方說：「為：作，做。」[56]詞義正確。

「譬如為山，未成一簣，止，吾止也。」（〈子罕〉九—一九）

「為」是行為動詞，王應凱說：「『為』山即『堆積』丘山。」[57]此說可採。

「論篤是與，君子者乎？色莊者乎？」（〈先進〉一一—二一）

「與」是行為動詞，蔡振清等說：「與，讚許。」[58]詞義正確。

「非曰能之，願學焉。」（〈先進〉一一—二六）

「能」是行為動詞，義為「能夠做到」，王力說：「『能』在目的格『之』字的前面，可見它本身就是敘述詞（主要動詞）。」[59]王力說明了這個「能」用為及物動詞，很正確。

「克己復禮為仁。」（〈顏淵〉一二—一）

「克」是行為動詞，義為「克制」，劉晶、張濤說：「克者勝也，克己就是一個人能夠克制自

55 楊伯峻：《論語譯注》（臺北：五南圖書出版有限公司，一九九九年一月），頁一一五。
56 高小方：《古代漢語》（南京：江蘇教育出版社，二〇〇九年一月），頁一六三。
57 王應凱：〈介詞源流考〉，《西安教育學院學報》一九九四年第二期，頁一七。
58 蔡振清等：《論語解讀》（長沙：湖南人民出版社，二〇〇九年八月），頁一九四。
59 王力：《中國語法理論》（臺北：泰順書局，一九七一年九月），頁五一。

己，戰勝自己，不為外物所誘，不可以任性而為。簡單的說就是努力約束自己，使自己的行為符合禮的要求。」[60]此說可採。

「復」也是行為動詞，宋代朱熹說：「復，反也。」[61]此說為是。

「如有政，雖不吾以，吾其與聞之。」（〈子路〉一三—一四）

「以」是行為動詞，高振鐸說：「動詞『以』可譯為『認為』、『用』等。」[62]按：此處義為「用」。

「朕躬有罪，無以萬方。」（〈堯曰〉二〇—一）

「以」是行為動詞，王景豔說：「表示『涉及』、『牽扯』的意思。」[63]詞義正確。

「其父攘羊，而子證之。」（〈子路〉一三—一八）

「攘」是行為動詞，義為「偷盜」，唐代陸德明說：「有因而盜曰攘。」[64]此說可採。

子張書諸紳。（〈衛靈公〉一五—六）

---

60 劉晶、張濤：〈從《論語》中解讀孔子的樂與悲〉，《現代交際》二〇一二年第四期，頁八。

61 同註18，卷六，頁一三一。

62 高振鐸主編《古籍知識手冊2》（臺北：萬卷樓圖書有限公司，二〇〇〇年十月），頁三二九。

63 王景豔：〈《論語》中「以」的用法〉，《濱州師專學報》第二十卷第三期（二〇〇四年九月），頁七二。

64 〔唐〕陸德明：《經典釋文》卷二十四，《四部叢刊正編》（臺北：臺灣商務印書館，一九七九年十一月），第三冊，頁三四五。

「書」是行為動詞，義為「書寫」。

「小不忍，則亂大謀。」（〈衛靈公〉一五—二七）

「忍」是行為動詞，楊逢彬全面檢索上古的文獻發現，從《論語》、《左傳》時代到《史記》，凡是不帶賓語的「不忍」，都是「不忍心」的意思[65]此說可採。

「固相師之道也。」（〈衛靈公〉一五—四二）

「相」是行為動詞，杜道生說：「相，幫助。」[66]詞義正確。

孔子時其亡也，而往拜之。（〈陽貨〉一七—一）

「時」是行為動詞，義為「等待」，唐代韓愈說：「時當為待，古音亦作峙，南人音作遲，其實待為得。」[67]韓愈認為「時」當為「待」字，此說富有創意，可參考。

㈡感官動詞

「感官動詞」是表現感官所反映出行為的動詞，《論語》的感官動詞有：見、聞、知、哭等。

「子見南子。」（〈雍也〉六—二八）

「見」是感官動詞，義為「面見」。

---

65 陳水福：〈古典文獻的解讀者——專訪楊逢彬教授〉，《國文天地》第二十六卷第十一期（二〇一一年四月），頁九二。

66 杜道生：《論語新注新譯》（北京：中華書局，二〇一一年六月），頁一五〇。

67 〔唐〕韓愈、李翺：《論語筆解》上，《叢書集成新編》（臺北：新文豐出版公司，一九八六年一月）第十七冊，頁五七六。

子在齊聞〈韶〉，三月不知肉味。（〈述而〉七—一四）

「聞」是感官動詞，義為「聽到」；「知」也是感官動詞，義為「體會」。

顏淵死，子哭之慟。（〈先進〉一一—一〇）

「哭」是感官動詞，義為「痛哭」。

㈢心理動詞

「心理動詞」是與心理行為或動作相關的動詞，《論語》的心理動詞有：憚、病、尤、怨、愛、好、以、與、患等。張晶晶說：「《論語》的心理動詞大多數能帶賓語。」[68]此說正確。

「過，則勿憚改。」（〈學而〉一—八）

「憚」是心理動詞，義為「害怕」。

「君子病無能焉，不病人之不己知也。」（〈衛靈公〉一五—一九）

兩個「病」都是心理動詞，義為「擔憂」。

「不怨天，不尤人。」（〈憲問〉一四—三五）

「怨」、「尤」都是心理動詞，義為「埋怨」、「怨尤」。

樊遲問仁。子曰：「愛人。」（〈顏淵〉一二—二二）

「愛」是心理動詞。

68 張晶晶：〈《論語》心理動詞簡析〉，《安徽文學》二〇〇九年第四期，頁二九三。

「鄉人皆好之，何如？」（〈子路〉一三—二四）

「好」（音ㄏㄠˋ，hào）是心理動詞，潘重規說：「好，喜愛。」[69]詞義正確。

「以吾一日長乎爾，毋吾以也。」（〈先進〉一一—二六）

「以」是心理動詞，義為「因為」或「為了」，孫福國說：「這句話的解釋應是：『你們不要因為我比你們年長一些，就不敢談論你們的志向。』」[70]此說可採。

「吾與點也。」（〈先進〉一一—二六）

「與」是心理動詞，毛鵬基說：「與，猶許也。」[71]詞義正確。

「季康子患盜。」（〈顏淵〉一二—一八）

「患」是感官動詞，這是由形容詞意動的活用，「患盜」義為「以盜為患」。

㈣來往動詞

「來往動詞」是表示來去等動作的動詞，這類動詞是不及物的，它的後面接的是表示處所的補語，《論語》的來往動詞有：過、去、行、及、之、適、往等。

孔子過之。（〈微子〉一八—六）

69 潘重規：《論語今注》（臺北：里仁書局，二○○○年三月），頁一八七。

70 孫福國：〈《論語》「毋吾以也」釋義商榷〉，《東莊學院學報》第二十三卷第三期（二○○六年六月），頁九五。

71 毛鵬基：《論語會通》（臺北：雅言出版社，一九六九年八月），頁七八。

「過」是來往動詞，義為「經過」，「之」是表示處所的補語。

微子去之。（〈微子〉一八—一）

「去」是來往動詞，義為「離開」，「之」是表示處所的補語。

孔子行。（〈微子〉一八—四）

「行」是來往動詞，後面沒有使用處所補語。

師冕見，及階，子曰：「階也。」及席，子曰：「席也。」（〈衛靈公〉一五—四二）

兩個「及」都是來往動詞，後面分別使用處所補語「階」、「席」，謝宇解釋「及」為「走到」[72]詞義正確。

子之武城。（〈陽貨〉一七—四）

「之」是來往動詞，義為「到」，「武城」是表示處所的補語，是魯國的城邑。

子適衛。（〈子路〉一三—九）

「適」是來往動詞，義為「到」。

佛肸召，子欲往。（〈陽貨〉一七—七）

「往」是來往動詞，義為「前往」。

---

72 謝宇：〈《論語》中「及」字研究〉，《宜賓學院學報》第九期，頁九三。

(五) 告語動詞

「告語動詞」是用來表示說話、問話、答話的動詞，又稱為「問告動詞」，《論語》的告語動詞有：對、問、曰、語、言、答等，其中「問曰」、「答曰」通常連用。

孟懿子問孝。子曰：「無違。」（〈為政〉二—五）

「問」是告語動詞，義為「請問」；「曰」是告語動詞，義為「回答」。

食不語，寢不言。（〈鄉黨〉一〇—一〇）

「語」是告語動詞，義為「交談」；「言」是告語動詞，義為「自言」。

陳司敗問：「昭公知禮乎？」（〈述而〉七—三一）

「問」是告語動詞，義為「詢問」。

葉公語孔子曰：「吾黨有直躬者，其父攘羊，而子證之。」（〈子路〉一三—一八）

「語」是告語動詞，義為「告訴」。

孔子對曰：「君君；臣臣；父父；子子。」（〈顏淵〉一二—一一）

「對」是告語動詞，義為「回答」；「曰」也是告語動詞，義為「說」。

南宮适問於孔子曰：「羿善射，奡盪舟，俱不得其死然。禹、稷躬稼而有天下。」夫子不答。（〈憲問〉一四—五）

「問」、「曰」、「答」都是告語動詞，「問」義為「請問」，「曰」義為「說」，「答」義為「答覆」。

㈥ **授與動詞**

「授與動詞」是用來表示授與、給予行為的動詞，《論語》的授與動詞有：歸、與，其後會使用「雙賓語」（參閱第五章第三節「賓語」部分）。

陽貨欲見孔子，孔子不見，歸孔子豚。（〈陽貨〉一七—一）

「歸」是授與動詞，施忠連說：「歸，同『饋』，贈送。」[73]詞義正確。

冉子與之粟五秉。（〈雍也〉六—四）

「與」是授與動詞，義為「給予」。

㈦ **致使動詞**

這是含有「使令」義的動詞，它的後面會接著兼語。《論語》的致使動詞有：使，能造成致使型的兼語短語（參閱第六章第一節「兼語短語」部分）。

子使漆雕開仕。（〈公冶長〉五—六）

季氏使閔子騫為費宰。（〈雍也〉六—九）

使子路問津焉。（〈微子〉一八—六）

「使」是致使動詞，義為「派使」。

---

73 施忠連主編：《論語鑑賞辭典》（上海：上海辭書出版社，二〇一一年十一月），頁八八。

㈧意謂動詞

「意謂動詞」是表現「認為、以為」這些義涵的動詞，又稱為「稱謂動詞」，它的後面會接著兼語。《論語》的意謂動詞有：稱、謂、以（參閱第六章第一節「兼語短語」部分）。

邦君之妻，君稱之曰夫人。（〈季氏〉一六—一四）

「稱」是意謂動詞，義為「稱作」、「稱為」。

「雖曰未學，吾必謂之學矣。」（〈學而〉一—七）

「謂」是意謂動詞，「謂之學矣」等於說「謂之曰學矣」，[74]構成一個兼語短語。

「二三子以我為隱乎？」（〈述而〉七—二四）

「以」是意謂動詞，義為「認為」。

㈨存在動詞

「存在動詞」是表示人事物有存在或不存在的動詞，又稱為「存現動詞」，《論語》這類的動詞有：在、存、有、無、亡、於。

「耕也，餒在其中矣；學也，祿在其中矣。」（〈衛靈公〉一五—三二）

兩個「在」都是存在動詞，義為「存在」。

---

[74] 何永清：〈《論語》「謂」字用法析論〉，《臺北市立教育大學學報》（人文社會類）第四十四卷第一期（二〇一三年五月），頁三五。

「籩豆之事，則有司存。」（〈泰伯〉八—四）

「存」是存在動詞，義為「存有」。

「有慟乎？」（〈先進〉一一—一〇）

「有」是存在動詞，張文國、張能甫說：「『有慟』是表示『慟』這種行為的存在。」[75]此說可採。

周有八士：伯達、伯适、仲突、仲忽、叔夜、叔夏、季隨、季騧。（〈微子〉一八—一一）

「有」是存在動詞，義為「存有」。

子路無宿諾。（〈顏淵〉一二—一二）

「無」是存在動詞，義為「沒有」。

「人無遠慮，必有近憂。」（〈衛靈公〉一五—一二）

「無」、「有」都是存在動詞。

「有顏回者好學，不幸短命死矣，今也則亡。」（〈先進〉一一—七）

「有」、「亡」都是存在動詞，「亡」同「無」，義為「沒有」。

「君子無終食之間違仁，造次必於是，顛沛必於是。」（〈里仁〉四—六）

兩個「於」都是存在動詞，李爽說：「『於』字在句中承擔的是謂語的意義，應該理解為動

75 張文國、張能甫：《古漢語語法學》（成都：巴蜀書社，二〇〇三年三月），頁八九。

詞。」[76]義為「存在」。

「人之過也，各於其黨。」（〈里仁〉四—七）

「於」是存在動詞，許世瑛說：「『於』是述詞，『其黨』是止詞，『各』是限制詞。修飾述詞『於』的。」[77]副詞「各」置在「於」前面，可知「於」是動詞，義為「表現出」。

㈩處置動詞

「處置動詞」是表示處置兼語的動詞。《論語》的處置動詞僅有一個：如，它的後面配合疑問代詞「何」，造成處置型兼語短語「如……何」（參閱第六章第一節「兼語短語」部分）。康文娟說：「『如……何』表一種處置，插入中間的詞或短語表處置的對象，意思為『對……怎麼辦』、『把……怎麼辦』、『拿……怎麼樣』。」[78]此說正確。

子曰：「人而不仁，如禮何？人而不仁，如樂何？」（〈八佾〉三—三）

「不能以禮讓為國，如禮何？」（〈里仁〉四—一三）

以上的「如」都是處置動詞。

---

76 李爽：〈《論語》中的「於」、「以」比較〉，《遼寧師範大學學報》（社會科學版）第二十三卷第六期（二〇〇〇年十一月），頁七五。

77 許世瑛：《論語二十篇句法研究》（臺北：臺灣開明書店，一九七八年十月），頁五五。

78 康文娟：〈《論語》中「如」字的詞性和用法〉，《濮陽職業技術學院學報》第二十三卷第三期（二〇一〇年六月），頁五九。

(十)判斷動詞

「判斷動詞」是表示判斷、解釋的動詞，《論語》的判斷動詞有：為、是、非，又稱為「繫詞」（含「準繫詞」）、「判斷詞」。

「可以為文矣。」（〈憲問〉一四—一八）

「為」是判斷動詞，尹煒解釋成「叫做」，[79]詞義正確。

「夫執輿者為誰？」（〈微子〉一八—六）

「子為誰？」（〈微子〉一八—六）

「四體不勤，五穀不分，孰為夫子？」（〈微子〉一八—七）

「為」是表現肯定的判斷動詞，相當於白話的「是」，張文國、張能甫說：「『為』字雖然在先秦時代也可以用作判斷詞，但數量很少。」[80]此說為是。

「滔滔者天下皆是也。」（〈微子〉一八—六）

「是」是表現肯定的判斷動詞，《論語》僅有一例，許世瑛說：「『是』是繫詞，『皆』是加在繫詞上的限制詞。」[81]筆者贊同此說。由於《論語》肯定的判斷動詞「為」、「是」用例甚少，

---

79 尹煒：〈《論語》「為」字研究〉，《三峽大學學報》（人文社會科學版）第二十九卷專輯（二〇〇七年六月），頁八三。

80 同註75，頁二三七。

81 同註77，頁二三三。

且集中在〈微子〉篇，故學界對此問題，多半抱持「肯定判斷句中出現『是』，大約在戰國後期。」[82]這樣的看法。其實，如果《論語》的成書最晚在戰國初期，我們可以斷言肯定判斷動詞「是」，在戰國初開始使用，高小焱說：「我們認為『是』字用為繫詞，在先秦早期的《論語》中就出現了，只是數量較少。」[83]王嘉源謂「繫詞『是』的產生，其應該為萌芽於先秦，在漢代得以進一步的成熟與發展。」[84]此等看法與筆者相近。

「賜也，非爾所及也。」（〈公冶長〉五—一二）

「我非生而知之者，好古敏以求之者也。」（〈述而〉七—二〇）

以上「非」是表示否定的判斷動詞，義為「不是」。

(十一)比擬動詞

「比擬動詞」是用來表示譬喻的動詞，《論語》的比擬動詞有：似、如、猶。其中，只有「似」這一個比擬動詞的後面可以加上助詞「者」，表示「……的樣子」，輔助表現譬喻修辭的效果。[85]「如」、「猶」這兩個比擬動詞則後面直接加上賓語作比擬。

---

82 陳重業主編：《古代漢語基礎》（上海：上海人民出版社，二〇〇三年七月），頁二一三。

83 高小焱：〈談《論語》中的「是」〉，《山東行政學院山東省經濟管理幹部學院學報》二〇〇六年第四期，頁一三〇。

84 王嘉源：〈淺析《論語》中的「是」〉，《文學教育》二〇一三年第一期，頁七〇。

85 何永清：〈《論語》「者」字的用法析論〉，《臺北市立教育大學學報》（人文社會類）第四十卷第一期（二〇〇九年五月），頁一〇三。

1.似

孔子於鄉黨，恂恂如也，似不能言者。（〈鄉黨〉一〇—一）

「其言似不足者。」（〈鄉黨〉一〇—四）

「屏氣似不息者。」（〈鄉黨〉一〇—四）

「似」都是比擬動詞，義為「像」、「好像」。

2.如

「不義而富且貴，於我如浮雲。」（〈述而〉七—一六）

「君子之過也，如日月之食焉。」（〈子張〉一九—二一）

「如」都是比擬動詞，義為「像」、「好像」。

「不如丘之好學也。」（〈公冶長〉五—二八）

這個「如」是表示類同的比擬動詞，劉鳳說：「表示『和……一樣』。」[86]詞義正確。

3.猶

「文猶質也，質猶文也。虎豹之鞟，猶犬羊之鞟。」（〈顏淵〉一二—八）

「猶」都是比擬動詞，義為「像」、「好像」。

86 劉鳳：〈《論語》中的比較句考察〉，《晉中學院學報》第二十五卷第五期（二〇〇八年十月），頁四。

(十三)比較動詞

這是用來表示平比、差比概念的動詞，《論語》的比較動詞有：逮、及、過、尚、踰、如。

「古者言之不出，恥躬之不逮也。」（〈里仁〉四—二三）

「逮」是差比的比較動詞，義為「趕得上」。

「其知可及也，其愚不可及也。」（〈公冶長〉五—二一）

兩個「及」都是表示平比的比較動詞，義為「趕得上」。

「由也好勇過我，無所取材。」（〈公冶長〉五—七）

「過」是表示差比的比較動詞，義為「勝過」。

「好仁者，無以尚之。」（〈里仁〉四—六）

「尚」是表示差比的比較動詞，楊伯峻說：「動詞，超過之意。」[87]詞義正確。

「無友不如己者。」（〈學而〉一—八）

「嗚呼！曾謂泰山不如林放乎？」（〈八佾〉三—六）

「如」是差比的比較動詞，義為「及」。

「他人之賢者，丘陵也，猶可踰也；仲尼，日月也，無得而踰焉。」（〈子張〉一九—二四）

「踰」是表示超越的比較動詞。

87 同註55，頁七八。

(十四)能願動詞

「能願動詞」是表示能夠、願望等期望的動詞，又稱為「助動詞」、「助謂詞」（auxiliary predicate），李佐豐說：「能願動詞主要表示可能性、可行性和願望、態度等。」[88]《論語》的能願動詞有：必、能、得、敢、可、可以、足、足以、無以、欲、願，大多數都是單詞，只有「可以」、「足以」、「無以」這三個是帶詞尾詞的形態。筆者認為《論語》的能願動詞，按照它們的義涵可分為四組：

第一組是「欲」、「願」，表示願望，義為「想、想要」。

「君子欲訥於言而敏於行。」（〈里仁〉四—二四）

子欲居九夷。（〈子罕〉九—一四）

顏淵死，門人欲厚葬之。（〈先進〉一一—一一）

孺悲欲見孔子。（〈陽貨〉一七—二〇）

以上「欲」都是能願動詞。

「願聞子之志。」（〈公冶長〉五—二六）

「願」是能願動詞。

第二組是「得」，表示「可能」。

---

88 李佐豐：《先秦漢語實詞》（北京：北京廣播學院出版社，二〇〇三年一月），頁二二四。

「君子之至於斯也，吾未嘗不得見也。」（〈八佾〉三—二四）

「得」是能願動詞。

第三組是「能」、「敢」、「可」、「可以」、「足」、「足以」、「無以」，表示「能夠」或「不能夠」。

「今之孝者，是謂能養。」（〈為政〉二—七）

「能」是能願動詞。

「賜也何敢望回？」（〈公冶長〉五—九）

「敢」是能願動詞。

「三年無改於父之道，可謂孝矣。」（〈學而〉一—一一、〈里仁〉四—二〇）

「可」是能願動詞。

「不仁者，不可以久處約，不可以長處樂。」（〈里仁〉四—二）

兩個「可以」都是能願動詞。

「夏禮，吾能言之，杞不足徵也；殷禮，吾能言之，宋不足徵也。」（〈八佾〉三—五）

兩個「足」都是能願動詞。

「退而省其私，亦足以發，回也不愚。」（〈為政〉二—九）

「足以」是能願動詞。

「好仁者，無以尚之。」（〈里仁〉四—六）

「無以」是能願動詞。

第四組是「必」，表示「一定可以」。

「雖曰未學，吾必謂之學矣。」（〈學而〉一－七）

「必」是能願動詞。

《論語》動詞的語法特點如下：

第一、動詞的前面可以接受副詞的修飾。

第二、及物動詞作謂語時，後面會接著賓語。

第三、告語動詞、授與動詞的後面會連接雙賓語。

第四、致使動詞、意謂動詞、存在動詞有時會構成兼語短語。

第五、能願動詞的後面通常會使用一個其他的動詞作為動作的描述。

三、形容詞

「形容詞」是描寫人事物的性質或狀態的詞，馬建忠稱為「靜字」，他說：「靜字所以肖事物之形者。」[89]黃六平說：「形容詞是表示事物的特徵和行為狀態的詞。」[90]，楊伯峻、何樂士說：

---

89 同註7，頁一一一。

90 黃六平：《漢語文言語法綱要》（新北：漢京文化事業有限公司，一九八三年四月），頁一八。

「形容詞是表示人、地或事物的性質或狀態的詞。」[91]一般而言，《論語》形容詞可細分為二類：性質形容詞與狀態形容詞。施向東、冉啟彬說：

> 根據意義，形容詞可分為兩大類：表示人或事物性質的形容詞：如「智」「愚」「難」「易」「善」「惡」「賢」「不肖」「堅貞」「謹厚」等。
> 表示人或事物狀態的形容詞：如「紅」「白」「狹」「廣」「方」「圓」「厚」「薄」「大」「小」「深」「淺」等。[92]

㈠性質形容詞

張雙棣等說：「古代漢語的性質形容詞一般都是單音節的。」[93]此說可供我們判別形容詞的參考。

「色難。」（〈為政〉二—八）

「難」是性質形容詞，義為「困難」。

---

91 同註12，頁一七九。

92 施向東、冉啟彬主編：《古代漢語基礎》（北京：北京大學出版社，二〇一〇年四月），頁一三八。

93 張雙棣等：《古代漢語知識教程》（北京：北京大學出版社，二〇〇一年九月），頁二四五。

「『巧笑倩兮，美目盼兮，素以為絢兮。』何謂也？」（〈八佾〉三─八）

「巧」是性質形容詞，義為「靈巧」；「美」也是性質形容詞，義為「美麗」。

「雍也仁而不佞。」（〈公冶長〉五─五）

「仁」是性質形容詞，義為「仁慈」；「佞」也是性質形容詞，義為「口齒伶俐」。

子謂子貢曰：「女與回也孰愈？」（〈公冶長〉五─九）

「愈」是性質形容詞，余家驥釋為「強，較好。」[94]詞義正確。

「吾未見剛者。」（〈公冶長〉五─一一）

「剛」是性質形容詞，義為「剛正」。

「孰謂微生高直？」（〈公冶長〉五─二四）

「直」是性質形容詞，義為「正直」。

「由也果，於從政乎何有？」（〈雍也〉六─八）

「果」是性質形容詞，錢穆說：「果，有決斷。」[95]詞義正確。

「賢哉，回也。」（〈雍也〉六─一一）

「賢」是性質形容詞，義為「賢德的」。

---

94 同註38，頁三八八。

95 錢穆：《論語新解》（臺北：東大圖書有限公司，二〇〇八年十月），頁一五五。

「質勝文則野，文勝質則史。文質彬彬，然後君子。」（〈雍也〉六—一八）

「史」「野」都是性質形容詞，林松、劉俊田、禹克坤說：「史，這裡是虛浮無誠意的意思。」[96]「彬彬」也是性質形容詞，魏何晏引包氏說：「彬彬，文質相半之貌。」[97]此皆可採。

「夫子聖者與？」（〈子罕〉九—六）

「聖」是性質形容詞，董楚平說：「此『聖』字，指『多能』，是『聖』的本義。」[98]此說正確。

(二)狀態形容詞

張雙棣等說：「狀態形容詞都是表達靜態的描寫，即表示『……的樣子』。從形式上分析，古代漢語的狀態形容詞都是雙音節或多音節的。」[99]此說為是。

「德不孤，必有鄰。」（〈里仁〉四—二五）

「孤」是狀態形容詞，徐伯超語譯為「孤立」，[100]詞義正確。

「中庸之為德也，其至矣乎！民鮮久矣。」（〈雍也〉六—二九）

---

96 林松、劉俊田、禹克坤譯注：《四書》（臺北：臺灣古籍出版社，一九九六年八月），頁一五〇。

97 同註12，卷六，頁五四。

98 董楚平：《論語鉤沉》（北京：中華書局，二〇一一年一月），頁二〇六。

99 同註93，頁二四八。

100 徐伯超：《四書讀本》（臺南：綜合出版社，一九七六年八月），頁八三。

「鮮」是狀態形容詞，義為「少」。

「君子篤於親，則民興於仁。」（〈泰伯〉八—二）

「篤」是狀態形容詞，余家驥解釋「篤」為「忠誠，厚道。」[101]詞義正確。

季氏富於周公。（〈先進〉一一—一七）

「富」是狀態形容詞，義為「富裕」。

子曰：「庶矣哉！」（〈子路〉一三—九）

「庶」是狀態形容詞，宋代朱熹說：「庶，眾也。」[102]故知「庶」義為「多」。

「久要不忘平生之言。」（〈憲問〉一四—一二）

「要」是狀態形容詞，李國輝說：「要，通『約』，此指窮困。」[103]故知此處的「要」為形容詞，義為「窮困」。

「二三子！偃之言是也。」（〈陽貨〉一七—四）

「是」是狀態形容詞，劉蘭玲說：「其意義為『是非』之『是』，即『正確、對』的含義。」[104]詞義正確。

---

101 同註38，頁七二。

102 同註18，卷七，頁一四三。

103 李國輝：《論語今解》（合肥：黃山書社，二〇一一年十二月），頁四五八。

104 劉蘭玲：〈探析《論語》中「是」的用法及其發展流變〉，《白城師範學院學報》第二十一卷第四期，頁二六。

「周監於二代，郁郁乎文哉！」（〈八佾〉三—一四）

「郁郁乎」是狀態形容詞，這是疊字加上詞尾「乎」的形容詞，宋代朱熹說：「郁郁，文盛貌。」[105]此說可採。

子食於有喪者之側，未嘗飽也。（〈述而〉七—九）

「飽」是狀態形容詞，義為「飽食」。

「仁遠乎哉？」（〈述而〉七—三〇）

「遠」是狀態形容詞，義為「遙遠」。

此外，筆者認為《論語》形容詞又可以依照它們所形容的對象，分成五類：

㈠**狀人形容詞**：用來形容人物的情狀。

子曰：「君子周而不比，小人比而不周。」（〈為政〉二—一四）

「周」、「比」都是狀人形容詞，魏何晏引孔安國說：「忠信為周，阿黨為私。」[106]是知「周」義為「周普」，「比」義為「偏比」。

子曰：「棖也慾，焉得剛？」（〈公冶長〉五—一一）

「慾」、「剛」都是狀人形容詞，「慾」義為「多慾」，「剛」義為「剛正」。

105 同註18，卷二，頁六五。

106 同註12，卷二，頁一八。

子樂。（〈先進〉一一—一三）

「樂」是狀人形容詞，義為「高興」。

㈡狀事形容詞：用來形容事物的情狀。

「信近於義，言可復也。恭近於禮，遠恥辱也。」（〈學而〉一—一三）

兩個「近」都是狀事形容詞，義為「符合的」。

「巧言、令色，鮮矣仁！」（〈學而〉一—三、〈陽貨〉一七—一七）

「鮮」是狀事形容詞，義為「少」。

「人無遠慮，必有近憂。」（〈衛靈公〉一五—一二）

「遠」是狀事形容詞，義為「長遠的」；「近」是狀事形容詞，義為「近前的」。

「夫三年之喪，天下之通喪也。」（〈陽貨〉一七—二一）

「通」是狀事形容詞，義為「共通的」。

「邦有道，穀；邦無道，穀，恥也。」（〈憲問〉一四—一）

「有道」、「無道」都是狀事形容詞，指「太平」或「動盪不安」。

㈢狀物形容詞：用來形容植物、無生物、擬生物的情狀。

子曰：「歲寒，然後知松柏之後彫也。」（〈子罕〉九—二八）

「寒」是狀物形容詞，義為「寒冷」；「彫」是狀物形容詞，義為「凋零」。

子謂〈韶〉，盡美矣，又盡善也。謂〈武〉，盡美矣，又盡善也。（〈八佾〉三—二五）

「美」、「善」都是狀物形容詞，義為「美好」。

迅雷風烈，必變。（〈鄉黨〉一〇—二五）

「迅」是狀物形容詞，義為「迅急」；「烈」是狀物形容詞，義為「猛烈」。

(四)**狀時形容詞**：用來形容時間的情狀。

「莫春者，春服既成。」（〈先進〉一一—二六）

「莫」是狀時形容詞，義為「晚後的」，「莫春」指春天的三月。

(五)**狀地形容詞**：用來形容地點的情狀。

「有朋自遠方來，不亦樂乎？」（〈學而〉一—一）

「遠」是狀地形容詞，義為「遙遠的」。

《論語》形容詞的語法特點如下：

第一、名詞的前面能加上形容詞、數詞、代詞加以修飾。

第二、形容詞可以接受副詞的修飾。

第三、形容詞作謂語，後面不帶賓語。

第二節 《論語》的數詞與量詞

一、數詞

「數詞」是表示數目或次第的詞，馬建忠稱為「滋靜」，他說：「滋靜者，以言事物之幾何也。」[107]《論語》的數詞，可細分為四類：

㈠基數

「基數」是計算人事物數目的數詞，《論語》的基數有：一、二、兩、三、四、五、六、七、八、九、十、百、九百、千。

1. 一

王秀玲說：「古人認為一是萬物之本，並由此而引申出豐富的文化意韻。」[108]

「一簞食，一瓢飲，在陋巷，人不堪其憂，回也不改其樂。」（〈雍也〉六－一一）

子曰：「譬如為山，未成一簣，止，吾止也；譬如平地，雖覆一簣，進，吾往也。」（〈子罕〉九－一九）

---

107 同註7，頁一一一。

108 王秀玲：〈古代數詞「一、三、九」的文化意蘊〉，《文教資料》二〇〇六年第四期，頁七八。

「以吾一日長乎爾，毋吾以也。」（〈先進〉一一—二六）

「一日克己復禮，天下歸仁焉。」（〈顏淵〉一二—一）

「一言而興邦，有諸？」（〈子路〉一三—一五）

「如知為君之難也，不幾乎一言而興邦乎？」（〈子路〉一三—一五）

「一言而喪邦，有諸？」（〈子路〉一三—一五）

「如不善而莫之違也，不幾乎一言而喪邦乎？」（〈子路〉一三—一五）

「有一言而可以終身行之者乎？」（〈衛靈公〉一五—二四）

「君子一言以為知，一言以為不知，言不可不慎也。」（〈子張〉一九—二五）

以上的「一」都是基數，分別跟它後面的名詞組成「數詞短語」，《論語》同樣的「一言」，在不同的篇章有不同的涵義，陸曉華說：「在具體語境制約之下，數詞與名詞的組合形式，存在著許多同形異義的現象。」[109]即是指此。

「舉一隅，不以三隅反，則不復也。」（〈公治長〉七—八）

「一」、「三」都是基數。

2.二

子貢曰：「必不得已而去，於斯二者何先？」（〈顏淵〉一二—七）

---

109 陸曉華：〈《論語》數詞研究〉，《阜陽師範學院學報》（社會科學版）二〇〇一年第二期，頁二七。

「聞斯二者。」（〈季氏〉一六—一三）

以上的「二」都是基數。

3. 兩

「邦君為兩君之好，有反坫，管氏亦有反坫。」（〈八佾〉三—二二）

「有鄙夫問於我，空空如也。我叩其兩端而竭焉。」（〈子罕〉九—八）

以上的「兩」都是基數。

4. 三

「三年無改於父之道，可謂孝矣。」（〈學而〉一—一一、〈里仁〉四—二〇）

子曰：「三人行，必有我師焉。擇其善者而從之，其不善者而改之。」（〈述而〉七—二二）

子在齊聞〈韶〉，三月不知肉味，曰：「不圖為樂之至於斯也。」（〈述而〉七—一四）

楊伯峻語譯「三月」為「很長時間。」[110]錢穆說：「此三月中常聞〈韶〉樂，故不知肉味。」[111]前者釋「三」為虛寫的數詞，後者釋「三」為實寫的數詞，都有道理，並存其說。

「回也，其心三月不違仁，其餘則日月至焉而已矣。」（〈雍也〉六—七）

「三月」的「三」無論是解為實數或虛數，都表示顏淵對於修養「仁」的毅力與堅持，張蓓蓓

---

110 同註55，頁一五四。

111 同註95，頁一八八。

說：「不違仁其實就是直心而行，盡力而為，不怠不餒。」[112]即是此意。

「君子所貴乎道者三。」（〈泰伯〉八—四）

祭肉不出三日，出三日，不食之矣。（〈鄉黨〉一〇—九）

對曰：「異乎三子者之撰。」（〈先進〉一一—二六）

「三子者出，曾皙後。」（〈先進〉一一—二六）

「夫三子者之言，何如？」（〈先進〉一一—二六）

「君曰：『告夫三子』者，之三子告，不可。」（〈憲問〉一四—二一）

「必不得已而去，於斯三者何先？」（〈顏淵〉一二—七）

「《書》云：『高宗諒陰，三年不言。』何謂也？」（〈憲問〉一四—四〇）

「君薨，百官總己以聽冢宰三年。」（〈憲問〉一四—四〇）

「益者三友，損者三友。」（〈季氏〉一六—四）

「益者三樂，損者三樂。」（〈季氏〉一六—五）

「侍於君子有三愆。」（〈季氏〉一六—六）

「君子有三戒。」（〈季氏〉一六—七）

「君子有三畏。」（〈季氏〉一六—八）

112 張蓓蓓：《認識國學》（臺北：臺灣學生書局，二〇〇四年十月），頁一七七。

「君子有三變。」（〈子張〉一九—九）

「古者民有三疾，今也或是之亡也。」（〈陽貨〉一七—一六）

「三年之喪，期已久矣。君子三年不為禮，禮必壞；三年不為樂，樂必崩。」（〈陽貨〉一七—二一）

「子生三年，然後免於父母之懷。夫三年之喪，天下之通喪也。予也有三年之愛於其父母乎？」（〈陽貨〉一七—二一）

以上的「三」都是基數，尹戴忠說：「《論語》中的『三年』均為實數。」[113]確為如此。

5. 四

「有君子之道四焉。」（〈公冶長〉五—一六）

子絕四：毋意，毋必，毋固，毋我。（〈子罕〉九—四）

子張曰：「何謂四惡？」（〈堯曰〉二〇—二）

以上的「四」都是基數。

6. 五

冉子與之粟五秉。（〈雍也〉六—四）

---

113 尹戴忠：〈淺說《論語》中的「三」〉，《湘潭師範學院學報》（社會科學版）第二十七卷第六期（二〇〇五年十一月），頁九一。

孔子曰：「能行五者於天下為仁矣。」（〈陽貨〉一七—六）

子張曰：「何謂五美？」（〈堯曰〉二〇—二）

以上的「五」，都是基數詞。

孔子曰：「祿之去公室，五世矣！政逮於大夫，四世矣！故夫三桓之子孫微矣。」（〈季氏〉一六—三）

子曰：「尊五美，屏四惡，斯可以從政矣。」（〈堯曰〉二〇—二）

以上的「五」、「四」，都是基數。

7. 六

子曰：「由也！女聞六言六蔽矣乎？」（〈陽貨〉一七—八）

兩個「六」都是基數。

8. 七

子曰：「善人教民七年，亦可以即戎矣。」（〈子路〉一三—二九）

子曰：「作者七人矣。」（〈憲問〉一四—三七）

以上的「七」都是基數。

9. 八

周有八士：伯達、伯适、仲突、仲忽、叔夜、叔夏、季隨、季騧。（〈微子〉一八—一一）

「八」是基數，漢代鄭玄說：「周公相成王致太平時，四乳而生八子，皆有賢行和氣之所致也。」[114]此說帶有神話色彩。

10.九

「有婦人焉，九人而已。」（〈泰伯〉八—二〇）

孔子曰：「君子有九思。」（〈季氏〉一六—一〇）

以上的「九」都是基數。

11.十

子張問：「十世可知也？」（〈為政〉二—二三）

「十室之邑，必有忠信如丘者焉。」（〈公治長〉五—二八）

武王曰：「予有亂臣十人。」（〈泰伯〉八—二〇）

「自諸侯出，蓋十世希不失矣。」（〈季氏〉一六—二）

以上的「十」都是基數。

12.百

「其或繼周者，雖百世可知也。」（〈為政〉二—二三）

「百」是基數。「百」是「一百」的意思，「百」之前略「一」，這是先秦漢語的語法，李佐豐說：「『一』至『九』是個數，『十』、『百』、『千』、『萬』等是位數。……當個數是

114 鄭靜若：《論語鄭氏注輯述》（臺北：學海出版社，一九八一年二月），頁一三四。

『二』時，這個『二』往往可以不用。」[115]此說可採。

13.九百

原思為之宰，與之粟九百，辭。（〈雍也〉六—五）

「九百」是基數。

14.千

子曰：「由也，千乘之國可使治其賦也，不知其仁也。」（〈公冶長〉五—八）

齊景公有馬千駟，死之日，民無德而稱焉。（〈季氏〉一六—一二）

以上的「千」都是基數詞。

子曰：「求也，千室之邑，百乘之家，可使為之宰也，不知其仁也。」（〈公冶長〉五—八）

「千」、「百」都是基數。

「千乘之國，攝乎大國之間，加之以師旅，因之以饑饉。由也為之，比及三年，可使有勇，且知方也。」（〈先進〉一一—二六）

「千」、「三」都是基數。

(二)序數

「序數」是表示次第的數詞。《論語》的序數，有數字與非數字兩種類型：

---

115 同註88，頁二二四。

其一、數字型的序數

子曰：「年四十而見惡焉，其終也已。」（〈陽貨〉一七—二六）

「四十」是序數，表示第四十的歲數。

其二、非數字型的序數

孔子曰：「生而知之者，上也；學而知之者，次也；困而學之，又其次也；困而不學，民斯為下矣。」（〈季氏〉一六—九）

「上」、「次」、「又其次」、「下」都是非數字型序數，方亮、查中林說：「『上、次、又其次、下』依次表示『第一、第二、第三、第四』的次序。」[116]此說可採。

曰：「敢問其次。」曰：「宗族稱孝焉，鄉黨稱弟焉。」曰：「敢問其次。」曰：「言必信，行必果，硜硜然小人哉！抑亦可以為次矣。」（〈子路〉一三—二〇）

「其次」、「次」都是序數，黃六平說：「用『次』或『其次』也能表示序數。」[117]此說為是。

周有八士：伯達、伯适、仲突、仲忽、叔夜、叔夏、季隨、季騧。（〈微子〉一八—一一）

「伯」、「仲」、「叔」、「季」都是序數，達正岳、尹順民說：「用『伯、仲、叔、季』表示排行次序。」[118]此說可採。

---

116 方亮、查中林：〈簡析《論語》中的數詞〉，《現代語文》二〇〇七年第十期，頁三二。

117 同註90，頁一四四。

118 達正岳、尹順民：〈《論語》數量詞分析〉，《甘肅廣播電視大學學報》第十八卷第四期，頁三六。

㈢分數

「分數」是表示比例的數詞，《論語》的分數幾乎都以基數的形態出現，無法在形式上直接辨析，必須從它表達的內涵去判斷，和現代漢語的分數形態不同，所以歐陽國泰說：「分數的表示法在寫《論語》的時候似乎還沒出現。」[119]確為如此。

「三分天下有其二，以服事殷。」（〈泰伯〉八—二〇）

「二」是分數，義為「三分之二」。

必有寢衣，長一身有半。（〈鄉黨〉一〇—六）

「半」是分數詞，指「二分之一」，李佐豐說：「二分之一常用『半』表示。」[120]正確可採。

曰：「二吾猶不足，如之何其徹也？」（〈顏淵〉一二—九）

「二」指「十分之二」的稅率，是分數，《論語》僅寫出分子，沒有寫出分母。

㈣概數

「概數」是表示大概數目的數詞，又稱為「約數」。《論語》的概數有兩種形態：

其一、相鄰近數字的概數

《論語》這類概數，理應屬於「並列短語」的結構，但語法學者大多視為詞。

119 歐陽國泰：〈《論語》、《孟子》構詞法比較〉，《廈門大學學報》（哲社版）一九九四年第二期，頁四二。

120 同註88，頁二二一。

「莫春者，春服既成，冠者五六人，童子六七人，浴乎沂，風乎舞雩，咏而歸。」（〈先進〉一一—二六）

「五六」、「六七」是概數詞。

「方六七十，如五六十，求也為之，比及三年，可使足民。」（〈先進〉一一—二六）

「六七十」、「五六十」都是概數詞，而「三」是基數詞。

曰：「安見方六七十如五六十而非邦也者？」（〈先進〉一一—二六）

「六七十」、「五六十」都是概數詞，「六七十」為「六十、七十」的節縮、「五六十」為「五十、六十」的節縮。

其二、約略尾數的概數

《論語》這類的概數，是取一個整數而言，僅有一例：

「《詩》三百，一言以蔽之，曰：『思無邪。』」（〈為政〉二—二）

「三百」是概數，丁桂香說：「《詩經》實際數目有三〇五篇，說『三百篇』是個約數。」[121]正是此意。

(五) 數詞的活用

《論語》中的某些數詞，如果它們用在動詞前面，則會活用為「副詞」（參閱第五章第二

121 丁桂香：〈《論語》中的數詞〉，《安陽師範學院學報》二〇〇七年第六期，頁九〇。

節），表示頻數，用來修飾它後面的那個動詞，例如：

「泰伯，其可謂至德也已矣！三以天下讓，民無得而稱焉。」（〈泰伯〉八─一）

「三」活用為表示頻數的副詞，義為「多次地」，鄧章應說：「數詞和動詞中間有一個介詞短語，三修飾的是一個狀中短語。」[122]其實「三」不僅修飾介詞短語「以天下」，也修飾了動詞「讓」。

柳下惠為士師，三黜。（〈微子〉一八─二）

「三」活用為表示頻數的副詞，義為「多次地」，修飾動詞「黜」。

《論語》數詞的語法特點如下：

第一、數詞可以置於名詞前面，也可以放在名詞後面。

第二、《論語》大部分是基數詞，序數詞比較少。

第三、《論語》的序數除了可以數詞來表示外，也可以借用方位名詞（上、下、次）或短語（又其次）來表示。

第四、《論語》的分數尚未形成現代漢語「幾分之幾」的固定形式。

第五、《論語》的數詞有實寫的數目，也有虛寫的數目。

第六、《論語》少數的數詞會活用作為副詞，來修飾它後面的動詞。

122 鄧章應：〈《論語》「三」的用法〉，《沙洋師範高等專科學校學報》二〇〇三年第六期，頁六六。

二、量詞

「量詞」是表示人事物計量單位的詞，又稱為「單位詞」、「單位名詞」，李佐豐說：「量詞是表示計量的單位。」[123]《論語》的量詞都是「名量詞」，沒有動量詞，可與基數詞配合，用來計算事物的數目，它又稱為「物量詞」，分為兩種類型：

㈠度量量詞

「度量量詞」是表示時間、長度、容量的量詞。

其一、時間量詞

「時間量詞」是表示時間、時段的量詞，《論語》的時間量詞有：日、月、期月、年、世。

「一日克己復禮，天下歸仁焉。」（〈顏淵〉一二—一）

祭肉不出三日，出三日，不食之矣。（〈鄉黨〉一〇—九）

齊人歸女樂，季桓子受之，三日不朝。（〈微子〉一八—四）

以上「日」是時間量詞。

子在齊聞〈韶〉，三月不知肉味。（〈述而〉七—一四）

「月」是時間量詞。

123 李佐豐：《古代漢語語法學》（北京：商務印書館，二〇〇四年九月），頁六七。

「期月而已可也。」（〈子路〉一三—一〇）

「期月」是時間量詞，宋代朱熹說：「期月，謂周一歲之月也。」[124]可知「期月」指「一周年」，一年有十二月故謂「期月」。

「三年學，不至於穀，不易得也。」（〈泰伯〉八—一二）

「三年有成。」（〈子路〉一三—一〇）

「善人教民七年，亦可以即戎矣。」（〈子路〉一三—二九）

「夫三年之喪，天下之通喪也。」（〈陽貨〉一七—二一）

以上的「年」是時間量詞。

「祿之去公室，五世矣！政逮於大夫，四世矣！」（〈季氏〉一六—三）

以上的「世」是時間量詞。

其二、長度量詞

「長度量詞」是表示長度的量詞，《論語》的長度量詞有：尺、仞。

「可以託六尺之孤。」（〈泰伯〉八—六）

「尺」是長度量詞。

「夫子之牆數仞。」（〈子張〉一九—二三）

---

124 同註18，卷七，頁一四四。

「仞」是長度量詞，宋代朱熹說：「七尺曰仞。」[125]詞義正確。

其三、容量量詞

「容量量詞」是表示容量的量詞，《論語》的容量量詞有：釜、庾、秉。

子曰：「與之釜。」（〈雍也〉六—四）

「釜」是容量量詞，宋代朱熹說：「釜，六斗四升。」[126]詞義正確。

請益，曰：「與之庾。」（〈雍也〉六—四）

「庾」是容量量詞，宋代朱熹說：「庾，十六斗。」[127]詞義正確。

冉子與之粟五秉。（〈雍也〉六—四）

「秉」是容量量詞，宋代朱熹說：「秉，十六斛。」[128]詞義正確。

㈡借用量詞

「借用量詞」是將名詞借用為名量詞，《論語》這類的量詞有：簞、瓢、室、乘、人、駟。

「一簞食，一瓢飲，在陋巷，人不堪其憂，回也不改其樂。」（〈雍也〉六—一一）

「簞」、「瓢」都是量詞，李建業說：「『簞』本是盛飯的竹器，『瓢』為盛水的器具，借用

125 同註18，卷十，頁一九二。
126 同註18，卷三，頁八五。
127 同註18，卷三，頁八五。
128 同註18，卷三，頁八五。

為量詞。」[129]江明鏡說：「『簞、瓢』都是容器，這裡用作名量詞。」[130]均可採。

「十室之邑，必有忠信如丘者焉。」（〈公冶長〉五—二八）

「室」是借用量詞，「十室之邑」即「十戶的人家」。

「陳文子有馬十乘。」（〈公治長〉五—一九）

「乘」是借用量詞，「乘」義為「四馬」，「十乘」即四十匹馬，清代張玉書說：「物四數皆曰乘。」[131]「乘」本指「一車四馬」，此處借用「乘」來計量馬，這是一種含混運用量詞的現象。

「三人行，必有我師焉。」（〈述而〉七—二二）

舜有臣五人，而天下治。（〈泰伯〉八—二〇）

「人」是借用量詞。

齊景公有馬千駟。（〈季氏〉一六—一二）

「駟」是借用量詞，楊伯峻說：「古代一般用四匹馬駕一輛車，所以一駟就是四匹馬。」[132]故知「千駟」義為「四千匹馬」，兼有修辭上的乘法的數趣。

從《論語》量詞的使用情況看，它的數量不多，未構成一個完全而標準化的系統，滿方認為

129 李建業：〈談《論語》中的數詞〉，《語文學刊》二〇〇五年第十期，頁六六。

130 江明鏡：〈《論語》中的數詞與量詞〉，《昌吉學院學報》二〇〇六年第一期，頁四三。

131（清）張玉書主編、嚴一萍校訂：《校正康熙字典》（臺北：藝文印書館，一九六五年一月），頁二〇三。

132 同註55，頁三八一。

《論語》量詞的語義特徵為：「名詞兼作量詞、量名合一的現象十分普遍」，「《論語》中的度量容量詞雖然沒有一套完整的體系，但也反映了當時社會中的度量容量單純的面貌。」「《論語》中的量詞有表量含混的現象」。[133]這些看法都值得我們作參考。

《論語》量詞的語法特點如下：

第一、量詞很少單獨使用，作為句子的成分。

第二、量詞通常與基數詞一起使用，方可計量。

第三、《論語》僅有名量詞，沒有動量詞，同時《論語》的量詞不發達。

第四、《論語》純粹的名量詞數量不多，有些還是借用名詞而形成的借用量詞。

第三節 《論語》的代詞

一、代詞

「代詞」是用來代替人、事、物的詞，又稱為「代名詞」、「稱代詞」、「指稱詞」，馬建忠稱為「代字」，他說：「代字者，所以指名也，文中隨在代名而有所指也。凡行文所以用代字者，

133 滿方：〈《論語》量詞析論〉，《山東教育學院學報》二〇〇五年第五期，頁四九。

免重複，求簡潔耳。」[134]可知代詞可以讓文句簡潔而不必冗贅重述名詞或某些語意，《論語》的代詞可分為六類：

㈠人稱代詞

「人稱代詞」是稱代人的代詞。

1.第一人稱代詞

「第一人稱代詞」是稱本身的代詞，又稱「一身代詞」，《論語》的第一人稱代詞有：朕、予小子、予一人、吾、我、予。李慧媛、吳煥寶、王豔峰謂《論語》的稱謂詞語「基本反映了東周時期當時的稱謂習慣及交際禮儀」，[135]此說可採。

「朕躬有罪，無以萬方；萬方有罪，罪在朕躬。」（〈堯曰〉二〇—一）

「朕」是第一人稱代詞，劉鴻愚、梁莎莎說：「到秦朝時，『朕』的詞義縮小為皇帝專用的自稱。和『予』一樣，『朕』也只能用作單數。」[136]此說為是。

「予小子履，敢用玄牡，敢昭告于皇皇后帝。」（〈堯曰〉二〇—一）

「雖有周親，不如仁人。百姓有過，在予一人。」（〈堯曰〉二〇—一）

---

134 同註18，頁四一。

135 李慧媛、吳煥寶、王豔峰：〈《論語》文本中弟子稱謂自己的體例探析〉，《佳木斯大學社會科學學報》第三十卷第一期（二〇一二年二月），頁一〇九。

136 劉鴻愚、梁莎莎：〈《論語》中的「你」「我」〉，《才智》二〇一〇年第十六期，頁一四五。

「予小子」、「予一人」都是用於帝王自稱。

「吾日三省吾身。」（〈學而〉一—四）

「吾十有五而志於學。」（〈為政〉二—四）

「參乎！吾道一以貫之。」（〈里仁〉四—一五）

「三人行，必有我師焉。」（〈述而〉七—二二）

「蓋有不知而作之者，我無是也。」（〈述而〉七—二八）

《論語》的第一人稱代詞「吾」和「我」用法有明顯的不同，周法高說：「『吾』字常用於主位和賓位，『我』字則多用於賓位，『吾』和『我』用法的區別，在《論語》裡比較顯著。」[137]左松超說：「往往是『吾』作主語，『我』作賓語。」[138]張博說：「魏晉以前，『吾』一般不作賓語。」[139]驗諸《論語》「吾」的用法，此等說法可採，《論語》的「吾」與「我」都可以用作定語。

「起予者商也，始可與言《詩》已矣。」（〈八佾〉三—八）

「天生德於予，桓魋其如予何？」（〈述而〉七—二三）

2.第二人稱代詞

137 周法高：《中國古代語法——稱代編》（臺北：臺聯國風出版社，一九七二年三月），頁五六。

138 左松超：《文言語法綱要》（臺北：五南圖書出版有限公司，二〇〇三年八月），頁三七。

139 張博：《古代漢語》（北京：商務印書館，二〇〇八年六月），頁二一〇。

「第二人稱代詞」是稱第二人的代詞，又稱「二身代詞」，《論語》的第二人稱代詞有：夫子、女、小子、二三子、子、而、爾。

「爾愛其羊，我愛其禮。」（〈八佾〉三—一七）

「盍各言爾志？」（〈公冶長〉五—二六）

「爾」是第二人稱代詞。

「且而與其從辟人之士也，豈若從辟世之士哉？」（〈微子〉一八—六）

「而」是第二人稱代詞，同「爾」，宋代朱熹說：「而，汝也。」[140]韓美娜說：「『而』在句中做主語，表示單數，譯為『你』，聯繫上下文可知『而』在文中指孔子的學生仲由。」[141]均可採。

「由，誨女知之乎！」（〈為政〉二—一七）

「女為君子儒，無為小人儒。」（〈雍也〉六—一三）

「夫子溫、良、恭、儉、讓以得之。」（〈學而〉一—一〇）

「夫子何哂由也？」（〈先進〉一一—二六）

「夫子」是第二人稱尊稱的代詞，此處指「孔子」。

「惜乎，夫子之說君子也！」（〈顏淵〉一二—八）

---

140 同註18，卷九，頁一八四。

141 韓美娜：〈《論語》中「而」字用法論析〉，《遼寧行政學院學報》二〇〇八年第五期，頁一八四。

「夫子」是第二人稱尊稱的代詞，此處指「棘子成」，李運益解釋此種用法的「夫子」為「對大夫以上男子的尊稱」，[142]此說可採。

「子奚不為政？」（〈為政〉二—二一）

「子」是敬稱的第二人稱代詞，相當白話的「您」。

「吾以子為異之問，曾由與求之問。」（〈先進〉一一—二四）

3.第三人稱代詞

「第三人稱代詞」是稱第三人的代詞，又稱「三身代詞」，《論語》的第三人稱代詞有：彼、其、之、焉。

「彼哉！彼哉！」（〈憲問〉一四—九）

「其為人也孝弟，而好犯上者，鮮矣。」（〈學而〉一—二）

「其」是代詞，用作「其為人」的定語，許世瑛說：「『其為人』是個詞組。」[143]王力說：「在上古漢語裡，『其』字不能用作主語。」[144]均可採。

子曰：「父在，觀其志；父沒，觀其行。三年無改於父之道，可謂孝矣。」（〈學而〉一—一

---

142 李運益主編：《論語詞典》（重慶：西南師範大學出版社，一九九三年十月），頁四一。

143 同註77，頁二。

144 王力主編：《古代漢語》（臺北：藍燈文化事業有限公司，一九八九年一月），頁三五三。

一）

「其」是第三人稱代詞，馮國超說：「其，指兒子。」[145]自本章前後文來看，確實可採。

「始吾於人也，聽其言而信其行；今吾於人也，聽其言而觀其行。」（〈公冶長〉五－一〇）

王力說：「『其』只能用作定語。」[146]由此可知「其」要與「言」字搭配運用，不能單獨來運用。

「其行己也恭，其事上也敬，其養民也惠，其使民也義。」（〈公冶長〉五－一六）

原思為之宰，與之粟九百，辭。（〈雍也〉六－五）

伯牛有疾，子問之。（〈雍也〉六－一〇）

「之」是第三人稱代詞。

「自行束脩以上，吾未嘗無誨焉！」（〈述而〉七－七）

「焉」同「之」，是第三人稱代詞。

「夫如是，故遠人不服，則脩文德以來之。既來之，則安之。」（〈季氏〉一六－一）

三個「之」都是代詞，竺家寧說：「另外一個解釋也通：第一個和第三個『之』指『遠人』，

145 馮國超：《圖說論語》（北京：華夏出版社，二〇〇七年九月），頁七。

146 同註 144，頁三五三。

『既來之』的『之』是個語助詞，無義。」[147]此說可採。

4. 敬稱人稱代詞

「敬稱人稱代詞」是表示尊稱他人的人稱代詞，又稱為「敬稱代詞」，《論語》僅有：先生。

「有酒食，先生饌。」（〈為政〉二─八）

「先生」是敬稱人稱代詞，用來敬稱「父兄」。

5. 反身代詞

「反身代詞」是稱說己身的代詞，又稱「己身代詞」，《論語》的反身代詞只有：己。

「不患莫己知，求為可知也。」（〈里仁〉四─一四）

「夫仁者，己欲立而立人，己欲達而達人。」（〈雍也〉六─三〇）

「己所不欲，勿施於人。」（〈顏淵〉一二─二、〈衛靈公〉一五─二四）

朱城說：「『己』可譯作『自己』。」[148]詞義正確。

6. 不定人稱代詞

「不定人稱代詞」即「不定代詞」，又稱為「無定代詞」，《論語》的不定人稱代詞有：或、莫、人，這些都是現代漢語沒有使用的，許征說：「現代漢語沒有『無指代詞』等小類」[149]此說可

147 竺家寧：〈三個「之」字的詞性問題〉，《國文天地》第一卷第二期（一九八五年七月），頁七。
148 朱城主編：《古代漢語專題教程》（北京：中國人民大學出版社，二〇一〇年六月），頁一一九。
149 許征主編、胡安順審定：《古代漢語教學參考》（北京：中華書局，二〇一〇年三月），頁一〇五。

採。

或謂孔子曰：「子奚不為政？」（〈為政〉二—二一）

或問禘之說。（〈八佾〉三—一一）

以上「或」是不定人稱代詞，指「有的人」，《論語》的「或」都用作主語。

「上好禮，則民莫敢不敬；上好義，則民莫敢不服；上好信，則民莫敢不用情。」（〈子路〉一三—四）

三個「莫」都是不定代詞，張博說：「『莫』是否定性無定代詞，大致可翻譯為『沒有人』或『沒有什麼東西』。」[150]此處義為「沒有人」。

「人不知而不慍，不亦君子乎？」（〈學而〉一—一）

「人」是不定人稱代詞，楊伯峻語譯「人」為「人家」，[151]詞義正確。

「人而無信，不知其可也。」（〈為政〉二—二二）

「人」是不定人稱代詞，楊伯峻語譯「人」為「一個人」，[152]詞義正確。

「人而不仁，如禮何？人而不仁，如樂何？」（〈八佾〉三—三）

---

150 同註139，頁二一四。
151 同註55，頁四。
152 同註55，頁四二。

「人」是不定人稱代詞。

7.虛指人稱代詞

左松超說：「所謂虛指，是說所指代的人或事物並不確定。」[153]《論語》僅有：某，它是指「某個人」。

皆坐，子告之曰：「某在斯，某在斯。」（〈衛靈公〉一五—四二）

「某」是虛指的人稱代詞，白話說成「某人」。

㈡指示代詞

「指示代詞」是指示某某事物或地方的代詞。

1.近指的指示代詞

「近指」是指「這個事物」，荊貴生說：「指示代詞所指代的人、事物、處所、時間等距離說話人較近，就是近指代詞。」[154]《論語》近指的指示代詞有：夫、是、若、茲、斯、焉，相當於白話的代詞「這」、「這裡」、「這個」、「這樣」。

「非夫人之為慟而誰為？」（〈先進〉一一—一〇）

錢遜謂「夫」是指示代詞，「夫（音ㄈㄨˊ，fú）人」指顏淵，[155]正確可採。

---

153 同註138，頁五三。
154 荊貴生主編：《古代漢語》（武漢：武漢大學出版社，二〇一一年十一月），頁二七九。
155 錢遜：《論語讀本》（北京：中華書局，二〇〇七年二月），頁一三一。

「夫人不言，言必有中。」（〈先進〉一一—一四）

「夫」是近指指示代詞，「夫人」義為「這個人」，指閔子騫。

「知之為知之，不知為不知，是知也。」（〈為政〉二—一七）

「是」是近指指示代詞，沈祥源說：「是，此，指『知之為知之……』的道理。」[156]詞義正確。

「八佾舞於庭，是可忍也，孰不可忍也？」（〈八佾〉三—一）

「是」是近指指示代詞，指「八佾舞於庭」這件事。

「既欲其生，又欲其死，是惑也。」（〈顏淵〉一二—一〇）

「是」是近指指示代詞，劉芳說：「『是』用在名詞或名詞性詞組前，復指前文內容，句尾有『也』字幫助判斷。」[157]此說可採。

「君子哉若人！尚德哉若人！」（〈憲問〉一四—五）

「若」是近指的指示代詞，楊伯峻語譯「若人」為「這個人」，[158]其意正確。

「文王既沒，文不在茲乎！」（〈子罕〉九—五）

「茲」是近指的指示代詞，義為「此」，朱城說：「『茲』是較古老的代詞，戰國以後便逐漸

---

156 沈祥源主編：《古代漢語》（武漢：武漢大學出版社，二〇一〇年十二月），頁二四一。

157 劉芳：〈《論語》中「是」字的用法考析〉，《高校講壇》二〇一〇年第十九期，頁一一八。

158 同註55，頁三二二。

被『此』代替，從口語中消失。」[159]此說部分近是，文言文成語「念茲在茲」目前仍然在使用。

「禮之用，和為貴。先王之道，斯為美。」（〈學而〉一—一二）

「斯」是近指的指示代詞，王玉貞、朱蒙說：「斯，這、此等意。這裡指禮，也指和。」[160]此說可採。

「斯人也，而有斯疾也。」（〈雍也〉六—一〇）

「斯」是近指的指示代詞，「斯人」義為「這樣的好人」。

子在齊聞〈韶〉，三月不知肉味，曰：「不圖為樂之至於斯也。」（〈述而〉七—一四）

「斯」是近指的指示代詞，文心工作室謂「斯」指上文「三月不知肉味」，[161]此說可採。

「有美玉於斯。」（〈子罕〉九—一三）

「斯」是近指的指示代詞，「於斯」義為「在這裡」。

「逝者如斯夫！不舍晝夜。」（〈子罕〉九—一七）

「斯」是近指的指示代詞。

「非曰能之，願學焉。」（〈先進〉一一—二六）

---

159 同註148，頁一二〇。

160 王玉貞、朱蒙主編：《論語百則》（南京：鳳凰出版社，二〇一一年三月），頁九一。

161 文心工作室：《中文經典100句——論語》（臺北：商周出版社，二〇〇七年十一月），頁一九〇。

「焉」是近指的指示代詞，作用同「之」，「學焉」義為「學之」，楊伯峻語譯「學焉」為「我願這樣學習」，[162]此言為是。

關於古漢語近指指示代詞的使用情況，黃六平說：「《論語》只用『斯』字做指示代詞，沒有用一個『此』字，《孟子》書中則以用『此』字為常。」[163]此說為是。

2. 遠指的指示代詞

「遠指」是指「那個事物」，荊貴生說：「指示代詞所指代的人、事物、處所、時間等距離說話人較遠，就是遠指代詞。」[164]《論語》的遠指指示代詞有：彼、夫、其。

「危而不持，顛而不扶，則將焉用彼相矣？」（〈季氏〉一六—一）

「彼」是遠指的指示代詞。

「食夫稻，衣夫錦，於女安乎？」（〈陽貨〉一七—二一）

兩個「夫」都是遠指指示代詞，郭錫良等人謂為「指示性較輕，在譯成現代漢語時往往不必譯出。」[165]此說可採。

「小子何莫學夫《詩》？」（〈陽貨〉一七—九）

---

162 同註55，頁二五九。
163 同註90，頁五。
164 同註154，頁二八〇。
165 郭錫良等主編：《古代漢語》（北京：商務印書館，二〇〇二年六月），頁三二四—三二五。

「夫」是遠指指示代詞。

子貢曰：「《詩》云：『如切如磋，如琢如磨。』其斯之謂與？」（〈學而〉一—一五）

「吾聞其語矣，未見其人也。」（〈季氏〉一六—一一）

「其」是遠指指示代詞。

3.旁指的指示代詞

「旁指」是指稱代的對象以外的事物，又稱為「別指」，《論語》旁指的指示代詞有：其、之。

「多聞闕疑，慎言其餘，則寡尤。」（〈為政〉二—一八）

「其」是旁指的指示代詞。

「學而時習之。」（〈學而〉一—一）

「之」是旁指的指示代詞，現代漢語作「它」，劉復說：「『之』所代表的是一個可『學』可『時習』之物，是個虛擬的東西，看文章的人可以不言而喻，所以不必明寫出來。」[166]此言為是。

「求也，千室之邑，百乘之家，可使為之宰也。」（〈公冶長〉五—八）

「之」是旁指的指示代詞，現代漢語寫成「它」。

4.特指的指示代詞

166 劉復：《中國文法講話》（臺北：古亭書屋，一九七五年三月），頁七九。

「特指」指代的對象是特定而適當的事物，《論語》特指指示代詞僅有：其。

「不在其位，不謀其政。」（〈泰伯〉八—一四）

「其」是特指的指示代詞，朱城說：「『其』作為特指代詞只用作定語。」[167]確為如此。

5.無指的指示代詞

「無指」是指「沒有什麼事物或地方」，《論語》的無指指示代詞僅有：末。

「末之也已，何必公山氏之之也。」（〈陽貨〉一七—五）

「末」是無指指示代詞，楊伯峻語譯「末」為「沒有地方」，[168]詞義正確。

6.逐指的指示代詞

「逐指」係指代未逐一詳指的人或事物，《論語》的逐指代詞僅有：每。

子入太廟，每事問。或曰：「孰謂鄹人之子知禮乎？入太廟，每事問。」（〈八佾〉三—一五）

入太廟，每事問。（〈八佾〉三—一五、〈鄉黨〉一〇—一二）

「每」是逐指代詞，「每事」義為「每件事」。

---

167 同註148，頁一二一。

168 同註55，頁三九〇。

㈢ 疑問代詞

「疑問代詞」是用來提出問題或疑問對象的代詞，《論語》的疑問代詞有：何、奚、孰、誰、焉、惡，《論語》的疑問代詞用作賓語或副賓語時，通常運用「倒序」的句法（參閱第六章第三節「倒序」部分）。

1.何

「何」是疑問代詞，它的位置放置在動詞述語「為」之前，這是古漢語的習慣。

「何為則民服？」（〈為政〉二—一九）

2.奚

「奚」是疑問代詞，它的位置放置在動詞述語「先」之前，這也是古漢語的語法習慣。

「衛君待子而為政，子將奚先？」（〈子路〉一三—三）

3.孰

其一、「孰」用來代人，詢問「誰」、「哪一個人」。

「孰謂鄹人之子知禮乎？」（〈八佾〉三—一五）

「弟子孰為好學？」（〈雍也〉六—三）

「孰」是疑問代詞，白化文、孫欣說：「在不用於選擇性問句的時候，『孰』一般只用來問人，與『誰』相當。」[169]正確可採。

---

169 白化文、孫欣：《古代漢語常識二十講》（北京：北京燕山出版社，一九九二年十月），頁一四六。

其二、「孰」用來代事情，詢問「什麼」、「哪一種事」。

「八佾舞於庭，是可忍也，孰不可忍也？」（〈八佾〉三—一）

「孰」是疑問代詞，楊伯峻語譯「孰」為「什麼事」，[170]詞義正確。

4.誰

「誰能出不由戶？」（〈雍也〉六—一七）

「吾誰欺？欺天乎？」（〈子罕〉九—一二）

「虎兕出於柙，龜玉毀於櫝中，是誰之過與？」（〈季氏〉一六—一）

「誰」是疑問代詞。

5.焉

「欲仁而得仁，又焉貪？」（〈堯曰〉二〇—二）

「焉」是疑問代詞，提前在動詞述語「貪」的前面，用來代「所貪的事物」。

6.惡

「君子去仁，惡乎成名？」（〈里仁〉四—五）

「惡」是疑問代詞，提前在介詞「乎」的前面，陳曉芬解為「何，怎麼。」[171]詞義正確。

---

170 同註55，頁四九。

171 陳曉芬、徐儒宗譯注：《論語・大學・中庸》（北京：中華書局，二〇一二年三月），頁四一。

㈣輔助性代詞

「輔助性代詞」是具有輔助成為短語性質的代詞，又稱為「特殊代詞」，《論語》有兩個字：所、者，可分別構成短語（參閱第六章第一節「所字短語」、「者字短語」部分）。這種代詞，有的學者視它們為「助詞」，筆者認為《論語》用作輔助性代詞的「所」和「者」代詞的特性仍然存在，它們的意義並未完全虛化，故仍舊歸屬為「代詞」。

1.所

「所」是輔助性代詞，指「……的事」。

「所重：民、食、喪、祭。」（〈堯曰〉二〇—一）

2.者

「者」用作輔助性代詞，可以代人，又可以代事物，黃六平稱它為「被飾代詞」。[172]

子曰：「老者安之，朋友信之，少者懷之。」（〈公冶長〉五—二六）

「惡不仁者，其為仁矣，不使不仁者加乎其身。」（〈里仁〉四—六）

兩個「者」都是輔助性代詞，第一個「者」代「之人」，第二個「者」代「之事」，[173]陳大齊說：「《論語》所用者字，其大多數雖係指人而言，但亦不少指事與指物的。」[174]即是指此。

---

172 同註90，頁一一七。
173 同註85，頁一〇二。
174 陳大齊：《論語臆解》（臺北：臺灣商務印書館，一九七八年十一月），頁七九。

「夫子聖者與？」（〈子罕〉九—六）

「者」是輔助性代詞，代「的人」。

「必不得已而去，於斯三者何先？」（〈顏淵〉一二—七）

「者」是輔助性代詞，代「上文總括的事物」，用在數詞「三」的後面，這是古代漢語的語法。

《論語》代詞的語法特點如下：

第一、大部分疑問代詞用作賓語或副賓語時，有語句倒裝的現象。

第二、代詞不僅可以替代詞彙，也可以替代短語。

第三、《論語》的輔助性代詞「所」、「者」，尚未凝固為詞頭、詞尾，非常獨特。

綜之，《論語》的實詞在詞性上表現出具體而清楚的語法特點，而且可以按照它們的意義或使用情況，分成若干的細類。因此，判斷《論語》實詞的詞性，除了根據詞義之外，還要注意詞在語句中的位置、語序。其次，當《論語》的詞義有異說時，我們可以參考古人或今賢的注解，配合上下文的句義，而得到較為合理的解釋。故《論語》的實詞，詞義清楚明白，詞性上十分固定，只有少數轉類（**轉品、詞性活用**）成為其他詞性的用法。

第三章　《論語》的虛詞

本章分作四節，第一節敘述《論語》的副詞，第二節敘述《論語》的介詞與連詞，第三節敘述《論語》的助詞與語氣詞，第四節敘述《論語》的嘆詞與象聲詞。

第一節　《論語》的副詞

一、副詞

「副詞」是用來修飾動詞、形容詞或其他副詞的詞，又稱為「限制詞」、「修飾詞」，馬建忠稱為「狀字」，他說：「狀字所以貌動靜之容者。」[1]楊劍橋說：「不能受數量詞的修飾、在結構

1 馬建忠：《馬氏文通》（北京：商務印書館，二〇〇〇年十二月），頁二二七。

中主要充當狀語以修飾動詞、形容詞的實詞叫『副詞』。」[2]可見副詞並不是主要的表意詞類，它是被用來修飾動詞、形容詞或其他副詞的一種很特別的詞。說起來，漢語的虛詞（虛字）通常是表現語法關係和輔助語義的手段，而副詞正是其中的關鍵虛詞。馬建忠說：「凡字有事理可解者，曰實字。無解而惟以助實字之情態者，曰虛字。」[3]朱光潛說：「普通說話聲音所表現的神情也就在承轉、肯否、驚嘆、疑問等地方見出，所以古文講究聲音，特別在虛字上做功夫。」[4]可知虛詞（虛字）能夠輔助各種語句使其充滿生機有活力，我們探討《論語》語法也必須著力於此。

有的學者將副詞劃歸為虛詞或虛實間的「跨類」（半實半虛），黃六平說：「虛詞可分為副詞、介詞、連詞、助詞、歎詞等五類。虛詞中的副詞，雖然一般都認為它是虛詞，不過從它的意義和作用來說，其中有一部分表性狀的，應該是實詞的性質。其實副詞是分屬虛實兩類的。」[5]有的學者將副詞劃歸為虛詞，白化文與孫欣說：「我們這裡談的虛詞主要是指副詞、介詞、連詞、語氣詞這些。」[6]李佐豐說：「從句法功能看，副詞是最簡單的一類虛詞：它們中絕大多數只能用做狀語；但是從副詞的數量和在句中所起的作用看，這或許又是最複雜的一類虛詞。」[7]康瑞琮說：「虛

---

2 楊劍橋：《古漢語語法講義》（上海：復旦大學出版社，二〇〇〇年八月），頁五七。
3 同註1，頁一九。
4 朱光潛：〈散文的聲音節奏〉，《藝文雜談》（臺北：木鐸出版社，一九八七年七月），頁九一。
5 黃六平：《漢語文言語法綱要》（新北：漢京文化事業有限公司，一九八三年四月），頁一六。
6 白化文、孫欣：《古代漢語常識二十講》（北京：北京燕山出版社，一九九二年十月），頁八六。
7 李佐豐：《古代漢語語法學》（北京：商務印書館，二〇〇四年九月），頁一八四。

詞包括副詞、介詞、連詞、助詞、語氣詞和嘆詞六大類。」[8]從上述這些說法，可以看出副詞的語法地位比較特別。

筆者遵循現今較多數學者的看法，將副詞劃歸為「虛詞」的範疇。馬建忠說：「狀字為用有三，曰記處，曰記時，曰記容。惟容之所包者廣，凡言及舉止、比較、情景、緣因，與夫擬議、設想之情狀者，胥賅焉。」[9]可知副詞的語法功用很廣泛，《論語》的副詞可分為十類：

㈠時間副詞

「時間副詞」是表示時間的副詞，《論語》的時間副詞有：朝、夕、三月、日、月、今、始、將、少、終身、時、久、長、既、已、方、後、猶等。

「朝聞道，夕死可矣。」（〈里仁〉四—八）

「朝」、「夕」都是時間副詞，義為「早上」、「傍晚」。

「回也，其心三月不違仁，其餘則日月至焉而已矣。」（〈雍也〉六—七）

「三月」是時間副詞，毛松年說：「『其心三月不違仁』即是說顏淵能夠三個月的長時間依仁而行，他的心志不離開仁的道理。」[10]這是實指的說法。楊伯峻語譯「三月」為「長久地」，這是

8 唐瑞琮：《古代漢語語法》（上海：上海古籍出版社，二〇〇八年一月），頁一九七。

9 同註1，頁四二一。

10 毛松年：〈論孔學要旨〉，《中華聖學淺說》（臺北：黎明文化事業有限公司，一九七九年九月），頁三七—三八。

虛指的說法；「日月」也是時間副詞，表示短暫的時間，楊伯峻語譯為「短時間」、「偶然」，[11]均可採。

「日知其所亡，月無忘其所能，可謂好學也已矣。」（〈子張〉一九—五）

「日」、「月」都是時間副詞，義為「每天」、「每月」。

「今女畫。」（〈雍也〉六—一二）

「今」是時間副詞，表示現在。

「始吾於人也，聽其言而信其行；今吾於人也，聽其言而觀其行。」（〈公冶長〉五—一〇）

「始」是時間副詞，表示最初、起初；「今」是時間副詞，表示現在。

「天之將喪斯文也。」（〈子罕〉九—五）

「吾將問之。」（〈述而〉七—一七）

「將」都是時間副詞，表示將要。

「吾少也賤。」（〈子罕〉九—七）

「少」是時間副詞，表示年小的時候。

子路終身誦之。（〈子罕〉九—二七）

「終身」是時間副詞，表示時間長久。

---

11 楊伯峻：《論語譯注》（臺北：五南圖書出版社有限公司，一九九九年十一月），頁一二六。

「學而時習之。」（〈學而〉一－一）

「時」是時間副詞，表示時時、常常。

「不仁者，不可以久處約，不可以長處樂。」（〈里仁〉四－二）

「久」、「長」都是時間副詞，表示時間長久。

「久而敬之。」（〈公治長〉五－一七）

「久」是時間副詞，副詞和謂語「敬之」之間用連詞「而」聯結。

「文王既沒。」（〈子罕〉九－五）

「春服既成。」（〈先進〉一一－二六）

以上的「既」都是時間副詞，表示過去或已經完成。

「三年之喪，期已久矣。」（〈陽貨〉一七－二一）

「已」是時間副詞，表示已經。

「及其壯也，血氣方剛，戒之在鬬。」（〈季氏〉一六－七）

「方」是時間副詞，譚全基說：「『方』字是正要的意思。」[12]王朝忠說：「表示『現在時』。」[13]均正確可採。

12 譚全基：《古代漢語基礎》（臺北：華正書局，一九八一年八月），頁一一三。

13 王朝忠：《漢語古今基本語法手冊》（成都：四川辭書出版社，二〇一〇年五月），頁一五一。

「歲寒，然後知松柏之後彫也。」（〈子罕〉九—二八）

「後」是時間副詞，義為「最後地」。

「往者不可諫，來者猶可追。」（〈微子〉一八—五）

「猶」是時間副詞，義為「仍然」，趙廣成說：「表示已經過去的情況還有餘留或餘勢未盡。」[14]

㈡處所副詞

「處所副詞」是表示處所或方位的副詞，《論語》的處所副詞有：上、下，都是方位名詞的活用。

「下學而上達。」（〈憲問〉一四—三五）

「下」、「上」都是處所副詞。

㈢頻率副詞

「頻率副詞」是表示頻繁或次數的副詞，又稱為「頻數副詞」，《論語》的頻率副詞有：三、九、多。其中，「三」、「九」表示虛數的頻率，義為「多次地」。

「令尹子文三仕為令尹，無喜色；三已之，無慍色。」（〈公冶長〉五—一九）

「泰伯，其可謂至德也已矣！三以天下讓，民無得而稱焉。」（〈泰伯〉八—一）

14 趙廣成：《文言虛字例解》（濟南：山東人民出版社，一九七八年十一月），頁二〇八。

吳仁甫說：「『三』用在動詞『讓』前，表動量，意為『多次』，是虛數。」[15]此說可採。

三嗅而作。（〈鄉黨〉一〇—二七）

南容三復白圭。（〈先進〉一一—六）

柳下惠為士師，三黜。（〈微子〉一八—二）

「三」都是頻率副詞。

「桓公九合諸侯，不以兵車，管仲之力也。」（〈憲問〉一四—一六）

吳仁甫說：「『九』用在動詞『合』前，表動量，意為『多次』，是虛數。」[16]此說可採。

「多聞，擇其善者而從之，多見而識之。」（〈述而〉七—二八）

「多」都是頻率副詞。

㈣範圍副詞

「範圍副詞」是限制謂語範疇的副詞，《論語》的範圍副詞有：各、皆、躬、獨、一、亦、唯等。

「人之過也，各於其黨。」（〈里仁〉四—七）

「〈雅〉、〈頌〉各得其所。」（〈子罕〉九—一五）

15 吳仁甫：《文言語法三十辨》（上海：華東師範大學出版社，一九八八年四月），頁八三。

16 同註15，頁八三。

「各」都是範圍副詞。

子所雅言，《詩》、《書》、執禮，皆雅言也。（〈述而〉七—一八）

「人皆有兄弟。」（〈顏淵〉一二—五）

「鄉人皆好之。」（〈子路〉一三—二四）

「天下之惡皆歸焉。」（〈子張〉一九—二〇）

「皆」都是範圍副詞。

「躬行君子。」（〈述而〉七—三三）

「禹、稷躬稼而有天下。」（〈憲問〉一四—五）

「躬」都是範圍副詞。

「我獨亡。」（〈顏淵〉一二—五）

「獨」是範圍副詞。

「管仲相桓公，霸諸侯，一匡天下。」（〈憲問〉一四—一七）

「一」是範圍副詞，「一匡天下」義為「完全地匡正天下」。

「雖執鞭之士，吾亦為之。」（〈述而〉七—一二）

「左丘明恥之，丘亦恥之。」（〈公冶長〉五—二五，二次）

「亦」都是範圍副詞。

「唯恐有聞。」（〈公冶長〉五—一四）

「唯天為大，唯堯則之。」（〈泰伯〉八—一九）

「用之則行，舍之則藏，唯我與爾有是夫！」（〈述而〉七—一一）

「有始有卒者，其唯聖人乎！」（〈子張〉一九—一二）

「唯」都是範圍副詞，比較特別的語序是它都放置在主語之前。

㈤ 程度副詞

「程度副詞」是修飾程度的副詞，《論語》的程度副詞有：彌、盡、亦等。

「仰之彌高，鑽之彌堅。」（〈子罕〉九—一一）

「彌」都是程度副詞。

「盡美矣，又盡善也。」（〈八佾〉三—二五）

「盡」都是程度副詞。

「學而時習之，不亦說乎？有朋自遠方來，不亦樂乎？人不知而不慍，不亦君子乎？」（〈學而〉一—一）

「斯不亦威而不猛乎？」（〈堯曰〉二〇—二）

以上的「亦」都是程度副詞，有的學者視為語氣副詞，韓琳、張愛萍說：「將『亦』作順向理解，在描寫句中突出其程度修飾作用，在判斷句中突出其加強語氣作用，這樣會更好地體現『不亦……乎』的語勢。」[17]此說可採。

㈥語氣副詞

「語氣副詞」是表示語氣的副詞，《論語》的語氣副詞有：蓋、何、其、奚、焉、無乃等，它們通常和語氣詞搭配使用。

1.蓋

「蓋闕如也。」（〈子路〉一三—三）

「蓋」表推測的語氣副詞。

2.何

「何陋之有？」（〈子罕〉九—一四）

「夫子何哂由也？」（〈先進〉一一—二六）

「何」都是疑問語氣副詞。

3.其

「犂年之子騂且角，雖欲勿用，山川其舍諸？」（〈雍也〉六—六）

「其」是語氣副詞，跟兼詞「諸」（之乎）合用，表現反詰語氣，劉香平說「其」：「如果位

17 韓琳、張愛萍：〈《論語「不亦……乎」之「亦」作用商榷》，《山西廣播電視大學學報》第二期（二〇〇一年六月），頁二七。

置放在疑問代詞前面，可使反問語氣加強。」[18]此說可採。

「脩己以安百姓，堯舜其猶病諸！」（〈憲問〉一四—四二）

「其」是語氣副詞，中國社會科學院語言研究所說：「其：表示測度。可譯為『也許』、『大概』。」[19]詞義正確。

4. 奚

或謂孔子曰：「子奚不為政？」（〈為政〉二—二一）

「奚」是疑問語氣副詞，表示原因，與否定副詞「不」配合使用，造成反詰的語氣。

5. 焉

「焉用佞？」（〈公冶長〉五—五，二次）

「焉得仁？」（〈公冶長〉五—一九，二次）

「焉用稼？」（〈子路〉一三—四）

「焉」，都是疑問副詞。

6. 無乃

「居簡而行簡，無乃太簡乎？」（〈雍也〉六—二）

---

18 劉香平：〈《論語》中「其」字用法辨〉，《呂梁高等專科學校學報》二〇〇四年第二期，頁一六。

19 中國社會科學院語言研究所編：《古代漢語虛詞詞典》（北京：商務印書館，二〇〇一年八月），頁四〇七。

「無乃」是反詰語氣副詞，王熙元說：「無乃，相當於『不是』、『未免』，有質疑的語氣，所以只用在反問句中。」[20]李運益說：「副詞，表反詰，豈不是。」[21]均可採。

(七)然否副詞

「然否副詞」是表示肯定、必然或否定的副詞。

1.肯定副詞

「肯定副詞」是表示肯定意義的副詞，《論語》的肯定副詞僅有：必，它是由能願動詞靈活運用成為副詞。

「遊必有方。」（〈里仁〉四—一九）

「必有鄰。」（〈里仁〉四—二五）

「舊令尹之政，必以告新令尹。」（〈公冶長〉五—一九）

「十室之邑，必有忠信如丘者焉。」（〈公冶長〉五—二八）

「如有復我者，則吾必在汶上矣。」（〈雍也〉六—九）

「必也聖乎！」（〈雍也〉六—三〇）

「三人行，必有我師焉。」（〈述而〉七—二二）

---

20 王熙元：《論語通釋》（臺北：臺灣學生書局，一九八八年八月），頁二六五。

21 李運益主編：《論語詞典》（重慶：西南師範大學出版社，一九九三年十月），頁二四八。

「苟有過，人必知之。」（〈述而〉七—三一）

子與人歌而善，必使反之，而後和之。（〈述而〉七—三二）

雖少，必作。（〈子罕〉九—一〇）

見齊衰者，雖狎，必變。（〈鄉黨〉一〇—二五）

迅雷風烈，必變。（〈鄉黨〉一〇—二五）

「草上之風，必偃。」（〈顏淵〉一二—一九）

「在邦必聞，在家必聞。」（〈顏淵〉一二—二〇）

「在邦必達，在家必達。」（〈顏淵〉一二—二〇）

「小人之過也必文。」（〈子張〉一九—八）

「必」都是肯定副詞。

2.否定副詞

「否定副詞」是表示否定意義的副詞，《論語》的否定副詞有：非、弗、不、未、無、無以、毋、勿、末等。

其一、非

「吾非斯人之徒與而誰與？」（〈微子〉一八—六）

本例由兩個「倒序」的謂語聯結而成，「吾非斯人之徒與而誰與？」，義為「吾非與斯人之徒（同群）而與誰（同群）？」，許世瑛說得很好：

非：是個限制詞，和「不」相當。……「非」不是表否定的繫詞，不可以翻為白話的「不是」的。這句例句是「吾不與斯人同群，而與誰同群？」的意思——「與」是關係詞（按：介詞），和白話的「跟」、「與」、「和」相當，而不是語氣詞「歟」。[22]

其二、弗

「弗如也；吾與女弗如也。」（〈公冶長〉五—九）

本例的兩個「弗」都是否定副詞，「弗」比「不」口氣較強烈，馬建忠說：「較『不』字辭氣更遽耳。」[23]即是指此。

其三、不

「不」是《論語》裡使用次數最多的一個否定副詞。

子釣而不綱，弋不射宿。（〈述而〉七—二七）

「知者不惑，仁者不憂，勇者不懼。」（〈子罕〉九—二九）

「寢不尸，居不容。」（〈鄉黨〉一〇—二四）

---

22 許世瑛：《論語二十篇句法研究》（臺北：臺灣開明書店，一九七八年十月），頁二〇〇。

23 同註1，頁二四一。

這兩個「不」，白化文、孫欣說：「它的含義是『不像……的樣子』、『顯現出不……的情況』。」[24]詞義正確。

「不知命，無以為君子也；不知禮，無以立也；不知言，無以知人也。」（〈堯曰〉二〇—三）

以上的「不」都是否定副詞，栗君華說：「『不』可以否定及物動詞和不及物動詞，動詞後帶不帶賓語皆可。」[25]此說可採。

其四、末

「吾末如之何也已矣。」（〈子罕〉九—二四）

「末」是否定副詞，許世瑛說：「『末』等於『無』。」[26]王熙元說：「末如之何：無可奈何的意思。末、猶無。」[27]均可採。

其五、無、無以

「無」、「無以」是發自內心否定的副詞，比「不」語氣較為委婉。

「三年無改於父之道。」（〈學而〉一—一一、〈里仁〉四—二〇）

---

24 同註6，頁一六〇。
25 栗君華：〈《論語》中的否定副詞「不」初探〉，《語文學刊》二〇〇九年第十一期，頁一四。
26 同註22，頁一五八。
27 同註20，頁五一六。

「君子食無求飽，居無求安。」（〈學而〉一—一四）

子貢曰：「我不欲人之加諸我也，吾亦欲無加諸人。」（〈公冶長〉五—一二）

王熙元說：「無，與『勿』稍有不同，『勿』是表示有所禁止之辭，『無』是表示有所自制之辭。」[28]此說可採。

「敝之而無憾。」（〈公冶長〉五—二六）

「願無伐善，無施勞。」（〈公冶長〉五—二六）

本例的否定副詞「無」，定州漢墓竹簡本作「毋」，[29]只是換成同義的字，語法作用均同。

「女為君子儒，無為小人儒。」（〈雍也〉六—一三）

「禹，吾無間然矣。」（〈泰伯〉八—二一）

「在邦無怨，在家無怨。」（〈顏淵〉一二—二）

「居之無倦，行之以忠。」（〈顏淵〉一二—一四）

「朕躬有罪，無以萬方。」（〈堯曰〉二〇—一）

以上的「無」都是否定副詞。

「無以為也！」（〈子張〉一九—二四）

---

28 同註20，頁二二六。

29 定州漢墓竹簡整理小組：《定州漢墓竹簡論語》（北京：文物出版社，一九九七年七月），頁二四。

「好仁者，無以尚之。」（〈里仁〉四—六）

「不知命，無以為君子也；不知禮，無以立也；不知言，無以知人也。」（〈堯曰〉二〇—三）

以上「無以」都是否定副詞，由「無」字加上尾詞「以」構成帶詞尾詞。

其六、毋

魏薇說：「毋，用於謂語前表示勸誡或禁止實施某種動作行為，可譯為『不要』、『不許』。」[30]此說可採。

「主忠信，毋友不如己者。」（〈學而〉一—八）、（〈子罕〉九—二五）

子絕四：毋意，毋必，毋固，毋我。（〈子罕〉九—四）

以上的「毋」都是否定副詞，與前述的否定副詞「無」作用相同。

其七、勿

「雖欲勿用，山川其舍諸？」（〈雍也〉六—六）

「過，則勿憚改。」（〈學而〉一—八、〈子罕〉九—二五）

「己所不欲，勿施於人。」（〈顏淵〉一二—二、〈衛靈公〉一五—二四）

「如得其情，則哀矜而勿喜。」（〈子張〉一九—一九）

30 魏薇：〈《論語》否定副詞初探〉，《長城》二〇〇九年第十二期，頁八六。

「勿」都是否定副詞。

關於否定副詞「毋」與「勿」用法的不同，許征說：「『毋』的範圍較寬，大體相當於『不』。『勿』的使用範圍較窄，大體相當於『弗』，其後的動詞一般不帶賓語。」[31]此說可採。

其八、未

「吾未見剛者。」（〈公冶長〉五—一一）

「未聞好學者也。」（〈雍也〉六—三）

「吾未見好德如好色者也。」（〈子罕〉九—一八）

「未成一簣。」（〈子罕〉九—一九）

「吾見其進也，未見其止也。」（〈子罕〉九—二一）

「未之思也。」（〈子罕〉九—三一）

「未入於室也。」（〈先進〉一一—一五）

「然而未仁。」（〈子張〉一九—一五）

以上的「未」都是否定副詞，張亞茹說：「『不』表靜態否定，相當於『不』。」[32]此說可採。

蔣伯潛說：「『不』、『勿』、『未』都是否定的副詞。不字單表示否定的意思；勿字則含有

31 許征主編、胡安順審定：《古代漢語教學參考》（北京：中華書局，二〇一〇年三月），頁一一〇—一一一。

32 張亞茹：〈《論語》中的副詞〉，《現代語文》二〇〇六年第三期，頁一五。

命令式的禁止、勸諭式的警戒的意思；未字則兼示時間上、事實上不曾有此動作的意思。」[33]此說可採。

㈧情態副詞

「情態副詞」是用來修飾動詞、形容詞的情況或狀態的副詞，又稱為「情狀副詞」，《論語》的情態副詞有：善、篤、飽、趨、博、耦、拱、率爾、喟然、洋洋乎等。

1. 修飾動詞的情態副詞

「晏平仲善與人交。」（〈公冶長〉五—一七）

「善為我辭焉。」（〈雍也〉六—九）

「羿善射。」（〈憲問〉一四—五）

「善」都是情態副詞。

「篤信好學。」（〈泰伯〉八—一三）

「篤」是情態副詞。

「飽食終日。」（〈陽貨〉一七—二二）

「飽」是情態副詞。

趨而辟之。（〈微子〉一八—五）

33 蔣伯潛：《中學國文教學法》（臺北：泰順書局，一九七二年五月），頁一〇八。

趨進。（〈鄉黨〉一〇—四）

「趨」都是情態副詞。

「博學於文。」（〈雍也〉六—二七、〈顏淵〉一二—一五）

「博」是情態副詞。

長沮、桀溺耦而耕。（〈微子〉一八—六）

「耦」是情態副詞。

子路拱而立。（〈微子〉一八—六）

「拱」是情態副詞，楊殿奎、夏廣洲、林治金說：「拱，兩手合抱以示敬意。」[34]詞義正確。

子路率爾而對曰：「千乘之國，……且知方也。」（〈先進〉一一—二六）

「率爾」是情態副詞，宋代朱熹說：「率爾，輕遽之貌。」[35]詞義正確。

夫子喟然嘆曰：「吾與點也。」（〈先進〉一一—二六）

「喟然」是情態副詞，嘆息的樣子。

2. 修飾形容詞的情態副詞

「師摯之始，〈關雎〉之亂，洋洋乎盈耳哉！」（〈泰伯〉八—一五）

---

34 楊殿奎、夏廣洲、林治金：《古代文化常識》（增訂本）（濟南：山東教育出版社，一九八八年五月），頁二九三。

35 〔宋〕朱熹：《論語集注》卷三，《四書章句集注》（臺北：學海出版社，一九九一年三月），頁一三〇。

「洋洋乎」是情態副詞，宋代朱熹說：「洋洋，美盛意。」[36]他未將「乎」視為詞尾，其實「洋洋乎」應該是個複詞，如此較合乎語法邏輯。

(九)敬謙副詞

「敬謙副詞」是表示對人敬重或自己謙意的副詞。

1. 表敬副詞

「表敬副詞」是對說話的對方表示敬意的副詞，《論語》的「表敬副詞」僅有一個：請，楊伯峻、何樂士說：「請，用於動詞前，用表敬的方式說出將要採取的行動。」[37]此說可採。

「請事斯語矣。」（〈顏淵〉一二—一）

「請」是敬謙副詞。

2. 表謙副詞

「表謙副詞」是用來表示自己謙遜的副詞，《論語》的「表謙副詞」有：敢、竊。

「敢問死。」（〈先進〉一一—一二）

「敢問崇德、脩慝、辨惑。」（〈顏淵〉一二—二一）

「敢」都是表謙副詞。

36 同註35，卷四，頁一〇六。

37 楊伯峻、何樂士：《古漢語語法及其發展》（北京：語文出版社，一九九二年三月），頁三六三。

子曰：「述而不作，信而好古，竊比於我老彭。」（〈述而〉七—一）

「竊」是表謙副詞，楊伯峻、何樂士說：「用於動詞前，表示說話者本人不敢徑直行動之義以示謙遜。」[38]此說可採。

(十)關聯副詞

「關聯副詞」是用來表示連接作用的副詞，這類的副詞通常與連詞配合使用，史存直說：「一個副詞和一個連詞配合著在句子裡起連接作用。」[39]此說可採。

見齊衰者，雖狎，必變。見冕者與瞽者，雖褻，必以貌。（〈鄉黨〉一〇—二五）

連詞「雖」與能願動詞「必」連用，共同來表現關聯的作用。

二、副詞的其他語法作用

(一)否定副詞加上能願動詞，表示堅決的否定

1.非＋敢

「非敢後也。」（〈雍也〉六—一五）

2.不＋必

38 同註37，頁三六三。

39 史存直：《文言語法》（北京：中華書局，二〇〇六年二月），頁一三八。

「有言者不必有德。」（〈憲問〉一四—四）
「勇者不必有仁。」（〈憲問〉一四—四）
3.不＋得
「回也視予猶父也，予不得視猶子也。」（〈先進〉一一—一一）
「不得中行而與之。」（〈子路〉一三—二一）
4.不＋敢
「丘未達，不敢嘗。」（〈鄉黨〉一〇—一六）
5.不＋可
「朽木不可雕也，糞土之牆不可杇也。」（〈公冶長〉五—一〇）
「不可使知之。」（〈泰伯〉八—九）
「匹夫不可奪志也。」（〈子罕〉九—二六）
「所謂大臣者，以道事君，不可則止。」（〈先進〉一一—二四）
6.未＋可
「未可與適道。」（〈子罕〉九—三〇）
「未可與立。」（〈子罕〉九—三〇）
「未可與權。」（〈子罕〉九—三〇）
7.未＋能

「吾斯之未能信。」（〈公冶長〉五—六）

8.無＋欲

「無欲速。」（〈子路〉一三—一七）

9.不＋足以

「士而懷居，不足以為士矣。」（〈憲問〉一四—二）

以上的語序是「否定副詞（非、不、未、無）＋能願動詞（敢、必、得、可、能、欲、足以）」。

㈡能願動詞加上否定副詞，表示質詢的口吻

1.得＋無

「為之難，言之得無訒乎？」（〈顏淵〉一二—三）

「愛之，能勿勞乎？忠焉，能勿誨乎？」（〈憲問〉一四—七）

2.敢＋不

「子帥以正，孰敢不正？」（〈顏淵〉一二—一七）

以上的語序是「能願動詞（得、敢）＋否定副詞（無、不）」。

㈢疑問副詞加上能願動詞，表示反問的口氣

1.何＋敢

「子在，回何敢死？」（〈先進〉一一—二三）

2.何＋必

「何必改作？」（〈先進〉一一—一四）

「何必讀書，然後為學。」（〈先進〉一一—二五）

以上的語序是「疑問副詞（何）＋能願動詞（敢、必）」。

(四)否定副詞加上時間副詞成為「未＋嘗」，表示否定的意願

「非公事，未嘗至於偃之室也。」（〈雍也〉六—一四）

子食於有喪者之側，未嘗飽也。（〈述而〉七—九）

許世瑛說：「『未嘗』是『未』和『嘗』的複合詞，『嘗』是表示過去式（Past Tense）的限制詞，上面加一個『未』字來否定它。相當於白話的『沒有過』。」[40]他將「未嘗」視為一個複詞；中國社會科學院語言研究所解釋「未嘗」說：「由副詞『未』和動詞『嘗』組成的副詞性偏正詞組。常用在動詞謂語前，表示謂語所述過去從未實施。可譯為『從來沒有』、『從不』等。」[41]此說認為「未嘗」是個短語；何樂士說：「未嘗，用於謂語前作狀語，表示事情從來沒有發生過。可譯為『從（來）沒有』、『未曾』等。」[42]筆者贊同後二家的說法，不把「未嘗」視為偏正複詞，

40 許世瑛：《常用虛字用法淺釋》（臺北：復興書局，一九七八年四月），頁四四八。

41 同註19，頁六〇三。

42 何樂士編：《古代漢語虛詞詞典》（北京：語文出版社，二〇〇六年二月），頁四二〇。

而視它為一個「狀謂短語」。

㈤雙否定副詞加上能願動詞，表示強烈的肯定

1.不＋敢＋不

「喪事不敢不勉。」（〈子罕〉九－一六）

2.不＋可＋不

「父母之年，不可不知也。」（〈里仁〉四－二一）

3.不＋可以＋不

「士不可以不弘毅，任重而道遠。」（〈泰伯〉八－七）

4.莫＋敢＋不

「上好禮，則民莫敢不敬。」（〈子路〉一三－四）

「上好義，則民莫敢不服。」（〈子路〉一三－四）

「上好信，則民莫敢不用情。」（〈子路〉一三－四）

以上的語序是「否定副詞（不、莫）＋能願動詞（敢、可）＋否定副詞（不）」。

㈥副詞與連詞配合使用，構成「連謂短語」

「固天縱之將聖，又多能也。」（〈子罕〉九－六）

「固」是副詞，「又」是連詞，配合使用以表示前後語句的遞進關係。

《論語》副詞的語法特點如下：

第一、副詞不可修飾名詞、代詞。
第二、副詞可以修飾另一個副詞。
第三、兩個副詞可以連用，作雙重的修飾。
第四、副詞可以和連詞配合使用，用來聯結謂語短語，作為狀語。

第二節　《論語》的介詞與連詞

「介詞」是介紹或介繫名詞、代詞給動詞或形容詞到句子裡的詞，馬建忠稱為「介字」，他說：「凡虛字用以連實字相關之意者，曰介字。介字云者，猶為實字之介紹耳。」[43]介詞通常會與「副賓語」（「次賓語」、「介詞賓語」、「補詞」）搭配使用，成為一個介詞短語（參閱第六章第一節「介詞短語」部分）。

一、介詞

按照副賓語的作用，《論語》的介詞可分為五類：

43同註1，頁二四六。

㈠介繫「時間」的介詞

1.表示動作行為發生的時間

《論語》這類的介詞有「於」，相當於白話介詞「在」的功用，且用在謂語之前。

子於是日哭。（〈述而〉七—一〇）

「於」是介繫時間的介詞。

2.表示動作行為迄止的時間

《論語》這類的介詞有「于」，相當白話介詞「到」的功用，「于」用在謂語之後。

民到于今稱之。（〈季氏〉一六—一二）

「民到于今受其賜。」（〈憲問〉一四—一七）

吳仁甫說：「于，介時間，如果在動詞之前，一般表示動作發生所在的時間，如果在動詞之後，一般表示時間的迄止。」[44]此說可採。

㈡介繫「處所」的介詞

「處所」是指廣義的，包括地點、起點、方向、場所、地步、方面、範圍、狀況。《論語》這類的介詞有：于、於、在、乎、自。

1.表示動作行為發生的地點

---

44 同註15，頁一二二。

《論語》這類型的介詞有：在、于、於，都相當白話介詞「在」的功用。「在」用在謂語之前，「于」、「於」用在謂語之後。

其一、在

子在齊聞〈韶〉，三月不知肉味。（〈述而〉七—一四）

「在」是介詞。

其二、于

伯夷、叔齊餓于首陽之下。（〈季氏〉一六—一二）

「于」是介詞。

其三、於

子畏於匡。（〈子罕〉九—五、〈先進〉一一—二三）

子路宿於石門。（〈憲問〉一四—三八）

子擊磬於衛。（〈憲問〉一四—三九）

以上的「於」是介詞。

2.表示動作行為起始的處所

《論語》這類的介詞有「自」「於」，相當白話「從」的語法功用，「自」用在謂語之前，「於」用在謂語之後。

伯牛有疾，子問之，自牖執其手。（〈雍也〉六—一〇）

「有朋自遠方來，不亦說乎？」（〈學而〉一—一）

「禘自既灌而往者，吾不欲觀之矣！」（〈八佾〉三—一〇）

「吾自衛反魯，然後樂正，〈雅〉、〈頌〉各得其所。」（〈子罕〉九—一五）

晨門曰：「奚自？」子路曰：「自孔氏。」（〈憲問〉一四—三八）

「奚自」這個介詞短語使用了倒序的句型，副賓語「奚」倒置在介詞「自」之前，何淑貞說：「遇到補詞（即副賓語）是疑問稱代詞時，其位置在介詞之前。」[45]正是此意。「孔氏」謝冰瑩等語譯為「孔子家」，[46]可知「孔氏」之意為處所。

孔子曰：「天下有道，則禮樂征伐自天子出；天下無道，則禮樂征伐自諸侯出。自諸侯出，蓋十世希不失矣；自大夫出，五世希不失矣。」（〈季氏〉一六—二）

「自」是介詞，表示亂的源頭。

「殷因於夏禮，所損益可知也；周因於殷禮，所損益可知也。」（〈為政〉二—二三）

「於」是介詞，表示源始處所。

「周監於二代，郁郁乎文哉！」（〈八佾〉三—一四）

「二代」指夏代、殷代。

45 何淑貞：《古漢語特殊語法研究》（臺北：學海出版社，一九八五年四月），頁一二五。

46 謝冰瑩等：《新譯四書讀本》（臺北：三民書局，一九九三年八月），頁二三八。

「君取於吳，為同姓，謂之吳孟子。」（〈述而〉七—三一）

「虎兕出於柙，龜玉毀於櫝中，是誰之過與？」（〈季氏〉一六—一）

「子生三年，然後免於父母之懷。」（〈陽貨〉一七—二一）

3.表示動作行為到達的地方

《論語》這類的介詞有「于」、「於」，相當白話介詞「到」的功用，都用在謂語之後。

「乘桴浮于海。」（〈公冶長〉五—七）

子華使於齊。（〈雍也〉六—四）

「使於四方。」（〈子路〉一三—五）

「從我於陳、蔡者，皆不及門也。」（〈先進〉一一—二）

鼓方叔入於河，播鼗武入於漢，少師陽、擊磬襄入於海。（〈微子〉一八—九）

「夫子至於是邦也，必聞其政。」（〈學而〉一—一〇）

「未嘗至於偃之室也。」（〈雍也〉六—一四）

「君子之至於斯也，吾未嘗不得見也。」（〈八佾〉三—二四〉）

本例的謂語「至」已經表現「到」的義涵，所以介詞「於」語譯時不必重複語譯為「到」。

4.表示動作行為發生的場域

《論語》這類的介詞有：乎、於，相當白話介詞「在」的功用。

「不使不仁者加乎其身。」（〈里仁〉四—六）

「八佾舞於庭。」（〈八佾〉三—一）

叔孫武叔語大夫於朝曰：「子貢賢於仲尼。」（〈子張〉一九—二三）

朝服而立於阼階。（〈鄉黨〉一〇—一四）

子食於有喪者之側，未嘗飽也。（〈述而〉七—九）

「立，則見其參於前也；在輿，則見其倚於衡也。」（〈衛靈公〉一五—六）

「自經於溝瀆，而莫之知也。」（〈憲問〉一四—一七）

樊遲從遊於舞雩之下。（〈顏淵〉一二—二一）

「謀動干戈於邦內。」（〈季氏〉一六—一）

「予死於道路乎？」（〈子罕〉九—一二）

「文武之道，未墜於地。」（〈子張〉一九—二二）

「有美玉於斯。」（〈子罕〉九—一三）

「難乎免於今之世矣！」（〈雍也〉六—一六）

「吾見其居於位也。」（〈憲問〉一四—四四）

5.表示動作行為的範圍或方面

《論語》這類的介詞有：于、乎、於，相當白話介詞「在」的功用，這類的介詞在語序上都放置在謂語之後。

「吾十有五而志於學。」（〈為政〉二—四）

「菲飲食，而致孝乎鬼神；惡衣服，而致美乎黻冕；卑宮室，而盡力乎溝洫。」（〈泰伯〉八─二一）

「攻乎異端，斯害也已。」（〈為政〉二─一六）

「君子去仁，惡乎成名。」（〈里仁〉四─四）

疑問代詞「惡」（讀音ㄨ，wū）為表示處所的副賓語，「惡乎」這個介詞短語使用倒序的句法，許世瑛說：「『惡乎』就是『於何』，『於何』也就是『於何處』的意思。」[47]此言為是。

「不義而富且貴，於我如浮雲。」（〈述而〉七─一六）

「食夫稻，衣夫錦，於女安乎？」（〈陽貨〉一七─二一）

「敏於事而慎於言。」（〈學而〉一─一四）

「於」是介詞，黃婉梅說：「介引方面的，譯為在……方面。」[48]此說可採。

「苟志於仁矣，無惡也。」（〈里仁〉四─四）

「於」是介詞，張強說：「引進或介紹涉及的倫理原則，事理概念，道德禮儀，習俗制度。」[49]以下各例的「於」同此語法功用。

---

47 同註40，頁三八五。

48 黃婉梅：〈《論語》中的介詞「於」〉，《安徽師範大學學報》（人文社會科學版）第三十四卷第四期（二〇〇六年七月），頁四七六。

49 張強：〈《論語》中的介詞結構〉，《語文學刊》二〇〇六年第四期，頁一三一─一三二。

「有能一日用其力於仁矣乎?」(〈里仁〉四—六)
「君子喻於義,小人喻於利。」(〈里仁〉四—一六)
「君子欲訥於言而敏於行。」(〈里仁〉四—二四)
「君子博學於文。」(〈雍也〉六—二七)
「志於道,據於德,依於仁,游於藝。」(〈述而〉七—六)
「昔者吾友嘗從事於斯矣!」(〈泰伯〉八—五)
祭於公,不宿肉。(〈鄉黨〉一〇—九)
「先進於禮樂,野人也;後進於禮樂,君子也。」(〈先進〉一一—一)
「多識於鳥、獸、草、木之名。」(〈陽貨〉一七—九)
「政逮於大夫,四世矣。」(〈季氏〉一六—三)
「人不間於其父母昆弟之言。」(〈先進〉一一—五)

6.介詞短語表示動作行為所至的地步

《論語》這類的介詞有:乎、於,相當白話「到」的語法功用,「乎」、「於」用在謂語之後。

「君子何患乎無兄弟也。」(〈顏淵〉一二—五)
「喪致乎哀而止。」(〈子張〉一九—一四)
「三年學,不至於穀,不易得也。」(〈泰伯〉八—一二)

許世瑛說：「『穀』是指『祿位』而言。」[50]此說可採。

「不踐跡，亦不入於室。」（〈先進〉一一—二〇）

楊伯峻語譯「亦不入於室」為「學問道德也難以到家」，[51]是知「入於室」的「室」比喻抽象的「高層境界」。

「由也升堂矣！未入於室也。」（〈先進〉一一—一五）

「不圖為樂之至於斯也！」（〈述而〉七—一四）

(三)介繫「工具」的介詞

此處所屬「工具」是廣義的，指行為憑藉的工具、手段、憑藉的事物、表現的方式。《論語》這類的介詞僅有：以。

1.表示動作行為憑藉的工具

《論語》這類的介詞僅有「以」，相當於白話介詞「用」的功用，用在謂語之前。

遇丈人，以杖荷蓧。（〈微子〉一八—七）

顏路請子之車以為之椁。（〈先進〉一一—八）

本例為倒序形式，副賓語在前，介詞在後。

---

50 同註22，頁一三五。

51 同註11，頁二五三。

2.表示動作行為的手段

《論語》這類的介詞有：以，相當白話介詞「用」的功用。

「君子以仁會友，以友輔仁。」（〈顏淵〉一二—二四）

「桓公九合諸侯，不以兵車，管仲之力也。」（〈憲問〉一四—一六）

「能以禮讓為國乎，何有？不能以禮讓為國，如禮何？」（〈里仁〉四—一三）

《論語》這種介詞的用法，有的是倒裝的形式，副賓語在前，介詞「以」在後。例如：

「夫子溫、良、恭、儉、讓以得之。」（〈學而〉一—一〇）

「《詩》三百，一言以蔽之，曰：『思無邪。』」（〈為政〉二—二）

三家者以〈雍〉徹。（〈八佾〉三—二）

「道之以政，齊之以刑，民免而無恥；道之以德，齊之以禮，有恥且格。」（〈為政〉二—三）

「生，事之以禮；死，葬之以禮，祭之以禮。」（〈為政〉二—五）

「吾道一以貫之。」（〈里仁〉四—一五）

本例的介詞「以」置於副賓語「一」的後面，潘玉坤說：「『一以貫之』，就是用一個思想來貫穿全部學說。」[52]此說可採。

52 潘玉坤：〈古漢語中「以」的賓語前置問題〉，《殷都學刊》二〇〇〇年第四期，頁八一。

「君使臣以禮，臣事君以忠。」（〈八佾〉三—一九）

「我非生而知之者，好古敏以求之者也。」（〈述而〉七—二〇）

「博我以文，約我以禮。」（〈子罕〉九—一一）

「君子義以為質，禮以行之，孫以出之，信以成之。」（〈衛靈公〉一五—一八）

「不敬，何以別乎？」（〈為政〉二—七）

「大車無輗，小車無軏，其何以行之哉？」（〈為政〉二—二二）

「吾何以觀之哉！」（〈八佾〉三—二六）

「何以」為倒序句法，疑問代詞的副賓語「何」提前在介詞「以」的前面，郭錫良說：「『何以』常常用在動詞的前面作狀語，詢問動作的憑藉。」[53]此說可採。這類的介詞「以」用在謂語之前。

3.表示動作行為憑藉的事物

《論語》這類的介詞有：以，相當於白話「用」的語法功用。

「善人教民七年，亦可以（　）即戎矣。」（〈子路〉一三—二九）

介詞「以」的後面省略「民」這個副賓語。

「有一言而可以（　）終身行之者乎？」（〈衛靈公〉一五—二四）

---

53 郭錫良：〈介詞「以」的起源和發展〉，《古漢語研究》一九九八年第一期，頁五。

介詞「以」的後面省略「一言」這個副賓語。

「滔滔者天下皆是也，而誰以易之？且而與其從辟人之士也，豈若從辟世之士哉？」子路行以（）告。（〈微子〉一八—六）

介詞「以」的後面省略副賓語「滔滔者天下皆是也……豈若從辟世之士哉」，胡曉萍說：

在《論語》《孟子》中還有一種省略值得注意，我們稱為習慣性的賓語省略，即在謂語動詞是「告」「命」等句中，由於「以」的賓語，往往是前文中的一段話，從交際的經濟原則和話題的表達需要出發，用代詞「之」作「以」的賓語，復指前面的內容似乎更合適一些，但因為「以」在先秦沒有帶賓語「之」的用法，因此只有省略這種現象。[54]

這個說法說明了下列例子當中，介詞「以」後面省略副賓語的緣由。

止子路宿，殺雞為黍而食之，見其二子焉。明日，子路行以（）告。（〈微子〉一八—七）

介詞「以」的後面省略「止子路宿，……見其二子焉。」這個副賓語。

叔孫武叔語大夫於朝曰：「子貢賢於仲尼。」子服景伯以告（）子貢。（〈子張〉一九—二

54 胡曉萍：〈《論語》《孟子》中介詞「以」用法之分析〉，《綏化師專學報》第二十卷第四期（二○○○年十二月），頁九三。

三）

介詞「以」的後面省略「子貢賢於仲尼。」這個副賓語。

堯曰：「咨！爾舜！天之厤數在爾躬，允執其中。四海困窮，天祿永終。」舜亦以（）命禹。（〈堯曰〉二〇—一）

介詞「以」的後面省略「天之厤數在爾躬，……天祿永終。」這個副賓語。

「吾不徒行以（）為之椁。」（〈先進〉一一—八）

省略了表示憑藉的副賓語「車」。

「行有餘力，則以（）學文。」（〈學而〉一—六）

介詞「以」後面省略副賓語「餘力」。劉嘉琦說：「介詞『以』後賓語的省略為常見。」[55]許威漢說：「現代漢語介詞或介詞的賓語一般都不能省略，古漢語裡卻是有的。」[56]均可採。

原思為之宰，與之粟九百，辭。子曰：「毋！以（）與爾鄰里鄉黨乎！」（〈雍也〉六—五）

介詞「以」的後面省略「粟九百」這個副賓語。

「吾聞君子不黨，君子亦黨乎？君取於吳，為同姓，謂之吳孟子。君而知禮，孰不知禮？」巫馬期以（）告。（〈述而〉七—三一）

---

55 劉嘉琦：《古文中的幾個語法問題》（臺北：臺灣商務印書館，一九八二年十一月），頁五六。

56 許威漢：《古漢語語法精講》（上海：上海大學出版社，二〇〇二年二月），頁八五。

介詞「以」的後面省略「吾聞君子不黨，……孰不知禮？」這個副賓語。

「使民以時。」（〈學而〉一—五）

「加之以師旅，因之以饑饉。」（〈先進〉一一—二六）

孺悲欲見孔子，孔子辭以疾。（〈陽貨〉一七—二〇）

以上三例，介詞「以」和副賓語都在謂語之後。

「舊令尹之政，必以告新令尹。」（〈公冶長〉五—一九）

本例將憑藉副賓語「舊令尹之政」移位而提前，常式句型應為：「必以舊令尹之政告新令尹。」。

「片言可以折獄者，其由也與！」（〈顏淵〉一二—一二）

本例將憑藉副賓語「片言」移位而提前，常式句型應為：「以片言可折獄者，其由也與！」。

這類的介詞「以」或用在謂語之前或謂語之後。

4.介詞短語表示動作行為的表現方式

《論語》這類的介詞有：以，相當白話介詞「用」的語法功用。

「以季、孟之閒待之。」（〈微子〉一八—三）

「舉一隅，不以三隅反。」（〈述而〉七—八）

這類的介詞「以」用在謂語之前。

㈣介繫「原因」的介詞

《論語》這類的介詞有：以、為、用，相當白話介詞的「因」的語法功用，都用在謂語之前。

1.以

「以約失之者鮮矣！」（〈里仁〉四—二三）

「君子不以言舉人，不以人廢言。」（〈衛靈公〉一五—二三）

「父母之年，不可不知也。一則以㈠喜，一則以㈡懼。」（〈里仁〉四—二一）

介詞「以」後面省略副賓語「父母之年」。

「孔文子何以謂之文也？」（〈公冶長〉五—一五）

「君子質而已矣，何以文為？」（〈顏淵〉一二—八）

「昔者先王以為東蒙主，且在邦域之中矣，是社稷之臣也，何以伐為？」（〈季氏〉一六—一）

「何以」為倒序的語法，疑問代詞「何」作副賓語時提前在介詞「以」之前。

「敏而好學，不恥下問，是以謂之文也。」（〈公冶長〉五—一五）

「致遠恐泥，是以君子不為也。」（〈子張〉一九—四）

「紂之不善，不如是之甚也。是以君子惡居下流，天下之惡皆歸焉。」（〈子張〉一九—二〇）

「是以」為倒序的語法，代詞「是」為表原因的副賓語時，提前在介詞「以」之前。馬漢麟說：「『是以』在這個結構裡，介詞『以』當『因』講，『是以』就是『以是』，也就是『因此』。」[57]此言為是；又有人認為「是以」可以視為一個複合的連詞，此說也有道理，並存之。

「君子一言以為知，一言以為不知，言不可不慎也！」（〈子張〉一九—二五）

「一言以」為倒序形式，《論語》強調「一言」這個副賓語，提前在介詞「以」之前。

2. 為

「射不主皮，為力不同科，古之道也。」（〈八佾〉三—一六）

「為」是介繫原因的介詞，譚全基釋「為」為「因為」，[58]詞義正確。

「丘，何為是栖栖者與？」（〈憲問〉一四—三二）

「何為」為倒序的語法，疑問代詞「何」作副賓語時提前在介詞「為」之前。

「由之瑟，奚為於丘之門？」（〈先進〉一一—一五）

「奚為」為倒序的語法，疑問代詞「奚」作副賓語時提前在介詞「為」之前。

3. 用

「伯夷、叔齊不念舊惡，怨是用希。」（〈公冶長〉五—二三）

「用」是介繫原因的介詞，楊如雪說：「『是用』（即『用是』）說明『怨希』的原因，次賓

57 馬漢麟：《馬漢麟古代漢語講義》（天津：天津古籍出版社，二〇〇四年二月），頁二三四。

58 同註12，頁一三〇。

語『是』稱代的是『不念舊惡』。」[59]此說可採。

(五)介繫「對象」的介詞

1.表示主語動作行為交與的對象

《論語》這類的介詞有：乎、於、與、為，相當白話「跟」的語法功用。

其一、乎

「夫子之求之也，其諸異乎人之求之與？」（〈學而〉一—一〇）

「異乎三子者之撰。」（〈先進〉一一—二六）

「異乎吾所聞：『君子尊賢而容眾，嘉善而矜不能。』」（〈子張〉一九—三）

以上的「乎」，都是介詞。

其二、於

侍食於君。（〈鄉黨〉一〇—一八）

「信近於義，言可復也；恭近於禮，遠恥辱也。」（〈學而〉一—一三）

「竊比於我老彭。」（〈述而〉七—一）

「我則異於是，無可無不可。」（〈微子〉一八—八）

「吾黨之直者異於是。」（〈子路〉一三—一八）

---

59 楊如雪：《文法ＡＢＣ》（臺北：萬卷樓圖書有限公司，一九九八年九月），頁三七七。

以上的「於」，都是介詞。

其三、與

「女與回也孰愈？」（〈公冶長〉五—九）

「與」是介詞，李建業說：「『與』可引進跟主語比較的對象，相當於『同……比』。」[60]此說可採。

「晏平仲善與人交，久而敬之。」（〈公冶長〉五—一七）

「與」是介詞，李小靜說：「直接和賓語組成介賓結構修飾動詞。」[61]此言為是。

「願車、馬、衣、輕裘，與朋友共。」（〈公冶長〉五—二六）

子與人歌而善。（〈述而〉七—三二）

朝，與下大夫言，侃侃如也；與上大夫言，誾誾如也。（〈鄉黨〉一〇—二）

公叔文子之臣大夫僎，與文子同升諸公。（〈憲問〉一四—一八）

「見其與先生並行也。」（〈憲問〉一四—四四）

「與師言之道與？」（〈衛靈公〉一五—四二）

孔子下，欲與之言。趨而辟之，不得與之言。（〈微子〉一八—五）

---

60 李建業：〈淺談《論語》中「與」的用法〉，《語文學刊》二〇〇八年第八期，頁一七〇。

61 李小靜：〈《論語》中的虛詞「與」〉，《青年文學家》二〇〇九年第二十四期，頁二五。

「無適也，無莫也，義之與比。」（〈里仁〉四—一〇）

「義之與比」意即「與義比」。

「百姓足，君孰與不足？百姓不足，君孰與足？」（〈顏淵〉一二—九）

「鄙夫！可與事君也與哉？」（〈陽貨〉一七—一五）

本例的常式句型應為：「可與鄙夫事君也與哉？」，因強調「鄙夫」而提前在句首。

「賜也，始可與（ ）言《詩》已矣！」（〈學而〉一—一五）

本例省略交與副賓語「賜」。

「起予者商也！始可與（ ）言《詩》已矣！」（〈八佾〉三—八）

本例承前省略交與副賓語「商」。

互鄉難與（ ）言。（〈述而〉七—二九）

「與」是介詞，後面省略交與副賓語「互鄉之人」。

「可與（ ）共學，未可與（ ）適道；可與（ ）適道，未可與（ ）立；可與（ ）立，未可與（ ）權。」（〈子罕〉九—三〇）

「可與（ ）言，而不與之言，失人；不可與（ ）言，而與之言，失言。」（〈衛靈公〉一五—八）

以上省略交與副賓語「之」。

「士志於道，而恥惡衣惡食者，未足與（ ）議也！」（〈里仁〉四—九）

本例省略交與副賓語「士」。

上述《論語》這類的介詞，「與」用在謂語之前，「乎」、「於」用在謂語之後。

其四、為

「道不同，不相為謀。」（〈衛靈公〉一五—四〇）

許世瑛說：「為：和『與』字的作用相同，介進交與補詞，……『不相為謀』就是『不相與謀』，也就是『不相同謀』的意思。」[62]此說可採。

2. 表示主語動作行為關切的對象

《論語》這類的介詞有：為，相當白話「替」的語法功用。

「為人謀而不忠乎？」（〈學而〉一—四）

冉子為其母請粟。（〈雍也〉六—四）

譚全基說：「『為』字做為介詞，最常見的用法就是解釋為『替』、『給』，在這一點上，古今相同。」[63]此說可採。

「善為我辭焉！」（〈雍也〉六—九）

「父為子隱，子為父隱，直在其中矣。」（〈子路〉一三—一八）

---

62 同註22，頁四二八。

63 同註12，頁一二九。

這類的介詞「為」用在謂語之前。

3.介詞短語表示主語詢問的對象

《論語》這類的介詞有：于、於，相當白話介詞「向」的語法功用，都用在謂語之後。

「予小子履，敢用玄牡，敢昭告于皇皇后帝。」（〈堯曰〉二〇─一）

葉公問孔子於子路，子路不對。（〈述而〉七─一九）

尹戴忠說：「『於』引進的賓語表示動作行為的對象時，『於』表『對、對於、向』義。」[64]此說可採。

孔子沐浴而朝，告於哀公曰：「陳恆弒其君，請討之。」（〈憲問〉一四─二一）

衛靈公問陳於孔子。（〈衛靈公〉一五─一）

齊景公問政於孔子。（〈顏淵〉一二─一一）

季康子問政於孔子曰：「如殺無道，以就有道，何如？」（〈顏淵〉一二─一九）

南宮适問於孔子曰：「羿善射，奡盪舟，俱不得其死然。禹、稷躬稼而有天下。」（〈憲問〉一四─五）

子張問於孔子曰：「何如斯可以從政矣？」（〈堯曰〉二〇─二）

子問公叔文子於公明賈曰：「信乎，夫子不言，不笑，不取乎？」（〈憲問〉一四─一三）

---

64 尹戴忠：〈《論語》中的介賓短語〉，《湖南人文科技學院學報》第五期（二〇〇四年十月），頁一一六。

季康子患盜，問於孔子。（〈顏淵〉一二—一八）

「有鄙夫問於我，空空如也。」（〈子罕〉九—八）

「以能問於不能，以多問於寡。」（〈泰伯〉八—五）

子夏之門人問交於子張。（〈子張〉一九—三）

公伯寮愬子路於季孫。（〈憲問〉一四—三六）

孟氏使陽膚為士師，問於曾子。（〈子張〉一九—一九）

子禽問於子貢曰：「夫子至於是邦也，必聞其政，求之與？抑與之與？」（〈學而〉一—一〇）

大宰問於子貢曰：「夫子聖者與？何其多能也！」（〈子罕〉九—六）

衛公孫朝問於子貢曰：「仲尼焉學？」（〈子張〉一九—二二）

哀公問於有若曰：「年饑，用不足，如之何？」（〈顏淵〉一二—九）

陳亢問於伯魚曰：「子亦有異聞乎？」（〈季氏〉一六—一三）

4.表示動作行為的涉及對象

《論語》這類的介詞有：以、於，相當白話介詞「把」、「對於」、「給」的功用，「以」用在謂語之前，「於」用在謂語之後。

「退而省其私，亦足以〔 〕發。」（〈為政〉二—九）

「亦足以〔 〕發。」義為「亦足以之發」，「以」相當白話介詞「把」的功用。

「季氏將有事於顓臾。」（〈季氏〉一六—一）

「予也，有三年之愛於其父母乎？」（〈陽貨〉一七—二一）

「君子篤於親。」（〈泰伯〉八—二）

「無求備於一人。」（〈微子〉一八—一〇）

季氏旅於泰山。（〈八佾〉三—六）

王力說：「在上古漢語裡，『於』字結構一般總是放在謂語的後面。」[65]此說可採。

「三年無改於父之道。」（〈學而〉一—一一、〈里仁〉四—二〇）

本例的「於」，許世瑛說：「像這樣用法的『於』字，白話沒有適當的詞兒去翻譯它的。」[66]筆者認為此例的「於」若釋為白話「對於」，也可會通，意思是「三年對於父之道無改易。」

「如有博施於民，而能濟眾，何如？」（〈雍也〉六—三〇）

「己所不欲，勿施於人。」（〈顏淵〉一二—二、〈衛靈公〉一五—二四）

「君薨，百官總己，以聽於冢宰，三年。」（〈憲問〉一四—四〇）

5.介詞短語表示主語動作行為的比較對象

《論語》這類的介詞有「乎」、「於」，相當白話的「比」的語法功用，都用在謂語之後。

65王力：《古代漢語常識》（北京：商務印書館，二〇〇二年十二月），頁一一三。

66同註22，頁八。

「以吾一日長乎爾，毋吾以也。」（〈先進〉一一—二六）

本例的「乎」，余家驥解釋為「介紹比較的對象。可譯為『比』。」[67]詞義正確。

「飽食終日，無所用心，難矣哉！不有博弈者乎？為之，猶賢乎〔〕已！」（〈陽貨〉一七—二二）

本例介詞「乎」之後省略了副賓語「無所用心」。

「民之於仁也，甚於水火。」（〈衛靈公〉一五—三五）

「子貢賢於仲尼。」（〈子張〉一九—二三）

「仲尼豈賢於子乎？」（〈子張〉一九—二五）

季氏富於周公。（〈先進〉一一—一七）

6. 表示動作行為的支配對象

《論語》這類的介詞有：以，相當於白話介詞「用」、「靠」的語法功用，都用在謂語之前。

孔子以其兄之子妻之。（〈先進〉一一—六）

以其子妻之。（〈公冶長〉五—一）

「以不教民戰，是謂棄之。」（〈子路〉一三—三〇）

公山弗擾以費畔。（〈陽貨〉一七—五）

---

67 余家驥：《古代漢語常用字匯釋》（呼和浩特：內蒙古人民出版社，二〇〇一年三月），頁一二六。

「佛肸以中牟畔。」（〈陽貨〉一七—七）

7.表示動作行為的主動者

《論語》這類的介詞有：乎、於、為，相當白話「被」的語法功用，通常用來表現古文的被動式，「為」用在謂語之前，「於」、「乎」則用在謂語之後。

「攝乎大國之間。」（〈先進〉一一—二六）

「獲罪於天。」（〈八佾〉三—一三）

「屢憎於人。」（〈公冶長〉五—五）

「不為酒困。」（〈子罕〉九—一六）

《論語》介詞的語法特點如下：

第一、介詞多半不能單獨使用，必須配合副賓語一起，有時候副賓語可以省略，但介詞通常不省略。

第二、某些介詞會倒裝在名詞或代詞之前。

第三、介詞的用法廣泛靈活，可以介繫時間、處所、工具、原因、對象五方面的副賓語。

二、連詞

「連詞」是用來起連接、關聯作用的詞，又稱為「聯詞」、「連接詞」、「接續詞」，馬建忠稱為「連字」，他說：「凡虛字用以提承推轉字句者，曰連字。」[68]夏丏尊、葉紹鈞說：「這是用來連接詞和詞或句和句的。兩個詞或詞句有關係的句子接合在一處的時候，用接續詞來連接。」[69]《論語》的連詞連接的情況有很多種，層次極廣，由連接詞素（字）到連接短語、句子等狀況皆有。同時，一種連詞也可以聯結不同關係的短語、句子。分述如下：

㈠連接「數字與數字」的連詞

《論語》這類的連詞僅有：有（ㄧㄡˋ，yòu）。

1.連接「十位數與個位數」

「吾十有五而志於學。」（〈為政〉二．一四）

「有」是連詞，連接「十」與「五」這兩個數字成為數詞，王力說：「『有』字嵌入數目字的中間，表示整數和零數的關係。」[70]《論語》「十有五」白話作「十五」，現代漢語的數詞整數和零數之間不必加上連詞「有」。

2.連接「數字短語與分數」

必有寢衣，長一身有半。（〈鄉黨〉一〇．六）

---

68 同註1，頁二七七。

69 夏丏尊、葉紹鈞編：《國文百八課》（北京：生活．讀書．新知三聯書店，二〇〇八年十一月），頁二六。

70 王力主編：《古代漢語》（臺北：藍燈文化事業有限公司，一九八九年一月），頁四六四。

「有」是連詞，連接數字短語「一身」與分數「半」，「一身有半」即白話的「一身半」。

(二)連接「詞與詞」的連詞

《論語》這類連詞有：與、如。

1. 與

「夫子之言性與天道，不可得而聞也。」（〈公冶長〉五—一三）

「與」是連詞，連接「性」、「天道」這兩個名詞。

子罕言利與命與仁。（〈子罕〉九—一）

兩個連詞「與」連接「利」、「命」、「仁」這三個單詞。

「今由與求也，相夫子。」（〈季氏〉一六—一）

「與」是連詞，連接人名「由」和「求」。

「用之則行，唯我與爾有是夫！」（〈述而〉七—一一）

「與」是連詞，連接代詞「我」和「爾」。

2. 如

「方六七十，如五六十，求也為之，比及三年，可使足民。」（〈先進〉一一—二六）

「如」的用法同「或」，是用於選擇的連詞，宋代朱熹說：「如，猶或也。」[71]此說為是。

---

[71] 同註35，卷六，頁一三〇。

㈢連接「短語與詞」的連詞

《論語》這類連詞僅有：以。

「中人以上，可以語上也；中人以下，不可以語上也。」（〈雍也〉六－二一）

王海棼等謂兩個「以」是連詞，分別連接短語「中人」與方位名詞「上」、「下」，表示「範圍」，[72]此說可採。

㈣連接「謂語與謂語」的連詞

《論語》這類的連詞可以用來聯結並列、遞進、承接、轉折、假設、條件、因果、目的、選擇、讓步關係的兩個謂語。

1.聯結「並列」關係謂語的連詞

《論語》這類的連詞有：則、而、且、以。

「弟子入則孝，出則悌。」（〈學而〉一－六）

兩個「則」都是連詞。

「今吾於人也，聽其言而觀其行。」（〈公冶長〉五－一〇）

子溫而厲。（〈述而〉七－三八）

以上的「而」都是連詞。

---

72 王海棼等：《古漢語虛詞詞典》（北京：北京大學出版社，一九九九年一月），頁四一五。

「不義而富且貴，於我如浮雲。」（〈述而〉七—一六）
「邦有道，貧且賤焉，恥也。」（〈泰伯〉八—一三）
以上的「且」是連詞，聯結並列關係的形容詞「貧」、「賤」。
「使民敬忠以勸，如之何？」（〈為政〉二—二〇）
「以」是連詞，尹君說：「用法相當於『而』，譯作『又』。」[73]此說為是。

2. 聯結「遞進」關係謂語的連詞

《論語》這類的連詞有：且、而、亦、又。
「有恥且格。」（〈為政〉二—三）
「夫顓臾，昔者先王以為東蒙主，且在邦域之中矣。」（〈季氏〉一六—一）
「節用而愛人。」（〈學而〉一—五）
「居其所而眾星共之。」（〈為政〉二—一）
「既富矣，又何加焉？」（〈子路〉一三—九）
「聞詩，聞禮，又聞君子之遠其子也。」（〈季氏〉一六—一三）
「左丘明恥之，丘亦恥之。」（〈公冶長〉五—二五）
「不踐跡，亦不入於室。」（〈先進〉一一—二〇）

[73] 尹君：〈《論語》中「以」的使用情況探析〉，《遼寧經濟職業技術學院學報》二〇〇六年第一期，頁一二八。

3. 聯結「承接」關係謂語的連詞

《論語》這類的連詞有：則、而、以、然後、而後。

其一、則

「既來之，則安之。」（〈季氏〉一六—一）

「則」是連詞，張文國、張能甫說：「『則』字連接的前後兩項動作行為之間在時間或邏輯事理上具有緊密相承的關係，相當於『那麼』、『就』。」[74]正確可採。

「邦有道，則仕，邦無道，則可卷而懷之。」（〈衛靈公〉一五—七）

兩個「則」都是連詞。

其二、而

「學而時習之。」（〈學而〉一—一）

「而」是連詞，金幼華說：「『而』是『而後、以後』的意思。」[75]此說可採。

「見不賢，而內自省也。」（〈里仁〉四—一七）

舜有臣五人而天下治。（〈泰伯〉八—二〇）

以上的「而」都是連詞。

74 張文國、張能甫：《古漢語語法學》（成都：巴蜀書社，二〇〇三年三月），頁一八六。

75 金幼華：〈「而」字詞性及釋義談〉，《浙江大學學報》（人文社會科學版）二〇〇五年第六期，頁八八。

其三、以

「回也聞一以知十，賜也聞一以知二。」（〈公冶長〉五—八）

「樂以忘憂。」（〈述而〉七—一九）

以上的「以」都是連詞。

其四、然後

「文質彬彬，然後君子。」（〈雍也〉六—一八）

「然後」是連詞，白話仍然沿用。

「歲寒，然後知松柏之後彫也。」（〈子罕〉九—二八）

「然後」是連詞，許世瑛說：「『然後』的用法和『而後』相同，表示一事繼另一事而起，同時又含有無前事就沒有後事的意思。」[76]確為如此。

色斯舉矣，翔而後集。（〈鄉黨〉一〇—二七）

「然後」是連詞。

其五、而後

「先行其言，而後從之。」（〈為政〉二—一三）

季文子三思而後行。（〈公冶長〉五—二〇）

76 同註40，頁一一四。

「必世而後仁。」（〈子路〉一三—一二）

「君子信而後勞其民。」（〈子張〉一九—一〇）

以上「而後」都是連詞。

4.聯結「轉折」關係謂語的連詞

《論語》這類的連詞有：然而、則、抑、而、而亦。

「吾友張也為難能也，然而未仁。」（〈子張〉一九—一五）

「然而」是連詞。

「躬行君子，則吾未之有得。」（〈述而〉七—三三）

「欲速則不達，見小利則大事不成。」（〈子路〉一三—一七）

以上「則」是連詞，相當於白話連詞「可是」、「卻」、「反而」的語法功用。

5.聯結「轉折」關係謂語短語的連詞

《論語》這類的連詞有：則，用在第二個謂語短語的前面，相當於白話的「卻」。

子曰：「隱者也。」使子路反見之。至，則行矣。（〈微子〉一八—七）

「則」是連詞，王志瑛說：「『則』表轉折關係，並含有發現早已發生的事情的意思。」[77]此說可採。

77 見陳必祥主編：《古代漢語三百題》（臺北：建宏出版社，一九九四年九月），頁五四九。

「若聖與仁，則吾豈敢？抑為之不厭，誨人不倦，則可謂云爾已矣！」（〈述而〉七—三四）

「抑」是連詞，相當於白話的「只不過」、「不過」。

「君子周而不比，小人比而不周。」（〈為政〉二—一四）

子溫而厲，威而不猛，恭而安。（〈述而〉七—三八）

解惠全等說：「『而』所連接的前後兩項在意義上都有轉折關係。」[78]此說可採。

「菲飲食，而致孝乎鬼神；惡衣服，而致美乎黻冕；卑宮室，而盡力乎溝洫。」（〈泰伯〉八—二一）

「君子和而不同，小人同而不和。」（〈子路〉一三—二三）

「君子泰而不驕，小人驕而不泰。」（〈子路〉一三—二六）

「晉文公譎而不正，齊桓公正而不譎。」（〈憲問〉一四—一五）

「君子矜而不爭，群而不黨。」（〈衛靈公〉一五—二二）

「君子貞而不諒。」（〈衛靈公〉一五—三七）

「君子不可小知而可大受也，小人不可大受而可小知也。」（〈衛靈公〉一五—三四）

「夫子焉不學，而亦何常師之有？」（〈子張〉一九—二二）

5. 聯結「假設」關係謂語的連詞

78 解惠全等：《古漢語讀本》（修訂本）（天津：南開大學出版社，二〇〇九年六月），頁七五。

《論語》這類的連詞有：苟、如、如……則、而、所。

其一、苟

「苟志於仁矣，無惡也。」（〈里仁〉四─四）

「苟子之不欲，雖賞之不竊。」（〈顏淵〉一二─一八）

馬漢麟說：「『苟』，如果，這是古代漢語裡表示假設關係的連詞。」[79]此言為是。

「苟患失之，無所不至矣！」（〈陽貨〉一七─一五）

其二、如

「如不可求，從吾所好。」（〈述而〉七─一二）

「如有用我者，吾其為東周乎！」（〈陽貨〉一七─五）

以上的「如」都是連詞，相當於白話的「假如」、「如果」。

其三、如……則

「如有復我者，則吾必在汶上矣！」（〈雍也〉六─九）

「子如不言，則小子何述焉？」（〈陽貨〉一七─一九）

「如用之，則吾從先進。」（〈先進〉一一─一）

「如得其情，則哀矜而勿喜。」（〈子張〉一九─一九）

---

[79] 同註57，頁三二一。

以上「如」與「則」搭配使用，表示前後語句的假設關係。

其四、而

「人而無信，不知其可也。」（〈為政〉二—二二）

「而」是連詞，可譯為「如果」，許世瑛說：「主語『人』與謂語『無信』之間所加的『而』字，是表假設的關係詞。」[80]此說可採。

「管氏而知禮，孰不知禮？」（〈八佾〉三—二二）

「而」是連詞，胡力文說：「從語境可以看出『而』乃假設連詞。」[81]楊伯峻說：「而——假設連詞，假如，假若。」[82]此說為是。

其五、所

「予所否者，天厭之！天厭之！」（〈雍也〉六—二二）

「所」是連詞，義為「如果」，[83]解惠全、崔永琳、鄭天一說：「『所……（者）』句即含有假設的意思了。」[84]此說為是。

80 同註22，頁二九。
81 胡力文：〈《論語》句群探討〉，《武陵學刊》一九九八年第四期，頁八二。
82 同註11，頁六八。
83 何永清：〈《論語》「所」字的用法探討〉，《孔孟學報》第九十期（二〇一二年九月），頁二七六。
84 解惠全、崔永琳、鄭天一：《古書虛詞通解》（北京：中華書局，二〇〇八年五月），頁六九〇。

6.聯結「條件」關係謂語的連詞

《論語》這類的連詞有：則、斯、亦。

其一、則

「過，則勿憚改。」（〈學而〉一—八）

「舉一隅，不以三隅反，則不復也。」（〈述而〉七—八）

「欲速則不達。」（〈子路〉一三—一七）

「其言之不怍，則為之也難。」（〈憲問〉一四—二〇）

「上好禮，則民易使也。」（〈憲問〉一四—四一）

「躬自厚而薄責於人，則遠怨矣。」（〈衛靈公〉一五—一五）

「小不忍，則亂大謀。」（〈衛靈公〉一五—二七）

「天下有道，則禮樂征伐自天子出。」（〈季氏〉一六—二）

「仕而優則學。」（〈子張〉一九—一三）

其二、斯

「觀過，斯知仁矣。」（〈里仁〉四—七）

方有國說：「連詞『斯』相當于『則』，可譯為『那麼就』或『就』。……這句話的意思是：考察其錯誤，就知道他是什麼樣的人了。」[85]此說可採。

---

85 方有國：《上古漢語語法研究》（成都：巴蜀書社，二〇〇七年一月），頁二五七。

「事君數，斯辱矣；朋友數，斯疏矣。」（〈里仁〉四—二六）

「我欲仁，斯仁至矣！」（〈述而〉七—三〇）

「小人窮斯濫矣！」（〈衛靈公〉一五—二）

其三、亦

「君子博學於文，約之以禮，亦可以弗畔矣夫！」（〈雍也〉六—二七）

「亦」的語法作用同「則」，許世瑛說：「『亦』和『則』字通用，是關係詞。」[86]即是指此。

7.聯結「因果」關係的連詞

《論語》這類的連詞有：故、是故、以。

其一、故

「吾少也賤，故多能鄙事。」（〈子罕〉九—六）

「子云：『吾不試，故藝。』」（〈子罕〉九—七）

「求也退，故進之；由也兼人，故退之。」（〈先進〉一一—二二）

「祿之去公室，五世矣！政逮於大夫，四世矣！故夫三桓之子孫微矣！」（〈季氏〉一六—三）

其二、是故

86 同註22，頁一〇二。

子曰：「是故惡夫佞者。」（〈先進〉一一—二五）

「為國以禮，其言不讓，是故哂之。」（〈先進〉一一—二六）

以上的「是故」，李運益說：「連詞，所以。」[87]此說為是。

其三，以

「志士仁人，無求生以害仁，有殺身以成仁。」（〈衛靈公〉一五—九）

「以」作連詞。

8.聯結「目的」關係謂語的連詞

《論語》這類的連詞僅有：以。

「脩文德以來之。」（〈季氏〉一六—一）

「以」是連詞，譚全基說：「『脩文德』是手段，『來之』是目的。」[88]此說可採。

9.聯結「選擇」關係謂語的連詞

《論語》這類的連詞有：抑、與其……寧、與其……無寧。

「求之與？抑與之與？」（〈學而〉一—一〇）

「抑」是連詞，用在後一個謂語的前面，何樂士說：「抑，選擇連詞。用在選擇複句的後一個

---

87 同註21，頁一八五。

88 同註12，頁一二四。

或幾個分句之首，表示兩種或幾種情況中選擇一種。」[89]此言為是。

「禮，與其奢也寧儉。」（〈八佾〉三—四）

「與其不孫也，寧固。」（〈述而〉七—三六）

以上使用「與其……寧」。

「且予與其死於臣之手也，無寧死於二三子之手乎！」（〈子罕〉九—一二）

本例使用「與其……無寧」套用的連詞。

10.聯結「讓步」關係謂語短語的連詞

《論語》這類的連詞僅有：雖，用在第一個謂語短語的前面。

「雖欲勿用，山川其舍諸？」（〈雍也〉六—六）

「其身不正，雖令不從。」（〈子路〉一三—六）

「言忠信，行篤敬，雖蠻貊之邦行矣！」（〈衛靈公〉一五—六）

「人雖欲自絕，其何傷於日月乎？」（〈子張〉一九—二四）

《論語》連詞的語法特點如下：

第一、連詞連接的作用十分廣泛。

第二、除了單用之外，少數的連詞必須兩個連詞在前後語句中搭配套用。

[89] 同註42，頁五一二。

第三、有的連詞與介詞的界限有些模糊，必須靠語序和語義來辨識。

第三節　《論語》的助詞與語氣詞

一、助詞

「助詞」是用來協助造成短語或倒序結構的一種詞類，它並不能表示語氣，助詞和語氣詞的語法作用不同，所以筆者把它跟語氣詞分開，《論語》的助詞可分為兩類：

㈠結構助詞

「結構助詞」是輔助定中短語與偏正化主謂短語的助詞，《論語》這類的助詞僅有「之」，出現的次數頻繁。

其一、定中短語的結構助詞「之」

「定語＋之＋中心語」這樣的偏正短語，結構助詞加在定語與中心語之間。

「禮之用，和為貴。」（〈學而〉一─一二）

「今之孝者，是謂能養。」（〈為政〉二─七）

「夫子之道，忠恕而已矣！」（〈里仁〉四─一五）

「古之賢人也。」（〈述而〉七─一五）

「且予與其死於臣之手也，無寧死於二三子之手乎！」（〈子罕〉九—一二）

「吾黨之直者異於是：父為子隱，子為父隱。」（〈子路〉一三—一八）

聞弦歌之聲。（〈陽貨〉一七—四）

以上的「之」都是結構助詞，用來構成定中短語。

其二、偏正化主謂短語的結構助詞「之」

「之」的語法作用在取消這個句子（或主謂短語）的獨立性，以便作為句子的某個成分使用（參閱第六章第一節「主謂短語」）。

「夫子之求之也，其諸異乎人之求之與！」（〈學而〉一—一〇）

「夫子之求之也」是偏正化的主謂短語，用作主語。

「赤之適齊也，乘肥馬，衣輕裘。」（〈雍也〉六—四）

「赤之適齊也」是偏正化的主謂短語，用作表示時間的狀語，解惠全等說：「可以理解為『赤到齊國去的時候』。」[90]此說可採。

「舜、禹之有天下也，而不與焉。」（〈泰伯〉八—一八）

「舜、禹之有天下也」是偏正化的主謂短語，用作一個謂語。再用表示轉折的連詞「而」和第二個謂語「不與」連接，表示舜、禹的偉大情操。

90 同註78，頁九八。

(二)倒序助詞

「倒序助詞」是將賓語倒置在述語之前的結構助詞，《論語》這類的助詞有：之、是，馬建忠說：「凡止詞先乎動字者，倒文也。如動字或有弗辭，或為疑辭者，率間『之』字，間參『是』字。」[91]即是指此。

「古者言之不出。」（〈里仁〉四—二二）

「之」是倒序助詞，「古者言之不出」即「古者不出言」之意，藉由助詞「之」造成賓語「言」提前，倒置在述語「出」之前。

「吾斯之未能信。」（〈公冶長〉五—六）

「之」是倒序助詞，「吾斯之未信」即「吾未信斯」之意，藉由助詞「之」造成賓語「斯」提前，倒置在述語「信」之前。

有時候使用副詞「唯」與倒序助詞「之」配合，同樣造成倒序句法，而語氣更強，如下例：

「父母唯其疾之憂。」（〈為政〉二—六）

「父母唯其疾之憂」義為「父母唯憂其疾」（父母只擔心子女生病）。

「論篤是與，君子者乎？色莊者乎？」（〈先進〉一一—二一）

「是」是倒序助詞，「論篤是與」義為「與論篤」（推許言論篤實的人），藉由助詞「是」造

---

91 同註1，頁二五一。

成賓語「論篤」提前，倒置在述語「與」之前。李運益說：「是：助詞，用在前置賓語和動詞之間，表示賓語的前置。」[92]楊伯峻「論篤是與——這是『與論篤』的倒裝形式，『是』是幫助倒裝之用的詞，和『唯你是問』的『是』用法相同。『與』，許也。『論篤』就是『論篤者』的意思。」[93]均可採。

「求，無乃爾是過與？」（〈季氏〉一六—一）

「是」是倒序助詞，「無乃爾是過」即「無乃過爾」之意，藉由助詞「是」造成賓語「爾」提前，倒置在述語「過」之前，楊伯峻說：「是，小品詞，用於動賓結構的倒裝。」[94]此說為是。

周有大賚，善人是富。（〈堯曰〉二〇—一）

「是」是倒序助詞，「善人是富」義為「富善人」，藉由助詞「是」造成賓語「善人」提前，倒置在述語「富」之前。

《論語》助詞的語法特點如下：

第一、《論語》助詞種類不多，但某些能造「賓語＋述語」的倒置句法。

第二、《論語》的助詞多用作結構助詞。

92 同註21，頁一八四。
93 同註11，頁二五四。
94 同註11，頁五一五。

二、語氣詞

「語氣詞」是用來表現文句各種語氣的詞，又稱「語助」、「語助詞」或「語氣助詞」，馬建忠將助詞和語氣詞合稱為「助字」，他說：「凡虛字用以結煞實字與句讀者，曰助字。」[95]王力說：「西洋語言的語氣是通過動詞的屈折變化來表示的，而漢語的語氣則是通過語氣詞來表示的。」[96]馬漢麟說：「語氣詞是用來表示句子的語氣的。」[97]《論語》的語氣詞數量頗多，王振頂、查中林說：「《論語》中的語氣助詞較多，反映出當時的口語通過語氣助詞來彌補漢語缺少詞形變化的語言特點。」[98]上述均說明語氣詞對於句子產生的語法功效。

㈠《論語》的語氣詞種類

《論語》的語氣詞，一是單用的語氣詞，二是連用的語氣詞（「雙合」、「參合」），以下分別敘論它們。

《論語》單用的語氣詞：

1. 夫

---

95 同註1，頁三二三。

96 王力：《漢語語法史》（北京：商務印書館，二〇〇三年六月），頁二九五。

97 同註57，頁一九。

98 王振頂、查中林：〈《論語》在詞彙學上的重大貢獻〉，《現代語文》二〇〇六年第一期，頁一八。

其一、用在句首，表示發表議論

「夫仁者，己欲立而立人，己欲達而達人。」（〈雍也〉六─三〇）

本例的「夫」，陳霞村說：「用作句首語氣詞，表示要發議論。」[99]此說可採。

「夫三年之喪，天下之通喪也。」（〈陽貨〉一七─二一）

本例的「夫」，朱城說：「表示要發議論，或要概述事物的特徵，起到引起下文的作用。」[100]是知《論語》句首的語氣詞「夫」具有發表議論，並引起下文的語法功用，這樣的「夫」是從代詞的功能弱化、虛化而成。

其二、用在句末，表示感嘆的語氣

子謂顏淵曰：「用之則行，舍之則藏，唯我與爾有是夫！」（〈述而〉七─一一）

本例的「夫」，郭錫良、李玲璞說：「『夫』，用在感嘆句尾表示的感嘆語氣偏於惋惜悲傷的情緒，仍譯為『啊』。」[101]此說可採。

子在川上曰：「逝者如斯夫！不舍晝夜。」（〈子罕〉九─一七）

本例的「夫」，楊伯峻說：「表感嘆。」[102]王政白說：「夫：用在句末，表感嘆。」[103]朱城說：

---

99 陳霞村：《古代漢詞虛詞類解》（臺北：建宏出版社，一九九五年四月），頁七五五。

100 朱城主編：《古代漢語專題教程》（北京：中國人民大學出版社，二〇一〇年六月），頁一四五。

101 郭錫良、李玲璞主編：《古代漢語》（北京：語文出版社，一九九五年六月），頁七六五。

102 楊伯峻：《古漢語虛詞》（北京：中華書局，二〇〇〇年八月），頁四一。

103 王政白：《古漢語虛詞詞典》（增訂本）（合肥：黃山書社，二〇〇二年十月），頁八九。

「它所表示的感歎語氣似乎比『哉』要低沉一些，偏於表示惋惜或感傷的情緒，可譯為『吧、啊、呀』等。」[104]均可採。

子曰：「南人有言曰：『人而無恆，不可以作巫醫。』善夫！」（〈子路〉一三—二二）

本例的「夫」，相當於白話的語氣詞「啊」、「呀」、「吧」（罷），楊樹達說：「語末助詞。表感嘆。按據錢氏大昕及近人汪榮寶之考證，『夫』古音當如『巴』，即今語之『罷』字。」[105]上古無輕唇音，故《論語》句末的語氣詞「夫」相當於白話的語氣詞「罷」，用來表示感嘆。

2.乎

其一、表示勸勉的語氣

「由！誨女知之乎！」（〈為政〉二—一七）

本例的「乎」，馬漢麟說：「這兒是表示勸勉的語氣詞。」[106]此說可採。

其二、表示感嘆或惋惜的語氣

子謂顏淵，曰：「惜乎！吾見其進也，未見其止也。」（〈子罕〉九—二一）

本例的「乎」，用在形容詞謂語之後，表示惋惜的語氣，且使用倒裝句法，朱城說「表示感歎

104 同註100，頁一四三。
105 楊樹達：《詞詮》（臺北：臺灣商務印書館，一九七七年一月），卷一，頁四六。
106 同註57，頁三〇。

……，可譯為『啊、呀』等。」[107]此說可採。

「惜乎，夫子之說君子也。」（〈顏淵〉一二—八）

楊伯峻說：「朱熹《集注》把它作兩句讀：『惜乎！夫子之說，君子也。』便應該這樣翻譯：『先生的話，是出自君子之口，可惜說錯了。』我則以為『夫子之說君子也』為主語，『惜乎』為謂語，此為倒裝句。」[108]楊伯峻此章的標斷句讀正確，合乎語言規律。

其三、表示呼喚的語氣

「參乎！吾道一以貫之。」（〈里仁〉四—一五）

本例的「乎」表示呼告，用在人名之後，[109]許世瑛說：「用『乎』字來作停頓之用的。」[110]張永言等說：「語氣詞。相當於『啊』。」[111]是知《論語》感嘆句尾的語氣詞「乎」，相當於白話的語氣詞「啊」。

其四、表示祈求或商量的語氣

原思為之宰，與之粟九百，辭。子曰：「毋！以與爾鄰里鄉黨乎！」（〈雍也〉六—五）

107 同註100，頁一四四。
108 同註11，頁二七一—二七二。
109 李國英、李遠富主編：《古代漢語教程》（北京：北京師範大學出版社，二〇一〇年六月），頁一五四。
110 同註40，頁一七三。
111 張永言等編：《簡明古漢語字典》（成都：四川人民出版社，一九九五年二月），頁二四九。

本例的「乎」，相當於白話的「吧」，表示祈求或商量的語氣。

其五、表示推測的語氣

子曰：「必也正名乎！」（〈子路〉一三—三）

本例的「乎」，相當於白話的語氣詞「吧」，表示推測的語氣。

其六、表示詢問的語氣

廄焚，子退朝，曰：「傷人乎？」（〈鄉黨〉一〇—一七）

「有一言而可以終身行之者乎？」（〈衛靈公〉一五—二四）

「子亦有異聞乎？」（〈季氏〉一六—一三）

「食夫稻，衣夫錦，於女安乎？」（〈陽貨〉一七—二一）

陳司敗問：「昭公知禮乎？」（〈述而〉七—三一）

「予也有三年之愛於其父母乎？」（〈陽貨〉一七—二一）

「子見夫子乎？」（〈微子〉一八—七）

以上的「乎」都表示詢問的語氣，相當於白話的語氣詞「嗎」，吳仁甫說：「『乎』用於句尾，不管句中有無疑問詞，總帶有詢問的語氣。」[112]任愛偉說：「這些『乎』都是表純粹的、真性

112 同註15，頁一三九。

的詢問。」[113]均可採。

其七、表示疑問的語氣

「由！誨女知之乎？」（〈為政〉二—一七）

或曰：「管仲儉乎？」（〈八佾〉三—二二）

「然則管仲知禮乎？」（〈八佾〉三—二二）

《論語》這類的「乎」用來表示質疑語氣，楊樹達說：「語末助詞。助句，表有疑而詢問者。」[114]即是指此。

其八、表示加強疑問的語氣

「信乎，夫子不言，不笑，不取乎？」（〈憲問〉一四—一三）

本例兩個「乎」字在前後的句尾，表示加強疑惑的詢問。

其九、運用「否定副詞（不、勿、未）＋……乎」句型，表示反詰的語氣

「為人謀而不忠乎？與朋友交而不信乎？傳不習乎？」（〈學而〉一—四）

「曾謂泰山不如林放乎？」（〈八佾〉三—六）

「乎」跟否定副詞「不」配合，表示反問（反詰）的語氣。

113 任愛偉：〈淺析《論語》中的「乎」〉，《現代語文》二〇〇八年第九期，頁二四。

114 同註105，卷三，頁四五。

「愛之，能勿勞乎？忠焉，能勿誨乎？」（〈憲問〉一四—七）

「乎」跟否定副詞「勿」配合，表示反問（反詰）的語氣。

曰：「未仁乎？」（〈憲問〉一四—一五）

「乎」跟否定副詞「未」配合，表示反問（反詰）的語氣。

其十、運用「否定副詞（不）＋語氣副詞（亦）……乎」句型，表示強調的反詰語氣

「學而時習之，不亦說乎？有朋自遠方來，不亦樂乎？人不知而不慍，不亦君子乎？」（〈學而〉一—一）

王海棻說：「『不亦……乎』這一格式是表示反問的，意思是『不是很（太）……嗎』？」[115]

朱振家說：「『不亦』同句尾語氣助詞配合，表示反問，意再加強肯定。」[116]均可採。

「如其善而莫之違也，不亦善乎？」（〈子路〉一三—一五）

其十一、運用「疑問副詞（何）＋……乎」句型，表示更強烈的反詰語氣

「何傷乎？亦各言其志也。」（〈先進〉一一—二六）

許世瑛說：「『何傷乎』是特指問句，表示反詰語氣，意思說『無傷』。」[117]是知「何傷乎」

---

115 王海棻：《古代漢語簡明讀本》（北京：社會科學文獻出版社，二〇〇二年八月），頁一六三。

116 朱振家主編：《古代漢語》（北京：高等教育出版社，二〇一〇年五月），頁二六三。

117 同註40，頁一六八。

此種強烈反詰語氣，相當於正面的陳述「何傷」。

其十二、運用「兼詞（盍）＋……乎」句型，表示反詰的語氣

「盍徹乎？」（〈顏淵〉一二—九）

「乎」跟兼詞「盍」（何不）配合，用來表示反詰的語氣，相當白話的「為什麼不……呢？」

其十三、運用「語氣副詞（豈）……乎」句型，表示反詰的語氣

「其然，豈其然乎？」（〈憲問〉一四—一三）

「仲尼豈賢於子乎？」（〈子張〉一九—二五）

「乎」跟語氣副詞「豈」配合，表示反詰的語氣。

其十四、運用「何以＋……乎」句型，表示反詰的語氣

「至於犬馬，皆有所養，不敬，何以別乎？」（〈為政〉二—七）

「乎」跟「何以」配合使用，表示反問的語氣。

其十五、「乎」用來表示「二選一」的口吻

「吾何執？執御乎？執射乎？吾執御矣。」（〈子罕〉九—二）

「論篤是與，君子者乎？色莊者乎？」（〈先進〉一一—二一）

兩個「乎」用在選擇問句的末尾，表示二者選其一。

由上述可知，《論語》的語氣詞「乎」，不僅使用得非常頻繁，而且功能眾多，表達的感情非常豐富。

3.兮

「巧笑倩兮，美目盼兮，素以為絢兮。」（〈八佾〉三—八）

本例的「兮」，表示詠嘆的語氣。

「鳳兮鳳兮！何德之衰？」（〈微子〉一八—五）

本例的「兮」，表示呼喚。

《論語》的「兮」一律用在詩歌的句末，表示詠嘆或呼喚的語氣。

4.者

「莫春者，春服既成，冠者五六人，童子六七人，浴乎沂，風乎舞雩，咏而歸。」（〈先進〉一一—二六）

陳霞村說：「『者』用在充當狀語的時間名詞之後，強調這個時間，延宕語氣。」[118]筆者認為此處「莫春者」相當於白話「暮春時候」，[119]「者」是表示重複確認的語氣詞。

5.然

「若由也，不得其死然。」（〈先進〉一一—一三）

---

118 同註99，頁七六四。

119 何永清：〈《論語》「者」字的用法析論〉，《臺北市立教育大學學報》（人文社會類）第四卷第一期（二〇〇九年五月），頁一〇五。

本例的「然」，楊樹達說：「語末助詞。表斷定。」[120]楊伯峻說：「然，語氣詞，用法同『焉』。」[121]此二家的看法均同，是知《論語》用在句末語氣詞的「然」，表示確信的語氣。

6. 哉

其一、表示讚嘆的語氣

「大哉問！禮，與其奢也，寧儉；喪，與其易也，寧戚。」（〈八佾〉三—四）

「大哉，堯之為君也！巍巍乎！唯天為大，唯堯則之。」（〈泰伯〉八—一九）

「大哉孔子！博學而無所成名。」（〈子罕〉九—二）

「周監於二代，郁郁乎文哉！」（〈八佾〉三—一四）

「君子哉蘧伯玉！邦有道，則仕；邦無道，則可卷而懷之。」（〈衛靈公〉一五—七）

「野哉，由也！」（〈子路〉一三—三）

「小人哉，樊須也！」（〈子路〉一三—四）

「君子哉若人！」（〈公冶長〉五—三、〈憲問〉一四—五）

「直哉史魚！邦有道如矢，邦無道如矢。」（〈衛靈公〉一五—七）

以上的「哉」用在形容詞或抽象名詞之後，讚美某種人物、某項事物，表示讚許、讚譽的語

120 同註105，卷五，頁九八。
121 同註11，頁二四八。

氣，且使用倒裝句法，將謂語提前到主語之前，如：「大哉，堯之為君也！」常式的句型應是：「堯之為君也，大哉！」，其他類例仿此，不再贅述。

「鄙哉，硜硜乎！」（〈憲問〉一四—三九）

其二、兩個「哉」連用，表示強烈的感嘆語氣

問子西。曰：「彼哉！彼哉！」（〈憲問〉一四—九）

本例的「哉」在謂語短語末尾，運用類疊的修辭方式，表達更為強烈的感嘆。

其三、運用「疑問副詞（焉）＋……哉」的句型，表現反問的語氣

「視其所以，觀其所由，察其所安。人焉廋哉？人焉廋哉？」（〈為政〉二—一〇）

其四、運用「何哉」、「何有……哉」或「何言哉」的句型，表示詢問的語氣

「何哉，爾所謂達者？」（〈顏淵〉一二—二〇）

「默而識之，學而不厭，誨人不倦，何有於我哉？」（〈述而〉七—二）

「出則事公卿，入則事父兄，喪事不敢不勉，不為酒困，何有於我哉？」（〈子罕〉九—一六）

「天何言哉？四時行焉，百物生焉，天何言哉？」（〈陽貨〉一七—二〇）

其五、運用「何以……哉」的句型，表示反問的語氣

「大車無輗，小車無軏，其何以行之哉？」（〈為政〉二—二二）

本例的「哉」，張永言等人說：「表示反問，可譯為『嗎』或『呢』。」[122]此說可採。

「居上不寬，為禮不敬，臨喪不哀，吾何以觀之哉？」（〈八佾〉三—二六）

「如或知爾，則何以哉？」（〈先進〉一一—二六）

其六、運用「何為……哉」的句型，表示提問的口吻

「夫何為哉？恭己正南面而已矣。」（〈衛靈公〉一五—五）

其七、「與其……豈若……哉」的句型，表示選擇式的反詰語氣

「且而與其從辟人之士也，豈若從辟世之士哉？」（〈微子〉一八—六）

7.矣

其一、表示認同與肯定的語氣

「其為人也孝弟，而好犯上者，鮮矣。」（〈學而〉一—二）

「慎終追遠，民德歸厚矣。」（〈學而〉一—九）

「三年無改於父之道，可謂孝矣。」（〈學而〉一—一一、〈里仁〉四—二〇）

「溫故而知新，可以為師矣。」（〈為政〉二—一一）

「朝聞道，夕死可矣！」（〈里仁〉四—八）

本例的「矣」相當於白話「呀」，朱城說：「『矣』字也是表示在某條件具備的情況下必將產

122 同註111，頁八九五。

生新的結果。」[123]此說可採。

「巧言、令色，鮮矣仁！」（〈學而〉一—三、〈陽貨〉一七—一七）

「事父母能竭其力，事君能致其身。與朋友交，言而有信。雖曰未學，吾必謂之學矣。」（〈學而〉一—七）

楊伯峻說：「『矣』在句末，又可以表達語氣的一足肯定。」[124]此說可採。

其二、表示已然的事實或已經完成的語態

「不幸短命死矣！」（〈雍也〉六—三、〈先進〉一一—七）

本例的「矣」，譚全基說：「表示已然」，[125]「死矣」義為「已經死了」。

「俎豆之事，則嘗聞之矣；軍旅之事，未之學也。」（〈衛靈公〉一五—一）

本例的「矣」，馬漢麟說：「表示已經實現的情形」，[126]此說可採。

至，則行矣。（〈微子〉一八—七）

本例的「矣」，郭錫良、李玲璞說：「『矣』字用在後一分句末尾，表示出現了原先未料到的

123 同註100，頁一四一。
124 同註102，頁二六八。
125 同註12，頁一四八。
126 同註57，頁五五。

新狀況。」[127]史存直說：「表示已然的事實或狀態。」[128]均可採。

其三、表示確定後果的語氣

「言寡尤，行寡悔，祿在其中矣。」（〈為政〉二—一八）

祭肉不出三日，出三日，不食之矣。（〈鄉黨〉一〇—九）

本例的「矣」，馬漢麟說：「表示在某種條件下產生某種後果。」[129]此說可採。

其四、表示對事情結果的感慨語氣

子曰：「甚矣吾衰也！久矣！吾不復夢見周公。」（〈述而〉七—五）

本例兩個「矣」置於形容詞謂語「甚」、「久」之後，表示感慨的語氣。

其五、表示停頓的語氣，兼引起下文的作用

「惡不仁者，其為仁矣，不使不仁者加乎其身。」（〈里仁〉四—六）

這種「矣」用來表示停頓，兼引起下文，馬建忠說：「此『矣』字所以煞讀，亦以起下也。」[130]即是指此。

8. 也

127 郭錫良、李玲璞：《古代漢語》（北京：語文出版社，一九九五年六月），頁七五七。
128 同註39，頁一九四。
129 同註57，頁五六。
130 同註1，頁二三。

其一、用在主語或人名之後，表示延宕或停頓的語氣

子曰：「君子之於天下也，無適也，無莫也，義之與比。」（〈里仁〉四—一〇）

柴也愚，參也魯，師也辟，由也喭。（〈先進〉一一—一八）

四個「也」都是語氣詞，史存直說：「用在個別詞語後面表示小停頓。」[131]此說可採。

「君子之過也，如日月之食焉。」（〈子張〉一九—二一）

「也」是語氣詞，馬漢麟說：「『也』用在句中表示停頓。」[132]此言為是。

「賜也何敢望回？回也聞一以知十，賜也聞一以知二。」（〈公冶長〉五—九）

本例三個「也」，陳霞村說：「帶有明顯的感嘆意味」，[133]此說可採。

「雍也仁而不佞。」（〈公冶長〉五—五）

「丘也幸！苟有過，人必知之。」（〈述而〉七—三一）

以上兩例的「也」，馬漢麟說：「放在主語後面，表示頓宕。」[134]正確可採。

「回也其庶乎！屢空！」（〈先進〉一一—一九）

「賜也，女以予為多學而識之者與？」（〈衛靈公〉一五—三）

---

131 同註39，頁一九三。

132 同註57，頁三三。

133 同註99，頁七六八。

134 同註57，頁六四。

「丘也聞有國有家者，不患寡而患不均，不患貧而患不安。」（〈季氏〉一六—一）

本例的「也」，呂叔湘說：「在主語之後用『也』字一頓。」[135]表示停頓。

「朽木不可雕也，糞土之牆不可杇也。」（〈公冶長〉五—一〇）

此兩個「也」，李國英、李遠富說：「用於陳述句句尾，以加強陳述的語氣。」[136]此言為是。

「由也升堂矣！未入於室也。」（〈先進〉一一—一五）

語氣詞「也」和「矣」前後並行使用，各自產生陳述的語氣。

「俎豆之事，則嘗聞之矣；軍旅之事，未之學也。」（〈衛靈公〉一五—一）

以上的「也」，朱城說：「『也』字表靜態，『矣』字表動態。」[137]此說可採。

其三、用在狀語之後，表示強調

子曰：「必也正名乎！」（〈子路〉一三—三）

本例的「也」，陳霞村說：「延宕語氣，強調狀語。」[138]此言為是。

「夫子至於是邦也，必聞其政。」（〈學而〉一—一〇）

樊遲退，見子夏曰：「鄉也吾見於夫子而問知。」（〈顏淵〉一二—二二）

---

135 呂叔湘：《文言虛字》（臺北：臺灣開明書店，一九八一年十一月），頁一八二。
136 同註109，頁一四八。
137 同註100，頁一四一。
138 同註99，頁七六六。

以上兩例的「也」表示動作的時間，前面的「也」用在「至於是邦」這個狀語的後面。

其三、用在判斷句末尾，加強判斷的語氣

「富與貴，是人之所欲也。……貧與賤，是人之所惡也。」（〈里仁〉四—五）

語氣詞「也」用在陳述句末尾，表示肯定、確信、堅定的語氣。

「不好犯上，而好作亂者，未之有也。」（〈學而〉一—二）

「不患人之不己知，患不知人也。」（〈學而〉一—一六）

本例的「也」，呂叔湘說：「對於整個句子的句意加強肯定，所以只能說是堅決的語氣。」[139]正確可採。

「知之為知之，不知為不知，是知也。」（〈為政〉二—一七）

「人而無信，不知其可也。」（〈為政〉二—二二）

「非吾徒也，小子鳴鼓而攻之，可也。」（〈先進〉一一—一七）

本例的第一個「也」表示判斷的語氣，第二個「也」表示堅定的語氣。

其四、用在陳述句末尾，表示解釋語氣

「古者言之不出，恥躬之不逮也。」（〈里仁〉四—二二）

其五、用在疑問句末尾，表示詢問的口吻

139 同註135，頁一七七。

子張問：「十世可知也？」（〈為政〉二—二三）

此例用在詢問是或否，表示「是非問」的疑問語氣，相當於白話的語氣詞「嗎」。

王孫賈問曰：「與其媚於奧，寧媚於竈，何謂也？」（〈八佾〉三—一三）

其六、用在詢問某種事物，表示「特指問」

樊遲曰：「何謂也？」（〈為政〉二—五）

本例的「也」，相當於白話的「呢」，用來詢問特別的事物。

其七、運用「何以……也」句型，表示特別強烈的詢問口吻

「孔文子何以謂之文也？」（〈公冶長〉五—一五）

這種「也」與「何以」配合，用來詢問特別的原由、緣故。

9.焉

其一、表示確認的語氣

「有民人焉，有社稷焉，何必讀書，然後為學？」（〈先進〉一一—二五）

本例的兩個「焉」，許世瑛說：「『焉』字是個語氣詞，用於句末，它和白話的『呢』字很相似，都是表示確認。」[140]此說可採。

「君子病無能焉。」（〈衛靈公〉一五—一九）

---

140 同註40，頁一五二。

本例的「焉」，表示確認的語氣。

其二、表示感嘆的語氣

「巍巍乎！舜、禹之有天下也，而不與焉！」（〈泰伯〉八—一八）

本例的「焉」表示讚賞語氣，趙廣成說：「表感嘆語氣，與現代漢語的『啊』相近。」[141]此說可採。

其三、運用「疑問代詞（何）＋……焉」的句型，表示疑問語氣

「既庶矣，又何加焉？」（〈子路〉一三—九）

「既富矣，又何加焉？」（〈子路〉一三—九）

此二例都是運用語氣詞「焉」加上疑問代詞「何」，用來表示疑問語氣。

10.為

《論語》語氣詞的「為」（音ㄨㄟˊ，wéi），與「乎」相同，可以表示疑問語氣。

棘子成曰：「君子質而已矣，何以文為？」（〈顏淵〉一二—八）

本例的「為」，胡樸安說：「為，語助也。」[142]楊樹達說：「語末助詞。表示疑問。」[143]王海

---

141 同註14，頁一七三。
142 胡樸安：《古書校讀法》（臺北：西南書局，一九七九年十月），頁一〇三。
143 同註105，頁二三。

棻說：「句末的『為』已經虛化為疑問語氣詞。」[144]曾令香說：「如果『為』的前面是動詞或動詞性詞組，則『為』是疑問語氣詞。」[145]施向東、冉啟彬說：「『何以……為』是一種反問句式，表示『為什麼……呢』的意思。」[146]均說明《論語》這個「為」是個語氣詞，很正確。

子曰：「誦《詩》三百，授之以政，不達，使於四方，不能專對。雖多亦奚以為？」（〈子路〉一三—五）

「夫顓臾，昔者先王以為東蒙主，且在邦域之中矣，是社稷之臣也，何以伐為？」（〈季氏〉一六—一）

本例的「為」相當於白話的「呢」，用在句末，和疑問代詞「何」配合使用，表示反詰的語氣，許世瑛說：「『何以伐為』也可以改成『何為（音ㄨㄟˋ，wèi）伐乎？』，『為』字是句末語氣詞無疑。」[147]劉慶俄說：「為，表示反問的語氣詞。『何以……為』是古漢語中的固定格式，相當於『為什麼……呢』。」[148]均可採。

---

144 同註115，頁一六〇。

145 曾令香：〈《論語》中「為」的幾種組合——兼談疑問詞尾「為」的詞性問題〉，《語文學刊》二〇〇六年第一期，頁八四。

146 施向東、冉啟彬主編：《古代漢語基礎》（北京：北京大學出版社，二〇一〇年四月），頁三〇四。

147 同註40，頁四三三。

148 劉慶俄：《古漢語速成讀本》（北京：中華書局，二〇〇二年三月），頁七〇。

11.與

《論語》語氣詞「與」讀成第二聲「ㄩˊ」（yú）。

其一、表示停頓的作用

「於予與何誅？」（〈公冶長〉五—一〇）

「於予與改是。」（〈公冶長〉五—一〇）

「我之大賢與，於人何所不容？我之不賢與，人將拒我，如之何其拒人也？」（〈子張〉一九—三）

「與」的功用相當於白話的「麼」、「嗎」或「呀」。

其二、表示概嘆的語氣

子在陳曰：「歸與！歸與！」（〈公冶長〉五—二二）

其三、表示「選擇問」的疑問語氣

「夫子至於是邦也，必聞其政，求之與？抑與之與？」（〈學而〉一—一〇）

「抑」是選擇複句的連詞，跟句末疑問語氣詞「與」配合，用來表示「選擇問」，相當於白話「……呢？還是……呢？」的句式。

其四、表示詢問的語氣

微生畝謂孔子曰：「丘何為是栖栖者與？」（〈憲問〉一四—三二）

子謂冉有曰：「女弗能救與？」（〈八佾〉三—六）

這種語氣詞「與」相當於白話的語氣詞「呢」。

其五、表示推測的語氣

「孝弟也者，其為仁之本與！」（〈學而〉一—二）

「臧文仲其竊位者與！」（〈衛靈公〉一五—一四）

施向東、冉啟彬說：「『其……與』的格式也是表示推測，但是語氣比較肯定，意思是『大概／恐怕是吧』。」[149]「其」是表示揣測的副詞，跟句末語氣詞「與」配合使用，表現更加確定的推測語氣。

12.耳

語氣詞「耳」用來表示限止的語氣。

「二三子！偃之言是也。前言戲之耳。」（〈陽貨〉一七—四）

清代段玉裁說：「耳：而止切，一部。」[150]段玉裁又說：「而：如之切，一部。」[151]「已：祥里切，一部。」[152]楊樹達說：「助句，表限止，與『而已』同。」[153]許世瑛說：「『耳』字也是個句末

---

149 同註146，頁三〇五。

150 （清）段玉裁：《說文解字注》卷十二上，（臺北：藝文印書館，一九七九年六月），頁五九七。

151 同註150，卷九下，頁四五八。

152 同註150，卷十四下，頁七五三。

153 楊樹達：《高等國文法》（臺北：成偉出版社，一九七五年十一月），頁五一四。

語氣詞，它的意思和『而已』相同，是『而已』的合音。用白話說就是『罷了』。」[154]按：「耳」、「而」二字都屬日紐，古音「泥」母聲，「耳」、「已」二字都同在段玉裁古音第一部，許世瑛的說法正確。又呂叔湘說：「『耳』字的意思和『而已』相同，用白話說就是『罷了』。」[155]吳仁甫說：「含有『局限於此』的意味。」[156]陳霞村說：「『耳』表示限止語氣，……相當於『罷了』、『而已』。」[157]均可採。

13.爾

《論語》的語氣詞「爾」用在語句末尾，表示限止的語氣，作用同「耳」，相當於白話的「罷了」。

其在宗廟朝廷，便便言，唯謹爾。（〈鄉黨〉一〇—一）

「爾」是語氣詞，表提示，帶有「如是而已」的口吻。

「其為人也，發憤忘食，樂以忘憂，不知老之將至云爾。」（〈述而〉七—一九）

本例的「云爾」連在一起，相當於「如此而已」，楚永安說：「云爾：代詞和語氣詞的連用形

154 同註40，頁一五四。
155 同註135，頁一九五。
156 同註15，頁一三八。
157 同註99，頁七八三。

式。」[158]張小芹說：「『爾』在這裡同『耳』，而已、罷了。它主要表示一種限止語氣。」[159]均可採。

14.而已

「有婦人焉，九人而已。」（〈泰伯〉八—二〇）

「而已」是由「而」加上虛化的動詞「已」衍生而成的語氣詞，用來表示限止的語氣，「而已」的凝結力強，現代漢語仍然沿用。

《論語》連用的語氣詞：

它們通常把重心放在最後一個語氣詞上面，施向東、冉啟彬說：「語氣詞的連用，往往是語氣的疊加，而重點一般落在後一個語氣詞上。」[160]郭心竹說：「大家知道，句末語氣詞連用有加強語氣的作用。它能把說話人的種種複雜神情表現得細緻而周密。」[161]語氣詞的連用可以讓句子表現的情感生動活躍，馬建忠稱連用兩個語氣詞為「雙合字」，連用三個語氣詞為「參合字」，他說：「合助助字者，或兩字疊助一句，則謂之雙合字。或疊三字，則謂之參合字。」[162]承襲此觀點，《論語》

158 楚永安：《文言複式虛詞》（北京：中國人民大學出版社，一九八六年五月），頁四七八。

159 張小芹：〈《論語》中語氣詞的複用〉，《河北理工學院學報》（社會科學版）第五卷第二期（二〇〇五年五月），頁一五九。

160 同註146，頁二三九。

161 郭心竹：〈《論語》語氣詞研究〉，《文學界》二〇一〇年第四期，頁八九。

162 同註1，頁三七七。

連用的語氣詞又可分為「雙合」與「參合」的形態，或稱為「語氣詞雙連用」、「語氣詞三連用」，以下接著敘述：

甲、雙合的語氣詞（語氣詞雙連用）

《論語》雙合的語氣詞有：乎哉、者乎、者也、矣夫、矣乎、矣哉、已乎、已矣、也夫、也者、也哉、也已、也與、耳乎、而已乎、而已矣。

1.乎哉

張萍說：「《論語》中『乎哉』連用均表反詰，並主要由『哉』承擔。」[163]此說為是。

其一、自問自答的口吻

「仁遠乎哉？我欲仁，斯仁至矣。」（〈述而〉七—三〇）

「君子多乎哉？不多也。」（〈子罕〉九—六）

本例的「乎哉」，萬久富說：「這裡的自問自答，有強調的意味。」[164]此說可採。

「吾有知乎哉？無知也。」（〈子罕〉九—八）

其二、反問他人的口吻

---

163 張萍：〈《論語》疑問句的辨別和句法結構例析〉，《常熟理工學院學報》（哲學社會科學版）二〇一〇年第一期，頁八六。

164 萬久富：〈《論語》的言語特點〉，《南通師範學院學報》（哲學社會科學版）第十七卷第二期（二〇〇一年六月），頁七七。

「為仁由己，而由人乎哉？」（〈顏淵〉一二—一）

「賜也賢乎哉？」（〈憲問〉一四—二九）

「言不忠信，行不篤敬，雖州里行乎哉？」（〈衛靈公〉一五—六）

「禮云禮云，玉帛云乎哉？樂云樂云，鐘鼓云乎哉？」（〈陽貨〉一七—一一）

本例的「云」為動詞，[165]「乎哉」表示反詰的語氣。

2.者乎

「有一言而可以終身行之者乎？」（〈衛靈公〉一五—二四）

「者乎」表示停頓後的詢問語氣。

3.者也

「我待賈者也。」（〈子罕〉九—一三）

「也」的語氣比「者」強烈，因此「者」「也」連用表確認的語氣。

4.矣夫

其一、表示商量的語氣

子曰：「博學於文，約之以禮，亦可以弗畔矣夫！」（〈顏淵〉一二—一五）

子曰：「苗而不秀者有矣夫！秀而不實者有矣夫！」（〈子罕〉九—二二）

165 何永清：〈《論語》「云」字的用法探析〉，《國文天地》第二十八卷第六期（二〇一二年十一月），頁六四。

「矣夫」是連用的語氣詞，張紅說：「這兩個例句除了表示動態的已然或將然語氣外，還帶有某種程度的感嘆語氣。」[166]此說可採。

其二、表示加強的感嘆語氣

子曰：「鳳鳥不至，河不出圖，吾已矣夫。」（〈子罕〉九—九）

「吾已」的「已」是動詞謂語，義為「完了」，句末的語氣詞「矣」「夫」連用相當於白話的「了呀」，許世瑛說：「『已』是謂語，『矣』跟『夫』是兩個表感嘆的語氣詞，把它們連用起來，目的在加強感嘆的意味。」[167]確為如此。

5. 矣乎

其一、表示強烈的感嘆

「已矣乎！吾未見能見其過而自訟者也。」（〈公冶長〉五—二七）

「已矣乎！吾未見好德如好色者也。」（〈衛靈公〉一五—一三）

「矣乎」是連用的語氣詞，「矣」和「乎」連用，用來加強表示感嘆的語氣。

其二、表示疑問的語氣

「有能一日用其力於仁矣乎？」（〈里仁〉四—六）

166 張紅：〈從《論語》看先秦漢語語氣詞的使用〉，《語文學刊》二〇〇五年第一期，頁一八。

167 同註22，頁一四八。

「由也！女聞六言六蔽矣乎？」（〈陽貨〉一七—八）

「女為〈周南〉、〈召南〉矣乎？」（〈陽貨〉一七—一〇）

6. 矣哉

「久矣哉！由之行詐也！」（〈子罕〉九—一二）

「庶矣哉！」（〈子路〉一三—九）

本例的「矣哉」，趙廣成說：「『矣哉』連用，加強了「哉」的感嘆語氣。」[168]此說可採。

「群居終日，言不及義，好行小慧，難矣哉！」（〈衛靈公〉一五—一七）

本例的「矣哉」，陳霞村說：「加強感嘆語氣。」[169]此說可採。「矣哉」表示加重的感嘆語氣，除了包含語氣詞「矣」慨嘆語氣，更兼融語氣詞「哉」的興嘆意味。

7. 已乎

「其言也訒，斯謂之仁已乎？」（〈顏淵〉一二—三）

「不憂不懼，斯謂之君子已乎？」（〈顏淵〉一二—四）

《論語注疏》作「已乎」，《論語集注》作「矣乎」，可知二者的作用相同，用來表現出反詰的語氣。

---

168 同註141，頁二二七。

169 同註99，頁八一三。

8. 已矣

「賜也，始可與言《詩》已矣。」（〈學而〉一—一五）

「起予者商也！始可與言《詩》已矣。」（〈八佾〉三—八）

「若聖與仁，則吾豈敢？抑為之不厭，誨人不倦，則可謂云爾已矣。」（〈述而〉七—三四）

錢穆說：「云爾，猶云如此說，即指上文不厭不倦言。」[170]此說可採。

「舊穀既沒，新穀既升，鑽燧改火，期可已矣。」（〈陽貨〉一七—二一）

「士見危致命，見得思義，祭思敬，喪思哀，其可已矣。」（〈子張〉一九—一）

楊伯峻說：「已矣，語氣詞的連用，表示肯定的加強。」[171]可知「已」「矣」連用比單獨用「矣」更具有強烈肯定的口吻。

9. 也夫

子曰：「莫我知也夫！」（〈憲問〉一四—三五）

本例的「也夫」，陳霞村說：「加上感嘆語氣，兼有測度意味。」[172]楊伯峻說：「『也夫』既表肯定，兼表感嘆。」[173]姚淑琪說：「『也夫』的感嘆意味沒有『也哉』濃厚。」[174]均可採。

170 錢穆：《論語新解》（臺北：東大圖書有限公司，二〇〇八年十月），頁二〇七。
171 同註11，頁四六〇。
172 同註99，頁八一六。
173 同註102，頁二四三。
174 姚淑琪：〈《論語》中「也」的用法研究〉，《北方文學》二〇一二年第五期，頁七五。

10.也者

「安見方六七十如五六十而非邦也者？」（〈先進〉一一─二六）

本例的「也者」是連用的語氣詞，與疑問副詞「安」配合，趙廣成說：「者：用疑問代詞相呼應，表示疑問語氣。」[175]即是此意。

「孝悌也者，其為仁之本與！」（〈學而〉一─二）

本例的「也者」用來加強主語「孝悌」的停頓語氣，朱城說：「用在主語之後，起提示謂語的作用。」[176]此說可採。《論語》的「也者」除了表示疑問的語氣之外，也可以用來表示提頓語氣。「也者」表示停頓的疑問語氣時，用在句末，而表示提頓語氣時，則用在句中，這是它們用法的顯著區別。

11.也哉

「吾豈匏瓜也哉？焉能繫而不食。」（〈陽貨〉一七─七）

《論語》的「也哉」跟表示反詰的語氣副詞「豈」搭配使用，表示出反詰的語氣。

12.也已

「君子食無求飽，居無求安，敏於事而慎於言，就有道而正焉，可謂好學也已。」（〈學而〉

---

175 同註141，頁二三七。

176 同註100，頁一四六。

一一四）

「雖欲從之，末由也已。」（〈子罕〉九—一一）

周及徐說：「也已，語氣詞連用，表示肯定加感嘆語氣。」[177]陳曉強說：「『也』表示一種堅確的語氣，『已』表事實的已然。」[178]是知《論語》的「也已」跟「也」同樣表示肯定語氣，但是口吻更為堅定。

13. 也與

其一、表示猜測的語氣

子曰：「語之而不惰者，其回也與！」（〈子罕〉九—二〇）

這個句末的語氣詞「與」，相當於白話的「罷」，楊伯峻說：「與，可以表示推測、估計。」[179]詞義正確。

其二、表示疑問的語氣

季康子問：「仲由可使從政也與？」（〈雍也〉六—八）

曰：「賜也可使從政也與？」（〈雍也〉六—八）

---

177 周及徐主編：《古代漢語》（北京：中華書局，二〇〇九年七月），頁七九。

178 陳曉強：〈《論語》語法札記三則〉，《甘肅聯合大學學報》（社會科學版）第二十二卷第六期（二〇〇六年十一月），頁九一。

179 同註124，頁三〇八。

「人而不為〈周南〉、〈召南〉，其猶正牆面而立也與？」（〈陽貨〉一七—一〇）

本例的「也與」，王存信說：「與，疑問語氣詞。」[180]是知「也」「與」連用，重心落在「與」上面，用來表示疑問的語氣。

14.耳乎

「女得人焉耳乎？」（〈雍也〉六—一四）

「耳乎」表示限止後的疑問語氣。

15.而已乎

「如斯而已乎？」（〈憲問〉一四—四二）

「而已乎」這也是表示限止後的疑問語氣，「而已」、「乎」兩種語氣詞連用，「而已」表示限止的語氣，「乎」表示疑問的語氣，重心落在疑問的語氣。

16.而已矣

曾子曰：「夫子之道，忠恕而已矣。」（〈里仁〉四—一五）

本例的「而已矣」，劉偉麗說：「『而』在句中只是一種緩和句子語氣的作用。」[181]「而已矣」即「而已」和「矣」這兩個語氣詞的連用，加強陳述的語氣。

180 王存信：《大學語文》（蘇州：蘇州大學出版社，一九九三年十一月），頁九。
181 劉偉麗：〈淺析《論語》的「而」〉，《承德民族師專學報》第二十五卷第一期，頁六二。

「莫已知也，斯已而已矣。」（〈憲問〉一四—三九）

本例的「而已矣」，馬漢麟說：「『而已』『矣』兩個語氣詞連用，古漢語裡常常見到的，語氣的重點在『矣』字上。」[182]此說可採。

「辭達而已矣。」（〈衛靈公〉一五—四一）

「而已矣」表示限止後的認可語氣。《論語》「而已矣」用在句末，「而已」、「矣」兩個語氣詞連用，相當於白話的「便罷了」。

乙、參合的語氣詞（語氣詞三連用）

《論語》參合的語氣詞僅有：也已矣、也與哉。

1. 也已矣

子曰：「泰伯，其可謂至德也已矣。」（〈泰伯〉八—一）

本例的「也已矣」，周及徐說：「『也』表示確認語氣，『已』表示限止語氣，『矣』是報告新狀況的陳述語氣、同時也是語氣的重點。」[183]此說可採。

「周之德，其可謂至德也已矣。」（〈泰伯〉八—二〇）

本例的「也已矣」，王啟明說：「其中以報導語氣為主，同時又兼有肯定和限止語氣。」[184]此

182 同註57，頁四六。

183 同註177，頁二一三。

184 王啟明：〈《論語》句尾語氣詞的連用〉，《新疆教育學院學報》第二十二卷第四期（二〇〇六年十二月），頁七五。

說可採。

「說而不繹，從而不改，吾末如之何也已矣。」（〈子罕〉九—二四）

「不曰：『如之何，如之何』者，吾末如之何也已矣。」（〈衛靈公〉一五—一六）

「浸潤之譖，膚受之愬，不行焉，可謂明也已矣。浸潤之譖，膚受之愬，不行焉，可謂遠也已矣。」（〈顏淵〉一二—六）

「日知其所亡，月無忘其所能，可謂好學也已矣。」（〈子張〉一九—五）

《論語》的「也已矣」，李運益說：「表較強的肯定語氣。」[185]是知「也已矣」即是將「也」、「已」、「矣」三個語氣詞連用，讓肯定、確認的語氣增強，用來表示高度的肯定。

2.也與哉

「鄙夫可與事君也與哉！」（〈陽貨〉一七—一五）

楊伯峻說：「『也與哉』既帶疑問語氣，實並無疑問，而感慨語氣重。」[186]康瑞琮說：「這句中是三個語氣詞連用，『也』表陳述語氣；『與』表示反問語氣；『哉』表示感歎語氣，是全句語氣的重點。」[187]王濤說：「此類用法可以很生動而形象的傳達作者豐富的內心情感，從而增強《論

185 同註21，頁三〇。

186 同註102，頁二四二。

187 同註8，頁三七六。

語》的藝術感染力。」[188]可知「也與哉」即「也」、「與」、「哉」三個語氣詞連用，語氣如波瀾一般，從陳述、反問而變成感嘆，層層迴蕩，生動活躍。

《論語》的語氣詞數量豐富，成功地表現出說話者的變化多樣口吻，所以趙明認為「多用語氣詞是《論語》迂徐蘊藉的語言風格的重要因素」，[189]確為如此。

(二)《論語》語氣詞的特點

歸納上述諸例，《論語》的語氣詞具有四個語法特點：

第一、《論語》的語氣詞除單用外，還可以雙合（兩個連用）、參合（三個連用），用來表現變化的語氣。

第二、《論語》的語氣詞運用靈活，搭配活絡，充分表現肯定、認可、疑問、反詰、商量、祈求、推測、感嘆等等情感色彩。

第三、《論語》的語氣詞雖有單用、連用並存的狀況，但仍然以單用的語氣詞為常態（參閱表三—三—一）。

第四、《論語》的語氣詞，除了「而已」一詞，白話幾乎不再延續使用，具有特定的「時代性」。

188 王濤：〈《論語》中虛詞「也」用法考察〉，《湖南工業職業技術學院學報》第十卷第三期（二〇一〇年六月），頁九八。

189 趙明主編：《先秦大文學史》（長春：吉林大學出版社，一九九三年一月），頁七七三。

表三—三—一 《論語》語氣詞的數量統計表

類型	語氣詞	位置	數量	小計	合計
單用	1.夫	句首	一五次	一九次	九〇九次（九一・二七%）
		句末	四次		
	2.乎	句中	一一次	一〇四次	
		句末	九三次		
	3.兮	句末	五次	五次	
	4.者	句中	三〇次	三一次	
		句末	一次		
	5.然	句末	二次	二次	
	6.哉	句末	四七次	四七次	
	7.矣	句中	七次	一三八次	
		句末	一三一次		
	8.也	句中	一六七次	四九三次	
		句末	三二六次		
	9.焉	句末	二四次	二四次	
	10.為	句末	三次	三次	
	11.與	句中	六次	三七次	
		句末	三一次		

表三—三—一《論語》語氣詞的數量統計表（續）

類型	語氣詞	位置	數量	小計	合計
	12.耳	句末	一次	一次	七八次（七・八三%）
	13.爾	句末	三次	三次	
	14.而已	句末	二次	二次	
雙合	1.乎哉	句末	八次	八次	
	2.者乎	句末	一次	一次	
	3.者也	句末	一次	一次	
	4.矣夫	句末	八次	八次	
	5.矣乎	句末	八次	八次	
	6.矣哉	句末	四次	四次	
	7.已乎	句末	四次	四次	
	8.已矣	句末	五次	五次	
	9.也夫	句末	一次	一次	
	10.也者	句中	三次	四次	
		句末	一次		
	11.也哉	句末	一次	一次	
	12.也已	句末	七次	七次	

表三—三—一　《論語》語氣詞的數量統計表（續）

類型	語氣詞	位置	數量	小計	合計
	13.也與	句末	一三次	一三次	
	14.耳乎	句末	一次	一次	
	15.而已乎	句末	二次	二次	
	16.而已矣	句末	一〇次	一〇次	
參合	1.也已矣	句末	八次	八次	九次（〇・九〇％）
	2.也與哉	句末	一次	一次	
				合計	九九六次

（筆者整理）

從表三—三—一可知，《論語》的語氣詞不僅種類繁多，使用的頻數也相當高，[190]能充分表現《論語》記錄語言的語氣實態。

190 何永清：〈《論語》的語氣詞探究〉，中華章法學會主編：《章法論叢》（臺北：萬卷樓圖書股份有限公司，二〇一二年十一月），第六輯，頁四七四。

第四節　《論語》的嘆詞與象聲詞

一、嘆詞

「嘆詞」（歎詞）是表示強烈情愫與感嘆的詞，又稱為「感嘆詞」、「單呼詞」，周法高說：「單呼詞（interjection），通常單獨構成句子。」[191]馬建忠稱為「歎字」，他說：「凡虛字以鳴心中不平者，曰歎字。」[192]楊伯峻說：「歎詞是表示人類極自然的感情的，是一種自然的聲音。」[193]康瑞琮說：「嘆詞是人們在感情激動時發出的一種聲音，因此，它是用來表示強烈感情的詞。」[194]白玉林、遲鐸說：「嘆詞表示的情感是複雜的、各種各樣的。」[195]《論語》的嘆詞不多，可分為兩類：

㈠ 表示感嘆的嘆詞

《論語》這類的嘆詞有：咨、噫、唯、嗚呼，都用在感嘆語氣的句子中。

堯曰：「咨！爾舜！天之厤數在爾躬，允執其中。四海困窮，天祿永終。」（〈堯曰〉二〇—

---

191 周法高：《中國古代語法——造句編（上）》（臺北：臺聯國風出版社，一九七二年三月），頁五三。
192 同註1，頁三八一。
193 楊伯峻：《中國文法語文通解》，《楊樹達叔姪文法名著三種》（臺北：鼎文書局，一九七二年八月），頁八四三。
194 同註8，頁三七七。
195 白玉林、遲鐸：《古漢語語法》（北京：中國社會科學出版社，二〇〇八年六月），頁一五四。

一）張燕嬰說：「咨：感歎詞，表示讚美。」[196]詞義正確。

顏淵死。子曰：「噫！天喪予！天喪予！」（〈先進〉一一—九）

「噫」是嘆詞，表示心情傷痛，楊樹達說：「噫：古音在之咍部，當讀如ㄞ。即今之『唉』字。」[197]黃六平說：「『噫』表悲痛。」[198]陳霞村說：「『噫』單獨使用，表示感喟、痛惜。」[199]張文國、張能甫說：「傷痛之詞。」[200]均可採。

曰：「今之從政者何如？」子曰：「噫！斗筲之人，何足算也？」（〈子路〉一三—二〇）

「噫」是嘆詞，表示生氣鄙視的感嘆，李霖燦說：「這裡，噫這個感嘆詞用得好，滿臉不屑的表情，一片不足掛齒的樣子，一聲不屑與語的聲音，都在這一個感嘆詞中傳達了出來。」[201]錢穆說：「噫：心不平歎聲。」[202]何樂士說：「表示憤慨。」[203]

196 張燕嬰注譯：《論語》（北京：中華書局，二〇一〇年九月），頁三〇四。
197 同註153，頁五三四。
198 同註5，頁二〇五。
199 同註99，頁八二九。
200 同註74，頁二〇八。
201 李霖燦：《活活潑潑的孔子》（臺北：雄獅圖書公司，一九九四年一月），頁一二四。
202 同註170，頁三六九。
203 同註42，頁四八六。

互鄉難與言，童子見，門人惑。子曰：「與其進也，不與其退也；唯，何甚！人潔己以進，與其潔也，不保其往也。」（〈述而〉七—二九）

「唯」是表示感嘆的嘆詞，王熙元說：「唯，歎辭。唯何甚，猶如說：唉！何必絕人太甚！」[204]蔣伯潛說：「『唯』，歎辭，猶今語之『唉』。」[205]均可採。

子曰：「嗚呼！曾謂泰山不如林放乎？」（〈八佾〉三—六）

「嗚呼」是嘆詞，表示慨嘆，明代盧以緯說：「嗚呼，嗟嘆之辭。其意重而切。」[206]錢穆說：「嗚呼：感歎辭。」[207]均可採。

㈡表示應答的嘆詞

《論語》這類的嘆詞有：唯、諾，都用在對話的答話句子裡，又稱為「應答詞」，楊伯峻、何樂士稱為「呼應詞」，他們說：「呼應詞是對話中招呼或對答的最簡詞語，一般都用單音節詞，有些像今天的『喂』和『對』。」[208]此言為是。

---

204 同註20，頁三九〇。
205 蔣伯潛：《論語新解》（臺北：啟明書局，二〇〇七年十二月），頁一〇〇。
206 見鄭奠、麥梅翹編：《古漢語語法資料彙編》（臺北：文海出版社，一九七二年十月），頁一一五。按：盧以緯生卒年不詳，一說元代人。
207 同註170，頁六二。
208 同註37，頁九〇〇。

1. 唯

《論語》使用「唯」作為應答的嘆詞有一例。

子曰：「參乎！吾道一以貫之。」曾子曰：「唯。」（〈里仁〉四—一五）

「唯」是應答的嘆詞，宋代朱熹說：「唯者，應之速而無疑者也。」[209]孫實說：「唯：是答應或應允的意思，相當於口語的『是』。」[210]何樂士說：「它一般不表示可否，只表示聽到了對方的話以後一種恭敬的回應。可譯為『嗯』等。」[211]楊劍橋說：「唯：是應答，相當於現代漢語的『是』、『好的』。」[212]均可採。

2. 諾

《論語》應答的嘆詞「諾」有二例。

冉有曰：「夫子為衛君乎？」子貢曰：「諾，吾將問之。」（〈述而〉七—一五）

「諾」應答的嘆詞，宋代朱熹說：「諾，應辭也。」[213]是知古漢語的「諾」可用來應答，簡潔有力。

---

209 同註35，卷二，頁七二。
210 孫實：《我該知道的虛字》（臺北：名人出版社，一九七九年九月），頁二〇三。
211 同註203，頁四一二。
212 同註2，頁一五五。
213 同註35，卷四，頁九六。

孔子曰：「諾，吾將仕矣。」（〈陽貨〉一七—一）

「諾」是應答的嘆詞，楊伯峻語譯「諾」為「好吧」，[214]施向東、冉啟彬解釋說：「應答詞，好吧。」[215]詞義正確。

「唯」和「諾」這兩個應答的嘆詞，它們使用的情況不同，劉景農說：「『唯』用以承陳述、詢問的應答。……『諾』用以承祈使、商量的應答。」[216]朱城說：「『唯』適用於下對上、卑對尊，而『諾』適用於上對下，有時也用於地位平等或相同的人之間。」[217]均可採。

《論語》嘆詞的語法特點如下：

第一、單獨使用，不充當句子的主要成分，以表示感嘆或應答。

第二、《論語》的嘆詞為單詞或雙音詞，都是單純詞，沒有合成詞。

二、象聲詞

「象聲詞」是摹狀聲音的詞，又稱為「像聲詞」、「擬聲詞」、「狀聲詞」，《論語》的象聲詞僅有一例「鏗爾」。

---

214 同註11，頁三八七。
215 同註146，頁三二一。
216 劉景農：《漢語文言語法》（北京：中華書局，二〇〇七年四月），頁一一一。
217 同註100，頁五三。

「點！爾何如？」鼓瑟希，鏗爾，舍瑟而作。（〈先進〉一一—二六）

楊伯峻說：「鏗爾：像聲詞，表示把器物放下來的聲音。」[218]謝冰瑩等人說：「鏗爾：鏗然，投瑟之聲。」[219]朱振家說：「鏗爾：象聲詞，狀曾皙推瑟所發出的聲音。」[220]安德義說：「鏗：像聲詞，指彈瑟完畢時最後一聲高音。爾：『鏗』的詞尾。」[221]路鳳山說：「鏗爾：象聲詞，放瑟時弦振顫所發出的聲音。」[222]曾家麟說：「鏗爾：此指放下琴瑟的聲音。」[223]均可採。

《論語》象聲詞的語法特點如下：

第一、它數量上極為稀少，僅有一個。

第二、運用「帶詞尾」的構詞方式，不能具體地摹擬聲音。

綜之，「虛詞」是用來表示句子之中各個成分之間關係的詞，介詞、連詞、助詞就是扮演這種角色，《論語》的虛詞運用靈活，種類齊全。其次，《論語》的「虛詞」可以表現語氣、情感、聲音，語氣詞、嘆詞、象聲詞正具備這樣的語法功能，尤其是語氣詞和嘆詞可以活潑記錄人物的言態，充分表現出《論語》的文學趣味，能佐助實詞，將語錄體的散文表達得更生動，更有人情味。

218 同註11，頁五八三。
219 同註46，頁一九三。
220 同註116，頁一〇三。
221 安德義：《論語解讀》（北京：中華書局，二〇一〇年十月），頁三三六。
222 路鳳山注譯：《論語》（瀋陽：萬卷出版公司，二〇一〇年十月），頁一六〇。
223 曾家麟：《閱讀經典中的孔子》（臺北：商周出版公司，二〇一〇年九月），頁一六六。

第四章 《論語》的構詞

本章分作三節，第一節探討《論語》的單純詞，第二節探討《論語》的合成詞，第三節探討《論語》專名的詞。

第一節 《論語》的單純詞

《論語》是記錄春秋晚期至戰國初年的典籍，它的構詞法有的繼承古人的詞彙，也有新創的詞彙。這些構詞可以分成三大類型：第一種是單純詞，第二種是合成詞，第三種是專名的詞。

「單純詞」即是純粹由語音的組合而成的詞，例如：「諾」、「嗚呼」都是單純詞。人類的語言，由聲音而承載意義，故單純詞是構詞的基礎，也是古代漢語的詞彙根苗，《論語》的構詞以單音節的單純詞占絕大多數。

一、詞素與字

「字」是構詞的元素，也是漢語的閱讀與書寫的基礎，而「詞」是最基本的語法單位，它是最簡單的語言表意單位。能夠造成詞的漢字，稱為「詞素」（造詞元素）（element of the words）或「字」、「單字」。

㈠有的字經常能單獨成為詞

《論語》有的字經常可以構成有意義的詞，例如：

「言中倫。」（〈微子〉一八—八）

「言」、「中」、「倫」這三個字都能夠單獨成詞。

陽貨欲見孔子，孔子不見，歸孔子豚。孔子時其亡也，而往拜之。（〈陽貨〉一七—一）

「孔子」是一個詞，人名。

《論語》有的字在單獨時能成詞，彼此組合之後又造出一個新的詞。例如：「疾」、「病」能單獨成詞，組成「疾病」也是一個詞。

「父母唯其疾之憂。」（〈為政〉二—六）

「疾」是一個詞。

「脩己以安百姓，堯舜其猶病諸！」（〈憲問〉一四—四二）

「病」是一個詞。

子疾病，子路使門人為臣。（〈子罕〉九—一二）

「疾病」是一個詞。

㈡有的字不能單獨成詞

《論語》有的字在文中不能夠單獨構成有意義的詞，必須跟其他的字彼此組合，才可以成詞，例如：「佛」、「肸」這兩個字，都不能夠單獨成詞，必須組成「佛肸」才可以成為一個人名的詞。

佛肸召，子欲往。（〈陽貨〉一七—七）

「佛肸」是一個詞，義為「人名」。

㈢有的字某些時候成為詞，某些時候不能成為詞

《論語》有的字在某些語句中可以成為詞，有時候又在某些語句中不能成為詞，例如：「東」和「蒙」這兩個字，「東」可以單獨成詞，但「蒙」字就必須與「東」組合才能成為山名「東蒙」這個詞。

「夫顓臾，昔者先王以為東蒙主。（〈季氏〉一六—一）」

「東蒙」是一個詞，義為「山名」。

疾，君視之，東首，加朝服，拖紳。（〈鄉黨〉一〇—一九）

「東」是一個詞，義為「腦袋朝向東邊」。

《論語》中字和詞的區別，主要的關鍵是「字」沒有詞性，而「詞」則具有詞性。

二、單詞

「詞」是最小的語法單位，由「語素」（morpheme）組成，一個單字能夠成義或是純粹由一個單音節語音的字而構成的詞彙，稱為「單詞」。自音節來說，「單詞」即是「單音節的詞」之意，也可是單字的詞。

《論語》的單詞，數量繁多，它是構詞法的主體，何九盈、蔣紹愚說：「古代漢語以單音詞為主。這在先秦兩漢時期特別明顯。」[1]此言確切。其次，胡安順、郭芹納認為古漢語單音詞有三個主要的特點：第一是意義繁多，第二是用法靈活，第三是構詞能力強。[2]筆者的觀察，《論語》單詞具有「一詞多義」的現象，有的單詞還有「兼類」、「兼詞」、「詞類活用」的特別情況（參閱第五章第一節「兼詞與兼類」、第二節「詞類活用」部分）。

此外，《論語》的單詞有「同義異字」的現象，例如：

「其為人也孝弟，而好犯上者，鮮矣。」（〈學而〉一—二）

「弟子入則孝，出則悌。」（〈學而〉一—六）

「弟」、「悌」這兩個單詞，都是「敬事兄長」之義，但所用的文字不同，李國英、李遠富

---

1 何九盈、蔣紹愚：《古漢語詞彙講話》（北京：中華書局，二〇一〇年十一月），頁二四。

2 胡安順、郭芹納：《古代漢語》（修訂版）（北京：中華書局，二〇〇九年八月），頁一〇六。

說：「二字記錄的是一個詞，『悌』是『弟』的分化字。」[3]古人用字不一，這是原因之一。其次，筆者認為《論語》非一人所作的記錄，是孔子弟子及再傳弟子集體編纂、多本融合的經典，才會有此「同詞異字」的現象。

由於數量龐大，囿於篇幅所限，僅能擇取《論語》出現一次的單詞列成表四—一—一，以說明《論語》單詞數量的繁多及出現的頻率之高。

表四—一—一　《論語》單詞一覽表

筆畫	詞彙	小計
一畫	一。	一個
二畫	七、九、二、人、入、八、刀、力、十、又。	一〇個
三畫	三、上、下、久、乞、也、于、亡、千、土、士、夕、大、女、子、小、尸、山、川、工、己、已、干、弋、才。	二五個
四畫	不、中、之、予、云、五、井、仁、今、仍、切、允、內、公、六、兮、分、勿、及、友、反、天、夫、升、少、尤、尺、弔、心、戶、手、文、方、日、曰、月、木、止、毋、比、水、火、父、牛、犬、王。	四六個

3 李國英、李遠富主編：《古代漢語教程》（北京：北京師範大學出版社，二〇一〇年六月），頁四三。

筆畫	詞彙	小計
五畫	且、世、主、乎、仕、他、仞、代、令、以、兄、出、功、加、半、占、去、古、叩、召、可、史、右、四、失、左、巧、市、布、平、幼、奴、弗、弘、必、未、末、本、正、民、永、犯、玄、玉、瓜、甘、生、用、由、白、皮、目、矢、示、立。	五五個
六畫	交、亦、仰、任、伐、先、共、冰、再、刑、列、匡、危、各、合、同、名、因、在、圭、地、多、夷、好、如、存、守、安、年、式、戎、旨、曲、有、朱、朽、次、死、汎、百、羊、老、而、耳、肉、臣、自、至、舌、色、行、衣。	五二個
七畫	似、位、何、作、佞、克、免、兵、別、利、助、君、吝、否、吾、告、困、均、坐、壯、孝、完、希、弟、忍、志、忘、忮、成、我、戒、扶、抑、折、改、攻、更、坊、每、求、沐、狂、牡、矣、秀、私、罕、良、見、角、言、足、身、車、迂、迅、邑、邦、邪、里。	六〇個
八畫	並、事、亟、佩、使、依、來、侍、侗、兕、兩、其、到、卑、卒、卷、取、受、周、味、命、和、咎、固、夜、妻、始、姓、孤、宗、官、定、宜、尚、居、帛、幸、弦、彼、往、忠、念、忿、怍、性、怪、或、所、承、拒、拖、放、於、明、易、昔、朋、東、松、枉、枕、果、治、沽、法、泥、爭、版、物、疚、狎、狐、直、知、社、秉、空、罔、肥、肩、肱、舍、芸、虎、表、近、長、門、非。	八九個

表四—一—一 《論語》單詞一覽表（續）

筆畫	詞彙	小計
九畫	侮、保、俟、信、冠、則、前、勇、勉、南、即、厚、咨、哀、哂、哉、食、首、奔、奕、威、室、巷、帝、帥、待、後、怒、思、急、怨、恆、拜、拱、持、指、故、政、施、星、春、昭、是、柏、某、柙、殆、津、甚、畏、皆、盈、相、盼、省、矜、祇、科、穿、約、紅、美、者、致、苗、苟、若、虐、要、貞、負、述、重、陋、降、面、風。	七七個
十畫	俱、倚、借、倦、倩、倫、兼、剛、乘、哭、圃、奚、孫、宰、害、家、容、射、師、席、庭、徑、徒、恐、恕、恥、恭、息、悌、悔、旅、時、晏、書、朕、栗、校、氣、泰、浮、浴、海、涅、涖、烈、狷、畔、畜、疾、病、益、盍、矩、祗、神、笑、純、素、羔、耕、能、臭、草、茲、荏、袂、衰、衽、討、訕、託、訒、訐、豈、豹、起、躬、軏、辱、迷、迹、退、追、送、逆、酒、釜、馬、高、鬼。	九〇個
十一畫	偃、偷、側、冕、動、務、匿、區、參、唯、問、啟、國、域、執、堂、堅、孰、宿、寄、將、專、屏、崇、崩、帶、常、庶、彫、得、徙、從、御、紾、被、袍、訟、訥、豚、貧、貫、責、貪、赦、通、逝、速、逞、野、釣、陳、陷、魚、鳥、麻、患、情、惟、悱、惜、戚、授、探、教、敏、救、敗、既、晝、望、梁、桴、棁、欲、殺、淫、淺、深、淵、清、焉、猛、祭、移、窒、章、紫、細、紳、紺、終、羞、習、脩、脛、脯、荷、莊、莫、處。	一〇〇個
十二畫	備、割、勝、勞、博、盜、善、喜、喻、喪、喭、堪、報、奢、媚、富、寒、尊、就、幾、庾、弒、復、循、惑、惠、惡、惰、慍、掌、揖、揭、敝、敢、散、斯、曾、朝、期、棄、棺、椁、植、欺、殘、湯、溫、焚、無、然、為、猶、琢、畫、	

筆畫	詞彙	小計
十二畫	異、疏、發、盛、稻、短、等、答、策、粟、絕、絞、絜、絢、翔、菜、華、菲、虛、眾、裁、進、逮、量、間、閑、隅、階、雅、集、雲、順、視、觚、詠、詐、貳、貴、費、黃、黍。	九五個
十三畫	亂、傾、傳、勤、嗅、塗、奧、廉、廋、微、愆、愈、意、愚、愛、慎、損、敬、新、暇、暑、會、歲、殿、毀、滅、瑟、當、祿、絺、給、綏、經、罪、群、義、聖、肆、腥、與、葬、葸、褻、試、詩、誅、誄、貉、賈、賊、輅、辟、農、遂、遇、遊、過、道、達、違、鄉、雉、雌、雷、頌、飲、飯、飪、鼓。	六九個
十四畫	僕、厭、嘉、嘗、壽、圖、夢、奪、察、寡、寢、實、寧、對、屢、廄、愬、慈、慢、慟、愿、榮、歌、爾、獄、疑、盡、監、禘、稱、窬、竭、端、算、精、維、綱、緅、緇、聞、臧、舞、蓋、語、誠、誣、誦、誨、說、誘、貌、賓、輔、輕、遠、鄙、際、飾、飽、鳳、鳴、齊。	六二個
十五畫	億、儉、厲、墜、審、寬、廢、德、徵、徹、慾、慝、慧、慮、憂、憤、憎、憚、撤、播、撰、數、暴、樂、歎、毅、熟、牖、磋、稻、稼、穀、窮、節、總、罷、耦、蔡、蓧、誰、諂、請、諒、論、賜、賢、賤、賦、質、賚、賞、踐、輟、輗、適、鄰、養、駕、駟、髮、魯。	六一個
十六畫	儒、器、噫、學、徼、憾、戰、擇、據、樹、獨、瓢、磨、磬、禦、篤、縕、興、蔽、蕩、蕢、衡、親、諫、諸、諾、謀、謂、踰、辨、遷、選、遺、錦、錯、闔、雕、靜、餒、餓、餘、默。	四二個

表四—一—一 《論語》單詞一覽表（續）

筆畫	詞彙	小計
十七畫	優、匱、彌、擯、戲、擊、濟、濫、燧、牆、獲、磷、縱、膾、舉、臨、薄、薑、薦、薨、襁、褻、謗、講、趨、蹈、輿、鍾、隱、雖、鞟、騂、鮮、黜、齋。	三五個
十八畫	殯、歸、瞻、瞽、禮、簞、簡、簣、糧、舊、藏、覆、謹、邇、闕、醬、雞、鞭、餲。	一九個
十九畫	壞、懷、櫝、獸、禱、繪、繫、繹、羹、藝、藥、證、識、譎、譖、辭、醯、闚、難、韞、願、顛、類、麑、鼗。	二五個
二十畫	勸、寶、攘、繼、藻、譬、議、躁、黨。	九個
二十一畫	儺、懼、攝、灌、竈、櫌、譽、霸、顧、饋、饑、饐、饌。	一三個
二十二畫	權、竊、聽、讀、龜、驕。	六個
二十三畫	變。	一個
二十四畫	讓、鬭。	二個
二十五畫	觀。	一個
二十七畫	鑽、驥	二個
	合計	一〇四七個

（筆者整理）

三、雙音詞

「雙音詞」是由兩個音節造成的單純詞，古人稱為「聯綿詞」，朱城說：「聯綿詞是指兩個音節連綴成義，不可分割的詞」，[4]解惠全等說：「聯綿詞指的是由兩個音節聯綴成義而不能分割的詞，前後兩個字多數是雙聲或疊韻的關係。」[5]是知雙音詞是上古漢語早已使用的詞彙。《論語》的雙音詞數量不多，這是純粹由語音來構詞的單純詞。

「夫子之求之也，其諸異乎人之求之與？」（〈學而〉一—一〇）

「其諸」是雙音詞的語氣副詞，宋代朱熹說：「其諸，語辭也。」[6]毛子水說：「『其諸』，是疑問的語詞；和現在的『恐怕』和『或者』有相似的語意。」[7]均可採。

「嗚呼！曾謂泰山不如林放乎？」（〈八佾〉三—六）

「嗚呼」是雙音詞的嘆詞，中國社會科學院語言研究所說：「嗚呼，複合虛詞，由摹擬歎息聲的『嗚』和『呼』連用構成。《尚書》已見用例，以後一直沿用。」[8]按：嗚，《廣韻》哀都切，

---

4 朱城主編：《古代漢語專題教程》（北京：中國人民大學出版社，二〇一〇年六月），頁二五。

5 解惠全等：《古漢語讀本》（修訂本）（天津：南開大學出版社，二〇〇九年六月），頁四。

6 〔宋〕朱熹：《論語集注》卷三，《四書章句集注》（臺北：學海出版社，一九九一年三月），頁五〇。

7 毛子水：《論語今註今譯》（臺北：臺灣商務印書館，二〇〇九年十一月），頁九。

8 中國社會科學院語言研究所編：《古代漢語虛詞詞典》（北京：商務印書館，二〇〇一年八月），頁六〇六。

影紐，古音魚部；[9]呼，《廣韻》荒烏切，曉紐，古音魚部，[10]可知它是疊韻的雙音詞。

「君子無終食之間違仁，造次必於是，顛沛必於是。」（〈里仁〉四—五）

魏何晏集解引馬融說：「造次，急遽。顛沛，偃仆。雖急遽、偃仆，不離仁。」[11]宋代朱熹說：「造次，急遽苟且之時。顛沛，傾覆流離之際。」[12]是知「造次」之意為「倉卒匆忙的時候」。

「文莫，吾猶人也。」（〈述而〉七—三三）

「文莫」說法不一，清代劉寶楠說：「文莫，即忞慔，假借字也。」[13]弓英德說：「劉氏本欒肇之說，讀文莫為忞慔，義極正確。即『我非生而知之，好古敏以求之』之意也。」[14]許世瑛說：「『文莫』是『黽勉』的意思，它是雙聲雙音節衍聲複詞。」[15]張歡謂「文」屬於明母，「莫」也屬於明母，古音聲母相同，[16]均可採。

---

9 見徐中舒主編：《漢語大字典》（第一卷），（武漢：湖北辭書出版社、成都：四川辭書出版社，一九八六年十月），頁六八八。

10 同註9，頁六〇五。

11 （魏）何晏集解、（宋）邢昺疏：《論語集解》，《論語汁疏》，卷四，頁三七。

12 同註6，卷二，頁七〇。

13 （清）劉寶楠：《論語正義》卷八，（臺北：世界書局，二〇一一年四月），頁一五二。

14 弓英德：《論語疑義輯注》（臺北：臺灣商務印書館，一九七〇年三月），頁六六。

15 許世瑛：《論語二十篇句法研究》（臺北：臺灣開明書店，一九七八年十月），頁一二四。

16 張歡：〈《論語》複音詞相關問題〉，《唐山師範學院學報》第三十五卷第一期（二〇一三年一月），頁二四。

「唐棣之華，偏其反而。」（〈子罕〉九—三一）

「唐棣」是雙音節詞，為植物名。張歡謂「唐」屬於定母，「棣」也屬於定母，古音聲母相同，[17]此說為是。

「唐、虞之際，於斯為盛。有婦人焉，九人而已。」（〈泰伯〉八—二〇）

許世瑛說：「『而已』是句末語氣詞，相當於白話的『罷了』。」[18]清代王引之說：「耳，猶而已也。」[19]按：而，《廣韻》如之切，日紐，古音之部；[20]已，《廣韻》羊已切，以紐，古音之部；[21]耳，《廣韻》而止切，日紐，古音之部。[22]「而」、「耳」聲紐相同，「已」、「耳」古音同屬之部，故知「而已」可合讀為「耳」，它是雙音詞。

「苟有用我者，期月而已可也，三年有成。」（〈子路〉一三—一〇）

張玉金說：「隨著『已』的虛化，『而已』逐漸凝固成一個詞。『而已』和『耳』表示肯定確

---

17 同上。
18 同註15，頁一四〇。
19 （清）王引之：《經傳釋詞》卷七，（臺南：世一書局，一九七四年八月），頁八八。
20 見徐中舒主編：《漢語大字典》（第四卷），（武漢：湖北辭書出版社、成都：四川辭書出版社，一九八八年七月），頁二八一一。
21 見徐中舒主編：《漢語大字典》（第二卷），（武漢：湖北辭書出版社、成都：四川辭書出版社，一九八七年十月），頁九八四。
22 同註20，頁二七八三。

信的語氣，同時含有將事態往小處說的意思，可以翻譯成『罷了』。」[23]此說可採。

表四—一—二　《論語》雙音詞一覽表

序號	首字筆畫	詞彙	詞義	出處
○○一	四畫	文莫	黽勉。	七—三三
○○二	六畫	而已	表限止的語氣詞。	八—二○等
○○三	八畫	其諸	恐怕，大概。	一—一○
○○四	十畫	唐棣	植物名。	九—三一
○○五	十一畫	造次	倉卒匆忙的時候。	四—五
○○六	十三畫	嗚呼	表示慨嘆的嘆詞。	三—六
○○七	十九畫	顛沛	流離的時候。	四—五

（筆者整理）

23 張玉金：《古代漢語語法學》（廣州：廣東高等教育出版社，二○一○年十一月），頁一九一。

第二節　《論語》的合成詞

「合成詞」是由兩個以上的字合成一個語義的詞。《論語》的合成詞分別運用「派生法」、「重疊法」、「複合法」三種方式來造成詞彙。

一、派生法構成的合成詞

運用派生法（詞綴）構成的詞，稱為「派生詞」，又稱為「附音詞」或「綴音詞」。關於詞綴，張斌說：「這些構詞的形態（前綴和後綴）有幾個共同的特點：第一、表示一定的詞類；第二、位置固定；第三、意義虛化。」[24]正確可採。《論語》的「派生詞」可細分為「帶詞頭詞」和「帶詞尾詞」兩類：

㈠帶詞頭詞

「帶詞頭詞」是在詞的前頭附加一個語素所構成的合成詞，又稱為「帶詞頭衍聲複詞」；「詞頭」（prefixes）又稱「前附語」、「接頭語」、「前附成分」，《論語》的詞頭有：有、而。

「《書》云：『孝乎惟孝，友于兄弟，施於有政。』」（〈為政〉二－二一）

「有政」是帶詞頭詞，意為「卿相大臣」。王海棻說：「在某些專有名詞（偶有一般名詞）前

24 張斌：《漢語語法學》（上海：上海教育出版社，二〇〇三年十一月），頁三八。

加詞頭『有』。」[25]《論語》中的帶詞頭詞「有政」，係沿襲自《尚書》的構詞習慣。

「籩豆之事，則有司存。」（〈泰伯〉八—四）

許世瑛說：「『有司』是結合式合義複詞。」[26]清代王引之說：「有，語助也。一字不成詞，則加司字以配之。」[27]筆者採用王引之的說法，將「有」視為虛化的詞頭，如此「有司」則形成為一個帶詞頭詞。

子貢問君子。子曰：「先行其言而後從之。」（〈為政〉二—一三）

許世瑛說：「『而後』二字必須連讀。」[28]楊伯峻說：「『而後』連用，表示前後兩事的連續關係或條件，也是連詞。」[29]故知「而後」是一個帶詞頭詞。

25 王海棻：《古代漢語簡明讀本》（北京：社會科學文獻出版社，二〇〇二年八月），頁一九一。
26 同註15，頁一三一。
27 同註19，卷三，頁三五。
28 同註15，頁二二。
29 楊伯峻：《古漢語虛詞》（北京：中華書局，二〇〇〇年八月），頁二一。

表四—二—一　《論語》帶詞頭詞一覽表

序號	首字筆畫	詞彙	詞義	出處
〇〇一	六畫	有司	主管事務的小吏。	八—四
〇〇二	六畫	有政	政治。	二—二一
〇〇三	六畫	而後	連詞。（虛詞）	二—一三等

（筆者整理）

(二)帶詞尾詞

「帶詞尾詞」是在詞的末尾附加一個語素所構成的合成詞，又稱為「帶詞尾衍聲複詞」；帶詞尾詞的詞尾能使詞彙增加一個音節，「詞尾」（suffixes）又稱「後附語」、「接尾語」、「後加成分」。《論語》的詞尾有：乎、其、然、如、斯、以、焉、與、而、爾。

1. 詞尾「乎」的帶詞尾詞

楊希英說：「『乎』作語素，用在其它語素後邊，主要用在形容詞性或副詞性語素後，合起來構成一個詞，放在它所修飾的詞語前面。」[30]可知「乎」可以作為詞尾。

「師摯之始，〈關雎〉之亂，洋洋乎盈耳哉！」（〈泰伯〉八—一五）

30 楊希英：〈《論語》中的「乎」〉，《廣東技術師範學院學報》二〇〇六年第二期，頁八一。

宋代朱熹說：「洋洋，美盛意。」[31]未將「乎」視為詞尾；許世瑛說：「『洋洋乎』是帶詞尾『乎』的衍聲複詞，做限制詞用。」[32]筆者也認為「洋洋乎」是個帶詞尾詞，與許世瑛的看法相同。

「堂堂乎張也，難與並為仁矣。」（〈子張〉一九—一六）

宋代朱熹說：「堂堂，容貌之盛。」[33]未將「乎」視為詞尾；許世瑛說：「『堂堂乎』是帶詞尾『乎』的衍聲複詞。」[34]筆者也認為「堂堂乎」是帶詞尾詞。

「鄙哉，硜硜乎！」（〈憲問〉一四—三九）

「硜硜乎」是帶詞尾詞，用作形容詞，義為「識量淺狹」。

「煥乎其有文章！」（〈泰伯〉八—一九）

「煥乎」是帶詞尾詞，用作形容詞，義為「文采燦爛」。

「周監於二代，郁郁乎文哉！」（〈八佾〉三—一四）

「郁郁乎」是帶詞尾詞，用作形容詞。

「蕩蕩乎，民無能名焉。」（〈泰伯〉八—一九）

「蕩蕩乎」是帶詞尾詞，用作形容詞，義為「廣博偉大的樣子」。

---

31 同註6，卷四，頁一〇六。
32 同註15，頁一三七。
33 同註6，卷十，頁一九一。
34 同註15，頁三五二。

「巍巍乎！舜、禹之有天下也，而不與焉。」（〈泰伯〉八—一八）

「巍巍乎」是帶詞尾詞，用作形容詞，義為「高大的樣子」。

2.詞尾「其」的帶詞尾詞

「是亦為政，奚其為為政？」（〈為政〉二—二一）

「奚其」是帶詞尾詞，義為「為什麼」，許世瑛說：「『其』字的連繫作用非常之淡，於是就跟『奚』字合成一個帶詞尾『其』字的衍聲複詞了。」[35]此說可採。

「唐棣之華，偏其反而。豈不爾思？室是遠而。」（〈子罕〉九—三一）

「偏其」是帶詞尾詞，鍾應春說：「『其』有時用在句中，既無意思，作用也不明顯，僅僅多一音節罷了。」[36]此言為是。

3.詞尾「然」的帶詞尾詞

王力說「當『然』字放在形容詞後面的時候，它的指示性就減輕了，變了詞尾的性質。」[37]此說可採。

「言必信，行必果，硜硜然小人哉！」（〈子路〉一三—二〇）

35 同註15，頁二九。

36 鍾應春：〈《論語》中的「其」字用法考察〉，《湖南城建高等專科學校學報》第十二卷第四期（二〇〇三年十二月），頁八。

37 王力主編：《古代漢語》（臺北：藍燈文化事業有限公司，一九八九年一月），頁四六六。

「硜硜然」是帶詞尾詞，用作形容詞，義為「見識狹小」。

夫子憮然曰：「鳥獸不可與同群，……丘不與易也。」（〈微子〉一八—六）

「憮然」是帶詞尾詞，用作副詞，義為「悵望的樣子」。

「吾黨之小子狂簡，斐然成章，不知所以裁之。」（〈公治長〉五—二二）

「斐然」是帶詞尾詞，用作副詞，義為「有文采地」。

顏淵喟然歎曰：「仰之彌高，……末由也已。」（〈子罕〉九—一一）

「喟然」是帶詞尾詞，用作副詞，義為「長聲嘆息地」。

「夫子循循然善誘人，博我以文，約我以禮。」（〈子罕〉九—一一）

「循循然」是帶詞尾詞，用作副詞，義為「按一定步驟地」。

「君子有三變：望之儼然，即之也溫，聽其言也厲。」（〈子張〉一九—九）

「儼然」是帶詞尾詞，用作形容詞，義為「莊嚴」。

4.詞尾「如」的帶詞尾詞

《論語》「如」作為詞尾，實例頗多。

「樂其可知也：始作，翕如也；從之，純如也，皦如也，繹如也，以成。」（〈八佾〉三—二三）

帶詞尾詞「純如」、「皦如」、「繹如」，都用作形容詞，義為「純純和諧」、「樂音清晰的樣子」、「連續不斷的樣子」。

子之燕居，申申如也，夭夭如也。（〈述而〉七—四）

帶詞尾詞「申申如」、「夭夭如」都用作形容詞，馬漢麟說：「『申申如』，舒適的樣子；『夭夭如』，愉快的樣子。『申申』和『夭夭』是疊聲的形容詞，『如』是這兩個詞的詞尾。」[38]此說可採。

「有鄙夫問於我，空空如也。」（〈子罕〉九—八）

帶詞尾詞「空空如」用作形容詞，義為「無知識的樣子」。

孔子於鄉黨，恂恂如也，似不能言者。（〈鄉黨〉一〇—一）

帶詞尾詞「恂恂如」用作形容詞，義為「恭順的樣子」。

君召使擯，色勃如也，足躩如也。（〈鄉黨〉一〇—三）

「勃如」、「躩如」是帶詞尾詞，用作形容詞，義為「矜持莊重」、「疾走的樣子」。

出，降一等，逞顏色，怡怡如也。（〈鄉黨〉一〇—四）

帶詞尾詞「怡怡如」用作形容詞，義為「怡然自得」。

閔子侍側，誾誾如也；子路，行行如也。（〈先進〉一一—一三）

帶詞尾詞「誾誾如」、「行行如」用作形容詞，義為「恭敬和悅的樣子」、「剛強」。

子貢，侃侃如也。（〈先進〉一一—一三）

---

38 馬漢麟：《馬漢麟古代漢語講義》（天津：天津古籍出版社，二〇〇四年二月），頁一五四—一五五。

帶詞尾詞「侃侃如」用作形容詞，義為「溫和快樂」。

君在，踧踖如也，與與如也。（〈鄉黨〉一〇—二）

「踧踖如」、「與與如」是帶詞尾詞，都用作形容詞，義為「恭敬的樣子」、「走路安詳」。

私覿，愉愉如也。（〈鄉黨〉一〇—五）

帶詞尾詞「愉愉如」用作形容詞，義為「輕鬆愉快的樣子」。

雖蔬食菜羹，瓜祭，必齊如也。（〈鄉黨〉一〇—一一）

帶詞尾詞「齊如」用作形容詞，義為「像齋戒了的一樣。」[39]

入公門，鞠躬如也，如不容。（〈鄉黨〉一〇—四）

帶詞尾詞「鞠躬如」用作形容詞，義為「謹慎恭敬的樣子」。

趨進，翼如也。（〈鄉黨〉一〇—三）

帶詞尾詞「翼如」用作形容詞，義為「像鳥展翅的樣子」。

揖所與立，左右手，衣前後，襜如也。（〈鄉黨〉一〇—三）

帶詞尾詞「襜如」用作形容詞，義為「整齊的樣子」。

「君子於其所不知，蓋闕如也。」（〈子路〉一三—三）

帶詞尾詞「闕如」用作動詞，義為「空缺著」。

39 李運益主編：《論語詞典》（重慶：西南師範大學出版社，一九九三年十月），頁二八五。

「如」用作詞尾，來自《易經》〈屯卦〉六二：「屯如亶如。」，清代王引之說：「如，猶然也。……如、然，語之轉。」[40]按：如，《廣韻》人諸切，日紐，古音在魚部；[41]然，《廣韻》如延切，日紐，古音在元部。[42]可知「如」、「然」古音為雙聲，王引之的說法可採。

5.詞尾「斯」的帶詞尾詞

色斯舉矣，翔而後集。（〈鄉黨〉一〇—一七）

清代王引之說：「色斯者，狀鳥舉之疾也。與翔而後集，意正相反。色斯，猶色然，驚飛貌也。」[43]許世瑛說：「『色斯』可以說是帶詞尾『斯』的衍聲複詞，在這裡做限制詞用，修飾述詞『舉』的。」[44]筆者同意此二說，認為「色斯」為一個帶詞尾詞，蔣宗許說：「『斯』本義為劈柴，《詩經》時代便被借作助詞、代詞、襯音詞等。……只是用例偏少，後人除時時襲用『色斯』一詞外似不見有新的構形。」[45]可知「色斯」可視為帶詞尾詞。

40 同註19，卷七，頁七八。

41 見徐中舒主編：《漢語大字典》（第二卷），（武漢：湖北辭書出版社、成都：四川辭書出版社，一九八七年十月），頁一〇二五。

42 見徐中舒主編：《漢語大字典》（第三卷），（武漢：湖北辭書出版社、成都：四川辭書出版社，一九八八年五月），頁二二一三。

43 同註19，卷八，頁九三。

44 同註15，頁一七六。

45 蔣宗許：〈古代漢語詞尾縱橫談〉，《綿陽師範高等專科學校學報》第十八卷第六期（一九九九年十二月），頁三一。

6. 詞尾「以」的帶詞尾詞

「溫故而知新，可以為師矣。」（〈為政〉二—一一）

筆者認為「可以」是帶詞尾詞，用作能願動詞，相當於「可」的作用，[46]張月明說：「古代漢語中，至少在《論語》、《孟子》、《左傳》，助動詞『可以』的存在是不可否認的語言事實。」[47]此說為是。

「退而省其私，亦足以發，回也不愚。」（〈為政〉二—九）

「足以」是帶詞尾詞，用作能願動詞，義為「能夠」。

7. 詞尾「焉」的帶詞尾詞

「瞻之在前，忽焉在後。」（〈子罕〉九—一一）

許世瑛說：「『忽焉』是帶詞尾『焉』的衍聲複詞，用來修飾述詞『在』的。」[48]馮巍說：「焉，作為副詞詞尾，相當於『然』。」[49]解惠全等說：「忽焉：忽然，忽地。……『焉』是副詞詞尾。」[50]可知「忽焉」為帶詞尾詞。

---

46 何永清：〈《論語》「以」字的用法探討〉，《臺北市立教育大學學報》（人文社會類）第四十二卷第一期（二〇一一年五月），頁一五。

47 張月明：〈《論語》、《孟子》、《左傳》中的「可以」〉，《古漢語研究》一九九七年第二期，頁五四。

48 同註15，頁一四九。

49 馮巍：〈《論語》「焉」字解〉，《瀋陽教育學院學報》第五卷第三期（二〇〇三年九月），頁四九。

50 同註5，頁七七。

「焉」用作詞尾，其來由甚早，在《尚書》、《詩經》均見。[51]清代王引之說：「焉，狀事之詞也，與然同義。若《詩・小弁》曰：『惄焉如擣』，《書・秦誓》曰：『其心休休焉』之類是也，亦常語。」[52]此說可採。

8.詞尾「與」的帶詞尾詞

「巽與之言，能無說乎？繹之為貴。」（〈子罕〉九－二四）

魏何晏集解引馬融說：「巽，恭也，謂恭孫謹敬之言。」[53]梁代皇侃說：「巽，恭遜也。」[54]古人的注解都未注意到「與」字的作用；許世瑛說：「『巽與』是帶詞尾『與』的衍聲複詞」，[55]實為卓見。按：「與」用作詞尾，古籍十分罕見，僅見於《論語》此章，或許來自春秋時代的魯國語言。

9.詞尾「而」的帶詞尾詞

「已而，已而，今之從政者殆而。」（〈微子〉一八－五）

51 何永清：〈《論語》「焉」字的用法探討〉，《新竹教育大學人文社會學報》第六卷第一期（二〇一三年三月），頁一五。
52 同註19，卷二，頁二〇。
53 同註11，頁八〇。
54 〔梁〕皇侃：《論語集解義疏》卷五，《叢書集成新編》（臺北：新文豐出版公司，一九八六年一月），第十七冊，頁五二九。
55 同註15，頁一五七。

此例的「已而」、「殆而」可視為帶詞尾詞。

「唐棣之華，偏其反而。豈不爾思？室是遠而。」（〈子罕〉九—三一）

此例的「反而」的「而」，陳寶勤認為是語氣助詞，[56]許世瑛說：「『偏其』『反而』是兩個帶詞尾的衍聲複詞，……『遠而』是帶詞尾『而』的衍聲複詞。」[57]筆者贊同許世瑛的看法，將「反而」、「遠而」都視為帶詞尾詞，方符合《論語》內部構詞的一致性。

既而曰：「鄙哉，硜硜乎！莫己知也，斯已而已矣。深則厲，淺則揭。」（〈憲問〉一四—三九）

「既而」是帶詞尾詞，為表示時間的副詞，義為「過一會兒」。

「夫如是，奚而不喪？」（〈憲問〉一四—一九）

「奚而」是帶詞尾詞，用作疑問副詞，義為「為什麼」。

10. 詞尾「爾」的帶詞尾詞

「既竭吾才，如有所立卓爾。」（〈子罕〉九—一一）

許世瑛說：「『卓爾』是帶詞尾『爾』的衍聲複詞。」[58]錢穆說：「卓爾，峻絕義。」[59]此二

---

56 陳寶勤：《漢語造詞研究》（成都：巴蜀書社，二〇〇二年三月），頁二二五。

57 同註15，頁一六一。

58 同註15，頁一五〇。

59 錢穆：《論語新解》（臺北：東大圖書有限公司，二〇〇八年十月），頁二四六。

說皆是將「卓爾」視為一個詞彙，故知「卓爾」是一個帶詞尾詞。

鼓瑟希，鏗爾，舍瑟而作。（〈先進〉一一—二六）

王力說：「鏗爾，等於說鏗然，這裡形容推瑟發出的聲音。」[60]詞義正確。

夫子莞爾而笑，曰：「割雞焉用牛刀？」（〈陽貨〉一七—四）

「莞爾」是帶詞尾詞，用作副詞，義為「開心地」。

綜合上述，《論語》的帶詞尾詞從形式上來看，有「單字＋詞尾」（如：鏗爾）和「疊字ＡＡ＋詞尾」（如：行行如）兩種形態。筆者的觀察，「單字＋詞尾」多用作狀語，「疊字ＡＡ＋詞尾」多用作謂語。

表四—二—二　《論語》帶詞尾詞一覽表

序號	首字筆畫	詞彙	詞義	出處
○○一	三畫	已而	算了。	一八—五
○○二	四畫	反而	搖擺。	九—三一
○○三	四畫	夭夭如	和舒的樣子。	七—四
○○四	五畫	可以	能、能夠。	二—一一
○○五	五畫	申申如	整敕的樣子。	七—四

60 同註37，頁一八七。

表四—二—二　《論語》帶詞尾詞一覽表（續）

序號	首字筆畫	詞彙	詞義	出處
〇〇六	六畫	色斯	臉色變的樣子。	一〇—二七
〇〇七	六畫	行行如	剛強的樣子。	一一—一三
〇〇八	七畫	足以	能、能夠、夠得上。	二—九
〇〇九	八畫	侃侃如	溫和而快樂的樣子。	一〇—二、一一—一三
〇一〇	八畫	卓爾	卓然自立。	九—一一
〇一一	八畫	忽焉	突然。	九—一一
〇一二	八畫	怡怡如	怡然自得。	一〇—四、一三—二八
〇一三	八畫	空空如	無知識的樣子。	九—八
〇一四	九畫	勃如	面色矜莊。	一〇—三
〇一五	九畫	殆而	危險。	一八—五
〇一六	九畫	恂恂如	恭順的樣子。	一〇—一
〇一七	九畫	洋洋乎	滿滿洋溢地。	八—一五
〇一八	九畫	郁郁乎	文采豐富的樣子。	三—一四
〇一九	十畫	奚而	為什麼。	一四—一九
〇二〇	十畫	奚其	為什麼。	二—二一
〇二一	十畫	純如	音樂和諧的樣子。	三—二三

表四－二－二　《論語》帶詞尾詞一覽表（續）

序號	首字筆畫	詞彙	詞義	出處
〇二二	十一畫	偏其	翩翩地。	九－三一
〇二三	十一畫	堂堂乎	儀態矜莊不合群的樣子。	一九－一六
〇二四	十一畫	既而	過一會兒。	一四－三九
〇二五	十一畫	率爾	匆促急忙的樣子。	一一－二六
〇二六	十一畫	莞爾	微笑的樣子。	一七－四
〇二七	十二畫	喟然	長聲嘆息的樣子。	九－一一、一一－二六
〇二八	十二畫	巽與	順從、附和。	九－二四
〇二九	十二畫	循循然	按部就班地。	九－一一
〇三〇	十二畫	愉愉如	輕鬆愉快的樣子。	一〇－五
〇三一	十二畫	斐然	有文采的樣子。	五－二二
〇三二	十二畫	硜硜乎	鄙賤的樣子。	一四－三九
〇三三	十二畫	硜硜然	鄙賤的樣子。	一三－二〇
〇三四	十二畫	翕如	樂音興盛的樣子。	三－二三
〇三五	十二畫	間然	異議。	八－二一
〇三六	十三畫	煥乎	文采光明的樣子。	八－一九

表四—二—二 《論語》帶詞尾詞一覽表（續）

序號	首字筆畫	詞彙	詞義	出處
〇三七	十三畫	與與如	行步安詳的樣子。	一〇—二
〇三八	十四畫	遠而	遙遠。	九—三一
〇三九	十五畫	憮然	失望的樣子。	一八—六
〇四〇	十五畫	誾誾如	恭敬和悅的樣子。	一〇—二、一一—一三
〇四一	十五畫	踧踖如	走路謹慎恭敬。	一〇—二、一〇—四
〇四二	十六畫	蕩蕩乎	博大的樣子。	八—一九
〇四三	十七畫	鞠躬如	謹慎恭敬的樣子。	一〇—四
〇四四	十八畫	皦如	聲音清晰的樣子。	三—二三
〇四五	十八畫	翼如	像舒展翅膀地。	一〇—三、一〇—四
〇四六	十八畫	闕如	保留。	一三—三
〇四七	十九畫	繹如	樂音不絕的樣子。	三—二三
〇四八	十九畫	襜如	衣服整齊的樣子。	一〇—三
〇四九	十九畫	鏗爾	把器物放下來的聲音。	一一—二六
〇五〇	二十一畫	巍巍乎	高大的樣子。	八—一八
〇五一	二十二畫	儼然	有威嚴的樣子。	一九—九、二〇—二
〇五二	二十七畫	躩如	疾走的樣子。	一〇—三、一〇—四

（筆者整理）

二、重疊法構成的合成詞

㈠疊字詞

採取疊字方式構成的詞，稱為「疊字詞」，《論語》的疊字詞有AA與AABB兩種類型：

1. AA型的疊字詞

「予小子履，敢用玄牡，敢昭告于皇皇后帝。」（〈堯曰〉二〇—一）

「皇皇」是疊字詞，用作形容詞。

「丘何為是栖栖者與？」（〈憲問〉一四—三二）

「栖栖」是疊字詞，用作形容詞。

「文質彬彬，然後君子。」（〈雍也〉六—一八）

「彬彬」是疊字詞，用作形容詞，宋代朱熹說：「彬彬，猶班班，物相雜而適均之貌。言學者當損有餘，補不足，至於成德，則不期然而然矣。」[61]此說可採。

「君子坦蕩蕩，小人長戚戚。」（〈述而〉七—三七）

「戚戚」是疊字詞，用作形容詞。

「狂而不直，侗而不愿，悾悾而不信，吾不知之矣。」（〈泰伯〉八—一六）

---

61 同註6，卷三，頁八九。

「悾悾」是疊字詞，用作形容詞。

2.AABB型的疊字詞

子曰：「切切、偲偲，怡怡如也。……朋友切切偲偲，兄弟怡怡。」（〈子路〉一三—二八）

魏何晏集解引馬融說：「切切、偲偲，相切責之皃。怡怡，和順之皃。」[62]可知「切切」、「偲偲」、「怡怡」是三個疊字詞，又「切切偲偲」作為形容詞用，是一個四字組成的疊字詞，楊伯峻解釋為「互相責善的樣子。」，此說可採。

「《詩》云：『戰戰兢兢，如臨深淵，如履薄冰。』」（〈泰伯〉八—三）

「戰戰兢兢」是疊字詞，出自《詩經・小雅・小旻》，宋代朱熹說：「戰戰，恐懼。兢兢，戒謹。臨淵，恐墜。履冰，恐陷也。」[63]將戰戰、兢兢分開詮釋，恐似割裂，不如合為一個疊字詞看待來得完整。屈萬里釋《詩經》說：「戰戰兢兢，恐懼戒慎之貌。」[64]可知它是一個四字組成的疊字詞。

李玉珍、朱祥宗說：「《論語》中疊音形式相互結合的形式共二個，出現三次，包括『切切偲偲』、『戰戰兢兢』。」[65]此看法與筆者論點相同。「切切偲偲」是《論語》創用的四字（四音節）

62 同註11，卷十三，頁一一九。
63 同註6，卷四，頁一〇三。
64 屈萬里：《詩經釋義》（臺北：中國文化大學出版部，一九九三年十二月），頁二五八。
65 李玉珍、朱祥宗：〈《論語》中的疊音及其結合形式〉，《泰山鄉鎮企業職工大學學報》一九九九年第三期，頁二九。

疊字詞，而「戰戰兢兢」則來自《詩經》。

表四—二—三　《論語》疊字詞一覽表

序號	首字筆畫	詞彙	詞義	出處
〇〇一	四畫	切切	責善的樣子。	一三—二八
〇〇二	四畫	切切偲偲	互相責善的樣子。	一三—二八
〇〇三	八畫	怡怡	和順的樣子。	一三—二八
〇〇四	九畫	便便	善於辭令的樣子。	一〇—一
〇〇五	九畫	皇皇	光明偉大。	二〇—一
〇〇六	十畫	栖栖	忙碌不安定的樣子。	一四—三二
〇〇七	十一畫	偲偲	責善的樣子。	一三—二八
〇〇八	十一畫	彬彬	文采與質樸配合得宜。	六—一八
〇〇九	十一畫	悾悾	誠懇的樣子。	八—一六
〇一〇	十一畫	戚戚	憂愁不開展的樣子。	七—三七
〇一一	十三畫	滔滔	像洪水氾濫的樣子。	一八—六
〇一二	十六畫	穆穆	嚴肅靜穆。	三—二
〇一三	十六畫	戰戰兢兢	謹慎小心。	八—三
〇一四	十八畫	蹜蹜	舉腳緊促的樣子。	一〇—五

（筆者整理）

(二)鑲疊詞

「鑲疊詞」是一個疊字的詞素前面鑲一個字構成的詞，《論語》僅有「坦蕩蕩」一個，這也是《論語》獨創的詞彙，現代漢語仍然在使用。

「君子坦蕩蕩，小人長戚戚。」（〈述而〉七—三七）

「坦蕩蕩」是鑲疊詞，魏何晏引漢代鄭玄說：「坦蕩蕩，寬廣貌。」[66]南朝・梁皇侃說：「坦蕩蕩，心貌寬廣，無所憂患也。君子內省不疚故也。」[67]宋代朱熹說：「坦，平也。蕩蕩，寬廣貌。」[68]很顯然的，鄭玄、皇侃都將「坦蕩蕩」視為一詞彙，朱熹則進一步針對「坦」字作解說。「坦」這個詞素，表示君子心思平正，「蕩蕩」這個詞素補充寬廣之意。「坦蕩蕩」一詞的使用，可看出《論語》構詞的「開創性」，為後代鑲疊詞的構詞先河。

表四—二—四　《論語》鑲疊詞一覽表

序號	首字筆畫	詞彙	詞義	出處
○○一	八畫	坦蕩蕩	心地寬廣。	七—三七

（筆者整理）

66 同註11，頁六五。
67 同註54，卷四，頁五二二。
68 同註6，卷四，頁一○二。

三、複合法構成的合成詞

運用詞義的複合法構成的詞為「合成詞」，《論語》的合成詞有「並列複詞」、「偏正複詞」、「主謂複詞」、「述賓複詞」、「謂補複詞」、「處置複詞」六種。

㈠並列複詞

「並列複詞」是由意義相近或偏於一義的兩個語素複合而成的詞，又稱為「聯合複詞」、「聯合式合義複詞」、「聯合式複合詞」。《論語》的並列複詞大都是兩個字組成，僅有「分崩離析」一詞是由四個字組成的。

例如：

文學：子游、子夏。（〈先進〉一一—三）

羅竹風說：「文學：文章博學。」[69]故知它是一個並列複詞。

「因之以饑饉。」（〈先進〉一一—二六）

「饑饉」是並列複詞，宋代朱熹說：「穀不熟曰饑，菜不熟曰饉。」[70]可知「饑饉」由相近的字義合成詞彙。

---

69 羅竹風主編：《漢語大詞典》（第六卷）（上海：漢語大詞典出版社，一九九四年十一月），頁一五四三。

70 同註6，卷六，頁一三〇。

「斗筲之人，何足算也。」（〈子路〉一三—二〇）

「斗筲」是並列複詞，義為「度量及見識狹小」，《簡明文言字典》編寫組說：「斗容十升，筲容一斗二升，容量都不大。因用以比喻才識短淺，氣量狹窄。」[71]此說可採。

「為命：裨諶草創之，世叔討論之，行人子羽脩飾之。」（〈憲問〉一四—八）

解惠全等人說：「『討』，研究。『論』，評論，提意見。注意：『討』、『論』在古代是兩個詞。」[72]筆者不採用。許世瑛說：「『草創、討論、脩飾』都是聯合式合義複詞。」[73]可知「討論」是個並列複詞，李運益說：「討論：研究並提出意見。」[74]楊伯峻說：「討論：提意見。」[75]許世瑛、李運益、楊伯峻三家都將「討論」視為複合詞，筆者認同許世瑛、李運益、楊伯峻三家之說。

「今由與求也，相夫子，遠人不服，而不能來也；……而謀動干戈於邦內。」（〈季氏〉一六—一）

「干戈」為並列複詞，義為「戰爭」。

71《簡明文言字典》編寫組編：《簡明文言字典》（修訂本）（上海：上海教育出版社，二〇〇八年四月），頁二九三。
72 同註5，頁一〇。
73 同註15，頁二四四。
74 同註39，頁二〇八。
75 楊伯峻：《論語譯注》（臺北：五南圖書出版有限公司，一九九九年十一月），頁五二七。

「是社稷之臣也。」（〈季氏〉一六—一）

「社」本指土地神，「稷」本指穀神，「社稷」並列為一個複詞，義為「國家」。

「猶之與人也，出納之吝謂之有司。」（〈堯曰〉二〇—二）

「出納」是並列複詞，許世瑛說：「『出納』是以意義相反的兩字合成一個聯合式合義複詞，其中只有一個字的意義存在，另一個字的意義卻消失了。像『出納』這一個合義複詞，就只有『出』字的意思，那『納』字的意思已經消失了。」[76]此說可採。

子曰：「毋！以與爾鄰里鄉黨乎！」（〈雍也〉六—五）

「鄰里」、「鄉黨」都是並列複詞，義為「鄰里或鄉黨之窮人」，宋代朱熹說：「言常祿不當辭，有餘自可推之以周貧乏，蓋鄰、里、鄉、黨有相同之義。」[77]可知「鄰里」、「鄉黨」可各成為一個詞，借代「鄰里之窮人」、「鄉黨之窮人」。

「邦分崩離析而不能守也。」（〈季氏〉一六—一）

「分崩離析」是由四個字構成的並列複詞，義為「國家支離破碎」，宋代朱熹說：「分崩離析，謂四分公室，家臣屢叛。」[78]此言為是，現代漢語仍沿用。

76 許世瑛：《常用虛字用法淺釋》（臺北：復興書局，一九七八年四月），頁三七九。
77 同註6，卷三，頁八五。
78 同註6，卷八，頁一七〇。

表四—二—五 《論語》並列複詞一覽表

序號	首字筆畫	詞彙	詞義	出處
〇〇一	三畫	子孫	指後代。	一六—一
〇〇二	三畫	干戈	戰爭。	一六—一
〇〇三	四畫	中庸	中和平易之道。	六—二九
〇〇四	四畫	公卿	高級官員。	九—一六
〇〇五	四畫	分崩離析	支離破碎。	一六—一
〇〇六	四畫	夫子	①尊稱孔子。	一—一〇
			②大夫以上的男子。	一四—一三
〇〇七	四畫	文章	①文獻的學問。	五—一三
			②禮樂制度。	八—一九
〇〇八	四畫	文學	文獻。	一一—三
〇〇九	四畫	文獻	典籍賢人。	三—九
〇一〇	四畫	斗筲	指氣量狹小。	一三—二〇
〇一一	四畫	日月	①太陽月亮。	一九—二二
			②短的時間。	六—七
			③歲月。	一七—一
〇一二	四畫	父兄	長輩。	九—一六
〇一三	四畫	父母	爸爸媽媽。	一—七

表四—二—五　《論語》並列複詞一覽表（續）

序號	首字筆畫	詞彙	詞義	出處
〇一四	五畫	丘陵	小山。	一九—二四
〇一五	五畫	令尹	楚國的宰相。	五—一九
〇一六	五畫	兄弟	①哥哥弟弟。	二—二一
			②相差不遠。	一三—七
〇一七	五畫	出入	稍稍放鬆一點。	一九—一一
〇一八	五畫	出納	給人財物。	二〇—二
〇一九	五畫	市朝	偏指市集。	一四—三六
〇二〇	五畫	民人	老百姓。	一一—二五
〇二一	六畫	刑罰	嚴刑重罰。	一三—三
〇二二	六畫	刑戮	受刑。	五—二
〇二三	六畫	后帝	天帝、上天。	二〇—一
〇二四	六畫	夷狄	邊疆民族。	三—五
〇二五	六畫	州里	本鄉本土。	一五—六
〇二六	六畫	血氣	精力志氣。	一六—七
〇二七	六畫	衣服	穿著的服裝。	八—二一
〇二八	六畫	衣冠	士大夫的穿戴。	二〇—一
〇二九	六畫	衣裳	穿的衣服。	九—一〇

表四—二—五　《論語》並列複詞一覽表（續）

序號	首字筆畫	詞彙	詞義	出處
〇三〇	七畫	佚遊	遊蕩忘返。	一六—五
〇三一	七畫	困窮	困苦貧窮。	二〇—一
〇三二	七畫	孝弟	敬愛父母兄姐。	一—二
〇三三	七畫	弟子	①為人子弟的人。	一—六
			②學生。	六—三
〇三四	七畫	抑亦	連詞。	一三—二〇
〇三五	七畫	狂簡	志向高大。	五—二二
〇三六	七畫	言語	辭令。	一一—三
〇三七	八畫	宗族	同宗同族的人。	一三—二〇
〇三八	八畫	居處	平居的容貌、生活。	一三—一九
〇三九	八畫	征伐	武力制裁。	一六—二
〇四〇	八畫	忿戾	蠻橫不講理。	一七—一六
〇四一	八畫	昆弟	兄弟。	一一—五
〇四二	八畫	朋友	志同道合的人。	一—四
〇四三	八畫	果敢	勇敢。	一七—二四
〇四四	八畫	法度	量長短的標準。	二〇—一

表四—二—五 《論語》並列複詞一覽表（續）

序號	首字筆畫	詞彙	詞義	出處
〇四五	八畫	社稷	①指祭祀的神。 ②國家。	一一—二三 一六—一
〇四六	八畫	附益	增加。	一一—一七
〇四七	九畫	便佞	誇誇其談的人。	一六—四
〇四八	九畫	便辟	要弄手腕的人。	一六—四
〇四九	九畫	俎豆	指祭祀禮儀。	一五—一
〇五〇	九畫	哀矜	憐憫、同情。	一九—一九
〇五一	九畫	室家	房子。	一九—二三
〇五二	九畫	故舊	相交多年的人。	八—二
〇五三	九畫	洒埽	打掃的工作。	一九—一二
〇五四	九畫	軍旅	軍隊。	一四—一九
〇五五	十畫	宮室	房屋。	八—二一
〇五六	十畫	宴樂	飲食荒淫之樂。	一六—五
〇五七	十畫	容貌	表情。	八—四
〇五八	十畫	師旅	軍隊。	一一—二六
〇五九	十畫	恥辱	羞辱。	一—一三
〇六〇	十畫	浸潤	日積月累的。	一二—六

表四—二—五 《論語》並列複詞一覽表（續）

序號	首字筆畫	詞彙	詞義	出處
〇六一	十畫	疾病	病重。	七—三五
〇六二	十畫	草創	擬稿。	一四—八
〇六三	十畫	討論	提意見。	一四—八
〇六四	十畫	躬自	自己。	一五—一五
〇六五	十一畫	脩飾	文詞潤飾。	一四—八
〇六六	十二畫	厤數	帝王興起的數理。	二〇—一
〇六七	十二畫	善柔	當面恭維背後卻誹謗別人的人。	一六—四
〇六八	十二畫	朝廷	國君聽政之地。	一〇—一
〇六九	十三畫	損益	所廢除及所增加的。	二—二三
〇七〇	十三畫	會同	盟會。	一一—二六
〇七一	十三畫	溝洫	田間水道。	八—二一
〇七二	十三畫	溝瀆	山溝。	一四—一七
〇七三	十三畫	瑚璉	玉製禮器。	五—四
〇七四	十三畫	道路	路上。	九—一二
〇七五	十三畫	鄉黨	同鄉的人、地方。	六—五
〇七六	十四畫	聚斂	搜括錢財。	一一—一七
〇七七	十四畫	賓客	外賓。	五—八

表四—二—五 《論語》並列複詞一覽表（續）

序號	首字筆畫	詞彙	詞義	出處
〇七八	十四畫	鄙倍	鄙陋粗野與錯誤。	八—四
〇七九	十五畫	德行	好品德。	一一—三
〇八〇	十五畫	諒陰	守孝的凶廬。	一四—四〇
〇八一	十五畫	鄰里	同里的人、地方。	六—五
〇八二	十六畫	戰栗	害怕而身體顫抖。	三—二一
〇八三	十七畫	應對	對答、答話。	一九—一二
〇八四	十七畫	縲絏	囚禁、羈押。	五—一
〇八五	十七畫	黻冕	祭祀的禮服。	八—二一
〇八六	十九畫	辭氣	談吐。	八—四
〇八七	二十畫	譬如	比如。	二—一
〇八八	二十一畫	饑饉	災荒。	一一—二六
〇八九	二十五畫	籩豆	祭祀的禮儀。	八—四
〇九〇	二十五畫	蠻貊	華夏以外的異族。	一五—六

（筆者整理）

(二)偏正複詞

「偏正複詞」是由一個詞素修飾另一個詞素而構成的合成詞，又稱為「主從式合義複詞」、

「偏正式複合詞」、「組合式合義複詞」，李維棻說：「凡與詞組性質相同的，稱為組合式合義複詞，如：小人、天子、小子、四海、中行、鄉愿、夫人、門生。」[79]《論語》的偏正複詞，可分為兩類：

1. 定中型的偏正複詞

「一日克己復禮，天下歸仁焉。」（〈顏淵〉一二—一）

「一日」是偏正複詞，義為「一旦」，楊伯峻說：「一日：用如副詞，一旦。」[80]詞義正確。

「一朝之忿，忘其身，以及其親，非惑與？」（〈顏淵〉一二—二一）

「一朝」是偏正複詞，用作「一朝之忿」的定語，義為「偶然的」、「一時的瞬間」。

「二三子何患於喪乎？」（〈八佾〉三—二四）

「二三子」是偏正複詞，年齡長的人稱呼孔子的學生。

「二三子以我為隱乎？」（〈述而〉七—二四）

「二三子」是偏正複詞，孔子稱呼他的學生。

上述的「二三子」按照字面上的意義是「兩三個人」，「二三」的概數已經表明了它是一個複數。《左傳》的「二三子」用來指諸位大臣、鄰人，而在《論語》則指諸弟子，隨著說話的語境不

79 李維棻：《中國文法概論》（臺北：臺灣商務印書館，一九七八年十一月），頁七四。

80 同註75，頁四五三。

同，所指的人物也不盡相同。[81]

「子行三軍，則誰與？」（〈述而〉七—一一）

「三軍」是偏正複詞，鄧章應說：「『三軍』，軍隊的統稱。」[82]詞義正確。

「八佾舞於庭，是可忍也，孰不可忍也？」（〈八佾〉三—一）

「八佾」是偏正複詞，古代六十四人的舞列，每行八人，每列八人，宋代朱熹說：「佾，舞列也，天子八、諸侯六、大夫四、士二。每佾人數，如其佾數。」[83]此言為是。

2.狀謂型的偏正複詞

「求也何如？」（〈公冶長〉五—八）

「何如」是偏正複詞，劉景農說：「相當於『怎麼樣』，是用來詢問性態的。」[84]此說可採。

---

81 何永清：〈《論語》「二三子」的構詞探討〉，吳肇嘉主編：《儒學論叢》第五輯（二〇一二年十二月），頁七五。

82 鄧章應：〈《論語》「三」的用法〉，《沙洋師範高等專科學校學報》二〇〇三年第六期，頁六五。

83 同註6，卷二，頁六一。

84 劉景農：《漢語文言語法》（北京：中華書局，二〇〇七年四月），頁二四九。

表四—二—六 《論語》偏正複詞一覽表

序號	首字筆畫	詞彙	詞義	出處
〇〇一	一畫	一日	一日。	一二—一
〇〇二	一畫	一朝	一時間、偶然的。	一二—二一
〇〇三	二畫	九百	數詞。	六—五
〇〇四	二畫	二三子	①孔子稱他的學生。	七—二四
			②別人稱呼孔子的學生。	三—二四
〇〇五	二畫	八佾	古代天子的舞樂隊。	三—一
〇〇六	三畫	丈人	老頭兒。	一八—七
〇〇七	三畫	三百	數詞。	二—二
〇〇八	三畫	三子	魯國執政的三卿。	一四—二一
〇〇九	三畫	三家	魯國執政的三卿。	三—二
〇一〇	三畫	三桓	魯國執政的三卿。	一六—三
〇一一	三畫	三軍	指軍隊。	七—一一
〇一二	三畫	三飯	樂官。	一八—九
〇一三	三畫	三歸	大量的市租。（娶三姓之女、藏錢幣的府庫。）	三—二二
〇一四	三畫	上大夫	官名。	一〇—二
〇一五	三畫	下大夫	官名。	一〇—二

表四—二—六 《論語》偏正複詞一覽表（續）

序號	首字筆畫	詞彙	詞義	出處
〇一六	三畫	下流	品德低下的情況。	一九—二〇
〇一七	三畫	士師	古代的司法官。	一八—二
〇一八	三畫	大人	在高位的人。	一六—八
〇一九	三畫	大夫	官名、大夫的家臣。	五—一九
〇二〇	三畫	大臣	①很高政治修養的士大夫。	一一—二三
			②高官、卿相。	一八—一〇
〇二一	三畫	大宰	官名。	九—六
〇二二	三畫	大師	樂官之長。	三—二三
〇二三	三畫	女子	女人。	一七—二五
〇二四	三畫	女樂	歌姬舞女。	一八—四
〇二五	三畫	小人	①無德的人。	二—一四
			②老百姓。	一二—一九
〇二六	三畫	小子	①自稱的謙詞。	一七—一九
			②老師稱其學生。	八—三
			③學生。	五—二二
〇二七	三畫	小童	夫人自稱。	一六—一四
〇二八	四畫	予一人	帝王自稱。	二〇—一

表四—二—六　《論語》偏正複詞一覽表（續）

序號	首字筆畫	詞彙	詞義	出處
〇二九	四畫	予小子	夫人自稱。	二〇—一
〇三〇	四畫	中行	帝王自稱。	一三—二一
〇三一	四畫	仁人	有仁德的人。	一五—九
〇三二	四畫	公室	公家。	一六—三
〇三三	四畫	凶服	送死的衣物。	一〇—二五
〇三四	四畫	匹夫	庶民男子。	九—二六
〇三五	四畫	匹婦	庶民婦子。	一四—一七
〇三六	四畫	反坫	古代宴會時放酒杯的設備。	三—二二
〇三七	四畫	天下	全中國。	三—一一
〇三八	四畫	天子	皇帝。	三—二
〇三九	四畫	天命	上天的旨意。	二—四
〇四〇	四畫	天祿	天子的祿位。	二〇—一
〇四一	四畫	天道	支配人類命運的天神意志。	五—一三
〇四二	四畫	太廟	魯開國之君周公的廟。	三—一五
〇四三	四畫	夫人	諸侯之妻。	一六—一四
〇四四	四畫	少師	樂官。	一八—九
〇四五	四畫	文德	仁義禮樂的政教。	一六—一

表四—二—六　《論語》偏正複詞一覽表（續）

序號	首字筆畫	詞彙	詞義	出處
○四六	四畫	木鐸	木舌銅質的搖鈴。	三—二四
○四七	四畫	比及	等到。	一一—二六
○四八	四畫	片言	單方面的言論。	一二—一二
○四九	五畫	令色	偽善的面貌。	一—三
○五○	五畫	北辰	北極星。	二—一
○五一	五畫	四十	數詞。	二—四
○五二	五畫	四方	全國、各地。	一三—四
○五三	五畫	四時	四季。	一七—一九
○五四	五畫	四海	天下。	一二—五
○五五	五畫	四飯	樂官。	一八—九
○五六	五畫	四體	四肢。	一八—七
○五七	五畫	巧言	花言巧語。	一—三
○五八	五畫	平地	地基。	九—一九
○五九	五畫	平生	平日、平時。	一四—一二
○六○	六畫	先王	已逝的君王。	一—一二
○六一	六畫	先生	年長的人。	二—八
○六二	六畫	先進	先學習禮樂的人。	一一—一

表四—二—六　《論語》偏正複詞一覽表（續）

序號	首字筆畫	詞彙	詞義	出處
〇六三	六畫	吉月	大年初一。	一〇—六
〇六四	六畫	成人	有高道德學問的人。	一四—一二
〇六五	六畫	成功	大功績。	八—一九
〇六六	六畫	百工	各種行業的人。	一九—七
〇六七	六畫	百里	小國。	八—六
〇六八	六畫	百姓	人民。	一二—九
〇六九	六畫	行人	外交官。	一四—八
〇七〇	七畫	何有	有什麼困難。	四—一三
〇七一	七畫	何如	怎麼樣。	五—八
〇七二	七畫	佞人	能說善道的人。	一五—一一
〇七三	七畫	兵車	戰車。	一四—一六
〇七四	七畫	君夫人	國君的妻子。	一六—一四
〇七五	七畫	君子	①居高位的人。	四—一一
			②有品格、有修養的人。	一—一
〇七六	七畫	巫醫	用巫術替人治病的人。	一三—二二
〇七七	七畫	志士	堅持善良意志的人。	一五—九
〇七八	七畫	束脩	一捆乾肉、菲薄的禮物。	七—七

表四—二—六 《論語》偏正複詞一覽表（續）

序號	首字筆畫	詞彙	詞義	出處
〇七九	七畫	足恭	過度的恭敬。	五—二五
〇八〇	八畫	亞飯	樂官。	一八—九
〇八一	八畫	享禮	出使外國遞獻禮物的禮儀。	一〇—五
〇八二	八畫	侍坐	在師長旁邊陪坐。	一一—二六
〇八三	八畫	具臣	有能力的臣子。	一一—二四
〇八四	八畫	周親	至親。	二〇—一
〇八五	八畫	宗廟	①祖宗的廟。	一〇—一
			②祭祀宗廟的事。	一一—二六
〇八六	八畫	居室	居家過日子。	一三—八
〇八七	八畫	明日	第二天。	一五—二
〇八八	八畫	明衣	齋戒時的浴衣。	一〇—七
〇八九	八畫	服事	諸侯朝貢，依服數侍奉天子。	八—二〇
〇九〇	八畫	長府	魯國的府庫之名。	一一—一四
〇九一	八畫	門人	學生。	四—一五
〇九二	八畫	門弟子	同門的學生。	八—三
〇九三	八畫	阼階	東邊的臺階。	一〇—一四

表四—二—六　《論語》偏正複詞一覽表（續）

序號	首字筆畫	詞彙	詞義	出處
〇九四	九畫	南面	①一個地方的長官。	六—一
			②聽政議事的尊位。	一五—五
〇九五	九畫	封人	國境上的地方官。	三—二四
〇九六	九畫	後進	指後習禮樂的人。	一一—一
〇九七	九畫	政事	政治事務。	一一—三
〇九八	九畫	是以	連詞，所以。	五—一五
〇九九	九畫	是用	連詞，所以。	五—二三
一〇〇	九畫	是故	連詞，所以。	一一—二五
一〇一	九畫	食氣	飯料。	一〇—八
一〇二	十畫	冢宰	百官之長。	一四—四〇
一〇三	十畫	宮牆	圍牆。	一九—二三
一〇四	十畫	容色	表情。	一〇—五
一〇五	十畫	徒行	步行。	一一—八
一〇六	十一畫	匏瓜	瓠瓜。	一七—七
一〇七	十一畫	婦人	已婚的女子。	八—二〇
一〇八	十一畫	帷裳	用整幅布做的裙子。	一〇—六
一〇九	十一畫	庶人	普通老百姓。	一六—二

表四—二—六　《論語》偏正複詞一覽表（續）

序號	首字筆畫	詞彙	詞義	出處
二一〇	十一畫	晨門	早上看管城門的人。	一四—三八
二一一	十一畫	章甫	禮帽。	一一—二六
二一二	十一畫	野人	未曾做官的人。	一一—一
二一三	十一畫	陪臣	大夫的家臣。	一六—二
二一四	十一畫	麻冕	麻織的禮帽。	九—三
二一五	十二畫	善人	有道德的人。	七—二六
二一六	十二畫	朝服	上朝時的禮服。	一〇—六
二一七	十二畫	期月	一年。	一三—一〇
二一八	十二畫	無乃	不是、恐怕。	六—二
二一九	十二畫	無寧	連詞。	九—一二
二二〇	十二畫	然後	連詞。	六—一八
二二一	十二畫	犁牛	雜色牛。	六—六
二二二	十二畫	疏食	粗糧、糙米飯。	七—一六
二二三	十二畫	童子	未成年的小孩。	七—二九
二二四	十二畫	逸民	遺佚在野的人。	二〇—一
二二五	十三畫	塞門	諸侯用的照壁。	三—二二
二二六	十三畫	聖人	智慧與道德達最高境界的人。	七—二六

表四—二—六　《論語》偏正複詞一覽表（續）

序號	首字筆畫	詞彙	詞義	出處
一二七	十三畫	萬方	天下各地。	二〇—一
一二八	十三畫	辟公	天子的公卿人臣。	三—二
一二九	十三畫	鄉人	本地、本鄉的人。	一〇—一三
一三〇	十三畫	鄉原	地方上的好好先生。	一七—一三
一三一	十四畫	寡小君	對邦稱諸侯的夫人。	一六—一四
一三二	十四畫	寢衣	蓋的小被。	一〇—六
一三三	十四畫	舞雩	求雨的祭臺。	一一—二六
一三四	十四畫	鄙夫	輕賤的人。	九—八
一三五	十四畫	韶舞	舜時的音樂。	三—二五
一三六	十四畫	鳳鳥	神鳥。	九—九
一三七	十四畫	齊衰	麻布做的喪服。	九—一〇
一三八	十五畫	蔬食	糙米飯。	一〇—一一
一三九	十五畫	鄭聲	靡曼風格的鄭國樂曲。	一五—一一
一四〇	十六畫	燕居	平日在家的起居生活。	七—四
一四一	十六畫	蕭牆	國君所用的屏風。	一六—一
一四二	十六畫	諸侯	春秋時的國君。	一一—二六
一四三	十六畫	諸夏	華夏各國。	三—五

表四—二—六《論語》偏正複詞一覽表（續）

序號	首字筆畫	詞彙	詞義	出處
一四四	十七畫	糞土	污泥。	五—一〇
一四五	十七畫	顏色	臉色。	八—四
一四六	十八畫	餼羊	供祭祀的活羊。	三—一七

（筆者整理）

㈢主謂複詞

「主謂複詞」是兩個字依照主謂關係複合而成的詞，即由一個詞素表示陳述的主體，另一個詞素描述動作或行為所構成的詞，又稱為「表述式複合詞」，《論語》的主謂複詞僅有三個。

「禦人以口給，屢憎於人。」（〈公冶長〉五—五）

魏何晏集解引孔安國說：「佞人口辭捷給，數為人所憎惡。」[85]「口給」義為「口辭捷給」，是個主謂複詞。

「賜不受命，而貨殖焉，億則屢中。」（〈先進〉一一—一九）

宋代朱熹說：「貨殖，貨財生殖也。」[86]故知「貨殖」是主謂複詞。

---

85 同註11，頁四一。

86 同註6，卷六，頁一二七。

「浸潤之譖，膚受之愬，不行焉，可謂明也已矣。浸潤之譖，膚受之愬，不行焉，可謂遠也已矣。」（〈顏淵〉一二—六）

宋代朱熹說：「膚受，謂肌膚所受，利害切身。」[87]故知「膚受」是主謂複詞。

表四—二—七 《論語》主謂複詞一覽表

序號	首字筆畫	詞彙	詞義	出處
〇〇一	三畫	口給	口才流利善辯。	五—五
〇〇二	十二畫	貨殖	牟利得財。	一一—一九
〇〇三	十五畫	膚受	肌膚所受。	一二—六

（筆者整理）

㈣述賓複詞

「述賓複詞」是兩個詞素依照主謂關係複合而成的詞，即前一個詞素（字）表示陳述的動作，後一個詞素（字）描述動作或行為的對象所構成的詞，又稱為「支配式複合詞」。

「吾與回言終日，不違如愚。」（〈為政〉二—九）

「終日」是述賓複詞，義為「一整天」。

87 同註6，卷六，頁一三四。

「不戒視成，謂之暴。」（〈堯曰〉二〇—二）

「視成」是述賓複詞，安作璋說：「急促間責其成功。謂要立即成功。」[88] 此說可採。

表四—二—八《論語》述賓複詞一覽表

序號	首字筆畫	詞彙	詞義	出處
〇〇一	六畫	有事	使用兵力。	一六—一
〇〇二	六畫	有道	①政治清明，天下太平。	五—二
			②有道德、有學問的人。	一—一四
〇〇三	七畫	沒齒	終生。	一四—九
〇〇四	九畫	致期	限期。	二〇—二
〇〇五	十一畫	終日	一整天。	二—九
〇〇六	十一畫	終身	一輩子。	九—二七
〇〇七	十一畫	終夜	整夜。	一五—三一
〇〇八	十一畫	終食	一頓飯的時間。	四—五
〇〇九	十二畫	視成	責求成績。	二〇—二
〇一〇	十二畫	暴虎	赤手空拳搏老虎。	七—一一

88 安作璋主編：《論語辭典》（上海：上海古籍出版社，二〇〇四年七月），頁二二七。

表四—二—八　《論語》述賓複詞一覽表（續）

序號	首字筆畫	詞彙	詞義	出處
〇一一	十二畫	潤色	文辭加工。	一四—八
〇一二	十七畫	盪舟	以舟船衝鋒陷陣。	一四—五

（筆者整理）

㈤謂補複詞

「謂補複詞」是兩個詞素依照謂補關係複合而成的詞，即由前一個詞素（字）表示陳述的動作，後一個詞素（字）作補充說明而構成的詞，又稱為「補充式複合詞」，《論語》的謂補複詞，其一為「謂＋時間補」的類型：

子貢欲去告朔之餼羊。（〈八佾〉三—一七）

宋代朱熹說：「告朔之禮：古者天子常以季冬，頒來歲十二之朔於諸侯，諸侯受而藏之祖廟。月朔，則以特羊告廟，請而行之。」[89]故知「告朔」是謂補複詞，義為「諸侯每月初一告廟的禮」。

「篤信好學，守死善道。」（〈泰伯〉八—一三）

「守死」是謂補複詞，義為「至死不移」。

「君子疾沒世而名不稱焉。」（〈衛靈公〉一五—二〇）

89 同註6，卷二，頁六六。

「沒世」是謂補複詞，義為「歿於世」，錢穆說：「沒世，猶沒生，謂其生之沒。」[90]意思近似。

《論語》的謂補複詞，另一為「謂＋處所補」的類型：

「暴虎馮河，死而無悔者，吾不與也。」（〈述而〉七—一一）

「馮河」是謂補複詞，義為「徒腳涉河」。

「拜下，禮也；今拜乎上，泰也。」（〈子罕〉九—三）

宋代朱熹說：「臣與君行禮，當拜於堂下。」[91]故知「拜下」是謂補複詞，義為「臣下對君王的行禮拜於堂下」。

表四—二—九　《論語》謂補複詞一覽表

序號	首字筆畫	詞彙	詞義	出處
〇〇一	六畫	守死	守道至死。	八—一三
〇〇二	七畫	告朔	諸侯每月初一告廟的禮。	三—一七
〇〇三	七畫	沒世	至死。	一五—二〇

90 同註59，頁四四〇。

91 同註6，卷五，頁一〇八。

表四—二—九　《論語》謂補複詞一覽表（續）

序號	首字筆畫	詞彙	詞義	出處
〇〇四	九畫	拜下	拜於堂下。	九—三
〇〇五	十二畫	馮河	徒涉河。	七—一一

（筆者整理）

㈥處置複詞

「處置複詞」是運用處置的構詞方式造成的詞，《論語》僅有「如之何」一個，計出現一六次。筆者認為，當兼語「之」虛化後，「如之何」就會凝結成為一個複詞，而不再是兼語短語，定名為「處置複詞」，楚永安說：「『如之何』、『若之何』中的『之』大都虛化，失去指代作法。」[92]即是此意。許征說：「如之何：相當於一個疑問代詞，作謂語或狀語。作謂語時詢問方式，相當於為『怎麼辦』。作狀語時表示反問，可譯為『怎麼能』。」[93]何樂士說：「如之何：常用來表示對方法、原因的詢問。可譯為『怎麼辦』、『怎麼（能）』等。」[94]施向東、冉啟彬說：「這種格式逐漸固定化，中間的賓語常常用『之』，意義也虛化為『怎麼辦』、『怎麼能』。」[95]此數

92 楚永安：《文言複式虛詞》（北京：中國人民大學出版社，一九八六年五月），頁二四三。
93 許征主編、胡安順審定：《古代漢語教學參考》（北京：中華書局，二〇一〇年三月），頁一二二。
94 何樂士編：《古代漢語虛詞詞典》（北京：語文出版社，二〇〇六年一月），頁三三九。
95 施向東、冉啟彬主編：《古代漢語基礎》（北京：北京大學出版社，二〇〇二年九月），頁三〇四。

說均可採，《論語》十六個「如之何」如下述：

例①．「使民敬忠以勸，如之何？」（〈為政〉二—二〇）

許世瑛說：「『如之何』是『使民敬忠以勸』的謂語，它本身是個結合式合義複詞，是用來問：『怎麼樣』的。」[96]可見許世瑛認為《論語》的「如之何」是複詞。

例②．「君使臣，臣事君，如之何？」（〈八佾〉三—一九）

許世瑛說：「謂語『如之何』，是結合式合義複詞，用來問：『怎麼樣』的。」[97]「如之何」視為複詞可採。

例③．或曰：「陋，如之何？」（〈子罕〉九—一四）

例④．「仍舊貫，如之何？」（〈先進〉一一—一四）

許世瑛說：「謂語『如之何』本來也是詞結，但是在這句裡似乎已經變成結合式合義複詞，相當於白話的『怎麼樣』。」[98]王政白說：「『如之何』：表示詢問情狀，相當於『怎樣』、「怎麼樣」。……仍舊貫：照老樣子。」[99]均可採。

例⑤．「年饑，用不足，如之何？」（〈顏淵〉一二—九）

---

96 同註15，頁二七。

97 同註15，頁四三。

98 同註15，頁一八五。

99 王政白：《古漢語虛詞詞典》（增訂本）（合肥：黃山書社，二〇〇二年十月），頁三六四。

中國社會科學院語言研究所說：「『如之何』：用於詢問方式、方法。『之』指代上文提到的人、事物或情況。……可譯為『對此怎麼辦』、『怎麼辦』、『怎麼辦』等。」[100]此說為是。

例⑥．「二，吾猶不足，如之何其徹也？」（〈顏淵〉一二—九）

本例的「如之何」用作副詞，義為「怎麼能夠」。

例⑦．「佛肸以中牟畔，子之往也，如之何？」（〈陽貨〉一七—七）

許世瑛說：「謂語『如之何』是結合式合義複詞。」[101]「如之何」視為複詞可採。

例⑧．「本之則無，如之何？」（〈子張〉一九—一二）

許世瑛說：「『如之何』是表態句的謂語，它已經是個結合式合義複詞，是『怎麼樣』的意思。」[102]「如之何」視為複詞可採。

例⑨～例⑪．「不曰：『如之何、如之何』者，吾末如之何也已矣！」（〈衛靈公〉一五—一六）

前兩個「如之何」是名詞用法，第三個「如之何」是形容詞用法。

例⑫．「說而不繹，從而不改，吾末如之何也已矣。」（〈子罕〉九—二四）

---

100 同註8，頁四六八。
101 同註15，頁三二一。
102 同註15，頁三五〇。

中國社會科學院語言研究所說：「『如之何』之前加否定副詞『末』、『無』等則失去疑問義。表示『對……沒有辦法』、『不能把……怎麼樣』、『不能對……怎麼樣』等義。」[103]這應是「末如之何」的較佳釋義。

例⑬・「有父兄在，如之何其聞斯行之？」（〈先進〉一一—二二）

許世瑛說：「『如之何』是結合式合義複詞做限制詞。」[104]「如之何」視為複詞可採。

例⑭・「君臣之義，如之何其廢之？」（〈微子〉一八—七）

許世瑛說：「『如之何』是結合式合義複詞，做限制詞，用來修飾『廢之』的。」[105]李科第說：「『如之何』：詢問原因或反問，作狀語，可解作『為什麼』、『怎麼能』。」[106]均可採。

例⑮・「我之不賢與，人將拒我，如之何其拒人也？」（〈子張〉一九—三）

許世瑛說：「『如之何』是結合式合義複詞，做限制詞。」[107]「如之何」視為複詞可採。

例⑯・「其生也榮，其死也哀，如之何其可及也？」（〈子張〉一九—二五）

許世瑛說：「『如之何』是結合式合義複詞做限制詞，用來修飾『可及』的。」[108]「如之何」

103 同註8，頁四六九。
104 同註15，頁一八九。
105 同註15，頁三三九。
106 李科第：《漢語虛詞辭典》（昆明：雲南人民出版社，二〇〇一年七月），頁三八七。
107 同註15，頁三四六。
108 同註15，頁三六〇。

視為複詞可採。

以上「如之何」，例①～例⑤、例⑦、例⑧、例⑪是形容詞，例⑨、例⑩是名詞，例⑥、例⑫～例⑯是副詞，詞性並不完全相同，馬建忠說：「如何、何如……如之何、若之何，雖為成語，而其意則隨所用而各異，實未可囿於一解也。」[109]楊伯峻說：「『如何』和『如之何』、『奈何』可以作複合動詞，當『怎樣對付』講。」[110]可見「如之何」是一個整體的意義，不必分開來拆解，合乎「合成詞」的條件，筆者將「如之何」定名為「處置複詞」，即是指明「處置型兼語短語」凝固而成的詞。[111]

表四—二—一〇　《論語》處置複詞一覽表

（筆者整理）

序號	首字筆畫	詞彙	詞義	出處
〇〇一	六畫	如之何	怎麼樣。	二—二〇

109 馬建忠：《馬氏文通》（北京：商務印書館，二〇〇〇年十二月），頁七五。

110 楊伯峻：《古漢語虛詞》（北京：中華書局，二〇〇〇年八月），頁六一。

111 何永清：〈《論語》的兼語短語探討〉，張曉生主編：《儒學論叢》第四輯（二〇一一年十二月），頁一二六—一二八。

第三節　《論語》專名的詞

「專名的詞」是專有名稱的詞，簡稱「專名」，朱振家說：「它們有兩個顯著的特徵：一是都具有指物的單一性；二是不能按語法關係去理解。」[112]的確如此，《論語》的專名或為單音節，或為雙音節；或為單純詞，或為合成詞，自成體制，若分開敘述，分成單純詞或合成詞，形同割裂其體系，故筆者置於「專名的詞」，單獨列類，以探討其表達的義涵為主，不再區分其構詞法。

《論語》專名的詞，可細分為「人名」、「山名」、「水名」、「地名」、「國名」、「氏族名」、「種族名」、「朝代名」、「書名」、「篇名」、「樂名」這十一種範疇。

一、人名

孔子對曰：「舉直錯諸枉，則民服；舉枉錯諸直，則民不服。」（〈為政〉二－一九）

「孔子」是人名，《論語》中都用作專有名詞，春秋魯國人，是卓越的教育家及思想家，《論語》中一共出現六九次。

晨門曰：「奚自？」子路曰：「自孔氏。」（〈憲問〉一四－三八）

「孔氏」即「孔子」，《論語》出現二次。

112 朱振家主編：《古代漢語》（北京：高等教育出版社，二〇一〇年五月），頁六三。

子路曰：「為孔丘。」（〈微子〉一八—六）

「孔丘」即「孔子」，姓孔，名丘，《論語》出現二次，姚淦銘謂孔子「生而首圩頂，故因名曰丘」，[113]此說可採。

「巧言、令色、足恭，左丘明恥之，丘亦恥之。」（〈公冶長〉五—二五）

「丘」是人名，即「孔子」，《論語》出現一二次。

衛公孫朝問於子貢曰：「仲尼焉學？」（〈子張〉一九—二二）

「仲尼」是人名，孔子的字，《論語》出現六次。

文學：子游、子夏。（〈先進〉一一—三）

「子游」是言偃的字，「子夏」是卜商的字，周法高說：「在先秦人的字中，常用『子』字。我們知道：先秦人的名和字，在意義上是關連的。『子』加在字的前面，也近乎前附語的性質。」[114]

子謂公冶長：「可妻也。雖在縲絏之中，非其罪也。」（〈公冶長〉五—一）

「公冶長」是人名，春秋魯國人，孔子的學生及女婿，《論語》出現一次。

公伯寮愬子路於季孫。（〈憲問〉一四—三六）

「公伯寮」是人名，或謂為孔子的學生，《論語》出現三次。

113 姚淦銘：〈《論語》名字解詁〉，《鐵道學院學報》第十五卷第二期（一九九八年四月），頁一〇。

114 周法高：《中國古代語法——構詞編》（臺北：臺聯國風出版社，一九七二年三月），頁二〇六。

季康子問：「仲由可使從政也與？」（〈雍也〉六─八）

「仲由」是人名，孔子的學生，姓仲，名由，春秋魯國人，《論語》出現三次。

「由！誨女知之乎！」（〈為政〉二─一七）

「由」是人名，「仲由」的名，《論語》出現三三次。

子路聞之喜。（〈公冶長〉五─七）

「子路」是人名，「仲由」的字，《論語》出現四七次。

顏淵、季路侍。（〈公冶長〉五─二六）

「季路」是人名，「仲由」的另一個字，《論語》出現四次。

大師摯適齊，亞飯干適楚，三飯繚適蔡，四飯缺適秦，鼓方叔入於河，播鼗武入於漢，少師陽、擊磬襄入於海。（〈微子〉一八─九）

「摯」、「干」、「繚」、「缺」、「方叔」、「武」、「陽」、「襄」都是人名。

表四─三─一　《論語》人名一覽表

序號	首字筆畫	人名	說明	出處
〇〇一	三畫	干	亞飯的樂官。	一八─九
〇〇二	三畫	子文	春秋楚國大夫。	五─一九
〇〇三	三畫	子羽	春秋鄭國外交官。	一四─八

表四—三—一　《論語》人名一覽表（續）

序號	首字筆畫	人名	說明	出處
〇〇四	三畫	子產	春秋鄭國宰相。	五—一六
〇〇五	三畫	子賤	孔子的學生。	五—三
〇〇六	三畫	子服景伯	春秋魯國的大夫。	一四—三六
〇〇七	三畫	子桑伯子	春秋魯國人。	六—二
〇〇八	四畫	方叔	樂官	一八—九
〇〇九	四畫	公子糾	齊桓公的庶兄。	一四—一六
〇一〇	四畫	公子荊	春秋衛國的公子。	一三—八
〇一一	四畫	①公山弗擾	春秋魯國國君的宗族。	一七—五
		②公山氏	即公山弗擾。	一七—五
〇一二	四畫	①公西華	孔子的學生公西赤。	七—三四
	（七畫）	②赤	即公西赤。	五—八
	（三畫）	③子華	公西赤的字。	六—四
〇一三	四畫	公伯寮	春秋魯國人。	一四—三六
〇一四	四畫	公冶長	孔子的女婿。	五—一
〇一五	四畫	①公叔文子	春秋衛國大夫。	一四—一三
		②文子	即公叔文子。	一四—一八
〇一六	四畫	公明賈	春秋衛國人。	一四—一三

表四—三—一　《論語》人名一覽表（續）

序號	首字筆畫	人名	說明	出處
○一七	四畫	公孫朝	春秋衛國大夫。	一九—二二
○一八	四畫	卞莊子	春秋魯國的勇士。	一四—一二
○一九	四畫	①孔子	至聖先師。	二—一九
	（三畫）	②子	特指孔子。	一—一
	（四畫）	③孔氏	即孔子。	一四—三八
		④孔丘	即孔子。	一八—六
	（五畫）	⑤丘	孔子的名。	五—二五
	（六畫）	⑥仲尼	孔子的字。	一九—二二
○二〇	四畫	少連	逸民。	一八—八
○二一	四畫	①孔文子	春秋衛國大夫孔圉。	五—一五
		②仲叔圉	即孔文子。	一四—一九
○二二	四畫	①文王	周朝的國君。	九—五
		②文	即文王。	一九—二二
○二三	四畫	比干	殷商紂王的叔父。	一八—一
○二四	四畫	王孫賈	春秋衛靈公的大臣。	三—一三
○二五	五劃	世叔	春秋鄭國的大夫。	一四—八

表四—三—一　《論語》人名一覽表（續）

序號	首字筆畫	人名	說明	出處
〇二六	五畫	①冉求	孔子學生，字子有。	六—一二
		②冉有	即冉求。	三—六
		③冉子	即冉有。	六—四
〇二七	五畫	①冉伯牛	孔子的學生冉耕。	一一—三
	（七畫）	②伯牛	冉耕的字。	六—一〇
〇二八	五畫	召忽	春秋齊國人。	一四—一六
〇二九	五畫	史魚	春秋衛國大夫。	一五—七
〇三〇	五畫	司馬牛	孔子的學生司馬耕。	一二—三
〇三一	五畫	左丘明	春秋魯國人。	五—二五
〇三二	五畫	①申棖	孔子的學生。	五—一一
	（十二畫）	②棖	即申棖。	五—一一
〇三三	六畫	①仲由	孔子的學生。	六—八
	（五畫）	②由	即仲由。	二—一七
	（三畫）	③子路	仲由的字。	五—七
	（八畫）	④季路	仲由的另一字。	五—二六
〇三四	六畫	仲忽	周的八士之一。	一八—一一
〇三五	六畫	仲突	周的八士之一。	一八—一一

表四—三—一《論語》人名一覽表（續）

序號	首字筆畫	人名	說明	出處
〇三六	六畫	伊尹	商湯的宰相。	一二—二二
〇三七	六畫	夷逸	逸民。	一八—八
〇三八	六畫	①有若	孔子的學生。	一二—九
		②有子	即有若。	一—二
〇三九	六畫	朱張	逸民。	一八—八
〇四〇	六畫	老彭	商大夫彭祖。	七—一
〇四一	七畫	伯氏	春秋齊國大夫。	一四—九
〇四二	七畫	伯夷	孤竹君的兒子。	五—二三
〇四三	七畫	伯适	周的八士之一。	一八—一一
〇四四	七畫	伯達	周的八士之一。	一八—一一
〇四五	七畫	佛肸	春秋晉國范氏的家臣。	一七—七
〇四六	七畫	吳孟子	魯昭公夫人。	七—三一
〇四七	七畫	宋朝	宋國的公子朝。	六—一六
〇四八	七畫	巫馬期	孔子學生。	七—三一
〇四九	七畫	牢	孔子的學生。	九—七
〇五〇	七畫	①言游	孔子的學生言偃。	一九—一二
	（八畫）	②偃	即言偃。	一七—四

表四—三—一《論語》人名一覽表（續）

序號	首字筆畫	人名	說明	出處
	（三畫）	③子游	言偃的字。	一一—三
○五一	八畫	叔夜	周的八十之一。	一八—一一
○五二	八畫	叔夏	周的八十之一。	一八—一一
○五三	八畫	叔孫武叔	春秋魯國大夫。	一九—二三
○五四	八畫	叔齊	孤竹君的兒子。	五—二三
○五五	八畫	周公	周武王的弟弟。	七—五
○五六	八畫	周任	上古的史官。	一六—一
○五七	八畫	孟	春秋魯國下卿孟氏。	一八—三
○五八	八畫	孟之反	春秋魯國大大。	六—一五
○五九	八畫	①孟公綽	春秋魯國大大。	一四—一一
	（四畫）	②公綽	即孟公綽。	一四—一二
○六〇	八畫	孟氏	春秋魯國大大慶父。	一九—一九
○六一	八畫	①孟懿子	春秋魯國大大。	二—五
		②孟孫	即孟懿子。	二—五
○六二	八畫	孟武伯	孟懿子的兒了。	二—六
○六三	八畫	孟莊子	春秋魯國大夫。	一九—一八
○六四	八畫	孟敬子	春秋魯國大夫。	八—四

表四—三—一　《論語》人名一覽表（續）

序號	首字筆畫	人名	說明	出處
○六五	八畫	季子然	季康子的子弟。	一一—二四
○六六	八畫	季文子	春秋魯國大夫。	五—二○
○六七	八畫	季桓子	春秋魯國的上卿。	一八—四
○六八	八畫	①季康子	春秋魯國大夫。	二—二○
		②季氏	即季康子。	三—一
		③季孫	即季康子。	一四—三六
		④季	即季康子。	一八—三
		⑤康子	即季康子。	一○—一六
○六九	八畫	季隨	周的八士之一。	一八—一一
○七○	八畫	季騧	周的八士之一。	一八—一一
○七一	八畫	定公	春秋魯國國君。	三—一九
○七二	八畫	林放	春秋魯國人。	三—四
○七三	八畫	武	播鼗的樂官。	一八—九
○七四	八畫	①武王	周武王。	八—二○
		②武	即周武王。	一九—二二
○七五	八畫	長沮	春秋的隱士。	一八—六
○七六	九畫	南子	衛靈公的夫人。	六—二八

表四—三—一 《論語》人名一覽表（續）

序號	首字筆畫	人名	說明	出處
〇七七	九畫	①南容	孔子的學生。	五—二
		②南宮适	即南容。	一四—五
〇七八	九畫	哀公	春秋魯國國君。	二—一九
〇七九	九畫	昭公	春秋魯國國君。	七—三一
〇八〇	九畫	柳下惠	春秋魯國賢者。	一五—一四
〇八一	九畫	禹	夏朝開國國君。	八—一八
〇八二	九畫	紂	殷商最末的國君。	一九—二〇
〇八三	九畫	羿	有窮國的國君。	一四—五
〇八四	十畫	①原思	孔子學生，字憲。	六—五
	（十六畫）	②憲	即原思。	一四—一
〇八五	十畫	原壤	孔子的朋友。	一四—四三
〇八六	十畫	①宰我	孔子學生，字子予。	三—二一
		②宰予	即宰我。	五—一〇
	（四畫）	③予	即宰我。	五—一〇
〇八七	十畫	①師	孔子學生顓孫師。	一一—一六
	（三畫）	②子張	顓孫師的字。	二—一八
〇八八	十畫	晉文公	春秋晉國國君。	一四—一五

表四—三—一《論語》人名一覽表（續）

序號	首字筆畫	人名	說明	出處
○八九	十畫	晏平仲	春秋齊國宰相。	一五—一七
○九○	十畫	①柴	孔子學生高柴。	一一—一八
	（三畫）	②子羔	高柴的字。	一一—二五
○九一	十畫	桀溺	春秋的隱者。	一八—六
○九二	十畫	桓魋	宋司馬向魋。	七—二三
○九三	十畫	泰伯	周太王的長子。	八—一
○九四	十畫	祝鮀	春秋衛國大夫。	六—一六
○九五	十畫	缺	四飯的樂官。	一八—九
○九六	十畫	高宗	殷高宗。	一四—四○
○九七	十一畫	冕	樂官，盲者。	一五—四二
○九八	十一畫	崔子	春秋齊國大夫崔杼。	五—一九
○九九	十一畫	接輿	春秋楚國賢人。	一八—五
一○○	十一畫	①陳亢	孔子的學生，字子禽。	一六—一三
		②陳子禽	即陳亢。	一九—二五
	（三畫）	③子禽	即陳亢。	一—一○
一○一	十一畫	①商	孔子的學生卜商。	三—八
		②子夏	卜商的字。	一一—三

表四—三—一 《論語》人名一覽表（續）

序號	首字筆畫	人名	說明	出處
一〇二	十一畫	陳司敗	春秋陳國大夫。	七—三一
一〇三	十一畫	陳文子	春秋齊國大夫。	五—一九
一〇四	十一畫	①陳恆	春秋齊國大夫。	一四—二一
		②陳成子	即陳恆。	一四—二一
一〇五	十二畫	堯	上古的帝王。	六—三〇
一〇六	十二畫	奡	寒浞的兒子。	一四—五
一〇七	十二畫	①曾子	孔子的學生曾參。	一—四
	（十一畫）	②參	即曾參。	四—一五
一〇八	十二畫	①曾皙	曾參的父親。	一一—二六
	（十七畫）	②點	曾皙的名。	一一—二六
一〇九	十二畫	棘子成	春秋衛國大夫。	一二—八
一一〇	十二畫	①湯	商朝的國君。	一二—二二
	（十五畫）	②履	商湯的名。	二〇—一
一一一	十二畫	甯武子	春秋衛國大夫。	五—二一
一一二	十二畫	皐陶	舜時的賢臣。	一二—二二
一一三	十二畫	舜	上古的帝王。	六—三〇
一一四	十二畫	①閔子騫	孔子的學生。	六—九

表四—三—一　《論語》人名一覽表（續）

序號	首字筆畫	人名	說明	出處
		②閔子	即閔子騫。	一一—一三
一一五	十二畫	陽	少師的樂官。	一八—九
一一六	十二畫	陽貨	季康子的家臣。	一七—一
一一七	十二畫	陽膚	曾子的弟子。	一九—一九
一一八	十三畫	微子	殷商紂王的庶兄。	一八—一
一一九	十三畫	微生高	春秋時魯國人。	五—二四
一二〇	十三畫	微生畝	春秋時人。	一四—三二
一二一	十三畫	葉公	春秋楚國大夫。	七—一九
一二二	十三畫	虞仲	逸民。	一八—八
一二三	十三畫	①雍	孔子學生冉雍。	五—五
	（六畫）	②仲弓	冉雍的字。	六—二
一二四	十四畫	僎	公叔文子的家臣。	一四—一八
一二五	十四畫	漆彫開	孔子學生，字子開。	五—六
一二六	十四畫	箕子	殷商紂王的叔父。	一八—一
一二七	十四畫	①管仲	春秋齊國宰相。	三—二二
		②管氏	即管仲。	三—二二
一二八	十四畫	臧文仲	春秋魯國大夫。	五—一八

表四—三—一　《論語》人名一覽表（續）

序號	首字筆畫	人名	說明	出處
一二九	十四畫	臧武仲	春秋魯國大夫。	一四—一二
一三〇	十四畫	裨諶	春秋鄭國大夫。	一四—八
一三一	十四畫	①齊桓公	春秋齊國國君。	一四—一五
		②桓公	即齊桓公。	一四—一六
一三二	十四畫	齊景公	春秋齊國國君。	一二—一一
一三三	十五畫	①樊須	孔子學生，字子遲。	一三—四
		②樊遲	即樊須。	二—五
一三四	十五畫	稷	周的祖先。	一四—五
一三五	十五畫	①賜	子貢之名。	一一—一五
	（三畫）	②子貢	孔子學生端木賜。	一一—一〇
一三六	十五畫	魯公	周公的兒子。	一八—一〇
一三七	十六畫	衛靈公	春秋衛國國君。	一四—一九
一三八	十七畫	孺悲	春秋魯國人。	一七—二〇
一三九	十七畫	襄	樂官。	一八—九
一四〇	十七畫	澹臺滅明	孔子學生。	六—一四
一四一	十八畫	簡公	春秋齊國的國君。	一四—二一
一四二	十八畫	繚	樂官。	一八—九

表四—三—一　《論語》人名一覽表（續）

序號	首字筆畫	人名	說明	出處
一四三	十八畫	①顏回	孔子學生。	六—三
		②顏淵	顏回，字子淵。	五—二六
	（六畫）	③回	顏淵的名。	二—九
一四四	十八畫	顏路	顏回的父親。	一—八
一四五	十八畫	①鯉	孔子的兒子孔鯉。	一一—八
	（七畫）	②伯魚	孔鯉的字。	一六—一三
一四六	二十一畫	蘧伯玉	春秋衛國的大夫。	一四—二五

（筆者整理）

二、山名

《論語》的山名有三個。

季氏旅於泰山。子謂冉有曰：「女弗能救與？」對曰：「不能。」子曰：「嗚呼！曾謂泰山不如林放乎？」（〈八佾〉三—六）

「泰山」是山名，在今山東泰安縣境內，宋代朱熹說：「泰山，山名，在魯地。」[115]此說為是。

115 同註6，卷二，頁六二。

「夫顓臾，昔者先王以為東蒙主。」（〈季氏〉一六—一）

「東蒙」是山名，即蒙山，在今山東蒙陰縣南，宋代朱熹說：「東蒙，山名。先王封顓臾於此山之下，使其主祭，在魯地七百里之中。」[116]此說可採。

伯夷、叔齊餓于首陽之下，民到于今稱之。（〈季氏〉一六—一二）

「首陽」是山名，在今山西永濟縣南。

表四—三—二 《論語》山名一覽表

序號	首字筆畫	地名	說明	出處
〇〇一	八畫	東蒙	顓臾受封的山。	一六—一
〇〇二	九畫	首陽	伯夷、叔齊餓死的山。	一六—一二
〇〇三	十畫	泰山	魯國境內的山。	三—六

（筆者整理）

三、水名

《論語》的水名有四個：汶、河、漢、沂，都是單音節的形態。

「如有復我者，則吾必在汶上矣。」（〈雍也〉六—九）

116 同註6，卷八，頁一六九。

「汶」是水名，宋代朱熹說：「汶，水名，在齊南魯北境上。」[117]此說可採。

「河不出圖。」（〈子罕〉九－九）

鼓方叔入於河，播鼗武入於漢。（〈微子〉一八－九）

「河」、「漢」都是水名，春秋時代稱黃河為「河」，「漢」即漢水。

「浴乎沂。」（〈先進〉一一－二六）

楊伯峻說：「這沂水源出山東鄒縣東北，西流經曲阜與洙水合，入於泗水。也就是《左傳》昭公二十五年『季平子請待於沂上』的『沂』。」[118]此說可採。

表四－三－三　《論語》水名一覽表

序號	首字筆畫	水名	說明	出處
○○一	七畫	汶	汶水。	六－九
○○二	七畫	沂	沂水。	一一－二六
○○三	八畫	河	黃河。	一八－九
○○四	十四畫	漢	漢水。	一八－九

（筆者整理）

117 同註6，卷三，頁八六。

118 同註75，頁二六一。

四、地名

公山弗擾以費畔。（〈陽貨〉一七—五）

「費」是地名，楊伯峻說：「在今山東費縣西南七十里」，[119]此說可採。

達巷黨人曰：「大哉孔子！博學而無所成名。」（〈子罕〉九—二）

「達巷黨」是地名。

表四—三—四　《論語》地名一覽表

序號	首字筆畫	地名	說明	出處
一	四畫	中牟	春秋晉國的城邑。	一七—七
二	四畫	互鄉	春秋地名，不詳所在。	七—二九
三	五畫	石門	春秋魯國地名；一說魯國都城的外門。	一四—三八
四	六畫	匡	春秋衛國的城邑。	九—五
五	七畫	防	春秋魯國大夫臧武仲的封邑。	一四—一四
六	八畫	東里	春秋鄭國子產居住的地方。	一四—八
七	八畫	武城	春秋魯國的城邑。	六—一四

119 同註75，頁五五一。

表四—三—四《論語》地名一覽表（續）

序號	首字筆畫	地名	說明	出處
八	十一畫	莒父	春秋魯國的城邑。	一三—一七
九	十二畫	費	春秋齊國大夫季氏采邑。	一七—五
一〇	十三畫	達巷黨	春秋魯國的地名。	九—二
一一	十五畫	儀	春秋衛國的城邑。	三—二四
一二	十七畫	鄹	春秋魯國的城邑。	三—一五
一三	十八畫	闕黨	孔子的故居。	一四—四四
一四	十八畫	駢邑	春秋齊國大夫伯氏采邑。	一四—九

（筆者整理）

五、國名

「國名」是春秋諸侯的國名，《論語》出現的國名有：吳、宋、杞、秦、晉、陳、楚、齊、鄭、滕、蔡、魯、衛、薛、顓臾，共十五個。

《論語》的國名大多是單音節，僅「顓臾」是雙音節。國名和人名並列時，古今漢語的語法均同，先敘國名，再敘人名，李佐豐說：「國名可以修飾其他專有名詞，而其他專有名詞通常不修飾國名。」[120]即是指此。例如：

衛公孫朝問於子貢曰：「仲尼焉學？」（〈子張〉一九—二二）

「衛」是國名，「公孫朝」是人名，「衛」修飾「公孫朝」表示領屬關係。

「夏禮，吾能言之，杞不足徵也；殷禮，吾能言之，宋不足徵也。」（〈八佾〉三—九）

「杞」、「宋」都是國名，宋代朱熹說：「杞，夏之後。宋，殷之後。」[121]此說為是。

「晉文公譎而不正，齊桓公正而不譎。」（〈憲問〉一四—一五）

「晉文公」是晉國的國君，「晉」是春秋的諸侯國名。

季氏將伐顓臾。（〈季氏〉一六—一）

「顓臾」是國名，宋代朱熹說：「顓臾，國名，魯附庸也。」[122]此說可採。

表四—三—五　《論語》國名一覽表

序號	首字筆畫	國名	說　明	出處
〇〇一	七畫	吳	在今江蘇南部、浙江北部一帶。	七—三一
〇〇二	七畫	宋	在今河南東部一帶。	三—九

120 李佐豐：《先秦漢語實詞》（北京：北京廣播學院出版社，二〇〇三年一月），頁一七四。

121 同註6，卷二，頁六三。

122 同註6，卷八，頁一六九。

表四—三—五　《論語》國名一覽表（續）

序號	首字筆畫	國名	說明	出處
〇〇三	七畫	杞	在今河南杞縣。	三—九
〇〇四	十畫	秦	在今陝西及甘肅東部一帶。	一八—九
〇〇五	十畫	晉	在今山西一帶。	一四—一五
〇〇六	十一畫	陳	在今河南東部及安徽北部一帶。	五—二三
〇〇七	十三畫	楚	在今湖北及湖南北部一帶。	一八—五
〇〇八	十四畫	齊	在今山東北部及河北東南部一帶。	五—一九
〇〇九	十五畫	鄭	在今河南新鄭一帶。	一五—一一
〇一〇	十五畫	滕	在今山東滕縣一帶。	一四—一一
〇一一	十五畫	蔡	在今河南上蔡、新蔡一帶。	一一—二
〇一二	十五畫	魯	在今山東東南部一帶。	三—二三
〇一三	十六畫	衛	在今河北南部及河南北部一帶。	一九—二三
〇一四	十七畫	薛	在今山東滕縣南。	一四—一一
〇一五	十八畫	顓臾	在今山東費縣西北。	一六—一

（筆者整理）

六、氏族名

「氏名」是卿的家名，《論語》出現的氏名僅有：趙、魏，各出現一次，它們都是晉國的氏族

（大夫）。

「孟公綽為趙、魏老則優，不可以為滕、薛大夫。」（〈憲問〉一四—一一）

宋代朱熹說：「趙魏，晉卿之家。老，家臣之長，人家重勢，而無諸侯之事；家老望尊，而無官守之責。」[123]此說可採。

表四—三—六　《論語》氏族名一覽表

序號	筆畫	氏族名	說明	出處
〇〇一	十四畫	趙	晉國的卿。	一四—一一
〇〇二	十八畫	魏	晉國的卿。	一四—一一

（筆者整理）

七、種族名

《論語》出現的種族名僅「九夷」。

子欲居九夷。（〈子罕〉九—一四）

「九夷」是部族名，泛指春秋時居住在淮河、泗水一帶的淮夷，宋代朱熹解釋說：「東方之夷

123 同註6，卷七，頁一五一。

有九種」，[124]此言為是。

表四—三—七　《論語》種族名一覽表

序號	筆畫	種族名	說明	出處
○○一	二畫	九夷	春秋的淮夷。	九—一四

（筆者整理）

八、朝代名

「朝代名」是朝代的名稱，《論語》出現的朝代名僅有唐、虞、夏（夏后氏）、殷、周五個。其次，還將夏、商統稱為「二代」，夏、商、周統稱為「三代」。

「夏禮，吾能言之，杞不足徵也；殷禮，吾能言之，宋不足徵也。」（〈八佾〉三—九）

「夏」、「殷」都是朝代名。

「唐虞之際，於斯為盛。」（〈泰伯〉八—二○）

「唐虞」是朝代名，宋代朱熹說：「唐虞，堯舜有天下之號。」[125]此言為是。

124 同註6，卷五，頁一一三。

125 同註6，卷四，頁一○七。

「周監於二代，郁郁乎文哉！」（〈八佾〉三—一四）

「二代」指「夏、商」兩個朝代，宋代朱熹說：「二代，夏、商也。」[126]正確可採。

「斯民也，三代之所以直道而行也。」（〈衛靈公〉一五—二五）

「三代」是統稱，指「夏、商、周」三個朝代名。

表四—三—八 《論語》朝代名一覽表

序號	首字筆畫	朝代名	說明	出處
〇〇一	八畫	周	周武王滅殷後建立的朝代。	三—一四
〇〇二	十畫	唐	上古帝堯的時代。	八—二〇
〇〇三	十畫	①夏	禹建立的朝代。	三—九
		②夏后氏	即夏朝。	三—二一
〇〇四	十畫	殷	商朝由盤庚起稱殷。	三—九
〇〇五	十三畫	虞	上古帝舜的時代。	八—二〇

（筆者整理）

126 同註6，卷二，頁六五。

九、書名

「書名」是書籍名稱，《論語》出現的書名都是儒家經典，有：《易》、《書》、《詩》三種。

子曰：「加我數年，五十以學《易》，可以無大過矣。」（〈述而〉七—一七）

「易」是書名，即《周易》，明代以後稱為《易經》。

「《書》云：『孝乎惟孝，友于兄弟。』」（〈為政〉二—二一）

「書」是書名，即《尚書》，元代以後稱為《書經》。

子貢曰：「《詩》云：『如切如磋，如琢如磨。』其斯之謂與？」（〈學而〉一—一五）

「詩」是書名，即《詩》三百篇，宋代以後稱為《詩經》。

表四—三—九　《論語》書名一覽表

序號	首字筆畫	書名	說明	出處
○○一	八畫	易	《易經》。	七—一七
○○二	十畫	書	《書經》。	二—二一
○○三	十三畫	詩	《詩經》。	一—一五

（筆者整理）

十、引《詩》篇名

引《詩》「篇名」是引用《詩》的名稱，或國風的名稱，《論語》出現的引《詩》篇名，僅有：〈關雎〉、〈周南〉、〈召南〉，都各出現一次。

子曰：「〈關雎〉樂而不淫，哀而不傷。」（〈八佾〉三—二〇）

子曰：「師摯之始，〈關雎〉之亂，洋洋乎盈耳哉。」（〈泰伯〉八—一五）

「關雎」都是篇名。

子謂伯魚曰：「女為〈周南〉、〈召南〉矣乎？人而不為〈周南〉、〈召南〉，其猶正牆面而立也與？」（〈陽貨〉一七—一〇）

「周南」、「召南」都是《詩經》國風的風名。

表四—三—一〇　《論語》引《詩》篇名一覽表

序號	首字筆畫	篇名	說明	出處
〇〇一	五畫	召南	《詩經》風名。	一七—一〇
〇〇二	八畫	周南	《詩經》風名。	一七—一〇
〇〇三	十九畫	關雎	《詩經・周南》篇名。	三—二〇

（筆者整理）

十一、樂名

「樂名」是音樂的名稱，《論語》出現的樂名有：〈韶〉，出現三次，〈武〉出現一次。

子在齊聞〈韶〉，三月不知肉味。（〈述而〉七—一四）

「行夏之時，乘殷之輅，……樂則韶舞。」（〈衛靈公〉一五—一一）

「韶」是樂名，「舞」同「武」，也是樂名，楊伯峻說：「韶是舜時的音樂，『舞』同『武』，周武王時的音樂。」[127]此說可採。

子謂〈韶〉，「盡美矣，又盡善也。」謂〈武〉，「盡美矣，未盡善也。」（〈八佾〉三—二五）

「韶」、「武」都是樂名，宋代朱熹說：「〈韶〉，舜樂。〈武〉，武王樂。」[128]此言為是。

127 同註75，頁三五〇。
128 同註6，卷一，頁六八。

表四—三—一一《論語》樂名一覽表

序號	首字筆畫	樂名	說明	出處
〇〇一	八畫	武	周武王樂。	三—二五
〇〇二	八畫	韶	舜樂。	三—二五

（筆者整理）

《論語》專名的詞以人名占最多數，而且人名、地名的構詞方式不一，此現象說明在先秦我國的姓名及行政區域名稱的表達尚未一致化。

綜之，《論語》的構詞，以「單詞」占大多數，而漸漸將詞彙「雙音節化」，以便生動而真實反映當時的生活及語言實況，有關《論語》構詞雙音節化的成因，寧燕提出這樣的看法：「語義表達的精確化」（複合詞兩個詞素比單音詞一個詞素表達更為具體、準確）、「詞義表達的形象化」（為了更形象、生動地進行交際，語義表達越來越形象化）、「組合構形的無限化」（單音詞的內部變化以及詞義的引申和假借是有限度的）。[129]說起來，《論語》的構詞以今日語法學的觀點來看，究竟是屬於複詞或者短語的結構，有的很難下定論，這是因為漢語的詞與本身存在著「離合詞」的特性，筆者在本章所列的雙音節化詞例，大都以目前多數學者認可取決的為準，或許存著仁智之見，謹此附帶說明。

129 寧燕：〈《論語》雙音詞研究〉，《新疆教育學院學報》第二十一卷第三期（二〇〇五年九月），頁九一—九二。

第五章　《論語》的特殊詞法與句法基礎

本章分作三節，第一節探討《論語》的兼詞與兼類，第二節說明《論語》的詞類活用，第三節言《論語》的成分及基本語序。

第一節　《論語》的兼詞與兼類

一、兼詞

「兼詞」是包含兩個詞性而寫成一個字的特殊構詞，又稱為「兼性詞」。左松超說：「兼詞是由兩個語素組合成一個音節的詞。」[1]白玉林、遲鐸說：「兼詞，又叫做兼性詞，是指一個詞同時兼有兩個詞的性質、意義和用法。從讀音上看，可以是兩個詞讀音拼合的合音兼詞，也可以是保留

1 左松超：《文言語法綱要》（臺北：五南圖書出版有限公司，二〇〇三年八月），頁一七。

各自讀音的非合音兼詞。」[2]張顯生說：「應把它看成兩個詞音義的結合，或者是實詞＋虛詞的形式，或者是虛詞＋實詞的形式，兩者缺一不可。」[3]可知兼詞的涵義。

《論語》中的兼詞有：「諸」、「焉」、「盍」三個，其中，「諸」、「焉」屬於「合音兼詞」，而「盍」是「非合音兼詞」。分述如下：

㈠合音兼詞

1. 諸

其一、「諸」是「之於」的合音

清代段玉裁說：「諸：章魚切，五部。」[4]又說：「之：止而切，一部。」[5]又說：「於：哀都切，五部。」[6]故知「諸」、「之」同屬照紐，「諸」、「於」古音同部，都屬段玉裁古音第五部。馬建忠說：「『之』合『於』字，疾讀之曰『諸』。」[7]可知《論語》兼詞「諸」兼有代詞「之」和介詞「於」的語法作用。

2 白玉林、遲鐸：《古漢語語法》（北京：中國社會科學出版社，二〇〇八年六月），頁一五六。
3 張顯生：〈淺談兼語兼詞與兼類的辨析〉，《集寧師專學報》一九九五年第二期，頁四八。
4 （清）段玉裁：《說文解字注》卷三上（臺北：藝文印書館，一九七九年六月），頁九一。
5 同註4，卷六下，頁二七五。
6 同註4，卷四上，頁一五八。
7 馬建忠：《馬氏文通》（北京：商務印書館，二〇〇〇年十二月），頁四九。

「告諸往而知來者。」（〈學而〉一—一五）

「舉直錯諸枉，則民服；舉枉錯諸直，則民不服。」（〈為政〉二—一九）

這二個「諸」是「之於」的合音，「錯」義為「放置」。

「我不欲人之加諸我也，吾亦欲無加諸人。」（〈公冶長〉五—一二）

「加諸我」義為「加之於我」，「加諸人」義為「加之於人」。

「乞諸其鄰而與之。」（〈公冶長〉五—二四）

「乞諸其鄰」義為「乞之於其鄰」。

「舉直錯諸枉，能使枉者直。」（〈顏淵〉一二—二二）

「錯諸枉」義為「錯之於枉」。

「夫子固有惑志於公伯寮，吾力猶能肆諸市朝。」（〈憲問〉一四—三六）

許世瑛說：「『諸』等於『之於』，『之』稱代『公伯寮』，是『肆』的止詞。」[8]此說可採。

子曰：「言忠信，行篤敬，雖蠻貊之邦行矣！言不忠信，行不篤敬，雖州里行乎哉？立，則見其參於前也。在輿，則見其倚於衡也。夫然後行。」子張書諸紳。（〈衛靈公〉一五—六）

許世瑛說：「『諸』等於『之於』，『之』稱代孔子剛才說的那段話，做『書』的止詞。『紳』是處所補詞。」[9]此說可採。

---

8 許世瑛：《論語二十篇句法研究》（臺北：臺灣開明書店，一九七八年十月），頁二六〇。

9 同註8，頁二七一。

「君子求諸己，小人求諸人。」（〈衛靈公〉一五—二一）

許世瑛說：「『諸』等於『之於』，『之』是『求』的止詞，『於』是用來介進處所補詞『己』跟『人』的。」[10]此言為是。

稱諸異邦曰寡小君。（〈季氏〉一六—一四）

陽貨欲見孔子，孔子不見，歸孔子豚。孔子時其亡也，而往拜之。遇諸塗。（〈陽貨〉一七—一）

施向東、冉啟彬說：「『遇諸塗』等於『遇之於塗』。」[11]此說可採。

「昔者偃也聞諸夫子曰：『君子學道則愛人，小人學道則易使也。』」（〈陽貨〉一七—四）

「昔者由也聞諸夫子曰：『親於其身為不善者，君子不入也。』」（〈陽貨〉一七—七）

曾子曰：「吾聞諸夫子：人未有自致者也，必也親喪乎！」（〈子張〉一九—一七）

楊樹達解釋這類用法的「諸」說：「代名詞兼介詞，『之於』二字之合聲。」[12]此外，倪志僩說：「諸：猶之於。按：『於』字古音讀若『烏』（ㄨ，wu），『之烏』反切則為諸。因『諸』為『之於』的合音，故得訓『之於』。用作代詞兼介繫詞，當白話『他在』二字。」[13]均可採。

---

10 同註8，頁二七七—二七八。

11 施向東、冉啟彬主編：《古代漢語基礎》（北京：北京大學出版社，二〇〇二年九月），頁二〇五。

12 楊樹達：《詞詮》（臺北：臺灣商務印書館，一九七七年一月），頁三〇。

13 倪志僩：《論孟虛字集釋》（臺北：臺灣商務印書館，一九八一年十二月），頁四五八。

以上的「諸」等於「之於」。

其二、「諸」是「之乎」的合音

清代段玉裁說：「諸：章魚切，五部。」[14]又說：「之：止而切，一部。」[15]又說：「乎：戶吳切，五部。」[16]故知「諸」、「之」同屬照紐，「諸」、「乎」古音同部，都屬段玉裁古音第五部。

《論語》這類的兼詞兼有代詞「之」和語氣詞「乎」的作用。

「堯舜其猶病諸！」（〈雍也〉六—三〇、〈憲問〉一四—四二）

「犁牛之子騂且角，雖欲勿用，山川其舍諸？」（〈雍也〉六—六）

許世瑛說：「『諸』是『之乎』的合音。」[17]又楊樹達解釋這類「諸」說：「代名詞兼助詞，『之乎』二字之合音。」[18]均可採。

《論語》「諸」一詞是「之乎」的合音，共出現九次。

子曰：「有諸？」（〈述而〉七—三五）

14 同註4，卷三上，頁九一。
15 同註4，卷六下，頁二七五。
16 同註4，卷五上，頁二〇六。
17 同註8，頁八九。
18 同註12，卷五，頁三〇。

「有諸」義為「有之乎」。

「有美玉於斯，韞匵而藏諸？求善賈而沽諸？」（〈子罕〉九—一三）

「藏諸」義為「藏之乎」，「沽諸」義為「沽之乎」，楊樹達說：「『諸』為『之乎』之合聲。」[19]此說可採。

子路問：「聞斯行諸？」……冉有問：「聞斯行諸？」（〈先進〉一一—二二）

張雙棣說：「『諸』相當於『之乎』，詞義中包含了疑問語氣詞『乎』。」[20]朱振家說：「兩個『行諸』等於『行之乎』，[21]均可採。」

公曰：「善哉！信如君不君，臣不臣，父不父，子不子，雖有粟，吾得而食諸？」（〈顏淵〉一二—一一）

定公問：「一言而可以興邦，有諸？」（〈子路〉一三—一五）

其三、「諸」是「之如」的合音

清代段玉裁說：「諸：章魚切，五部。」[22]又說：「之：止而切，一部。」[23]又說：「如：人

---

19 楊樹達：《高等國文法》（臺北：成偉出版社，一九七五年十一月），頁五一三。
20 張雙棣等：《古代漢語知識教程》（北京：北京大學出版社，二〇〇二年九月），頁二四一。
21 朱振家主編：《古代漢語》（北京：高等教育出版社，二〇一〇年五月），頁二三九。
22 同註4，卷三上，頁九一。
23 同註4，卷六下，頁二七五。

諸切，五部。」[24]故知「諸」、「之」同屬照紐，「諸」、「如」古音同部，都屬段玉裁古音第五部。楊伯峻說：「諸：兼詞，『之如』的合音（二次）。」[25]《論語》這類的兼詞，僅有以下二例：

「色厲而內荏，譬諸小人，其猶穿窬之盜也與？」（〈陽貨〉一七－一二）

「君子之道，孰先傳焉？孰後傳焉？譬諸草木，區以別矣。」（〈子張〉一九－一二）

以上的「諸」等於「之如」。

2.焉

「焉」是「於之」（於是）的合音。清代段玉裁說：「焉：有乾切，十四部。」[26]又說：「於：哀都切，五部。」[27]又說：「之：止而切，一部。」[28]又說：「是，恐承旨切，旨當作紙，十六部。」[29]故知「焉」、「於」同屬影紐，「焉」、「之」古音次旁轉，「焉」、「是」古音次對轉。《論語》這類的兼詞兼有介詞「於」和代詞「之」（「是」）的作用。

「見賢思齊焉，見不賢而內自省也。」（〈里仁〉四－一七）

---

24 同註4，卷十二下，頁六二六。
25 楊伯峻：《論語譯注》（臺北：五南圖書出版有限公司，一九九九年十一月），頁五七五。
26 同註4，卷四上，頁一五九。
27 同註4，卷四上，頁一五八。
28 同註4，卷六下，頁二七五。
29 同註4，卷二下，頁七〇。

朱振家說：「齊：用作動詞，看齊。焉：相當於『於之』，只『向他』。『之』指代賢者。」[30]此說可採。

「孰謂微生高直，或乞醯焉，乞諸其鄰而與之。」（〈公冶長〉五—二四）

「焉」是兼詞，許世瑛說：「『焉』是『於是』的合體。」[31]正確可採。

「十室之邑，必有忠信如丘者焉。」（〈公冶長〉五—二八）

子游為武城宰。子曰：「女得人焉耳乎？」（〈雍也〉六—一四）

「仁者，雖告之曰：『井有仁焉。』其從之也？」（〈雍也〉六—二六）

「三人行，必有我師焉。」（〈述而〉七—二二）

張燕嬰語譯「必有我師焉」為「一定有我可取法的人在其中。」[32]何玉蘭說：「『焉』表指代兼決斷。」[33]均可採。

「巍巍乎！舜、禹之有天下也，而不與焉。」（〈泰伯〉八—一八）

「有民人焉，有社稷焉，何必讀書，然後為學？」（〈先進〉一一—二五）

冉有曰：「既庶矣，又何加焉？」曰：「富之。」曰：「既富矣，又何加焉？」曰：「教

30 同註21，頁九八。

31 同註8，頁八一。

32 張燕嬰注譯：《論語》（北京：中華書局，二〇一〇年九月），頁九五。

33 何玉蘭：〈《論語》「焉」字語境與詞義關係探討〉，《語文學刊》二〇〇六年第九期，頁一一五。

之。」（〈子路〉一三—九）

上述的兩個「焉」，楊伯峻說：「焉，於是。」[34]完全正確。

『愛之，能勿勞乎？忠焉，能勿誨乎？』（〈憲問〉一四—七）

胡適說：「『焉』是介詞，意義是『於是』，所謂『忠君愛國』在文法上是講不通的，應該說『忠於君』才對；所以不能用『忠之』而用『忠焉』。」[35]胡適的這段話裡，已看出「焉」是兼詞。

白玉林、遲鐸說：「焉：相當於『於之』表示動作行為旁及的對象。」[36]均可採。

長沮、桀溺耦而耕，孔子過之，使子路問津焉。（〈微子〉一八—六）

「焉」是兼詞，姜寶琦說：「『問津焉』等於『問津於是』，『向他打聽渡口』，引進行為的對象。」[37]此言為是。

「雖小道，必有可觀者焉。」（〈子張〉一九—四）

子貢曰：「紂之不善，不如是之甚也。是以君子惡居下流，天下之惡歸焉。」（〈子張〉一九—二〇）

謹權量，審法度，脩廢官，四方之政行焉。（〈堯曰〉二〇—一）

34 同註25，頁五三五。
35 胡頌平：《胡適之先生晚年談話錄》（臺北：聯經出版事業公司，一九八四年六月），頁六二。
36 同註2，頁一五八。
37 姜寶琦：〈古代漢語兼詞嬗變論析〉，《雲南教育學院學報》第十二卷第一期（一九九六年一月），頁三三。

㈡非合音兼詞

《論語》裡「盍」是非合音的兼詞，「盍」並不是「何」、「不」二字的合音，許威漢說：「『盍』古音收p（塞音），是『何』字受了『不』字的影響，音變而成，所以只見於『不』字的前面，或者本身就等於『何不』。」[38]此說可採。

子曰：「盍各言爾志？」（〈公冶長〉五—二六）

宋代朱熹說：「盍，何不也。」[39]許世瑛說：「『盍』也是限制詞，是『何不』的意思。」[40]白玉林、遲鐸說：「盍：兼有代詞『何』和副詞『不』的意義、作用。『何』表示疑問，『不』表示否定。」[41]均可採。

有若對曰：「盍徹乎？」（〈顏淵〉一二—九）

二、兼類

「兼類」指一個詞同時兼有兩個以上的詞類，又稱為「兼類詞」。郭錫良、李玲璞說：「所謂『兼類』，就是一個詞兼有不同詞類的語法功能，這些功能的表現，是經常性而不是臨時的，因而

38 許威漢：《古漢語語法精講》（上海：上海大學出版社，二〇〇二年二月），頁二〇〇。
39 〔宋〕朱熹：《論語集注》卷三，《四書章句集注》（臺北：學海出版社，一九九一年三月），頁八二。
40 同註8，頁八二。
41 同註2，頁一五八。

這個詞同時兼屬不同的詞類。」[42]游世強說：「兼類詞，顧名思義，是一個詞兼有兩種或兩種以上的詞性。」[43]黃洪說：「兼類，它是指一個詞具有兩個或兩個以上的詞性，無論是在話語之中還是話語之外，其詞性都是穩定的、不變的。」[44]可知「兼類」是古漢語的語法現象，《論語》中也有不少的實例。

《論語》的兼類以單詞為多，它們分別以不同的詞性出現在不同的句子裡。當然，如果是「兼類」就沒有「詞類活用」的現象，所以「兼類」與「詞類活用」二者是排斥的關係，僅存在其中的一種情況，「兼類」就不會是「詞類活用」，「詞類活用」就不再是「兼類」。《論語》的兼類，從兼類的詞類形態來看可分為下列幾種類型：

㈠兩個詞類的兼類

1. 名詞、動詞的兼類

名詞與動詞的兼類是古今漢語常有的現象，鄭豔芳、方平叔說：「先秦漢語中，名動同形是一種普遍的現象。所謂名動同形，就是一個名詞與相關意義的動詞共一個詞形。」[45]《論語》的名詞、

42 郭錫良、李玲璞：《古代漢語》（北京：語文出版社，一九九五年六月），頁六一三—六一四。
43 游世強：〈《論語》名動形、名動副兼類詞舉隅及義項關係分析〉，《華章》二〇〇九年第二十二期，頁三二。
44 黃洪：〈《論語》詞性變化初探〉，《青年文學家》二〇〇九年第二十三期，頁九五。
45 鄭豔芳、方平叔：〈《論語》詞類中的名動同形現象考察〉，《湛江師範學院學報》第三十一卷第一期（二〇一〇年二月），頁八〇。

動詞兼類實例較多，舉數例加以說明：

(1)蔽

「由也！女聞六言六蔽矣乎？」（〈陽貨〉一七—八）

此例的「蔽」是名詞，義為「弊病」。

「一言以蔽之。」（〈為政〉二—二）

此例的「蔽」是動詞，義為「概括」。

(2)名

「君子去仁，惡乎成名？」（〈里仁〉四—五）

此例的「名」是名詞，義為「聲名」。

「蕩蕩乎，民無能名焉。」（〈泰伯〉八—一九）

此例的「名」是動詞，義為「稱讚」。

(3)服

吉月，必朝服而朝。（〈鄉黨〉一〇—六）

此例的「服」是名詞，義為「玄冠、玄端之服」。

「行夏之時，乘殷之輅，服周之冕。」（〈衛靈公〉一五—一一）

此例的「服」是動詞，義為「戴」。

(4)鼓

「小子鳴鼓而攻之，可也。」（〈先進〉一一—一七）

此例的「鼓」是名詞，義為「大鼓」。

鼓瑟希，鏗爾，舍瑟而作。（〈先進〉一一—二六）

此例的「鼓」是動詞，義為「彈奏」。

⑸冠

羔裘玄冠不以弔。（〈鄉黨〉一〇—六）

此例的「冠」是名詞，義為「禮帽」。

冠者五六人，童子六七人，浴乎沂。（〈先進〉一一—二六）

此例的「冠」是動詞，義為「戴帽子」。

⑹疾

「父母唯其疾之憂。」（〈為政〉二—六）

此例的「病」是名詞，義為「疾病」。

「人而不仁，疾之已甚，亂也。」（〈泰伯〉八—一〇）

此例的「疾」是動詞，義為「痛恨」。

⑺親

「一朝之忿，忘其身以及其親，非惑與？」（〈顏淵〉一二—二一）

此例的「親」是名詞，義為「親人」。

「汎愛眾而親仁。」（〈學而〉一—六）

此例的「親」是動詞，義為「親近」。

(8)知

「吾有知乎哉？無知也。」（〈子罕〉九—八）

此例的兩個「知」是名詞，義為「知識」。

「人不知而不慍，不亦君子乎？」（〈學而〉一—一）

此例的「知」是動詞，義為「知曉」。

(9)朝

「赤也，束帶立於朝，可使與賓客言也。」（〈公冶長〉五—八）

此例的「朝」是名詞，義為「朝廷」。

吉月，必朝服而朝。（〈鄉黨〉一〇—六）

此例的「朝」是動詞，義為「上朝」。

(10)傳

「傳不習乎？」（〈學而〉一—四）

此例的「傳」是名詞，義為「知能」。

「君子之道，孰先傳焉？孰後傳焉？」（〈子張〉一九—一二）

此例的「傳」是動詞，義為「傳授」。

(11)事

「有事，弟子服其勞。」（〈為政〉二—八）

此例的「事」是名詞，義為「事情」。

「回雖不敏，請事斯語矣。」（〈顏淵〉一二—一）

此例的「事」是動詞，義為「力行」。

(12)書

「有民人焉，有社稷焉，何必讀書，然後為學？」（〈先進〉一一—二五）

此例的「書」是名詞，義為「書籍」。

子張書諸紳。（〈衛靈公〉一五—六）

此例的「書」是動詞，義為「書寫」。

(13)坐

孔子與之坐而問焉。（〈憲問〉一四—二五）

此例的「坐」是名詞，義為「席位」。

席不正，不坐。（〈鄉黨〉一〇—一二）

此例的「坐」是動詞，義為「坐下來」。

(14)愛

「予也有三年之愛於其父母乎？」（〈陽貨〉一七—二一）

此例的「愛」是名詞，義為「愛心」。

「節用而愛人。」（〈學而〉一─五）

此例的「愛」是動詞，義為「愛護」。

⒂尤

「言寡尤，行寡悔，祿在其中矣。」（〈為政〉二─一八）

本例的「尤」是名詞，義為「過失」。

「不怨天，不尤人。」（〈憲問〉一四─三五）

此例的「尤」是動詞，義為「怨尤」。

⒃問

「大哉問！禮，與其奢也，寧儉；喪，與其易也，寧戚。」（〈八佾〉三─四）

此例的「問」是名詞，義為「問題」。

子貢問君子。（〈為政〉二─一三）

此例的「問」是動詞，義為「詢問」。

⒄罔

「人之生也直，罔之生也幸而免。」（〈雍也〉六─一九）

此例的「罔」是名詞，義為「不正直的人」。

「可欺也，不可罔也。」（〈雍也〉六─二六）

此例的「罔」是動詞，義為「欺騙」。

⒅語

「雍雖不敏，請事斯語矣。」（〈顏淵〉一二—二）

此例的「語」是名詞，義為「話」。

食不語，寢不言。（〈鄉黨〉一〇—一〇）

此例的「語」是名詞，義為「說話」。

2.名詞、形容詞的兼類

⑴老

「孟公綽為趙、魏老則優。」（〈憲問〉一四—一一）

此例的「老」是名詞，義為「大夫的家臣」。

「吾不如老農。」（〈子路〉一三—四）

此例的「老」是形容詞，義為「有經驗的」。

⑵孤

「可以託六尺之孤。」（〈泰伯〉八—六）

此例的「孤」是名詞，義為「孤子」。

「德不孤，必有鄰。」（〈里仁〉四—二五）

此例的「孤」是形容詞，義為「孤單、孤獨」。

3.名詞、副詞的兼類

⑴躬

「古者言之不出，恥躬之不逮也。」（〈里仁〉四—二二）

此例的「躬」是名詞，義為「本身」。

「禹、稷躬稼而有天下。」（〈憲問〉一四—五）

此例的「躬」是副詞，義為「親身地」。

⑵厚

「慎終追遠，民德歸厚矣。」（〈學而〉一—九）

此例的「厚」是名詞，義為「忠厚、厚道」。

顏淵死，門人欲厚葬之。（〈先進〉一一—一一）

此例的「厚」是副詞，義為「隆重地、闊氣地」。

4.動詞、形容詞的兼類

⑴廢

「中道而廢。」（〈雍也〉六—一二）

此例的「廢」是動詞，義為「停止」。

「脩廢官。」（〈堯曰〉二〇—一）

此例的「廢」是形容詞，義為「被廢棄的」。

(2)絕

子絕四：毋意，毋必，毋固，毋我。（〈子罕〉九—四）

此例的「絕」是動詞，義為「斷絕」。

「繼絕世。」（〈堯曰〉二〇—一）

此例的「絕」是形容詞，義為「後代子孫祭祀斷絕的」。

5.動詞、副詞的兼類

(1)復

「克己復禮為仁。」（〈顏淵〉一二—一）

此例的「復」是動詞，義為「回到」。

「久矣！吾不復夢見周公。」（〈述而〉七—五）

此例的「復」是副詞，義為「再」。

(2)敢

「非敢後也，馬不進也。」（〈雍也〉六—一五）

此例的「敢」是動詞，義為「敢於」。

「赤也惑，敢問。」（〈先進〉一一—二一）

此例的「敢」是副詞，義為「冒昧地」。

(3)盡

「事君盡禮，人以為諂也。」（〈八佾〉三—一八）

此例的「盡」是動詞，義為「盡力去做」。

「盡美矣，又盡善也。」（〈八佾〉三—二五）

此例的「盡」是副詞，義為「完全」。

(4)竊

「苟子之不欲，雖賞之不竊。」（〈顏淵〉一二—一八）

此例的「竊」是動詞，義為「竊盜」。

「述而不作，信而好古，竊比於我老彭。」（〈述而〉七—一）

此例的「竊」是副詞，義為「私下」。

(5)猶

「猶吾大夫崔子也。」（〈公冶長〉五—一九）

此例的「猶」是動詞，義為「如同」。

「堯舜其猶病諸！」（〈雍也〉六—三〇、〈憲問〉一四—四二）

此例的「猶」是副詞，義為「還」。

6.動詞、介詞的兼類

「當洒埽應對進退。」（〈子張〉一九—一二）

此例的「當」是動詞，義為「應當」。

「當仁，不讓於師。」（〈衛靈公〉一五—三六）

此例的「當」是介詞，義為「當……的時候」。

7.動詞、連詞的兼類

「唯天為大，唯堯則之。」（〈泰伯〉八—一九）

此例的「則」是動詞，義為「效法」。

「行有餘力，則以學文。」（〈學而〉一—六）

此例的「則」是連詞，用來承接前後的兩個語句。

8.代詞、連詞的兼類

「先王之道，斯為美，小大由之。」（〈學而〉一—一二）

此例的「斯」是代詞，義為「這」。

「觀過，斯知仁矣。」（〈里仁〉四—七）

此例的「斯」是連詞，義為「就」。

9.副詞、連詞的兼類

副詞與連詞的兼類即是「副連同形」。

「蓋有之矣。」（〈里仁〉四—六）

此例的「蓋」是副詞，義為「大概」。

「蓋均無貧，和無寡，安無傾。」（〈季氏〉一六—一）

此例的「蓋」是連詞，承接上文而推論它的原因。

10.副詞、語氣詞的兼類

語氣副詞和語氣詞在古漢語往往模糊無確切分界。

「唯我與爾有是夫！」（〈述而〉七—一一）

此例的「惟」是語氣副詞，義為「僅僅」。

「『孝乎惟孝，友于兄弟。』」（〈為政〉二—二一）

此例的「惟」是句中的語氣詞。

(二)三個詞類的兼類

1.名詞、動詞、形容詞的兼類

(1)宿

弋不射宿。（〈述而〉七—二七）

此例的「宿」是名詞，義為「歸巢的鳥」。

子路宿於石門。（〈憲問〉一四—三八）

此例的「宿」是動詞，義為「過夜」。

子路無宿諾。（〈顏淵〉一二—一二）

此例的「宿」是形容詞，義為「不及時兌現的」。

(2)益

「無益。」（〈衛靈公〉一五—三一）

此例的「益」是名詞，義為「好處」。

或問之曰：「益者與？」（〈憲問〉一四—四四）

此例的「益」是動詞，義為「求上進」。

「友直、友諒、友多聞，益矣。」（〈季氏〉一六—四）

此例的「益」是形容詞，義為「有益的」。

2.代詞、動詞、形容詞的兼類

「吾以子為異之問。」（〈先進〉一一—二四）

此例的「異」是代詞，義為「別的」。

「其諸異乎人之求之與？」（〈學而〉一—一〇）

此例的「異」是動詞，義為「相異」。

「攻乎異端，斯害也已。」（〈為政〉二—一六）

此例的「異」是形容詞，義為「不同的」。

3.名詞、動詞、副詞的兼類

(1)親

「因不失其親。」（〈學而〉一—一三）

此例的「親」是名詞，義為「親族」。

「汎愛眾而親仁。」（〈學而〉一—六）

此例的「親」是動詞，義為「親近」。

不親指。（〈鄉黨〉一〇—二六）

此例的「親」是副詞，義為「親自」。

(2)時

「少之時，血氣未定，戒之在色。」（〈季氏〉一六—七）

此例的「時」是名詞，義為「時期」。

不時，不食。（〈鄉黨〉一〇—八）

此例的「時」是動詞，義為「得時」。

學而時習之。（〈學而〉一—一）

此例的「時」是副詞，義為「時時」。

4.動詞、副詞、連詞的兼類

「無所苟而已矣。」（〈子路〉一三—三）

此例的「苟」是動詞，義為「苟且」。

「苟合矣。」（〈子路〉一三—八）

此例的「苟」是副詞，義為「差不多」。

「苟志於仁矣，無惡也。」（〈里仁〉四—四）

此例的「苟」是連詞，義為「假如」。

5.動詞、介詞、連詞的兼類

「夏后氏以松，殷人以柏，周人以栗，曰：使民戰栗。」（〈八佾〉三—二一）

此例的「以」是動詞，義為「使用」。

三家者以〈雍〉徹。（〈八佾〉三—二）

此例的「以」是介詞，相當於白話的「用」。

「中人以上，可以語上也；中人以下，不可以語上也。」（〈雍也〉六—二一）

此例的「以」是連詞，分別連接「中人」和方位名詞「上」、「下」。

6.名詞、代詞、連詞的兼類

「為政以德，譬如北辰，居其所而眾星共之。」（〈為政〉二—一）

此例的「所」是名詞，義為「位置」。

「所重：民、食、喪、祭。」（〈堯曰〉二〇—一）

此例的「所」是輔助性代詞，「所重」義為「重視的事」。[46]

「予所否者，天厭之！天厭之！」（〈雍也〉六—二八）

此例的「所」是連詞，義為「如果」。

---

46 何永清：〈《論語》「所」字的用法探討〉，《孔孟學報》第九十期（二〇一二年九月），頁二七七。

綜合上述，《論語》的兼類現象，主要出於漢語的一字多義，故可以視語境而運用合宜的語義。然而就實例來看，《論語》的兼類數量不多，且都是「單詞」的實例，合成詞則沒有兼類的語法現象。

第二節　《論語》的詞類活用

《論語》和其他古代文獻一樣，在實詞方面具有「詞類活用」的現象，又稱為「轉品」、「轉類」。許威漢說：「詞的活用不是詞的兼類。活用是指原屬甲類的詞，在特定條件下按照一定的語言習慣而靈活用作乙類詞，臨時具備了乙類詞的語法特點。」[47]張博說：「某些實詞在一定的語言環境中臨時改變其基本語法功能，轉而具備其他詞類的語法功能，或是具備某些特殊的語法功能，這種情況就稱為『詞類活用』。」[48]胡安順、郭芹納說：「詞類活用是指某些詞臨時改變自己的基本語法功能去充當其他詞類的現象。」[49]是知「詞類活用」是「一詞轉義」的臨時用法，在語譯時要配合前後的文句，賦予它合理的詞義。故郭錫良、李玲璞說：「識別詞類活用，要從上下文和整

47 同註38，頁九五。
48 張博：《古代漢語》（北京：商務印書館，二〇〇八年六月），頁一八三。
49 胡安順、郭芹納主編：《古代漢語》（修訂版）（北京：中華書局，二〇〇九年八月），頁五二六。

個句子的意思來考慮，從語法和詞彙兩方面綜合考察。」[50]正確可採。

「詞類活用」反映出《論語》的用字靈動的語言風格，而「詞類活用」之後，詞義往往會加以改變，同時造成「轉品修辭」的語言效果。周光慶、楊合鳴說：「詞類活用主要出現在實詞之中，名詞、動詞、形容詞、代詞、數詞都有活用的現象。」[51]《論語》的詞類活用按它們活用的詞類，有以下的幾種：

一、名詞的活用

周及徐說：「名詞活用為動詞後，不僅語法功能有所改變，詞義也相應發生一些變化，因此，在翻譯成現代漢語時都要換成有關的動詞或動詞性詞語。」[52]此言為是。

㈠名詞活用為動詞述語

「賢賢易色。」（〈學而〉一—七）

第一個「賢」活用為動詞述語，裴金偉、查中林說：「第一個『賢』字作動詞用，『尊重』的意思；第二個『賢』字作名詞用，『賢能的人』的意思。『賢賢』即『尊重賢能的人』。」[53]此說

50 同註42，頁六二二。
51 周光慶、楊合鳴：《古代漢語教程》（武漢：華中師範大學出版社，二〇〇八年三月），頁六〇。
52 周及徐主編：《古代漢語》（北京：中華書局，二〇〇九年七月），頁一三〇。
53 裴金偉、查中林：〈《論語》重言詞探微〉，《綏化學院學報》第二十九卷第三期（二〇〇九年六月），頁一一一。

可採。

子謂公冶長：「可妻也。雖在縲絏之中，非其罪也。」以其子妻之。（〈公冶長〉五—一）

「妻」字活用為動詞，毛子水說：「這個妻字，音七計切；意為，把女兒給人為妻。（舊時讀音：妻字作名詞用，平聲；妻字作動詞用，去聲。）」[54]施向東、冉啟彬說：「妻：用作動詞，給……娶妻。」[55]均可採。

子謂南容，「邦有道，不廢；邦無道，免於刑戮。」以其兄之子妻之。（〈公冶長〉五—二）

南容三復白圭，孔子以其兄之子妻之。（〈先進〉一一—六）

「妻」活用為動詞述語，「以其兄之子妻之」義為「把姪女嫁給他」。

「士志於道，而恥惡衣惡食者，未足以議也。」（〈里仁〉四—九）

「恥惡衣惡食」即「以惡衣惡食為恥」，這是名詞意動的活用。以下的「恥」，用法相同。

「古者言之不出，恥躬之不逮也。」（〈里仁〉四—二二）

「巧言、令色、足恭，左丘明恥之，丘亦恥之。匿怨而友其人，左丘明恥之，丘亦恥之。」（〈公冶長〉五—二五）

「赤之適齊也，乘肥馬，衣輕裘。」（〈雍也〉六—四）

---

54 毛子水：《論語今註今譯》（臺北：臺灣商務印書館，二〇〇九年十一月），頁六七。

55 同註11，頁九八。

「衣」是名詞活用為動詞述語，康瑞琮說：「『衣』本是名詞，由於在這裡帶了賓語『輕裘』而失去名詞特點，活用為動詞，它的詞彙意義也隨著詞性的變化而變化，由名詞『衣服』義，變為與之有關的動詞義『穿』。」[56]此言為是。

「飯疏食，飲水，曲肱而枕之，樂亦在其中矣。」（〈述而〉七－一六）

「飯」、「枕」都是名詞活用為動詞述語，王海棻說：「飯：名詞用如動詞，吃。」，[57]楊伯峻說：「枕：這裡用作動詞，舊讀去聲。」[58]均可採。

「及其使人也，器之。」（〈子路〉一三－二五）

「器」是名詞活用為動詞述語，陳蒲清說「器，作動詞用，有『量才使用』『各用其長』的含義。」[59]此說可採。

「君子恥其言而過其行。」（〈憲問〉一四－二七）

「恥」是名詞意動活用為動詞述語，謝冰瑩等語譯「君子恥其言而過其行」為「君子以他的言語超過他的行為為可恥。」[60]此說可採。

56 康瑞琮：《古代漢語語法》（上海：上海古籍出版社，二〇〇八年一月），頁一九。
57 王海棻：《古代漢語簡明讀本》（北京：社會科學文獻出版社，二〇〇二年八月），頁二二七。
58 同註25，頁一五六。
59 陳蒲清：《四書注譯》（廣州：花城出版社，一九九八年三月），頁一六七。
60 謝冰瑩等：《新譯四書讀本》（臺北：三民書局，一九九三年八月），頁二三三。

「友其士之仁者。」（〈衛靈公〉一五—一〇）

「友」是名詞活用為動詞述語，錢穆語譯「友其士之仁者」為「須與其士之仁者相交友。」[61]正確可採。

「君子病無能焉，不病人之不己知也。」（〈衛靈公〉一五—一九）

兩個「病」均活用為動詞述語，王熙元說：「病：憂患、以為遺憾的意思，作動詞用。」[62]此言為是。

㈡名詞活用為動詞謂語

宰予晝寢。（〈公冶長〉五—一〇）

白化文、孫欣說：「『宰予晝寢』不能簡單理解為『宰予白天睡覺』，而應理解為『宰予白天在內寢裡睡覺』。」[63]此說有創地，可參考。

子釣而不綱。（〈述而〉七—二七）

「綱」活用為動詞謂語，宋代朱熹說：「綱，以人繩屬網，絕流而漁者也。」[64]詞義正確。

立不中門，行不履閾。（〈鄉黨〉一〇—四）

---

61 錢穆：《論語新解》（臺北：東大圖書有限公司，二〇〇八年十月），頁四三三。

62 王熙元：《論語通釋》（臺北：臺灣學生書局，一九八八年八月），頁九四二。

63 白化文、孫欣：《古代漢語常識二十講》（北京：北京燕山出版社，一九九二年十月），頁一三三。

64 同註39，卷四，頁九九。

張世祿認為「中」是由方位詞活用的動詞謂語，他說：「活用作一般的動詞。」[65]正確可採。

「浴乎沂，風乎舞雩。」（〈先進〉一一─二六）

郭錫良、李玲璞說：「『風』之後有介詞結構『乎舞雩』，用作動詞，是『吹風、乘涼』的意思。」[66]張博說：「『風乎舞雩』意思是『在舞雩』（古代求雨的祭壇）吹風。」[67]均可採。

子適衛，冉有僕。（〈子路〉一三─九）

「僕」活用為動詞謂語，毛子水語譯「冉有僕」為「冉有替孔子趕車。」[68]正確可採。

「不曰白乎，涅而不緇。」（〈陽貨〉一七─七）

「涅」活用為動詞謂語，楊伯峻說：「涅，本是一種礦物，古人用作黑色染料，這裡作動詞，染黑之意。」[69]詞義正確。

侍食於君，君祭，先飯。（〈鄉黨〉一〇─一八）

「先」活用為動詞謂語，楊伯峻語譯「先飯」為「自己先喫飯。」[70]詞義正確。

---

65 張世祿：〈先秦漢語方位詞的語法功能〉，《河北大學學報》一九九六年第一期，頁六四。
66 同註42，頁六二三。
67 同註48，頁一九一。
68 同註54，頁二三七。
69 同註25，頁三九三。
70 同註25，頁二三一。

「宗廟之事，如會同，端章甫，願為小相焉。」（〈先進〉一一—二六）

白化文、孫欣說得很清楚：

「端」是禮服，「章甫」是禮帽，原來都是名詞，可它們在這裡是作動詞用。動詞是表示一種動詞的，它們既是動詞，就得按動詞來要求，應該是「穿」和「戴」的意思。但實際上，穿戴的對象卻又是這動詞所由的那個詞本身。所以，我們必須把它們理解為和翻譯成「穿上禮服」、「戴上禮帽」。[71]

子曰：「君子不器。」（〈為政〉二—一二）

「器」活用為動詞謂語，謝冰瑩等語譯「不器」為「不像器具一般，只限於一種用途」，[72]正確可採。

齊景公問政於孔子。孔子對曰：「君君；臣臣；父父；子子。」（〈顏淵〉一二—一一）

第二個「君」、「臣」、「父」、「子」均活用為動詞謂語，「君君；臣臣；父父；子子。」楊

71 同註63，頁一三二—一三三。
72 同註60，頁七九。

伯峻語譯為「君要像個君，臣要像個臣，父親要像父親，兒子要像兒子。」[73]毛子水語譯為「君，盡君道；臣，盡臣道；父，盡父道；子，盡子道。」[74]由上可知第二個「君」、「臣」、「父」、「子」均為詞類活用。黃六平說：「上一字是主語，下一字是謂語。作為謂語的『君』『臣』『父』『子』等字，都轉為形容詞。」[75]朱城說：「後一『君、臣、父、子』均活用作動詞。」[76]各有見解，以朱城的說法較佳。

公曰：「善哉！信如君不君，臣不臣，父不父，子不子，雖有粟，吾得而食諸？」（〈顏淵〉一二—一一）

第二個「君」、「臣」、「父」、「子」也同樣活用為動詞謂語。

三子者出，曾皙後。（〈先進〉一一—二六）

「後」本是方位名詞，此處活用為動詞謂語，朱城說：「是『留在後面』的意思。」[77]此言為是。

子路從而後，遇丈人，以杖荷蓧。（〈微子〉一八—七）

73 同註25，頁二七三。
74 同註54，頁二二三。
75 黃六平：《漢語文言語法綱要》（新北：漢京文化事業有限公司，一九八三年四月），頁八九。
76 朱城主編：《古代漢語專題教程》（北京：中國人民大學出版社，二〇一〇年六月），頁八一。
77 同上。

「後」活用為動詞謂語。

㈢名詞活用為形容詞謂語

「山梁雌雉，時哉時哉！」（〈鄉黨〉一〇—二七）

兩個「時」都活用為形容詞謂語，義為「合時宜」。

㈣名詞活用為副詞狀語

宰予晝寢。（〈公冶長〉五—一〇）

「晝」此處活用為副詞狀語。

「君子上達，小人下達。」（〈憲問〉一四—二三）

「不怨天，不尤人，下學而上達。」（〈憲問〉一四—三五）

以上的「上」、「下」都活用為副詞狀語。

二、動詞的活用

㈠動詞活用為名詞賓語

「傳不習乎？」（〈學而〉一—四）

楊伯峻說：「傳，動詞作名詞用，老師的傳授。」[78]王熙元謂「傳」指「老師傳授的學業」，[79]

78 同註25，頁八。
79 同註62，頁一一。

可知「傳」由動詞活用作名詞。

弋不射宿。（〈述而〉七—二七）

宋代朱熹說：「宿，宿鳥。」[80]可知「宿」由動詞活用作名詞。

㈡不及物動詞的使動用法的及物動詞

「使動用法」是述語使賓語「怎麼樣」的用法，又稱為「致動用法」。

「大車無輗，小車無軏，其何以行之哉？」（〈為政〉二—二二）

「行之」義為「使之行」。

「起予者商也！」（〈八佾〉三—八）

「起予」即「使予起」，宋代朱熹說：「起，猶發也。起予，言能啟發我之志意。」[81]此義為是。

「小子鳴鼓而攻之，可也。」（〈先進〉一一—一七）

「鳴鼓」義為「使鼓鳴」。

「求也退，故進之；由也兼人，故退之。」（〈先進〉一一—二二）

「進之」義為「使之進」，「退之」義為「使之退」，都是使動用法。

80 同註39，卷四，頁九九。

81 同註39，卷二，頁六三。

「遠人不服而不能來也。」（〈季氏〉一六—一）

「來」是使動用法，解惠全等說：「『來』字沒有帶賓語，但從上下文看是『使遠人來』的意思。」[82]施向東、冉啟彬說：「『來』即『使之來』。」[83]均可採。

「止子路宿，殺雞為黍而食之，見其二子焉。」（〈微子〉一八—七）

「食之」是使動用法，義為「使之食」，即「使子路食」；「見其二子」，也是使動用法，義為「使其二子見」，所以張博說：「見，使……拜見。」[84]此說可採。

(三)及物動詞的意動用法

「意動用法」是謂語在意念上認為賓語「怎麼樣」或是認為賓語是「怎麼樣的事」。

季康子患盜，問於孔子。（〈顏淵〉一二—一八）

「患盜」是意動用法，義為「以盜為患」。

(四)動詞活用為形容詞謂語

子曰：「使乎！使乎！」（〈憲問〉一四—二五）

兩個「使」字均用作形容詞謂語，楊伯峻語譯「使」為「好一位使者」，[85]詞義正確。

---

82 解惠全等：《古漢語讀本》（修訂本）（天津：南開大學出版社，二〇〇九年六月），頁一六七。

83 同註11，頁一一五。

84 同註48，頁二五〇。

85 同註25，頁三二七。

(五)動詞活用為副詞狀語

詠而歸。（〈先進〉一一—二六）

子路拱而立。（〈微子〉一八—七）

以上兩例，前一個動詞「詠」、「拱」加上連詞「而」用作狀語，動態來修飾後一個動詞「歸」、「立」，如此就將前一個動詞轉變成為副詞狀語。

三、形容詞的活用

(一)形容詞活用為名詞主語

「富與貴，是人之所欲也；不以其道得之，不處也。貧與賤，是人之所惡也；不以其道得之，不去也。」（〈里仁〉四—五）

何淑貞說：「『富、貴、貧、賤』，均為形容詞，在這兒活用為名詞，擔任判斷句的主語，指『富、貴、貧、賤』等狀況，其中以連接名詞的「與」字相連，更顯其名詞性。」[86]此說可採。

(二)形容詞活用為名詞中心語

「其知可及也，其愚不可及也。」（〈公冶長〉五—二一）

「知」是形容詞活用為定中短語「其知」的中心語，義為「聰明的舉動」；「愚」是形容詞活

86 何淑貞：《古漢語特殊語法研究》（臺北：學海出版社，一九八五年四月），頁三三。

用為定中短語「其愚」的中心語，義為「裝傻的行為」。

(三)形容詞「致動用法」活用為動詞述語

這是透過形容詞的「致動用法」來達成，即使形容詞活用為動詞述語，而賓語表現出具有這個形容詞的性質或狀態。

「唯仁者，能好人，能惡人。」（〈里仁〉四—三）

「願車、馬、衣、輕裘，與朋友共，敝之而無憾。」（〈公冶長〉五—二六）

「敝」是形容詞致動用法，義為「使之敝」，「之」代「車馬衣輕裘」。

「老者安之，朋友信之，少者懷之。」（〈公冶長〉五—二六）

「安」、「信」、「懷」都是形容詞致動用法，賴信博說：「『信之』是致動用法，可還原作『使之信』——使他們誠信。」[87]張世祿說：「安之、信之、懷之，皆為使動用法。」[88]均可採。

「知之者不如好之者，好之者不如樂之者。」（〈雍也〉六—二〇）

「敬鬼神而遠之。」（〈雍也〉六—二二）

「遠」是形容詞致動用法，「遠之」義為「使鬼神遠」。

「卑宮室。」（〈泰伯〉八—二一）

---

87 賴信博著、戴璉璋校訂：《文言文句法分析舉隅》（臺北：蘭臺書局，一九七三年二月），頁四。

88 張世祿主編：《古代漢語教程》（上海：復旦大學出版社，二〇〇七年六月），頁二九四。

「卑」是形容詞致動用法，「卑宮室」義為「使宮室簡樸」。「博我以文。」（〈子罕〉九－一一）「博」是形容詞致動用法，周及徐說：「博，使……廣博，形容詞用作使動。」[89]此說可採。「足食，足兵，民信之矣。」（〈顏淵〉一二－七）「足」是形容詞致動用法，「足食」義為「使食足」；「足兵」義為「使兵器足」；「民信之」義為「使民信之」，此處的「信」由形容詞致動為述語，故許世瑛說：「『民信之』是『使民信之』的省說。」[90]

冉有曰：「既庶矣，又何加焉？」曰：「富之。」（〈子路〉一三－九）王海棻語譯「富之」為「使他們富足」，[91]正確可採。「苟正其身矣，於從政乎何有？不能正其身，如正人何？」（〈子路〉一三－一三）「工欲善其事，必先利其器。」（〈衛靈公〉一五－一〇）「善」、「利」都是形容詞活用為動詞的致動用法，馬漢麟說：「『善其事』的『善』，『利其器』的『利』，都是形容詞的使動用法。」[92]此說可採。

89 同註52，頁七八。
90 同註8，頁二〇九。
91 同註57，頁一三三。
92 馬漢麟：《馬漢麟古代漢語講義》（天津：天津古籍出版社，二〇〇四年二月），頁一六六。

「事君，敬其事而後其食。」（〈衛靈公〉，五—三八）

「後其食」義為「把俸祿放在後面」，「後」由形容詞活用作動詞。

「懷其寶而迷其邦，可謂仁乎？」（〈陽貨〉一七—一）

張博說：「迷，使迷亂。」[93]詞義正確。

「欲絜其身，而亂大倫。」（〈微子〉一八—七）

「絜」是形容詞活用為動詞述語，「絜其身」義為「使其身絜」。

「君子正其衣冠。」（〈堯曰〉二〇—二）

「正」是形容詞活用為動詞的致動用法，「正其衣冠」即「使其衣冠正」，黃六平說：「『正其衣冠』即『使其衣冠穿戴整齊』。」[94]此言為是。

四、數詞的活用

(一)數詞活用為名詞賓語

「回也聞一以知十，賜也聞一以知二。」（〈公冶長〉五—九）

「一」、「十」、「二」均活用為賓語，孫欽善語譯「聞一以知十」為「聽到一件事能推知十

---

93 同註48，頁二四八。

94 同註75，頁一三〇。

件事」，又語譯「聞一以知二」為「聽到一件事只能推知兩件事」，[95]是知本例的「一」、「十」、「二」都是名詞的用法。

㈡數詞活用為名詞副賓語

子曰：「參乎！吾道一以貫之。」（〈里仁〉四─一五）

「一」活用為名詞性質的副賓語，義為「一種道理」（忠恕）。

㈢數詞活用為副詞狀語

子曰：「父母之年，不可不知也，一則以喜，一則以懼。」（〈里仁〉四─二一）

孫欽善語譯這兩個「一」為「一方面」，[96]此說可採。

子曰：「齊一變，至於魯；魯一變，至於道。」（〈雍也〉六─二四）

胡齊臨語譯「一變」為「一改革」，[97]是知「一」為修飾謂語「變」的狀語。

季文子三思而後行。（〈公冶長〉五─二〇）

數詞「三」，活用作副詞狀語，高小方說：「三思，思考多次。」[98]可採。

子曰：「泰伯，其可謂至德也已矣！三以天下讓，民無得而稱焉。」（〈泰伯〉八─一）

---

95 孫欽善：《論語本解》（北京：生活・讀書・新知三聯書店，二〇〇九年四月），頁四九。

96 同註95，頁四二。

97 胡齊臨：《論語真義》（上海：上海人民出版社，二〇〇九年二月），頁七二。

98 高小方：《古代漢語》（南京：江蘇教育出版社，二〇〇九年一月），頁九七。

數詞「三」，活用作副詞狀語，錢穆語譯「三以天下讓」為「他三次讓了天下」，[99]可採。

南容三復白圭，孔子以其兄之子妻之。（〈先進〉一一—六）

數詞「三」，用作副詞狀語，義為「多次地」。

「桓公九合諸侯，不以兵車，管仲之力也。」（〈憲問〉一四—一六）

數詞「九」，用作副詞狀語，錢穆語譯「桓公九合諸侯」為「桓公九次會合諸侯」，[100]可採。

柳下惠為士師，三黜。（〈微子〉一八—二）

「吾十有五而志於學，三十而立，四十而不惑，五十而知天命，六十而耳順，七十而從心所欲，不踰矩。」（〈為政〉二—四）

本例的「十有五」、「三十」、「四十」、「五十」、「六十」、「七十」都是由數詞活用而成的副詞狀語，表示年齡。李霖燦說：「他採十進位，每十年作一成就的階臺，真是十年一段，層次分明，充分顯示節奏感的強烈動人，形成了《論語》文體的另一項特色。」[101]此言為是。

子曰：「加我數年，五十以學《易》，可以無大過矣。」（〈述而〉七—一七）

「五十」由數詞活用而成的副詞狀語，孫欽善語譯「五十以學《易》」為「到五十歲時去學習

---

99 同註61，頁二一四。

100 同註61，頁三九四。

101 李霖燦：《活活潑潑的孔子》（臺北：雄獅圖書公司，一九九四年一月），頁七六。

《周易》」，[102]可採。

「四十、五十而無聞焉，斯亦不足畏也已。」（〈子罕〉九—二三）

「四十、五十」由數詞活用而成的副詞狀語，錢穆語譯「四十、五十而無聞焉」為「若到了四十五十歲還沒有令聞在世」，[103]可採。

五、代詞的活用

《論語》代詞的活用僅用為動詞的謂語。

毋意，毋必，毋固，毋我。（〈子罕〉九—四）

「我」活用作動詞謂語，楊伯峻語譯為「唯我獨是」，[104]詞義正確

問子西。曰：「彼哉！彼哉！」（〈憲問〉一四—九）

「彼」活用作動詞謂語，「彼哉」楊伯峻語譯為「他呀！」[105]正確可採。

102 同註95，頁八四。
103 同註61，頁二五七。
104 同註25，頁一九四。
105 同註25，頁三一五。

第三節 《論語》的成分及基本語序

本節首先敘述《論語》的成分：主語、謂語（述語）、賓語、定語、中心語、兼語、狀語、補語、插說語，接著說明《論語》的基本語序。

一、《論語》的成分

「成分」是單句裡按照語法功能分析而得的詞語，許威漢說：「依不同的語法關係，可把句子分成不同的組成成分，這種組成成分就是句子成分。」[106]可知成分係由「語句分析」而得，成分在語句中的排列次第或位置就構成了「語序」（詞序）。

㈠主語與謂語

「主語」是單句或某個主謂短語裡表現出行為、動作的那個主體對象，即：主語是謂語表述的對象，它可以是人，也可以是事或物。「謂語」是句子或某個主謂短語的行為、動作，即：謂語是主語的表述者，它可以是個詞（動詞、形容詞、名詞、代詞），也可以是個短語的形式（述語＋賓語），因此呂叔湘說：

106 同註38，頁二九。

一個句子必得有個「什麼人」，或「什麼東西」，然後還得說明這個人或這個東西「怎麼樣」，這兩部分缺一個就不成句（特殊情形又當別論）。我們給這兩個部分定個名稱：表示「什麼人」或「什麼東西」的部分稱為「主語」，表示「怎麼樣」的部分稱為「謂語」。主語和謂語的關係是結合關係。[107]

基本而言，「主語」與「謂語」是《論語》句子的主要成分，我們若能掌握住主語和謂語，就容易了解語義。

顏淵、季路侍。（〈公冶長〉五—二六）

「顏淵、季路」是主語，「侍」是謂語。

顏淵後。（〈先進〉一一—二三）

「顏淵」是主語，「後」是謂語，義為「在後」。

季氏使閔子騫為費宰。（〈雍也〉六—九）

「季氏」是主語，「使閔子騫為費宰」是謂語。

「吾少也賤，故多能鄙事。」（〈子罕〉九—六）

---

107 呂叔湘：《中國文法要略》（臺北：文史哲出版社，一九八五年九月），頁二三。

「吾」是主語，「賤」是謂語；又「能鄙事」是謂語，主語「吾」承前省略。

「山梁雌雉，時哉時哉！」（〈鄉黨〉一〇—二七）

「山梁雌雉」是主語，「時」是謂語。

「先進於禮樂，野人也；後進於禮樂，君子也。」（〈先進〉一一—一）

「先進於禮樂」是主語，「野人」是謂語；「後進於禮樂」是主語，「君子」是謂語。

子路問君子。（〈憲問〉一四—四二）

「子路」是主語，「問君子」是謂語。

「鄉原，德之賊也。」（〈陽貨〉一七—一三）

「鄉原」是主語，「德之賊」是謂語。

《論語》由「有」這個動詞構成的謂語，少數的例子是「**無主語**」，例如：

「有朋自遠方來，不亦樂乎？」（〈學而〉一—一）

(二)述語與賓語、雙賓語

「述語」是由及物動詞構成的，「**賓語**」是及物動詞的動作、行為支配的對象，表示動作、行為涉及的人事物，述語跟賓語一起構成了「**謂語**」。

仲弓問子桑伯子。（〈雍也〉六—二）

「問」是述語，「子桑伯子」是賓語。

康子饋藥。（〈鄉黨〉一〇—六）

「饋」是述語，「藥」是賓語。

子曰：「賊夫人之子。」（〈先進〉一一—二五）

這個句子裡「賊夫人之子」是述語；「賊夫人之子」這個述賓短語中，「夫人之子」是賓語。

子貢問友。（〈顏淵〉一二—二三）

「問」是述語，「友」是賓語。

子路問君子。（〈憲問〉一四—四二）

「問」是述語，「君子」是賓語。

子貢問為仁。（〈衛靈公〉一五—一〇）

「問」是述語，「為仁」是賓語。

顏淵問為邦。（〈衛靈公〉一五—一一）

「問」是述語，「為邦」是賓語。

子張學干祿。（〈為政〉二—一八）

「學」是述語，「干祿」是賓語。

《論語》裡面，當述語是授與動詞「歸」、「與」或是告語動詞「問」，則它們的後面會接上「雙賓語」，楊樹達說：「雙賓語者，一表人，為間接賓語；一表物，為直接賓語。」[108]故知「問

108 同註19，頁一四八。

接賓語」指述語行為涉及的對象，「直接賓語」指述語行為涉及的事物。

冉子與之粟五秉。（〈雍也〉六—四）

「與」是授與動詞作述語，「之」是間接賓語，「粟五秉」是直接賓語。

與之粟九百。（〈雍也〉六—五）

「與」是述語，「之」是間接賓語，「粟九百」是直接賓語。

「與之釜。」（〈雍也〉六—四）

「與」是述語，「之」是間接賓語，「釜」是直接賓語。

「與之庾。」（〈雍也〉六—四）

「與」是述語，「之」是間接賓語，「庾」是直接賓語。

歸孔子豚。（〈陽貨〉一七—一）

「歸」是述語，「孔子」是間接賓語，「豚」是直接賓語。

「天生德於予。」（〈述而〉七—二三）

「生」是述語，「德」是直接賓語，「予」是間接賓語，前面加上介詞「於」。

「孟孫問孝於我。」（〈為政〉二—五）

「問」是述語，「孝」是直接賓語，「我」是間接賓語，前面加上介詞「於」。

㈢定語與中心語

「定語」是定中短語中的定位成分，又稱為「加語」（加詞），「中心語」是定中短語中心的成分，又稱為「端語」（端詞）。

子路無宿諾。（〈顏淵〉一二—一二）

「宿諾」是定中短語，其中「宿」是定語，「諾」是中心語。

「啟予足！啟予手！」（〈泰伯〉八—三）

「予足」、「予手」都是定中短語，其中「予」是定語，「足」、「手」是中心語。

子夏為莒父宰。（〈子路〉一三—一七）

「莒父宰」是定中短語，其中「莒父」是定語，「宰」是中心語。宋代朱熹說：「莒父，魯邑名。」[109]此說為是。

「雍之言然。」（〈雍也〉六—二）

「雍之言」是定中短語，其中「雍」是定語，「言」是中心語。

子夏之門人問交於子張。（〈子張〉一九—三）

「子夏之門人」是定中短語，其中「子夏」是定語，「門人」是中心語。

「務民之義，敬鬼神而遠之，可謂知矣。」（〈雍也〉六—二二）

「務民之義」是定中短語，其中「務民」是定語，「義」是中心語。

「驥不稱其力，稱其德也。」（〈憲問〉一四—三三）

---

109 同註39，卷七，頁一四五。

「其力」、「其德」都是定中短語，其中「其」是定語，「力」、「德」都是中心語。

闕黨童子將命。（〈憲問〉一四—四四）

「闕黨童子」是定中短語，其中「闕黨」是定語，「童子」是中心語。

「異乎吾所聞。」（〈子張〉一九—三）

定中短語「吾所聞」，其中「吾」是定語，「所聞」是中心語。

「興滅國，繼絕世，舉逸民，天下之民歸一心焉。」（〈堯曰〉二〇—一）

「滅國」、「絕世」都是定中短語，其中「滅」、「絕」是定語，「國」、「世」是中心語。施向東、冉啟彬說：「『滅國』即『滅亡了的國家』，『絕世』即『斷絕了繼嗣的世家』。」[110]此說可採。

(四)兼語

「兼語」是兼作前一個述語的賓語與後一個謂語的主語，譚全基說：「所謂兼語，就是這個詞語具有雙重身份，對前面動詞來說，它是賓語，對後面動詞來說，它是主語。」[111]《論語》的「兼語」都出現在兼語短語及複句的分句是兼語句的句型裡面（參閱第六章第一節「兼語短語」部分）。

---

110 同註11，頁一二三。

111 譚全基：《古代漢語基礎》（臺北：華正書局，一九八一年八月），頁九三。

子路使子羔為費宰。（〈先進〉一一—二五）

「子羔」是兼語。

㈤ 狀語

「狀語」是用來修飾謂語的成分，譚全基說：「狀語是用在動詞或形容詞前面，起修飾或限制作用的成分。」[112]史存直說：「狀語是附加在動詞、象詞（形容詞）、副詞乃至整個句子上對它們起疏狀、注釋的成分。」[113]均可採。《論語》的狀語，按照修飾的內涵，可以分為下列七類：

1. 時間狀語

「時間狀語」是修飾謂語行為、動作發生時間的狀語。

「朝聞道，夕死可矣。」（〈里仁〉四—八）

「朝」「夕」都是副詞作為時間狀語。

「三年有成。」（〈子路〉一三—一〇）

「三年」是時間狀語。

齊人歸女樂，季桓子受之，三日不朝，孔子行。（〈微子〉一八—四）

「三日」是時間狀語。左松超說：「時間名詞用作狀語。」[114]此說可採。

112 同註111，頁七三。

113 史存直：《文言語法》（北京：中華書局，二〇〇六年二月），頁二〇。

114 同註1，頁二八。

明日，子路行以告。（〈微子〉一八—七）

「明日」是時間狀語。

子於是日哭，則不歌。（〈述而〉七—一〇）

「於是日」是時間狀語，由介詞短語擔任，蔡菲菲說：「此句中的『於是』用在句中，表示時間，『於是』後加一名詞『日』。『於是日』即『在這天』的意思。」[115]此言為是。

「民到于今受其賜。」（〈憲問〉一四—一七）

「到于今」是時間狀語，也是由介詞短語擔任。

2.頻率狀語

「頻率狀語」是修飾謂語行為、動作發生次數的狀語。

「桓公九合諸侯。」（〈憲問〉一四—一六）

「九」是頻率狀語。

3.處所狀語

「處所狀語」是修飾謂語行為、動作發生地點、方向、範圍的狀語。

「君子上達，小人下達。」（〈憲問〉一四—二三）

「上」、「下」都是處所狀語。

---

115 蔡菲菲：〈論《論語》、《孟子》中的「於是」用法〉，《求索》二〇〇九年第二期，頁一九八。

「道聽而塗說，德之棄也。」（〈陽貨〉一七—一四）

「道」、「塗」都是處所狀語。

「仲尼焉學？」（〈子張〉一九—二二）

「焉」是處所狀語，等於「於之」，王力說：「焉學，從哪裡學。」[116]詞義正確。

子在川上曰：「逝者如斯夫！不舍晝夜。」（〈子罕〉九—一七）

「在川上」是處所狀語。

「天下有道，則禮樂征伐自天子出；天下無道，則禮樂征伐自諸侯出。」（〈季氏〉一六—二）

「自天子」、「自諸侯」都是處所狀語。

4. 對象狀語

「對象狀語」是修飾謂語行為、動作發生對方的狀語。

「父為子隱，子為父隱。」（〈子路〉一三—一八）

「為父」、「為子」都是對象狀語。

「與人忠。」（〈子路〉一三—一九）

「與人」是對象狀語。

116 王力主編：《古代漢語》（臺北：藍燈文化事業有限公司，一九八九年一月），頁二〇三。

「來，予與爾言。」（〈陽貨〉一七—一）

「與爾」是對象狀語。

5.工具狀語

「工具狀語」是修飾謂語行為、動作憑藉的工具的狀語。

「君子以文會友，以友輔仁。」（〈顏淵〉一二—二四）

「以文」、「以友」都是工具狀語。

6.原因狀語

「原因狀語」是修飾謂語行為、動作發生原因的狀語。

「由之瑟，奚為於丘之門？」（〈先進〉一一—一五）

「奚為」是原因狀語。

7.情態狀語

「情態狀語」是修飾謂語的狀態、情況的狀語，又稱為「情性狀語」。

「力不足者，中道而廢。」（〈雍也〉六—一二）

「中道」是情態狀語，和謂語「廢」之間用「而」連接。

長沮、桀溺耦而耕。（〈微子〉一八—六）

「耦」是狀語，和謂語「耕」之間用「而」連接。

夫子憮然曰：「鳥獸不可與同群，……丘不與易也。」（〈微子〉一八—六）

「憮然」是情態狀語，宋代朱熹說：「憮然，猶悵然，惜其不喻己意也。」[117]詞義正確。

「詠而歸。」（〈先進〉一一—二六）

「詠」是動詞活用作情態狀語，它和謂語「歸」之間用「而」連接。王力說：「用作狀語的動詞一般只限於不及物動詞。」[118]此言為是。

子路拱而立。（〈微子〉一八—七）

「拱」是情態狀語，楊伯峻語譯此句為「子路拱著手恭敬地站著」，[119]詞義正確。

子路率爾而對曰：「千乘之國，……且知方也。」（〈先進〉一一—二六）

「率爾」是情態狀語。

其次，《論語》有「雙重狀語」的現象，即兩個以上不同性質的狀語同時修飾一個謂語。

「君子不以言舉人，不以人廢言。」（〈衛靈公〉一五—二三）

否定狀語「不」加上原因狀語「以言」、「以人」構成雙重狀語。

「三日不朝。」（〈微子〉一八—四）

時間狀語「三日」加上否定狀語「不」構成雙重狀語。

117 同註39，卷九，頁一八四。

118 王力：《古漢語通論》（香港：中外出版社，一九七六年一月），頁五二。

119 同註25，頁四一五。

「賜也何敢望回。」（〈公冶長〉五—九）

「子在，回何敢死？」（〈先進〉一一—二三）

以上兩例疑問副詞「何」加上能願動詞「敢」構成雙重狀語，彭旭軍說：「『何敢』是古人的一種禮貌用語。副詞性慣用詞組，用在謂語前作狀語，用反問表示否定。譯為『怎麼敢』，即『不敢』的意思。」[120]此說可採。

㈥補語

「補語」是用在謂語之後補充陳述的成分，可以用來補充陳述時間、處所、對象、數量、程度等狀態。《論語》的「補語」大都出現在謂語之後，可分為下列六類：

1. 時間補語

「時間補語」是補充說明謂語動作發生時間的補語。

「難乎免於今之世矣。」（〈雍也〉六—一六）

「於今之世」是時間補語。

「吾與回言終日。」（〈為政〉二—九）

「終日」是時間補語。

「子生三年，然後免於父母之懷。」（〈陽貨〉一七—二一）

---

120 彭旭軍：〈《論語》中的「何」字〉，《湖南人文科技學院學報》二〇〇六年第四期，頁一一五。

「三年」是時間補語。

「善人為邦百年，亦可以勝殘去殺矣。」（〈子路〉一三—一一）

「百年」是時間補語。

2. 處所補語

「處所補語」是補充說明謂語動作發生地點、場所、範圍的補語。

「使於四方，不能專對。」（〈子路〉一三—五）

「使於四方，不辱君命。」（〈子路〉一三—二〇）

以上「於四方」是處所補語。

子擊磬於衛。（〈憲問〉一四—三九）

「於衛」是處所補語。

子路宿於石門。（〈憲問〉一四—三八）

「於石門」是處所補語。

伯夷、叔齊餓于首陽之下。（〈季氏〉一六—一二）

「于首陽之下」是處所補語。

「吾見其居於位也。」（〈憲問〉一四—四四）

「於位」是處所補語。

「非公事，未嘗至於偃之室也。」（〈雍也〉六—一四）

「於偃之室」是處所補語。

「浴乎沂，風乎舞雩。」（〈先進〉一一—二六）

「乎沂」「乎舞雩」都是處所補語。

「興於詩，立於禮，成於樂。」（〈泰伯〉八—八）

「於詩」、「於禮」、「於樂」都是處所補語。

「志於道，據於德，依於仁，游於藝。」（〈述而〉七—六）

「於道」、「於德」、「於仁」、「於藝」都是處所補語。

「仁在其中矣。」（〈子張〉一九—六）

「其中」是處所補語。

「吾恐季孫之憂，不在顓臾，而在蕭牆之內也。」（〈季氏〉一六—一）

「顓臾」、「蕭牆之內」都是處所補語。

《論語》有使用兼詞「焉」作為處所補語，例如：

「三人行，必有我師焉。」（〈述而〉七—二二）

「焉」是兼詞作處所補語，「有我師焉」義即「有我師於是」。

3. 對象補語

「對象補語」是補充說明謂語動作發生對象的補語，由介詞「於」加上副賓語組成，這個「於」可以語譯為白話的「向」。

齊景公問政於孔子。（〈顏淵〉一二—一一）

「於孔子」是對象補語。

子張問仁於孔子。（〈陽貨〉一七—六）

「於孔子」是對象補語。

「孟孫問孝於我。」（〈為政〉二—五）

「於我」是對象補語。

「當仁，不讓於師。」（〈衛靈公〉一五—三六）

「於師」是對象補語。

4. 數量補語

「數量補語」是補充說明謂語動作發生數量的補語，《論語》的數量補語都是直接由數詞來擔任，不必再運用量詞，這一點和現代漢語語法不同。

「誦《詩》三百。」（〈子路〉一三—五）

「奪伯氏駢邑三百。」（〈憲問〉一四—九）

以上的「三百」都是數量補語。

5. 程度補語

「程度補語」是補充說明謂語動作程度輕重的補語。

「人而不仁，疾之已甚，亂也。」（〈泰伯〉八—一〇）

「已甚」是程度補語。

「喪致乎哀而止。」（〈子張〉一九—一四）

「乎哀」是程度補語。

6. 情態補語

「情態補語」是補充說明謂語動作發生狀況的補語，又稱為「情狀補語」。

顏淵死，子哭之慟。（〈先進〉一一—九）

「慟」是情態補語。

「其言之不怍，則為之也難。」（〈憲問〉一四—二〇）

「不怍」是情態補語。

「夫子之牆數仞。」（〈子張〉一九—二三）

「數仞」是情態補語。

(七)插說語

「插說語」是句子中相對獨立表意的成分，又稱為「獨立語」（「獨語」）。《論語》的插說語，除了「而今而後，吾知免夫！小子！」（〈泰伯〉八—三）一例用在句末之外，都用在句首，可分為三類：

1. 感嘆插說語

「感嘆插說語」是用來表達感嘆的插說語，又稱為「感嘆語」，《論語》這類的插說語由嘆詞獨自擔任。

子曰：「噫！天喪予！天喪予！」（〈先進〉一一—九）

「噫」是感嘆的插說語。

2. 應答插說語

「應答插說語」是用來回應答話的插說語，又稱為「應答語」，《論語》這類的插說語由形容詞或嘆詞擔任。

子曰：「賜也，女以予為多學而識之者與？」對曰：「然，非與？」（〈衛靈公〉一五—三）

「然」是應答的插說語，楊伯峻語譯「然」為「對呀」，[121]詞義正確。

子曰：「然，固相師之道也。」（〈衛靈公〉一五—四二）

「然」是應答的插說語，楊伯峻語譯「然」為「對的」，[122]詞義正確。

孔子曰：「諾，吾將仕矣。」（〈陽貨〉一七—一）

「諾」是應答的插說語，楊伯峻語譯「諾」為「好吧」，[123]詞義正確。

3. 呼告插說語

121 同註25，頁三四四。
122 同註25，頁三六六。
123 同註25，頁三八七。

「呼告插說語」是用來呼喚人的插說語，《論語》這類呼告人名的插說語大多由專名擔任，其後有的會加上停頓的語氣詞「也」或「乎」。《論語》中孔子呼喚弟子，大都直呼其名。

子曰：「二三子！偃之言是也。前言戲之耳。」（〈陽貨〉一七—四）

王熙元說：「二三子，指同往武城的諸弟子。」[124]詞義正確。

「由！誨女知之乎！」（〈為政〉二—一七）

「由也！女聞六言六蔽矣乎？」（〈陽貨〉一七—八）

「由！知德者鮮矣。」（〈衛靈公〉一五—四）

以上的「由」都是插說語，「由」是季路的名。

「參乎！吾道一以貫之。」（〈里仁〉四—一五）

「參」是插說語，即「曾參」。

「求！爾何如？」（〈先進〉一一—二六）

「求」是插說語，是冉有的名。

「赤！爾何如？」（〈先進〉一一—二六）

「赤」是插說語，是公西華的名。

「點！爾何如？」（〈先進〉一一—二六）

124 同註62，頁一〇四六。

「點」是插說語，是曾晳的名。

二、《論語》的基本語序

「語序」是成分的詞語在句中的排列順序，又稱為「詞序」。漢語是孤立語，字形不會隨著詞性的不同而變化，因為古代漢語和現代漢語一樣，「語序」決定了漢語的表意功效，是古漢語語法的重要手段，因此語序是《論語》的語法要目之一。楊伯峻、何樂士說：「詞序是指充當句子的成分的詞語在句中的順序。」[125]朱城說：「不同的語序可以表達不同的語法關係；語序的變化會引起結構、意義和表達效果的變化。」[126]均可採。

《論語》除了「倒序」或「倒裝」的倒置情況下，它的基本語序如下：

第一、主語在前面，謂語在後面。

第二、及物動詞帶賓語，述語在前面，賓語在後面。

第三、兼語在第一個述語之後，第二個謂語之前。

第四、狀語在謂語之前。

第五、補語在謂語之後。

125 楊伯峻、何樂士：《古漢語語法及其發展》（北京：語文出版社，一九九二年三月），頁七八〇。
126 同註76，頁九三。

第六、插說語絕大部分在句首，僅一個在句末。（〈泰伯〉八—三）

第七、定語在中心語之前。

第八、偏正形式的複句，偏句的分句在前，正句的複句在後。

這種基本語序，大抵跟現代漢語的語序一致，這也正是漢語語法的「穩定性」。因此，「語序固定」是《論語》明顯的一個語法特色。

綜之，《論語》的兼類與詞類活用現象，符合上古語法精簡的特色，而《論語》的語法成分齊全，和現代漢語的成分近似，更驗證了漢語語法的一貫性和穩定性。因此，現代人要學習或研討古文文法，自《論語》入手，便捷易行。

第六章 《論語》的造句

本章分作三節，第一節說明《論語》的短語，第二節論析《論語》的句子，第三節討論《論語》的「省略」、「倒序與倒裝」、「外位」、「雙重否定」、「被動表示法」這些特殊的語法現象。

第一節 《論語》的短語

造句是遣詞成為文章的手段。「短語」是造句的基礎，它是構成句子的成分之一。「短語」是由詞所構成的語法單位，又稱為「詞組」、「結構」。筆者將《論語》的短語，區分為十類：

一、並列短語

「並列短語」是由名詞性質的詞、短語並立而構成的短語，又稱為「聯合詞組」，康瑞琮說：「聯合詞組是指兩個以上的實詞並列地排在一起，它們之間的關係是平等的，詞性是相同的，誰也不修飾誰，誰也不限制誰，沒有主從正副之分的詞組，它們之間有時可以用連詞連接。」[1]此言為是。

《論語》的並列短語，可以分為「並列的成分之間不加連詞」、「並列的成分之間加連詞」兩種形態。

㈠ 並列成分之間不加連詞

「小大由之。」（〈學而〉一－一二）

「小大」是並列短語，「小」指小事，「大」指大事。

「禮云禮云，玉帛云乎哉？樂云樂云，鐘鼓云乎哉？」（〈陽貨〉一七－一一）

「玉帛」、「鍾鼓」都是並列短語，「玉帛」指禮物，「鍾鼓」（今人寫作「鐘鼓」）指樂器。

「仲尼，日月也。」（〈子張〉一九－二四）

「日月」是並列短語。

「夫子之道，忠恕而已矣。」（〈里仁〉四－一五）

「忠恕」是並列短語。

曰：「恭、寬、信、敏、惠。」（〈陽貨〉一七－六）

「恭、寬、信、敏、惠」是五個單詞構成的並列短語。

1 康瑞琮：《古代漢語語法》（上海：上海古籍出版社，二〇〇八年一月），頁四〇四

「文質彬彬，然後君子。」（〈雍也〉六—一八）
「文質」是並列短語。
子之所慎：齊，戰，疾。（〈述而〉七—一三）
「齊，戰，疾」是並列短語。
子不語：怪、力、亂、神。（〈述而〉七—二一）
「怪、力、亂、神」是並列短語。
子以四教：文、行、忠、信。（〈述而〉七—二四）
「文、行、忠、信」是並列短語。
所重：民、食、喪、祭。（〈堯曰〉二〇—一）
「民、食、喪、祭」是並列短語。
「巧言、令色，鮮矣仁。」（〈學而〉一—三、〈陽貨〉一七—一七）
「巧言、令色」是並列短語。
「從我於陳、蔡者，皆不及門也。」（〈先進〉一一—二）
「陳、蔡」是並列短語。
顏淵、季路侍。（〈公冶長〉五—二六）
「顏淵、季路」是並列短語。
子路、曾皙、冉有、公西華侍坐。（〈先進〉一一—二六）

「子路、曾皙、冉有、公西華」是並列短語。

「伯夷、叔齊，何人也？」（〈述而〉七—一五）

「伯夷、叔齊餓于首陽之下。」（〈季氏〉一六—一二）

「伯夷、叔齊」是並列短語。

長沮、桀溺耦而耕。（〈微子〉一八—六）

「長沮、桀溺」是並列短語。

逸民：伯夷、叔齊、虞仲、夷逸、朱張、柳下惠、少連。（〈微子〉一八—八）

「伯夷、叔齊、虞仲、夷逸、朱張、柳下惠、少連」是並列短語。

「女為〈周南〉、〈召南〉矣乎？人而不為〈周南〉、〈召南〉，其猶正牆面而立也與？」（〈陽貨〉一七—一〇）

「〈周南〉、〈召南〉」是並列短語。

「女聞六言六蔽矣乎？」（〈陽貨〉一七—八）

「六言」、「六蔽」這兩個偏正短語構成並列短語。

(二)並列成分之間加連詞「與」

「富與貴，是人之所欲也；……貧與賤，是人之所惡也。」（〈里仁〉四—五）

「富與貴」、「貧與賤」都是並列短語，「與」是其中的連詞，黃六平說：「連接兩個成分構成複主語。」[2]

「唯上知與下愚不移。」（〈陽貨〉一七—三）

「上知與下愚」是並列短語，「與」是連接「上知」和「下愚」的連詞。

「唯女子與小人為難養也。」（〈陽貨〉一七—二五）

「女子與小人」，「與」是連接「女子」和「小人」的連詞。

子罕言利與命與仁。（〈子罕〉九—一）

「利與命與仁」是並列短語，兩個「與」都是其中的連詞。

二、定中短語

「定中短語」是由一個詞來形容、區別、修飾一個名詞（或名詞短語）而構成的短語，又稱為「偏正詞組」、「主從短語」、「偏正結構」、「偏正短語」，值得注意的，此處所說的「定中短語」不包含一般學者所謂的「狀謂式偏正短語」這種範疇的偏正短語。《論語》的定中短語可分為三種類型：

㈠「定語＋中心語」的定中短語

這種定中短語的定語與中心語之間不加結構助詞「之」。

2 黃六平：《漢語文言語法綱要》（臺北：漢京文化事業有限公司，一九八三年四月），頁一七九。

「樂亦在其中矣。」（〈述而〉七—一六）

「其中」是定中短語，「其」是定語，「中」是中心語。

「將入門，策其馬。」（〈雍也〉六—一五）

「其馬」是定中短語，「其」是定語，「馬」是中心語。

「吾不徒行以為之椁。」（〈先進〉一一—八）

「之椁」是定中短語，「之」是定語，「椁」是中心語。

「女為君子儒，無為小人儒。」（〈雍也〉六—一三）

「君子儒」是定中短語，「君子」是定語「儒」是中心語；「小人儒」也是定中短語，「小人」是定語「儒」是中心語。

闕黨童子將命。（〈憲問〉一四—四四）

「闕黨童子」是定中短語，「闕黨」是定語，「童子」是中心語，宋代朱熹說：「闕黨，黨名。童子，未冠者之稱。」[3]

(二)「定語＋之＋中心語」的定中短語

《論語》這種定中短語的定語與中心語之間加上結構助詞「之」。

「禮之用，和為貴。」（〈學而〉一—一二）

---

3 〔宋〕朱熹：《論語集注》卷七，《四書章句集注》（臺北：學海出版社，一九九一年三月），頁一六〇。

「禮之用」是定中短語，「禮」是定語，「之」是助詞，「用」是中心語。

林放問禮之本。（〈八佾〉三—四）

「禮之本」是定中短語，「禮」是定語，「之」是助詞，「本」是中心語。

或問禘之說。（〈八佾〉三—一一）

「禘之說」是定中短語，「禘」是定語，「之」是助詞，「說」是中心語。

「丘之禱久矣。」（〈述而〉七—三五）

「丘之禱」是定中短語，「丘」是定語，「之」是助詞，「禱」是中心語。

「籩豆之事，則有司存。」（〈泰伯〉八—四）

「籩豆之事」是定中短語，「籩豆」是定語，「之」是助詞，「事」是中心語。

「夫子之道，忠恕而已矣。」（〈里仁〉四—一五）

「夫子之道」是定中短語，「夫子」是定語，此處指孔子，「之」是助詞，「道」是中心語。

子貢欲去告朔之餼羊。（〈八佾〉三—一七）

「告朔之餼羊」是定中短語，「告朔」是定語，宋代朱熹說：「告朔之禮：古者天子常以季冬，頒來歲十二月朔于諸侯，諸侯受而藏之祖廟。月朔，則以特羊告廟，請而行之。餼，生牲也。」[4]「之」是助詞，「餼羊」是中心語。

---

[4] 同註3，卷二，頁六六。

「俎豆之事，則嘗聞之矣；軍旅之事，未之學也。」（〈衛靈公〉一五—一）

「俎豆之事」是定中短語，「俎豆」是定語，「之」是助詞，「事」是中心語；「軍旅之事」也是定中短語，「之」是助詞，「事」是中心語。

「行夏之時，乘殷之輅，服周之冕。」（〈衛靈公〉一五—一一）

「夏之時」是定中短語，「之」是助詞，「時」是中心語；「殷之輅」也是定中短語，「之」是助詞，「輅」是中心語；「周之冕」也是定中短語，「之」是助詞，「冕」是中心語。

「魯衛之政，兄弟也。」（〈子路〉一三—七）

「魯衛之政」是定中短語，「魯衛」是定語，「之」是助詞，「政」是中心語。

「虎豹之鞟，猶犬羊之鞟。」（〈顏淵〉一二—八）

「虎豹之鞟」是定中短語，「虎豹」是定語，「之」是助詞，「鞟」是中心語；「犬羊之鞟」也是定中短語，「犬羊」是定語，「之」是助詞，「鞟」是中心語。

「賜也，非爾所及也。」（〈公冶長〉五—一二）

「爾所及」是定中短語，「爾」是定語，「所及」是中心語，許世瑛說：「『所及』是帶詞頭衍聲複詞。」[5]筆者認為「所」為輔助性質的代詞，跟動詞「及」構成所字短語，因此未視「所及」為複詞。此例很特別，定中短語的中心語帶「所」字，故前面不加「之」。

5 許世瑛：《論語二十篇句法研究》（臺北：臺灣開明書店，一九七八年十月），頁七三。

《論語》定中短語的定語或中心語有的又由另一個定中短語組成，形成「多重式定中短語」。舉如：

「吾黨之小子狂簡。」（〈公冶長〉五—二二）

「吾黨之小子」是多重式定中短語，定語「吾黨」又是一個定中短語。

「是故惡夫佞者。」（〈先進〉一一—二五）

「夫佞者」是多重式定中短語，中心語「佞者」又是一個偏正短語，許世瑛說：「『夫佞者』是詞組，做述詞『惡』的止詞。因此，『夫』字也該讀陽平。」[6]此說可採。

(三)「定語＋以＋中心語」的定中短語

《論語》這種定中短語的定語與中心語之間加連詞「以」作為連結。

「中人以上，可以語上也；中人以下，不可以語上也。」（〈雍也〉六—二一）

「中人以上」是定中短語，「中人」是定語，「以」是連詞，「上」是中心語；「中人以下」也是定中短語，「中人」是定語，「以」是連詞，「下」是中心語。

「自行束脩以上，吾未嘗無誨焉。」（〈述而〉七—七）

「束脩以上」是定中短語，「束脩」是定語，「以」是連詞，「上」是中心語。

6 同註5，頁一九三。

宋代朱熹說：「脩，脯也。十脡為束。古者相見，必執贄以為禮，束脩其至薄者。」[7]此說為是。

三、謂語短語

「謂語短語」是由一個謂語為中心的短語，《論語》的謂語短語，可分為四類：

㈠主謂短語

「主謂短語」由一個主語和它的謂語構成的短語，又稱為「主謂詞組」、「主謂結構」，康瑞琮說：「這種結構如果獨立使用，它就是句子。如果只在句中作一個成分，它就是詞組。」[8]此說可採。

1.「主語＋謂語」的主謂短語

祭神如神在。（〈八佾〉三－一二）

「神在」是主謂短語，「神」是主語，「在」是謂語。

子曰：「周監於二代，郁郁乎文哉！吾從周。」（〈八佾〉三－一四）

「吾從周」是主謂短語，「吾」是主語，「從周」是謂語。

---

7 同註3，卷四，頁九四。

8 同註1，頁四〇六。

子曰：「仁遠乎哉？我欲仁，斯仁至矣。」（〈述而〉七—三〇）

「仁遠乎哉」是主謂短語，「仁」是主語，「遠」是謂語，「乎哉」是句末表示疑問的連用語氣詞。

子曰：「作者七人矣。」（〈憲問〉一四—三七）

「作者七人」是主謂短語，「作者」是主語，「七人」是謂語，宋代朱熹引述李郁的說法：「作，起也。言起而隱去矣。不可知其誰何。」[9]此說可採。

子路曰：「君子尚勇乎？」（〈陽貨〉一七—二三）

「君子尚勇」是主謂短語，「君子」是主語，「尚勇」是謂語，「乎」是句末表示疑問的語氣詞。

2.「主語＋狀語＋謂語」的主謂短語

《論語》的主謂短語在主語和謂語之間還可以運用狀語，加以修飾謂語。

子曰：「君子不器。」（〈為政〉二—一二）

「君子不器」是主謂短語，「君子」是主語，「不」是狀語，「器」是由名詞活用的謂語。

「曾謂泰山不如林放乎？」（〈八佾〉三—六）

「泰山不如林放」是主謂短語。

---

[9] 同註3，卷七，頁一五八。

子所雅言，《詩》、《書》、執禮，皆雅言也。（〈述而〉七—一八）

「《詩》、《書》、執禮，皆雅言」是主謂短語，「《詩》、《書》、執禮」是主語，「皆」是狀語，「雅言」是謂語。（由名詞轉品，活用為動詞謂語。）

3.「主語＋之＋謂語」的主謂短語

這是一種特殊的主謂短語，它將助詞「之」加在主語和謂語之間，而使得句子「短語化」或「仂化」，王力說：「在主語和謂語中間加入介詞（按：今稱為助詞）『之』，使它變為名詞性仂語。」[10]張雙棣等稱為「『之』字結構」，他們說：「『之』字結構是指稱化的主謂結構，它不會提取與謂語核心動詞相關的部分，只是表示原主謂結構自身事物化、事件化。」[11]馬漢麟說：「這個『之』字是用來取消句子的獨立的。」[12]均可採。

「不患人之不己知。」（〈學而〉一—一六）

「人之不己知」是偏正化主謂短語。

「我不欲人之加諸我也。」（〈公冶長〉五—一二）

「人之加諸我」是偏正化主謂短語。

10 王力：《漢語史稿》（香港：波文書局，一九八一年一月），頁三九五。

11 張雙棣等：《古代漢語知識教程》（北京：北京大學出版社，二〇〇二年九月），頁三二四。

12 馬漢麟：《馬漢麟古代漢語講義》（天津：天津古籍出版社，二〇〇四年二月），頁二三。

「夫子之言性與天道，不可得而聞也。」（〈公冶長〉五—一三）

「夫子之言性與天道」是偏正化主謂短語。

「十室之邑，必有忠信如丘者焉，不如丘之好學也。」（〈公冶長〉五—二八）

「丘之好學」是偏正化主謂短語。

「豈若匹夫匹婦之為諒也。」（〈憲問〉一四—一七）

「匹夫匹婦之為諒」是偏正化主謂短語。

「祿之去公室，五世矣！」（〈季氏〉一六—三）

「祿之去公室」是偏正化主謂短語。

「君子之於天下也，無適也，無莫也。」（〈里仁〉四—一〇）

「君子之於天下」是偏正化主謂短語。

曰：「是知其不可而為之者與？」（〈憲問〉一四—三八）

「是知其不可而為之者」是偏正化主謂短語，「其」等於「彼之」。

「夫子之求之也，其諸異乎人之求之與？」（〈學而〉一—一〇）

「夫子之求之」、「人之求之」都是偏正化主謂短語。

「天之將喪斯文也，後死者不得與於斯文也；天之未喪斯文也，匡人其如予何？」（〈子罕〉九—五）

「天之將喪斯文」、「天之未喪斯文」都是偏正化主謂短語。

「道之將行也與，命也；道之將廢也與，命也。」（〈憲問〉一四—三六）

「道之將行」、「道之將廢」都是偏正化主謂短語。

「主謂短語」是由主語和謂語組成的一種謂語短語。

㈡述賓短語

「述賓短語」是由一個述語和它的賓語造成的短語。

子貢方人。（〈憲問〉一四—二九）

「方人」是述賓短語，「方」是述語，「人」是賓語。

季路問事鬼神。（〈先進〉一一—一二）

「事鬼神」是述賓短語，「事」是述語，「鬼神」是賓語。

子路問事君。（〈憲問〉一四—二二）

「事君」是述賓短語，「事」是述語，「君」是賓語。

子游為武城宰。（〈雍也〉六—一四）

「為武城宰」是述賓短語，「為」是述語，「武城宰」是賓語。

顏淵死，顏路請子之車以為之椁。（〈先進〉一一—八）

「為之椁」是述賓短語，「為」是述語，「之椁」是賓語。

「使民如承大祭。」（〈顏淵〉一二—二）

「使民」是述賓短語，「使」是述語，「民」是賓語。

「片言可以折獄者，其由也與？」（〈顏淵〉一二—一二）

「折獄」是述賓短語，「折」是述語，「獄」是賓語，高振鐸說：「『折獄』指判決案件。」[13]此言為是。

「古之學者為己，今之學者為人。」（〈憲問〉一四—二四）

「為己」是述賓短語，「為」是述語，「己」是賓語；「為人」也是述賓短語，「為」是述語，「人」是賓語。

㈢狀謂短語

「狀謂短語」是由狀語與謂語構成的短語，又稱為「狀中短語」，李佐豐說：「狀中短語是中心詞在後的謂語短語。後邊的中心詞叫中心語，其前的詞語叫狀語。」[14]多數學者將此種短語併入「偏正短語」裡，筆者認為稍嫌不妥，因為「狀謂短語」的謂語性質很強，它是作為敘述功能的短語，而不是用來修飾的短語，故另立為「狀謂短語」，以表明它具有謂語的作用。

1.「狀語＋謂語」的狀謂短語

《論語》這類的狀謂短語，狀語與謂語之間不加連詞。

子絕四：毋意，毋必，毋固，毋我。（〈子罕〉九—四）

---

13 高振鐸主編：《古籍知識手冊2》（臺北：萬卷樓圖書有限公司，二〇〇〇年十月），頁一一〇。

14 李佐豐：《古代漢語語法學》（北京：商務印書館，二〇〇四年九月），頁六一。

「毋意」、「毋必」、「毋固」、「毋我」都是狀謂短語，其中「毋」是狀語，「意」、「必」、「固」、「我」都是謂語。

柳下惠為士師，三黜。（〈微子〉一八—二）

「三黜」是狀謂短語，其中「三」是狀語，「黜」是謂語。

三家者以〈雍〉徹。（〈八佾〉三—二）

「以〈雍〉徹」是狀謂短語，「以〈雍〉」是狀語，「徹」是謂語。

事父母幾諫。」（〈里仁〉四—一八）

「幾諫」是狀謂短語，其中「幾」是狀語，「諫」是謂語。

「吾未見剛者。」（〈公冶長〉五—一一）

「未見剛者」是狀謂短語，其中「未」是狀語，「見剛者」是謂語。

原壤夷俟。（〈憲問〉一四—四三）

「夷俟」是狀謂短語，其中「夷」是狀語，「俟」是謂語，楊伯峻語譯此句「原壤兩腿像八字一樣張開坐在地上。」[15]語義正確。

2.「狀語＋而＋謂語」的狀謂短語

《論語》這類的狀謂短語，狀語與謂語之間加連詞「而」來造成狀謂短語。

15 楊伯峻：《論語譯注》（臺北：五南圖書出版有限公司，一九九九年十一月），頁三三九。

長沮、桀溺耦而耕。（〈微子〉一八—六）

「耦而耕」是狀謂短語，其中「耦」是狀語，「而」是連詞，「耕」是謂語。

3.「狀語+以+謂語」的狀謂短語

狀語與謂語之間加連詞「以」構成狀謂短語。

「譬諸草木，區以別矣。」（〈子張〉一九—一二）

「區以別」是狀謂短語，許世瑛說：「『區』是限制詞，修飾述詞『別』的，其間加了關係詞（按：連詞）『以』字。」[16] 此說為是。

(四)謂補短語

「謂補短語」是由謂語與補語構成的短語。

「君子喻於義，小人喻於利。」（〈里仁〉四—一六）

「喻於義」、「喻於利」都是謂補短語，其中「喻」是謂語，「於義」、「於利」都是補語。

「由也好勇過我。」（〈公冶長〉五—七）

「過我」是謂補短語，其中「過」是謂語，「我」是補語。

「將入門，策其馬。」（〈雍也〉六—一五）

「入門」是謂補短語，其中「入」是謂語，「門」是補語。

[16] 同註5，頁三五一。

「桓公殺公子糾，召忽死之，管仲不死。」（〈憲問〉一四—一六）

「死之」是謂補短語，其中「死」是謂語，「之」是補語。

孔子過之。（〈微子〉一八—六）

「過之」是謂補短語，其中「過」是謂語，「之」是補語。

孔子辭以疾。（〈陽貨〉一七—二〇）

「辭以疾」是謂補短語，其中「辭」是謂語，「以疾」是補語。

子張問仁於孔子。（〈陽貨〉一七—六）

「問仁於孔子」是謂補短語，其中「問仁」是謂語，「於孔子」是補語。

葉公問孔子於子路。（〈述而〉七—一九）

「問孔子於子路」是謂補短語，其中「問孔子」是謂語，「於子陸」是補語。

子路宿於石門。（〈憲問〉一四—三九）

「宿於石門」是謂補短語，其中「宿」是謂語，「石門」是補語。

大師摯適齊，亞飯干適楚，三飯繚適蔡，四飯缺適秦，鼓方叔入於河，播鼗武入於漢，少師陽、擊磬襄入於海。（〈微子〉一八—九）

「適齊」、「適楚」、「適蔡」、「適秦」、「入於河」、「入於漢」、「入於海」都是謂補短語，其中「適」、「入」都是謂語，「齊」、「楚」「蔡」、「秦」、「河」、「漢」、「海」都是補語。

四、同位短語

「同位短語」是由同樣意義、內涵的詞語並敘而構成的短語。《論語》的同位短語可細分為兩種類型：

㈠不用數詞的同位短語

楚狂接輿歌而過孔子曰：「鳳兮鳳兮！何德之衰？往者不可諫，來者猶可追。已而，已而！今之從政者殆而！」（〈微子〉一八—五）

「楚狂接輿」是同位短語，「楚狂」與「接輿」構成同位短語。

㈡使用數詞的同位短語

「侍於君子有三愆：言未及之而言，謂之躁；言及之而不言，謂之隱；未見顏色而言，謂之瞽。」（〈季氏〉一六—六）

「三愆」與「言未及之而言，謂之躁；言及之而不言，謂之隱；未見顏色而言，謂之瞽。」構成同位短語。

「君子有三戒：少之時，血氣未定，戒之在色；及其壯也，血氣方剛，戒之在鬬；及其老也，血氣既衰，戒之在得。」（〈季氏〉一六—七）

「三戒」與「少之時，血氣未定，戒之在色；及其壯也，血氣方剛，戒之在鬬；及其老也，血氣既衰，戒之在得。」構成同位短語。

「君子有三畏：畏天命，畏大人，畏聖人之言。」（〈季氏〉一六—八）「三畏」與「畏天命，畏大人，畏聖人之言。」構成同位短語。

子謂子產，「有君子之道四焉：其行己也恭，其事上也敬，其養民也惠，其使民也義。」（〈公冶長〉五—一六）「四」與「其行己也恭，其事上也敬，其養民也惠，其使民也義。」構成同位短語。

子絕四：毋意，毋必，毋故，毋我。（〈子罕〉九—四）「四」與「毋意，毋必，毋故，毋我」構成同位短語。

周有八士：伯達、伯适、仲突、仲忽、叔夜、叔夏、季隨、季騧。（〈微子〉一八—一一）「八士」與「伯達、伯适、仲突、仲忽、叔夜、叔夏、季隨、季騧。」構成同位短語。

「君子有九思：視思明，聽思聰，色思溫，貌思恭，言思忠，事思敬，疑思問，忿思難，見得思義。」（〈季氏〉一六—一〇）「九思」與「視思明，聽思聰，色思溫，貌思恭，言思忠，事思敬，疑思問，忿思難，見得思義。」構成同位短語。

五、兼語短語

「兼語短語」是藉一個述語使兼語成為受事者兼施事者的短語，它可用公式：V1＋OS＋V2（O2）來表示，又稱「兼語詞組」、「兼語結構」，歐陽小英、樊花說：「在語法上，具有雙重身份的成分就是兼語，在論元結構中，它是一個不可或缺的必有論元，使句式成為動態性質的句式意義。」[17]

《論語》的兼語短語可細分為四種類型：（V1表示第一個述語，OS表示兼語，V2表示第二個謂語（述語），O2表示第二個賓語，V3表示第三個述語，O3表示第三個賓語，A表示狀語，C表示補語，〔〕表示成分省略。）

㈠致使型兼語短語

「致使型兼語短語」是第一個動詞述語具有使令兼語行動的兼語短語，又稱為「使令結構」。《論語》這類型的兼語短語的第一個述語有：使、以、請。其中，「使」有「讓」、「派」「令」的意思，「以」有「用」的意思，「請」有「請求」的意味。

1.第一個動詞述語使用「使」

「曰：『使民戰栗。』」（〈八佾〉三―二一）

「使（V1）民（OS）戰栗（V2）」是兼語短語。

子使漆雕開仕。（〈公冶長〉五―六）

「使（V1）漆雕開（OS）仕（V2）」是兼語短語。

[17] 歐陽小英、樊花：〈《論語》《孟子》兼語句考察〉，《牡丹江大學學報》第十八卷第七期（二〇〇九年七月），頁二九。

蘧伯玉使人於孔子。（〈憲問〉一四—二五）

「使（V1）人（OS）於（V2）孔子（O2）」是兼語短語，許世瑛說：「『於』在這裡是動詞做第二個述詞，而『使』是第一個述詞。」[18]

季氏使閔子騫為費宰。（〈雍也〉六—九）

「使（V1）閔子騫（OS）為（V2）費宰（O2）」是兼語短語。

子路使子羔為費宰。（〈先進〉一一—二五）

「使（V1）子羔（OS）為（V2）費宰（O2）」是兼語短語。

孺悲欲見孔子，孔子辭以疾。將命者出戶，取瑟而歌，使之聞之。（〈陽貨〉一七—二〇）

「使（V1）之（OS）聞（V2）之（O2）」是兼語短語，第一個「之」代「孺悲」，第二個「之」代「歌」。

長沮、桀溺耦而耕，孔子過之，使子路問津焉。（〈微子〉一八—六）

「使（V1）子路（OS）問（V2）津（O2）」是兼語短語。

「不使不仁者加乎其身。」（〈里仁〉四—六）

「使（V1）不仁者（OS）加（V2）乎其身（C）」是兼語短語。

使子路反見之。（〈微子〉一八—七）

---

18 同註5，頁二五五。

「使（V1）子路（OS）反（V2）見（V3）之（O3）」是兼語短語，第二個謂語「反見之」是個連謂短語。

子與人歌而善，必使反之，而後和之。（〈述而〉七—三二）

「使（V1）（）反（V2）之（O2）」是兼語短語，兼語「人」承前省略。

「聽訟，吾猶人也。必也使無訟乎！」（〈顏淵〉一二—一三）

「使（V1）（）無（V2）訟（O2）」是兼語短語，兼語「人」，承前省略。

「由也，千乘之國可使治其賦也。」（〈公冶長〉五—八）

本例原句型為「由（OS）……可使（V1）由（OS）治（V2）其賦（O2）」，因為強調兼語「由」，所以將它提前，並在其後加上語氣詞「也」舒緩語氣。

「赤也，束帶立於朝，可使與賓客言也。」（〈公冶長〉五—八）

本例原句型為「赤（OS）……可使（V1）赤（OS）與賓客（A）言（V2）」，因為強調兼語「赤」，所以將它提前，並在其後加上語氣詞「也」舒緩語氣。

「雍也，可使南面。」（〈雍也〉六—一）

本例原句型為「雍（OS）……可使（V1）雍（OS）南面（V2）」，因為強調兼語「雍」，所以將它提前，並在其後加上語氣詞「也」舒緩語氣。

「仲由可使從政也與？」（〈雍也〉六—八）

本例原句型為「仲由（OS）……可使（V1）仲由（OS）從（V2）政（O2）」，因為強調兼語「仲由」，所以將它提前。

「賜也可使從政也與？」（〈雍也〉六—八）

本例原句型為「賜（OS）……可使（V1）賜（OS）從（V2）政（O2）」，因為強調兼語「賜」，所以將它提前，並在其後加上語氣詞「也」舒緩語氣。

「求也可使從政也與？」（〈雍也〉六—八）

本例原句型為「求（OS）……可使（V1）求（OS）從（V2）政（O2）」，因為強調兼語「求」，所以將它提前，並在其後加上語氣詞「也」舒緩語氣。

「民可使由之，不可使知之。」（〈泰伯〉八—九）

「民（OS）……使（V1）由（V2）之（O2）」、「民（OS）……使（V1）知（V2）之（O2）」都是兼語短語，兼語「民」提前在述語「使」的前面。

「千乘之國，……由也為之，比及三年，可使有勇且知方也。」（〈先進〉一一—二六）

「千乘之國（OS）……使（V1）有勇且知方（V2）」是兼語短語，兼語「千乘之國」提前在述語「使」的前面，本例的第二個謂語「有（V1）勇（O1）且（連詞）知（V2）方（O2）」是個連謂短語。

「方六七十，如五六十，求也為之，比及三年，可使足民。」（同上）

「方六七十，如五六十（OS）……使（V1）足（V2）民（O2）」是兼語短語，兼語「方六七十，如五六十」提前在述語「使」的前面。

2.第一個動詞述語使用「以」

「天下之無道也久矣，天將以夫子為木鐸。」（〈八佾〉三—二四）

「以（V1）夫子（OS）為（V2）木鐸（O2）」是兼語短語。

3.第一個動詞述語使用「請」

請討之。（〈憲問〉一四—二二）

主語「孔子」，兼語「魯哀公」均省略，「請（V1）（ ）討（V2）之（O2）」是兼語短語。

㈡意謂型兼語短語

「意謂型兼語短語」是第一個述語認為兼語是什麼的兼語短語。《論語》這類型的兼語短語的第一個述語有：稱、謂、以。其中，「稱」有「稱呼」的意思，「謂」或「以」有「認為」的意思。

1.第一個動詞述語使用「稱」

邦君之妻，君稱之曰夫人。（〈季氏〉一六—一四）

「稱（V1）之（OS）曰（V2）夫人（O2）」是兼語短語。

邦人稱之曰君夫人。（〈季氏〉一六—一四）

「稱（V1）之（OS）曰（V2）君夫人（O2）」是兼語短語。

異邦人稱之亦曰君夫人。（〈季氏〉一六—一四）

「稱（V1）之（OS）亦（狀語）曰（V2）君夫人（O2）」是兼語短語。

稱諸異邦曰寡小君。（〈季氏〉一六—一四）

「諸」是「之於」的合音，故兼語短語「稱諸異邦曰寡小君」即「稱（V1）之（OS）於異邦（C）曰（V2）寡小君（O2）」。

夫人自稱曰小童。（〈季氏〉一六—一四）

「稱（V1）曰（V2）小童（O2）」是兼語短語，兼語「之」省略。

2.第一個動詞述語使用「謂」

「孰謂微生高直？」（〈公冶長〉五—二四）

「謂（V1）微生高（OS）直（V2）」是兼語短語。

「雖曰未學，吾必謂之學矣。」（〈學而〉一—七）

「謂（V1）之（OS）學（O2）」是兼語短語，其中省略了第二個述語「曰」，許世瑛說：「『之』和『學』之間，省去了一個準繫詞『曰』字。」[19]

「孔文子何以謂之文也？」（〈公冶長〉五—一五）

王海棻認為：稱謂義動詞「謂」，「它的兩個賓語，前一個表示稱謂誰，後一個表示稱謂什麼。」[20]將本例視為「雙賓語」，筆者不贊同此說，因為雙賓語的述語通常是「授與動詞」或「告

19 同註5，頁五。

20 王海棻：《古代漢語簡明讀本》（北京：社會科學文獻出版社，二〇〇二年八月），頁一二一。

語動詞」，「謂」是「意謂動詞」，所以它會造成兼語短語，因為後面省略了第二個述語「曰」，容易讓人混淆不清。

「敏而好學，不恥下問，是以謂之文也。」（〈公冶長〉五—一五）

「謂（V1）之（OS）文（O2）」是兼語短語，其中省略了第二個述語「曰」。

「君取於吳，為同姓，謂之吳孟子。」（〈述而〉七—三一）

「謂（V1）之（OS）吳孟子（O2）」是兼語短語，其中省略了第二個述語「曰」。

「其言也訒，斯謂之仁已乎？」（〈顏淵〉一二—三）

「謂（V1）之（OS）仁（O2）」是兼語短語，其中省略了第二個述語「曰」。

「不憂不懼，斯謂之君子已乎？」（〈顏淵〉一二—四）

「謂（V1）之（OS）君子（O2）」是兼語短語，其中省略了第二個述語「曰」。

「言未及之而言，謂之躁；言及之而不言，謂之隱；未見顏色而言，謂之瞽。」（〈季氏〉一六—六）

「謂（V1）之（OS）躁（O2）」、「謂（V1）之（OS）隱（O2）」、「謂（V1）之（OS）瞽（O2）」都是兼語短語，其中皆省略了第二個述語「曰」。

「不教而殺，謂之虐；不戒視成，謂之暴；慢令致期，謂之賊；猶之與人也，出納之吝，謂之有司。」（〈堯曰〉二〇—二）

「謂（V1）之（OS）虐（O2）」、「謂（V1）之（OS）暴（O2）」、「謂（V

1）之（OS）賊（O2）」、「謂（V1）之（OS）有司（O2）」都是兼語短語，其中皆省略了第二個述語「曰」。

「士何如斯可謂之達矣？」（〈顏淵〉一二—二〇）

「謂（V1）之（OS）達（O2）」是兼語短語，其中省略了第二個述語「曰」。

「何如斯可謂之士矣？」（〈子路〉一三—二〇）

「謂（V1）之（OS）士（O2）」是兼語短語，其中省略了第二個述語「曰」。

「切切、偲偲，怡怡如也，可謂士矣。」（〈子路〉一三—二八）

「謂（V1）士（O2）」是兼語短語，其中省略了兼語「之」與第二個述語「曰」。

「三年無改於父之道，可謂孝矣。」（〈學而〉一—一一、〈里仁〉四—二〇）

「謂（V1）孝（O2）」是兼語短語，其中省略了兼語「之」與第二個述語「曰」，許世瑛說：「『可謂孝矣』是『可謂之曰孝矣』的緊縮式。」

「務民之義，敬鬼神而遠之，可謂知矣。」（〈雍也〉六—二二）

「好從事而亟失時，可謂知乎？」（〈陽貨〉一七—一）

以上兩例，「謂（V1）知（O2）」是兼語短語，其中省略了兼語「之」與第二個述語「曰」。

「如有博施於民而能濟眾，何如？可謂仁乎？」（〈雍也〉六—三〇）

「懷其寶而迷其邦，可謂仁乎？」（〈陽貨〉一七—一）

以上兩例，「謂（V1）仁（O2）」是兼語短語，其中省略了兼語「之」與第二個述語「曰」。

「泰伯，其可謂至德也已矣。」（〈泰伯〉八—一）

「謂（V1）至德（O2）」是兼語短語，其中省略了兼語「之」與第二個述語「曰」。

「仲由、冉求可謂大臣與？」（〈先進〉一一—二四）

「謂（V1）大臣（O2）」是兼語短語，其中省略了兼語「之」與第二個述語「曰」。

「今由與求也，可謂具臣矣。」（〈先進〉一一—二四）

「謂（V1）具臣（O2）」是兼語短語，其中省略了兼語「之」與第二個述語「曰」。

「日知其所亡，月無忘其所能，可謂好學也已。」（〈子張〉一九—五）

「君子食無求飽，居無求安，敏於事而慎於言，就有道而正焉，可謂好學也已。」（〈學而〉一—一四）

「以上兩例，謂（V1）好學（O2）」是兼語短語，其中省略了兼語「之」與第二個述語「曰」

3.第一個動詞述語使用「以」

「有事，弟子服其勞；有酒食，先生饌，曾是以為孝乎？」（〈為政〉二—八）

「以（V1）是（OS）為（V2）孝（O2）」是兼語短語。

「以不教民戰，是謂棄之。」（〈子路〉一三—三〇）

「謂（V1）棄（O2）」是兼語短語，其中省略了兼語「之」與第二個述語「曰」。

「二三子以我為隱乎？」（〈述而〉七—二四）

「以（V1）我（OS）為（V2）隱（O2）」是兼語短語。

「吾以女為死矣。」（〈先進〉一一—二三）

「以（V1）女（OS）為（V2）死（O2）」是兼語短語。

「賜也，女以予為多學而識之者與？」（〈衛靈公〉一五—三）

「以（V1）予（OS）為（V2）多學而識之者（O2）」是兼語短語。

「事君盡禮，人以為諂也。」（〈八佾〉三—一八）

本例原來的句型為「人以（V1）事君盡禮（OS）為（V2）諂（O2）也」，因為強調兼語「事君盡禮」而將它提前。

「君子義以為上。」（〈陽貨〉一七—二三）

「義以為上」這個兼語短語，因為強調兼語「義」而將它提前，原來的句型為「君子以（V1）義（OS）為（V2）上（O2）」。

「惡徼以為知者，惡不孫以為勇者，惡訐以為直者。」（〈陽貨〉一七—二四）

「徼（OS）以（V1）為（V2）知（O2）」、「不孫（OS）以（V1）為（V2）勇（O2）」、「訐（OS）以（V1）為（V2）直（O2）」都是兼語短語，因為強調兼語「徼」、「不孫」、「訐」而將它們提前。

「君子信而後勞其民，未信，則以為厲己也。信而後諫，未信，則以為謗己也。」（〈子張〉一九—一〇）

「以（V1）為（V2）厲己（O2）」、「以（V1）為（V2）謗己（O2）」都是兼語短語，兼語「君子」、「民」分別省略了。

㈢存在型兼語短語

「存在型兼語短語」是第一個述語表達兼語存在事實的兼語短語。《論語》這類型的兼語短語的第一個動詞述語都用「有」，宋紅晶說：「『有』主要是把後面的兼語引出來，這樣可使敘述對象更加突出。」[21]

「有父兄在，如之何其聞斯行之？」（〈先進〉一一—二二）

「子曰：『有父兄在。』」（〈先進〉一一—二二）

以上二例，「有（V1）父兄（OS）在（V2）」是兼語短語。

齊景公有馬千駟。（〈季氏〉一六—一二）

「有（V1）馬（OS）千駟（V2）」是兼語短語。

「陳文子有馬十乘，棄而違之。」（〈公冶長〉五—一九）

「有（V1）馬（OS）十乘（V2）」是兼語短語，毛顯會謂「馬十乘」為「十乘馬」的

21 宋紅晶：〈《論語》中的兼語句研究〉，《安徽文學》二〇〇九年第十一期，頁二八三。

「定語後置」，[22]但考查錢穆語譯「陳文子有馬十乘」為「陳文子有馬十四匹」，[23]並未視為「中心語與定語倒序」，所以筆者視為兼語短語。

「周任有言曰：『陳力就列，不能者止。』」（〈季氏〉一六—一）

「有（V1）言（OS）曰（V2）：『陳力就列，不能者止。』（O2）」是兼語短語。

「有顏回者好學；不遷怒，不貳過。」（〈雍也〉六—三）

「有顏回者好學。不幸短命死矣！」（〈先進〉一一—七）

以上二例，「有（V1）顏回（OS）者（語氣詞）好（V2）學（O2）」是兼語短語。

「有朋自遠方來，不亦樂乎？」（〈學而〉一—一）

「有（V1）朋（OS）自遠方（A）來（V2）」是兼語短語。

「有事，弟子服其勞；有酒食，先生饌。」（〈為政〉二—八）

「有（V1）酒食（OS），先生（S2）饌（V2）」是兼語短語，第二個謂語「先生（主語）饌（謂語）」是個主謂短語。

「吾有知乎哉？無知也。有鄙夫問於我。」（〈子罕〉九—八）

「有（V1）鄙夫（OS）問（V2）於我（C）」是兼語短語。

---

22 毛顯會：〈《論語》中特殊語序探究〉，《牡丹江師範學院學報》（哲社版）二〇〇九年第六期，頁四七。

23 錢穆：《論語新解》（臺北：東大圖書有限公司，二〇〇八年十月），頁一三五。

㈣ 處置型兼語短語

「處置型兼語短語」是第一個述語能夠處置兼語的兼語短語。《論語》的處置型兼語短語的第一個述語都用「如」。

「人而不仁，如禮何？人而不仁，如樂何？」（〈八佾〉三—三）

「如（V1）禮（OS）何（V2）」、「如（V1）樂（OS）何（V2）」都是兼語短語。

「不能以禮讓為國，如禮何？」（〈里仁〉四—一三）

「如（V1）禮（OS）何（V2）」是兼語短語。

「天生德於予，桓魋其如予何？」（〈述而〉七—二三）

「如（V1）予（OS）何（V2）」是兼語短語。

「天之未喪斯文也，匡人其如予何？」（〈子罕〉九—五）

「如（V1）予（OS）何（V2）」是兼語短語。

「不能正其身，如正人何？」（〈子路〉一三—一三）

「如（V1）正人（OS）何（V2）」是兼語短語，兼語「正（述語）人（賓語）」是個述賓短語。

表六—一—一　《論語》的兼語短語一覽表

兼語的種類	句型	數量	小計
㈠致使型兼語短語	使+OS+V2	五例	三三例
	使+OS+V2+O2	六例	
	使+OS+V2+C	三例	
	使+OS+V2+V3+O3	一例	
	使+（　）+V2	一例	
	使+（　）+V2+O2	三例	
	OS+使+V2+O2	一一例	
	以+OS+為+O2	一例	
	請+（　）+V2+O2	一例	
	請+（　）+V2	一例	
㈡意謂型兼語短語	稱+OS+曰+O2	四例	四三例
	稱+OS+O2	一例	
	謂+之+V2	一六例	
	謂+O2	一一例	
	以+OS+為	六例	
	OS+以+為	五例	

表六—一—一 《論語》的兼語短語一覽表（續）

兼語的種類	句型	數量	小計
㈢存在型兼語短語	有＋OS＋V2	三例	八例
	有＋OS＋V2＋O2	三例	
	有＋OS＋S2＋V2	一例	
	有＋OS＋S2＋C2	一例	
㈣處置型兼語短語	如＋OS＋何	六例	六例
合計		九〇例	

（筆者整理）

《論語》能夠造成兼語短語的第一動詞為「使」、「以」、「請」、「稱」、「謂」、「有」、「如」這七個，當這七個動詞後面加上兼語和第二個謂語，就可以構成兼語短語。

六、連謂短語

「連謂短語」是連用兩個或兩個以上的謂語短語，又稱為「複合式造句結構」。《論語》的連謂短語形態較為多樣，這種短語如果不是作為句子的某個成分，單獨來表意時，通常都是連謂句或複句的形態。《論語》的連謂短語可細分為兩種類型：

㈠同一個謂語疊用的連謂短語

「視其所以，觀其所由，察其所安。人焉廋哉？人焉廋哉？」（〈為政〉二—一〇）

「人焉廋哉？人焉廋哉？」是連謂短語，重複兩個主謂短語而成。

「亡之，命矣夫！斯人也而有斯疾也！斯人也而有斯疾也！」（〈雍也〉六—一〇）

「斯人也而有斯疾也！斯人也而有斯疾也！」是連謂短語，重複兩個主謂短語而成。

夫子矢之，曰：「予所否者，天厭之！天厭之！」（〈雍也〉六—二八）

「天厭之！天厭之！」是連謂短語，重複兩個主謂短語而成。

子曰：「噫！天喪予！天喪予！」（〈子罕〉一一—九）

「天喪予！天喪予！」是連謂短語，重複兩個主謂短語而成。

㈡不同的謂語連用的連謂短語

「使民敬忠以勸，如之何？」（〈為政〉二—二〇）

「敬忠以勸」是連謂短語。

「其為人也，發憤忘食，樂以忘憂。」（〈述而〉七—一九）

「發憤忘食」、「樂以忘憂」都是連謂短語。

子溫而厲，威而不猛，恭而安。（〈述而〉七—三八）

「溫而厲」、「威而不猛」、「恭而安」都是連謂短語，兩個謂語之間用「而」連接。

子曰：「君子坦蕩蕩，小人長戚戚。」（〈述而〉七—三七）

「君子坦蕩蕩，小人長戚戚」是連謂短語，由兩個主謂短語連謂而成。

「好勇疾貧，亂也。」（〈泰伯〉八—一〇）

「好勇疾貧」是連謂短語。

攝齊升堂，鞠躬如也，屏氣似不息者。（〈鄉黨〉一〇—四）

「攝齊升堂」是連謂短語，鍾發遠說：「兩動詞有時間上的連續性。」[24]

「君子不憂不懼。」（〈顏淵〉一二—四）

「不憂不懼」是連謂短語。

子曰：「晉文公譎而不正，齊桓公正而不譎。」（〈憲問〉一四—一五）

「晉文公譎而不正，齊桓公正而不譎。」是連謂短語，朱城說：「這裡的『譎』應講為『善權變』。全句是說，晉文公善權變，但有點過，不夠正大光明；齊桓公正大光明，但卻不會權變。二人是互補關係，各有短長。」[25]此說可採；又從「回文」修辭來看，「晉文公譎（A）而不正（B），齊桓公正（B）而不譎（A）」這個連謂短語「譎（A）」、「正（B）」是相互補足論點的關係。

子曰：「人無遠慮，必有近憂。」（〈衛靈公〉一五—一二）

---

24 鍾發遠：〈《論語》連動結構研究〉，《承德民族師專學報》第二十五卷第三期（二〇〇五年八月），頁四七。

25 朱城主編：《古代漢語專題教程》（北京：中國人民大學出版社，二〇一〇年六月），頁二四。

「人無遠慮，必有近憂。」是連謂短語，由兩個主謂短語連謂而成。

子曰：「有教無類。」（〈衛靈公〉一五—三九）

「有教無類」是連謂短語，由兩個謂賓短語連謂而成，宋石青說：「『有』、『無』對舉並提，這類對舉的語句，大都是強調事物『有』、『無』的對比性。」[26]

「好仁不好學，其蔽也愚；好知不好學，其蔽也蕩；好信不好學，其蔽也賊；好直不好學，其蔽也絞；好勇不好學，其蔽也亂；好剛不好學，其蔽也狂。」（〈陽貨〉一七—九）

「好仁不好學」、「好知不好學」、「好信不好學」、「好直不好學」、「好勇不好學」、「好剛不好學」都是連謂短語。

子夏曰：「百工居肆以成其事，君子學以致其道。」（〈子張〉一九—七）

「百工居肆以成其事」、「君子學以致其道」都是連謂短語，解惠全等說：「『成其事』是『居肆』的目的，『致其道』是『學』的目的。」[27]此說可採。

「君子惠而不費，勞而不怨，欲而不貪，泰而不驕，威而不猛。」（〈堯曰〉二〇—二）

「惠而不費」、「勞而不怨」、「欲而不貪」、「泰而不驕」、「威而不猛」都是連謂短語。

---

26 宋石青：〈《論語》中的「有」字與「無」字〉，《語文研究》一九九六年第一期，頁四五。

27 解惠全等：《古漢語讀本》（修訂本）（天津：南開大學出版社，二〇〇九年六月），頁一三九。

七、介詞短語

「介詞短語」是由一個介詞和它的副賓語構成的短語，又稱為「介詞詞組」、「介賓短語」、「介詞仂語」（參閱第三章第二節「介詞」部分）。周法高說：「介詞的特點是能夠令一個賓語構成一個介詞仂語（prepositional phrase）。」[28]此言為是。《論語》的介詞短語，有的用在謂語之前作為「狀語」，有的用在謂語之後作為「補語」，運用靈活。

㈠介詞短語在謂語之前

「不以禮節之。」（〈學而〉一—一二）

「以禮」是介詞短語，「以」是介詞，「禮」是副賓語。

三家者以〈雍〉徹。（〈八佾〉三—二）

「以雍」是介詞短語，「以」是介詞，「雍」是副賓語。

「能以禮讓為國乎？何有？」（〈里仁〉四—一三）

「以禮讓」是介詞短語，「以」是介詞，「禮讓」是副賓語。

㈡介詞短語在謂語之後

「使民以時。」（〈學而〉一—五）

28 周法高：《中國古代語法——造句編（上）》（臺北：臺聯國風出版社，一九七二年三月），頁五三。

「以時」是介詞短語，「以」是介詞，「時」是副賓語。

「為政以德。」（〈為政〉二—一）

「以德」是介詞短語，「以」是介詞，「德」是副賓語。

「吾十有五而志於（介詞）學（副賓語）。」（〈為政〉二—四）

八、數詞短語

「數詞短語」是運用數詞構成的短語。《論語》的數詞短語按照它內部的結構，可分為六種類型：

(一)「數詞＋量詞」的數詞短語

有的學者把「數詞＋量詞」稱為「數量詞」，從語法的性質來看，「數詞＋量詞」應該是一種短語，而不是一種詞類，所以筆者仍將它歸屬為「數詞短語」。

「以吾一日長乎爾，毋吾以也。」（〈先進〉一一—二六）

「一日克己復禮，天下歸仁焉。」（〈顏淵〉一二—一）

「一日」是數詞短語。

祭肉不出三日，出三日，不食之矣。（〈鄉黨〉一〇—九）

齊人歸女樂，季桓子受之，三日不朝，孔子行。（〈微子〉一八—四）

「三日」是數詞短語。

「回也，其心三月不違仁。」（〈雍也〉六—七）

子在齊聞〈韶〉，三月不知肉味。（〈述而〉七—一四）

「三月」是數詞短語，而且「三月」是虛數，誇張的說法，楊劍橋說：「表示眾多或極多。」[29]此說可採。

「三年無改於父之道，可謂孝矣。」（〈學而〉一—一一、〈里仁〉四—二〇）

「求也為之，比及三年，可使足民。」（〈先進〉一一—二六）

「苟有用我者，期月而已可也，三年有成。」（〈子路〉一三—一〇）

「君薨，百官總己以聽於冢宰三年。」（〈憲問〉一四—四〇）

「三年之喪，期已久矣。君子三年不為禮，禮必壞；三年不為樂，樂必崩。」（〈陽貨〉一七—二一）

「子生三年，然後免於父母之懷。夫三年之喪，天下之通喪也，予也有三年之愛於其父母乎？」（〈陽貨〉一七—二一）

「三年」是數詞短語。

「善人教民七年，亦可以即戎矣。」（〈子路〉一三—二九）

「七年」是數詞短語。

---

29 楊劍橋：《古漢語語法講義》（上海：復旦大學出版社，二〇一〇年八月），頁三三三。

「祿之去公室，五世矣！政逮於大夫，四世矣！」（〈季氏〉一六—三）

「五世」、「四世」都是數詞短語。

「天下無道，則禮樂征伐自諸侯出。自諸侯出，蓋十世希不失矣；自大夫出，五世希不失矣；陪臣執國命，三世希不失矣。」（〈季氏〉一六—二）

「十世」、「五世」、「三世」都是數詞短語。

「子行三軍，則誰與？」（〈述而〉七—一一）

「三軍可奪帥也。」（〈子罕〉九—二六）

「三軍」是「數詞＋量詞」的稱數。

(二)「數詞＋名詞」的數詞短語

「一言以蔽之，曰：『思無邪。』」（〈為政〉二—二）

「一言」是數詞短語。

「一言而可以興邦，有諸？」（〈子路〉一三—一五）

「如知為君之難也，不幾乎一言而興邦乎？」（〈子路〉一三—一五）

「一言而喪邦，有諸？」（〈子路〉一三—一五）

「如不善而莫之違也，不幾乎一言而喪邦乎？」（〈子路〉一三—一五）

「君子一言以為知，一言以為不知，言不可不慎也。」（〈子張〉一九—二五）

以上的「一言」都是數詞短語。

「十世可知也？」（〈為政〉二—二三）

「十世」是數詞短語。

「三人行，必有我師焉。」（〈述而〉七—二二）

「三人」是數詞短語。

「有婦人焉，九人而已。」（〈雍也〉八—二〇）

「九人」是數詞短語。

「譬如為山，未成一簣，止，吾止也；譬如平地，雖覆一簣，進，吾往也。」（〈子罕〉九—一九）

「一簣」是數詞短語。

出降一等，逞顏色，怡怡如也。（〈鄉黨〉一〇—四）

必有寢衣，長一身有半。（〈鄉黨〉一〇—六）

「一身」是數詞短語。

三子者出，曾皙後。（〈先進〉一一—二六）

「三子」是數詞短語，指子路、冉有和公西華。

公曰：「告夫三子。」（〈憲問〉一四—二一）

「三子」是數詞短語，指魯大夫孟孫、叔孫、季孫。

「作者七人矣。」（〈憲問〉一四—三七）

「七人」是數詞短語。

「祿之去公室，五世矣！政逮於大夫，四世矣！」（〈季氏〉一六—三）

「五世」、「四世」都是數詞短語。

見其二子焉。（〈微子〉一八—七）

「二子」是數詞短語。

「益者三友，損者三友。」（〈季氏〉一六—四）

「三友」是數詞短語。

「益者三樂，損者三樂。」（〈季氏〉一六—五）

「三樂」是數詞短語。

「侍於君子有三愆。」（〈季氏〉一六—六）

「三愆」是數詞短語。

「君子有三戒。」（〈季氏〉一六—七）

「三戒」是數詞短語。

「君子有三畏。」（〈季氏〉一六—八）

「三畏」是數詞短語。

「君子有三變。」（〈子張〉一九—九）

「三變」是數詞短語。

「君子有九思。」（〈季氏〉一六—一〇）

「九思」是數詞短語。

「由也，女聞六言六蔽矣乎？」（〈陽貨〉一七—八）

「六言」、「六蔽」都是數詞短語。

「古者民有三疾，今也或是之亡也。」（〈陽貨〉一七—一六）

「三疾」是數詞短語。

「尊五美，屏四惡，斯可以從政矣。」（〈堯曰〉二〇—二）

「五美」、「四惡」都是數詞短語。

(三)「數詞＋代詞」的數詞短語

「必不得已而去之，於斯三者何先？」（〈顏淵〉一二—七）

「能行五者於天下為仁矣。」（〈陽貨〉一七—六）

(四)「數詞＋量詞＋之＋名詞」的數詞短語

「一簞食，一瓢飲，在陋巷，人不堪其憂，回也不改其樂。」（〈雍也〉六—一一）

「由也，千乘之國可使治其賦也。」（〈公冶長〉五—八）

「求也，千室之邑，百乘之家，可使為之宰也。」（〈公冶長〉五—八）

(五)「名詞＋數詞＋量詞」的數詞短語

《論語》這類型的數詞短語，會造成兼語短語（請參閱本節上述「兼語短語」），而且作為動詞「有」後面的成分。

「崔子弒其君，陳文子有馬十乘，棄而違之。」（〈公冶長〉五—一九）

「馬十乘」是數詞短語。

齊景公有馬千駟。（〈季氏〉一六—一二）

「馬千駟」是數詞短語。

㈥「名詞（名詞短語）＋數詞」的數詞短語

原思為之宰，與之粟九百。（〈雍也〉六—五）

「粟九百」的「粟」是名詞，「九百」是數詞。

「誦《詩》三百。」（〈子路〉一三—五）

「《詩》三百」的「《詩》」是名詞，「三百」是數詞。

「君子所貴乎道者三。」（〈泰伯〉八—四）

「所貴乎道者」是名詞短語，「三」是數詞。

子謂子產，「有君子之道四焉。」（〈公冶長〉五—一六）

「君子之道」是名詞短語，「四」是數詞。

「奪伯氏駢邑三百。」（〈憲問〉一四—九）

「伯氏駢邑」是名詞短語，「三百」是數詞。

九、所字短語

「所字短語」是由代詞「所」加上一個中心語構成的短語，又稱為「所字詞組」、「所字結構」，王力說：「它通常用在及物動詞的前面和動詞組成一個名詞性的詞組，表示『所……的人』『所……的事物』。『所』字所指代的一般是行為的對象。」[30]這種「所」有的學者認為是助詞，筆者認為它仍有稱代作用，並未完全虛化為詞頭，故視為代詞（參閱第二章第三節代詞「輔助性代詞」部分）。

(一)「所＋動詞」的所字短語

「七十而從心所欲。」（〈為政〉二—四）

「所欲」是所字短語，「所」是代詞，「欲」是動詞。

「殷因於夏禮，所損益可知也；周因於殷禮，所損益可知也。」（〈為政〉二—二三）

「所損益」是所字短語，「所」是代詞，「損益」是動詞。

「君子無所爭。」（〈八佾〉三—七）

「所爭」是所字短語，「所」是代詞，「爭」是動詞。

30 王力主編：《古代漢語》（臺北：藍燈文化事業有限公司，一九八九年一月），頁三六三。

㈡「所＋不＋動詞」的所字短語

「君子於其所不知，蓋闕如也。」（〈子路〉一三—三）

「所不知」是所字短語，指「不懂的事情」。

㈢「所＋形容詞」的所字短語

「察其所安。」（〈為政〉二—一〇）

「所安」是所字短語，「所」是代詞，「安」是形容詞，楊逢彬認為「所安」是所賴以生存，所賴以安身立命者之意」。[31]

㈣「所＋介詞＋動詞」的所字短語

揖所與立，左右手，衣前後，襜如也。（〈鄉黨〉一〇—三）

「所與立」是所字短語，指「與孔子並立的人」，「所」是代詞，「與」是介詞，「立」是動詞。

㈤「無所＋不＋動詞」的所字短語

去喪，無所不佩。（〈鄉黨〉一〇—六）

㈥「所＋介詞（以）」的所字短語

這是《論語》的一種固定的短語結構，共出現三次。

---

31 楊逢彬：〈《論語》語詞瑣記〉，《古漢語研究》二〇一一年第二期，頁一八。

1.「所以」表示「用來……的東西」

「不患無位，患所以立。」（〈里仁〉四－一四）

2.「所以」表示「……的原因」

「吾黨之小子狂簡，斐然成章，不知所以裁之。」（〈公冶長〉五－二二）

「斯民也，三代之所以直道而行也。」（〈衛靈公〉一五－二五）

以上的「所以」都是所字短語，徐東娜說：「『所以』有兩種用法，一種表示『用來……的東西』，另一種表示『……的原因』。」[32]此說可採。

十、者字短語

「者字短語」是由一個詞或短語加上代詞「者」構成的短語，又稱為「者字詞組」、「者字結構」，《論語》的者字短語句型呈現多樣化的面貌。劉嘉琦說：

代詞「者」跟一般的代詞不同，它是用在形容詞、動詞或動詞詞組後面組成一個具有名詞性的「者」字詞組，指代人或事物，可譯為「……的人」、「……的東西」、「……的事情」，有時可簡單地譯為「……的」。[33]王力說：「它通常用在形容詞、動詞或動詞詞組的後面組成一個名詞性

32 徐東娜：〈《論語》介詞「以」的考察〉，《新學術》二〇〇七年第六期，頁四三。

33 劉嘉琦：《古文中的幾個語法問題》（臺北：臺灣商務印書館，一九八二年十一月），頁一五。

的詞組。」[34]故知這類的「者」仍有稱代作用，可稱代「人、事、物」，並未完全都虛化為助詞、語氣詞。

《論語》的者字短語可細分為：

㈠「名詞＋者」的者字短語

鄉人飲酒，杖者出，斯出矣。（〈鄉黨〉一〇—一三）

㈡「動詞＋者」的者字短語

「冠者五六人。」（〈先進〉一一—二六）

「冠者」是者字短語，「冠」是動詞，「者」是代詞，可譯為「的人」。

最後，關於「所字短語」與「者字短語」的差別，施向東、冉啟彬說：

> 「所」字結構所指稱的人或事物是受動者，是「所」後邊的動詞性成分的支配對象，而「者」字結構在多數情況下指稱的是施動者或能動者。「言者」是說話的人，「所言」是說出來的話；「作者」是創造某件東西的人，「所作」是創造出來的事物。[35]

34 王力：《古漢語通論》（香港：中外出版社，一九七六年一月），頁六三。

35 施向東、冉啟彬主編：《古代漢語基礎》（北京：北京大學出版社，二〇〇二年九月），頁一七九。

此說很有創地，值得參考。

㈢「**形容詞＋者**」**的者字短語**

「仁者，其言也訒。」（〈顏淵〉一二—三）

㈣「**數詞＋者**」**的者字短語**

「能行五者於天下為仁矣。」（〈陽貨〉一七—六）

㈤「**中心語＋定語＋者**」**的者字短語**

「居是邦也，事其大夫之賢者，友其士之仁者。」（〈衛靈公〉一五—一〇）

劉景農說：「如果要特指那中心詞來說，也可利用『者』把定語挪在後邊。」[36]是知「事其大夫之賢者」、「友其士之仁者」，義為「事其賢之大夫」、「友其仁之士」。

㈥「**主謂短語＋者**」、**友其士之仁者的者字短語**

「我未見力不足者。」（〈里仁〉四—六）

㈦「**述賓短語＋者**」**的者字短語**

子食於有喪者之側，未嘗飽也。（〈述而〉七—九）

㈧「**謂補短語＋者**」**的者字短語**

「從我於陳、蔡者，皆不及門也。」（〈先進〉一一—二）

---

36 劉景農：《漢語文言語法》（北京：中華書局，二〇〇七年四月），頁二三二。

(九)「狀謂短語＋者」的者字短語

「不仁者不可以久處約，不可以長處樂。」（〈里仁〉四—二）

(十)「連謂短語＋者」的者字短語

「未若貧而樂、富而好禮者也。」（〈學而〉一—一五）

「有始有卒者，其唯聖人乎！」（〈子張〉一九—一二）

《論語》的短語都是句子的成分，無法單獨來表意。換句話說，《論語》的短語是造句的各種材料，因此要認識《論語》的短語必須透過語句分析。其次，短語複詞之間也可以相互聯結而構成新的短語。

第二節 《論語》的句子

「句子」是語言最通常的完整的表意單位，簡稱為「句」，沈咸恆說：「怎樣纔算『句』，什麼叫『句』，我們的答覆，是至少兩個字可以算句，而這兩個字是具有連貫的意義的就叫句。」[37] 句子的分類，語法上有不同的標準，本節係依照句子的結構（「句型」）來分類探討《論語》的句子，分作單句和複句兩種形態。

37 沈咸恆：《中國文字科學教學方法十二講》（臺北：鄉建週刊社，一九四九年十一月），頁二六。

一、單句

「單句」是指由一個主語和一個謂語組成的句子。《論語》的單句，出現在以單句形態成章的篇章裡，共二八〇個。《論語》的單句分為「動詞謂語句」、「名詞謂語句」、「主謂謂語句」與「連謂句」四種。其中，以「動詞謂語句」的數量最多。

(一)動詞謂語句

「動詞謂語句」是由動詞作謂語的單句，又稱為「動謂句」，《論語》的動詞謂語句，以「子+曰+賓語」的句型數量最為普遍。

1. 主語+曰+賓語

子曰：「學而時習之，不亦說乎？有朋自遠方來，不亦樂乎？人不知而不慍，不亦君子乎？」（〈學而〉一—一）

楊伯峻說：「《論語》『子曰』的『子』都是指孔子而言。」[38]據此可知「子」可視為「孔子」一詞的節縮。

子曰：「不知命，無以為君子也；不知禮，無以立也；不知言，無以知人也。」（〈堯曰〉二〇—三）

[38] 同註15，頁一。

《論語》裡「子＋曰＋賓語」的動詞謂語句共有二二三個；計：〈學而〉八個，〈為政〉十四個，〈八佾〉十一個，〈里仁〉二十四個，〈公冶長〉八個，〈雍也〉十五個，〈述而〉十九個，〈泰伯〉十五個，〈子罕〉十六個，〈先進〉六個，〈顏淵〉四個，〈子路〉十五個，〈憲問〉十八個，〈衛靈公〉三十四個，〈季氏〉一個，〈陽貨〉十四個，〈堯曰〉一個。

孔子曰：「天下有道，則禮樂征伐自天子出；天下無道，則禮樂征伐自諸侯出。自諸侯出，蓋十世希不失矣；自大夫出，五世希不失矣；陪臣執國命，三世希不失矣。天下有道，則政不在大夫。天下有道，則庶人不議。」（〈季氏〉一六－二）

《論語》裡「孔子＋曰＋賓語」的動詞謂語句凡有九個，均出現在〈季氏〉。

有子曰：「其為人也孝弟，而好犯上者，鮮矣。不好犯上，而好作亂者，未之有也。君子務本，本立而道生。孝弟也者，其為仁之本與！」（〈學而〉一－二）

《論語》裡「有子＋曰＋賓語」的動詞謂語句凡有三個，均出現在〈學而〉。

曾子曰：「吾日三省吾身。為人謀而不忠乎？與朋友交而不信乎？傳不習乎？」（〈學而〉一－四）

《論語》裡「曾子＋曰＋賓語」的動詞謂語句凡有八個；計：〈學而〉二個，〈泰伯〉三個，〈子張〉三個。

子夏曰：「賢賢易色。事父母，能竭其力；事君，能致其身；與朋友交，言而有信。雖曰未學，吾必謂之學矣。」（〈學而〉一－七）

《論語》裡「子夏＋曰＋賓語」的動詞謂語句凡有十個；計：〈學而〉一個，〈子張〉九個。

子貢曰：「夫子之文章，可得而聞也；夫子之言性與天道，不可得而聞也。」（〈公冶長〉五—一三）

《論語》裡「子貢＋曰＋賓語」的動詞謂語句凡有三個；計〈公冶長〉一個，〈子張〉二個。

子游曰：「事君數，斯辱矣；朋友數，斯疏矣。」（〈里仁〉四—二六）

《論語》裡「子游＋曰＋賓語」的動詞謂語句凡有三個；計〈里仁〉一個，〈子張〉二個。

子張曰：「士見危致命，見得思義，祭思敬，喪思哀，其可已矣。」（〈子張〉一九—一）

《論語》裡「子張＋曰＋賓語」的動詞謂語句凡有二個，均出現在〈子張〉。

牢曰：「子云：『吾不試，故藝。』」（〈子罕〉九—七）

《論語》裡「牢＋曰＋賓語」的動詞謂語句僅有一個。

2.主語＋有＋賓語

《論語》這類型的動詞謂語句僅有一個，它又可稱為「存現句」。

周有八士：伯達、伯适、仲突、仲忽、叔夜、叔夏、季隨、季騧。（〈微子〉一八—一一）

3.主語＋述語＋賓語

《論語》這類型的動詞謂語句僅有一個。

子絕四：毋意，毋必，毋固，毋我。（〈子罕〉九—四）

4.主語＋狀語＋述語＋賓語

《論語》這類型的動詞謂語句有五個。

子不語：怪、力、亂、神。（〈述而〉七—二一）

「不」是否定副詞，作狀語，修飾後面的謂語。

子罕言利與命與仁。（〈子罕〉九—一）

「罕」是程度副詞，作狀語，修飾後面的謂語。

子在陳曰：「歸與！歸與！吾黨之小子狂簡，斐然成章，不知所以裁之。」（〈公冶長〉五—二二）

「在陳」是狀語，為介賓短語，限制謂語說話的處所。

子在川上曰：「逝者如斯夫！不舍晝夜。」（〈子罕〉九—一七）

顏淵喟然歎曰：「仰之彌高，鑽之彌堅。瞻之在前，忽焉在後。夫子循循然善誘人，博我以文，約我以禮，欲罷不能。既竭吾才，如有所立，卓爾。雖欲從之，末由也已。」（〈子罕〉九—一一）

「喟然」、「歎」都是狀語，修飾後面的謂語。宋代朱熹說：「喟，歎聲。」[39]楊伯峻語譯「喟然歎曰」為「感歎著說」，[40]均可採。

---

39 同註3，卷五，頁一一一。

40 同註15，頁一九九。

㈡名詞謂語句

「名詞謂語句」是由名詞或相當於名詞的短語作為謂語的單句，又稱為「名謂句」，此種單句用名詞或名詞性質的短語來表示論斷，因此有的學者稱它為「判斷句」，白玉林、遲鐸說：「這類句子在譯為現代漢語時，主謂之間要加判斷詞『是』。」[41]《論語》的名詞謂語句僅有一例。

子之所慎：齊，戰，疾。（〈述而〉七—一三）

「子之所慎」是主語，「齊，戰，疾」是謂語，它由並列短語所構成。

㈢主謂謂語句

「主謂謂語句」是由主謂短語作為謂語的單句，《論語》僅有一例。

子所雅言，《詩》、《書》、執禮，皆雅言也。（〈述而〉七—一八）

「子所雅言」是主語，「《詩》、《書》、執禮，皆雅言」是謂語，謂語「《詩》、《書》、執禮（主語），皆（狀語）雅言（謂語）」是個主謂短語。

㈣連謂句

「連謂句」是由連謂短語作為謂語的單句，句型為：「主語＋謂＋賓語一＋曰＋賓語二」。第一個動詞述語用「謂」，意思是「對……說」或「談到」，第二個動詞述語「曰」，或概括省略。

1.第一個動詞述語「謂」的意思是「對……說」

---

41 白玉林、遲鐸：《古漢語語法》（北京：中國社會科學出版社，二〇〇八年六月），頁二二二。

子謂子夏曰：「女為君子儒，無為小人儒。」（〈雍也〉六—一三）

子謂伯魚曰：「女為〈周南〉、〈召南〉矣乎？人而不為〈周南〉、〈召南〉，其猶正牆面而立也與？」（〈陽貨〉一七—一〇）

周公謂魯公曰：「君子不施其親，不使大臣怨乎不以。故舊無大故，則不棄也。無求備於一人。」（〈微子〉一八—八）

宋代朱熹說：「魯公，周公子伯禽也。」[42]此說為是。

2.第一個動詞述語「謂」的意思是「談到」

子謂仲弓，曰：「犁牛之子騂且角，雖欲勿用，山川其舍諸？」（〈雍也〉六—六）

子謂顏淵，曰：「惜乎！吾見其進也，未見其止也。」（〈子罕〉九—二一）

孔子謂季氏，「八佾舞於庭，是可忍也，孰不可忍也？」（〈八佾〉三—一）

子謂子賤，「君子哉若人！魯無君子者，斯焉取焉？」（〈公冶長〉五—三）

子謂子產，「有君子之道四焉：其行己也恭，其事上也敬，其養民也惠，其使民也義。」（〈公冶長〉五—一六）

子謂衛公子荊，「善居室。始有，曰：『苟合矣。』少有，曰：『苟完矣。』富有，曰：『苟美矣。』」（〈子路〉一三—八）

---

42 同註3，卷九，頁一八七。

以上四例的第二個動詞「曰」均概括省略。

綜合上述《論語》的單句，整理如表六—二—一：

表六—二—一 《論語》各篇單句的數量統計表

篇名＼句型	動詞謂語句	名詞謂語句	主謂謂語句	連謂句	小計
〈學而〉	一四	○	○	○	一四
〈為政〉	一四	○	○	○	一四
〈八佾〉	一一	○	○	一	一二
〈里仁〉	二五	○	○	○	二五
〈公冶長〉	一○	○	○	二	一二
〈雍也〉	一五	○	○	二	一七
〈述而〉	二○	一	一	○	二二
〈泰伯〉	一八	○	○	○	一八
〈子罕〉	二一	○	○	一	二二
〈鄉黨〉	○	○	○	○	○
〈先進〉	六	○	○	○	六
〈顏淵〉	四	○	○	○	四
〈子路〉	一五	○	○	一	一六

表六—二—一 《論語》各篇單句的數量統計表（續）

篇名＼句型	動詞謂語句	名詞謂語句	主謂謂語句	連謂句	小計
〈憲問〉	一八	○	○	○	一八
〈衛靈公〉	三四	○	○	○	三四
〈季氏〉	一○	○	○	○	一○
〈陽貨〉	一五	○	○	○	一五
〈微子〉	一	○	○	一	二
〈子張〉	一八	○	○	○	一八
〈堯曰〉	一	○	○	○	一
合計	二七○	一	一	八	二八○

（筆者整理）

二、複句

「複句」是分句與分句之間按照不同邏輯關係，運用關聯詞語連繫而成的句子，又稱為「複合句」；組成複句的那些單句稱為「分句」或「子句」（小句）。徐芹庭說：「凡須兩個句子以上，方能表達完整之意思者為複句。」[43]金兆梓說：「句和句聯合表示一個完全意義的，就叫『複句』

43 徐芹庭：《高級國文法》（臺北：臺灣中華書局，一九七九年五月），頁九六。

（Complex sentence），而構成複句的簡句，就叫子句（Clause）。」[44]史存直說：「關聯詞語一般是連詞或連接副詞。」[45]周光慶、楊合鳴說：「在結構上，複句包括兩個或兩個以上的分句；在內容上，複句較之單句更為豐富。」[46]可見複句比單句的句型結構較大，具有兩個以上的謂語，而且表達的內容較單句豐富。

《論語》的複句有「單純複句」與「多重複句」二種類型（分句之間以符號≠表示前後分句的聯結關係）。

㈠單純複句

「單純複句」是指分句與分句只有一重關係的複句，又稱為「一般複句」、「單一複句」。《論語》的單純複句有：並列複句、承接複句、因果複句、條件複句、轉折複句、補充複句。其中，並列複句、承接複句是「並列（聯合）式複句」，分句與分句是平等的關係；因果複句、條件複句、轉折複句、補充複句是「偏正（主從）式複句」，分句與分句是主次的關係。

1.並列複句

「並列複句」是句法相似的分句構成的複句，又稱為「聯合複句」。

44 金兆梓：《國文法之研究》（北京：商務印書館，一九八三年三月），頁三九。
45 史存直：《文言語法》（北京：中華書局，二〇〇六年二月），頁二〇九。
46 周光慶、楊合鳴：《古代漢語教程》（武漢：華中師範大學出版社，二〇〇八年三月），頁三八九。

子謂〈韶〉，「盡美矣，又盡善也。」（第一分句）≠謂〈武〉，「盡美矣，未盡善也。」（第二分句）（〈八佾〉三—二五）

子之燕居，申申如也，≠夭夭如也。（〈述而〉七—四）

這個並列複句由兩個「主語＋形容詞謂語」的分句所構成，且分句之間不用連詞來連接，許世瑛說：「『申申如』跟『夭夭如』，是帶詞尾『如』的衍聲複詞，分別做謂語。」[47]此說可採。

食不語，（第一分句）≠寢不言。（第二分句）（〈鄉黨〉一〇—一〇）

這個並列複句由兩個「句首狀語＋不＋謂語」的分句所構成，且分句之間不用連詞來連接。

子曰：「不在其位，不謀其政。」（第一分句）≠曾子曰：「君子思不出其位。」（第二分句）（〈憲問〉一四—二六）

這個並列複句由兩個「主語＋曰＋賓語」的分句所構成，且分句之間不用連詞來連接。

子曰：「聖人，吾不得而見之矣；得見君子者，斯可矣。」（第一分句）≠子曰：「善人，吾不得而見之矣；得見有恆者，斯可矣。亡而為有，虛而為盈，約而為泰，難乎有恆矣。」（第二分句）（〈述而〉七—二六）

子曰：「賢者辟世，其次辟地，其次辟色，其次辟言。」（第一分句）≠子曰：「作者七人矣。」（第二分句）（〈憲問〉一四—三七）

---

47 同註5，頁一〇七。

這兩個並列複句由兩個「子＋曰＋賓語」的分句所構成，且分句之間不用連詞來連接。

子溫而厲，（第一分句）≠威而不猛，（第二分句）≠恭而安。（第三分句）（〈述而〉七—三八）

這個並列複句由三個「連謂」的分句所構成，且分句之間不用連詞來連接。

柴也愚，（第一分句）≠參也魯，（第二分句）≠師也辟，（第三分句）≠由也喭。（第四分句）（〈先進〉一一—一八）

這個並列複句，都是由「主語＋語氣詞『也』＋形容詞謂語」[48]的四個分句所構成，且分句之間不用連詞來連接。

德行：顏淵、閔子騫、冉伯牛、仲弓。（第一分句）≠言語：宰我、子貢。（第二分句）≠政事：冉有、季路。（第三分句）≠文學：子游、子夏。（第四分句）（〈先進〉一一—三）

這個並列複句，都是由「主語＋並列短語的名詞謂語」的四個分句所構成，且分句之間不用連詞來連接。

邦君之妻，君稱之曰夫人，（第一分句）≠夫人自稱曰小童；（第二分句）≠邦人稱之曰君夫人，（第三分句）≠稱諸異邦曰寡小君；（第四分句）≠異邦人稱之亦曰君夫人。（第五分句）

48 馬建忠稱為「表詞」，他說：「靜字為語詞，則名曰表詞，所以表白其為如何者，亦以別於止詞耳。」馬建忠：《馬氏文通》（北京：商務印書館，二〇〇〇年十二月），頁二六。

（〈季氏〉一六—一四）

這個並列複句，都是由「稱＋兼語＋曰＋賓語」的五個分句所構成，且分句之間不用連詞來連接。

2.承接複句

「承接複句」是按照時間先後順序構成的複句，又稱為「時間複句」。史存直說：「承接複句有幾種不同的情形：有的是依時間的順序而承接的；有的是因思想接近而聯及的；有的是下句對上句作解釋或推論的。」[49]此說可採。《論語》的承接複句以表達「接續的對話」的內容為多，其次是表達「事件發生的時間接連」。

子禽問於子貢曰：「夫子至於是邦也，必聞其政，求之與？抑與之與？」（第一分句）≠子貢曰：「夫子溫、良、恭、儉、讓以得之。夫子之求之也，其諸異乎人之求之與？」（第二分句）（〈學而〉一—一〇）

定公問：「君使臣，臣事君，如之何？」（第一分句）≠孔子對曰：「君使臣以禮，臣事君以忠。」（第二分句）（〈八佾〉三—一九）

葉公問政。（第一分句）≠子曰：「近者悅，遠者來。」（第二分句）（〈子路〉一三—一六）

[49]同註45，頁二一二。

陳子禽謂子貢曰：「子為恭也，仲尼豈賢於子乎？」（第一分句）≠子貢曰：「君子一言以為知，一言以為不知，言不可不慎也。夫子之不可及也，猶天之不可階而升也。夫子之得邦家者，所謂立之斯立，道之斯行，綏之斯來，動之斯和。其生也榮，其死也哀，如之何其可及也？」（第二分句）（〈子張〉一九—二五）

以上是表達「接續的對話」的承接複句。

子於是日哭，（第一分句）≠則不歌。（第二分句）（〈述而〉七—一〇）

子畏於匡，（第一分句）≠曰：「文王既沒，文不在茲乎？天之將喪斯文也，後死者不得與於斯文也；天之未喪斯文也，匡人其如予何？」（第二分句）（〈子罕〉九—五）

子與人歌而善，（第一分句）≠必使反之，（第二分句）≠而後（連詞）和之。（第三分句）（〈述而〉七—三二）

以上是表達「事件發生的時間接連」的承接複句。

3.因果複句

「因果複句」是由一個分句表示原因，一個分句表示結果，如此方式形成的複句。《論語》的因果複句，第一個分句敘述「原因」，第二個分句說明「結果」。

三家者以〈雍〉徹。（第一分句）≠子曰：「『相維辟公，天子穆穆。』奚取於三家之堂？」（第二分句）（〈八佾〉三—二）

子貢欲去告朔之餼羊。（第一分句）≠子曰：「賜也！爾愛其羊，我愛其禮。」（第二分句）

（〈八佾〉三—一七）

子貢方人。（第一分句）≠子曰：「賜也賢乎哉？夫我則不暇。」（第二分句）（〈憲問〉一四—二九）

叔孫武叔毀仲尼。（第一分句）≠子貢曰：「無以為也！仲尼不可毀也。他人之賢者，丘陵也，猶可踰也；仲尼，日月也，無得而踰焉。人雖欲自絕，其何傷於日月乎？多見其不知量也。」（第二分句）（〈子張〉一九—二四）

子謂公冶長，「可妻也。雖在縲紲之中，非其罪也。」（第一分句）≠以其子妻之。（第二分句）（〈公冶長〉五—一）

子謂南容，「邦有道，不廢；邦無道，免於刑戮。」（第一分句）≠以其兄之子妻之。（第二分句）（〈公冶長〉五—二）

南容三復白圭，（第一分句）≠孔子以其兄之子妻之。（第二分句）（〈先進〉一一—六）

以上《論語》的因果複句，第一分句和第二分句之間沒有使用連詞。

4.條件複句

「條件複句」是第一分句作為第二分句的條件形成的複句。

席不正，（第一分句）≠不坐。（第二分句）（〈鄉黨〉一〇—一二）

《論語》的條件複句，第一分句和第二分句之間沒有使用連詞。

5.轉折複句

「轉折複句」是第二分句和第一分句的文意相互轉戾形成的複句。

季氏使閔子騫為費宰。（第一分句）≠閔子騫曰：「善為我辭焉！如有復我者，則吾必在汶上矣。」（第二分句）（〈雍也〉六—九）

《論語》的轉折複句，第一分句和第二分句之間沒有使用連詞。

6. 補充複句

「補充複句」是分句之間沒有具備其他特別的邏輯關係，而純粹靠前後的文意相互補足而構成的單純複句。

子食於有喪者之側，（第一分句）≠未嘗飽也。（第二分句）（〈述而〉七—九）

許世瑛說：「第二句『未嘗飽也』是敘事簡句，它和第一句間的關係是時間關係。」[50]筆者認為這兩個分句，意思上的補充說明關係強於時間關係，可視為補充複句。

子以四教：（第一分句）≠：文、行、忠、信。（第二分句）（〈述而〉七—二五）

許世瑛說：「『教』下省去了受詞『學生』。……這兩句之間的關係是補充關係。」[51]此說可採。

「唐棣之華，偏其反而。豈不爾思？室是遠而。」（第一分句）≠子曰：「未之思也！夫何遠

---

50 同註5，頁一〇九。

51 同註5，頁一一九

之有？」（第二分句）（〈子罕〉九—三一）

子曰：「片言可以折獄者，其由也與？」（第一分句）≠子路無宿諾。（第二分句）（〈顏淵〉一二—一二）

㈡多重複句

「多重複句」是指複句其中的分句又是「複句」的複句，即有兩個聯結層次以上的複句。

子釣≠而不綱，（第一分句）≠≠弋≠不射宿。（第二分句）（〈述而〉七—二七）

第一分句和分句是由並列關係構成的多重複句，第一分句「子釣≠而不綱」是個轉折複句，第二分句「弋≠不射宿」也是個轉折複句。

子曰：「南人有言曰：『人而無恆，不可作巫醫。』善夫！」≠「不恆其德，或承之羞。」（第一分句）≠≠子曰：「不占而已矣！」（第二分句）（〈子路〉一三—二二）

第一分句和第二分句是由承接關係構成的多重複句，第一分句「子曰：『南人有言曰：「人而無恆，不可作巫醫。」善夫」！≠「『不恆其德，或承之羞。』」本身又是個補充複句。

由以上實例看來，《論語》的複句結構上並不是很龐雜，除了〈先進〉一一—二六、〈季氏〉一六—一、〈堯曰〉二〇—一等少數篇章之外，大多數的篇章都尚未發展成為「句群」的形態。

第三節 《論語》的特殊句法

本節分五個部分，分別探討《論語》的「省略」、「倒序與倒裝」、「外位」、「雙重否定」與「被動表示法」這些特殊語法。

一、《論語》的「省略」

「省略」是古漢語常見的語法手段之一，它即是語句中的某些成分在特定語境下省略而不說，張文國、張能甫說：「省略是言語層面的句子和語言層面的句子相比較的結果，也就是說，某成分在語言層面上有，而在言語層面沒有出現。」[52]張世祿說：「省略，是指語法上成份的缺損，這種缺損的成份，根據上下文的意義和句子結構，能夠進行確定而適宜的補足。」[53]康瑞琮說：「省略可以使語言簡潔，避免囉嗦。」[54]上述諸說，說明了造成省略的緣由。

《論語》的省略，按照其省略方式的不同可細分為三種：（省略的成分用符號〔〕加以表示）。

---

52 張文國、張能甫：《古漢語語法學》（成都：巴蜀書社，二〇〇三年三月），頁二七三。

53 張世祿主編：《古代漢語教程》（上海：復旦大學出版社，二〇〇七年六月），頁一七九。

54 同註1，頁四一〇。

㈠概括省略

「概括省略」是省略某些成分，不影響文意的省略。這種省略，讀者從上下文的文意就能判定。

1.主語概括省略

子曰：「（）學而時習之，不亦說乎？」（〈學而〉一－一）

《論語》凡是泛指對象的「人」作為主語，通常加以概括省略。「學而時習之」即「人學而時習之」。

子適衛，冉有僕。子曰：「（）庶矣哉！」（〈子路〉一三－九）

「庶矣哉」的主語「衛人」概括省略，宋代邢昺說：「庶，眾也。至衛境，見衛人眾多，故孔子歎美之。」[55]故知省略主語「衛人」，孫良朋解讀這種省略係「加入主語，明確敘述對象。」[56]此說可採。

2.述語概括省略

孔子謂季氏，（）「八佾舞於庭，是可忍也，孰不可忍也？」（〈八佾〉三－一）

子謂〈韶〉，（）「盡美矣，又盡善也。」謂〈武〉，（）「盡美矣，未盡善也。」（〈八

---

55 （魏）何晏集解、（宋）邢昺疏：《論語集解》，《論語注疏》，頁一一六。

56 孫良朋：《中國古代語法學探究》（北京：商務印書館，二〇〇二年六月），頁六八。

佾〉三—二五）

「『盡美矣，又盡善也。』」的述語「曰」，「『盡美矣，未盡善也。』」的述語「曰」，均概括省略。

子謂子賤，〔 〕「君子哉若人！魯無君子者，斯焉取焉？」（〈公冶長〉五—三）

子謂子產，〔 〕「有君子之道四焉：其行己也恭，其事上也敬，其養民也惠，其使民也義。」（〈公冶長〉五—一六）

以上二例的第二個動詞述語「曰」均概括省略。

「雖曰未學，吾必謂之〔 〕學矣。」（〈學而〉一—七）

「學」的述語「曰」承前省略。

3.述語與賓語均概括省略

「三年無改於父之道，可謂〔 〕孝矣。」（〈學而〉一—一一、〈里仁〉四—二〇）

「可謂」後面省略了「之曰」，許世瑛說：「『可謂孝矣』是『可謂之曰孝矣』的緊縮式。」[57]此說可採。

「君子食無求飽，居無求安，敏於事而慎於言，就有道而正焉，可謂〔 〕好學也已。」（〈學而〉一—一四）

---

[57] 同註5，頁八。

「可謂」後面省略了「之曰」，許世瑛說：「『可謂好學也已』是『可謂之曰好學也已』的省說。」[58]此說為是。

4.兼語概括省略

君召使（）擯，色勃如也，足躩如也。（〈鄉黨〉一〇—三）

兼語「孔子」概括省略。

5.介詞概括省略

《論語》有些句子不及物動詞、形容詞作謂語，後面的介詞可省略。

冉子退（）朝。（〈子路〉一三—一四）

「退朝」即「退於朝」。

「剛、毅、木、訥，近（）仁。」（〈子路〉一三—二七）

「近仁」即「近於仁」。

6.副賓語概括省略

堯曰：「咨！爾舜！天之曆數在爾躬，允執其中。四海困窮，天祿永終。」舜亦以（）命禹。（〈堯曰〉二〇—一）

介詞「以」後面省略了副賓語「之」，即「天之曆數在爾躬，允執其中。四海困窮，天祿永

---

58 同註5，頁一一。

終。」這段話。

7.補語概括省略

「道之以政，齊之以刑，民免（ ）（ ）而無恥。」（〈為政〉二—三）

謂語「免」後面概括省略補語「於刑」，許世瑛說：「『民免』是『民免於刑』的省說。」[59]此言為是。

子禽問於子貢（補語）曰：「夫子至於是邦也，必聞其政，求之與？抑與之與？」子貢曰：「夫子溫、良、恭、儉、讓以得之。夫子之求之也，其諸異乎人之求之與？」（〈學而〉一—一〇）

子張問於孔子（補語）曰：「何如斯可以從政矣？」子曰：「尊五美，屏四惡。」（〈堯曰〉二〇—二）

以下跟上述三個句子對照比較，可看出下列各例都概括省略了「表對象的補語」（於＋對象）。

王孫賈問（ ）（ ）曰：「與其媚於奧，寧媚於竈，何謂也？」子曰：「不然。獲罪於天，無所禱也。」（〈八佾〉三—一三）

子貢問（ ）（ ）曰：「賜也何如？」子曰：「女，器也。」（〈公冶長〉五—四）

59同註5，頁一六。

子貢問（）（）曰：「孔文子何以謂之文也？」子曰：「敏而好學，不恥下問，是以謂之文也。」（〈公冶長〉五—一五）

子張問（）（）曰：「令尹子文三仕為令尹，無喜色；三已之，無慍色。舊令尹之政，必以告新令尹，何如？」子曰：「忠矣。」（〈公冶長〉五—一九）

季康子問（）（）：「弟子孰為好學？」孔子對曰：「有顏回者好學，不幸短命死矣，今也則亡。」（〈先進〉一一—七）

子貢問（）（）曰：「有一言而可以終身行之者乎？」子曰：「其恕乎！己所不欲，勿施於人。」（〈衛靈公〉一五—二四）

子張問（）（）曰：「與師言之道與？」子曰：「然，固相師之道也。」（〈衛靈公〉一五—四二）

以上諸例，「問」後面都概括省略補語「於孔子」或「於子」。

㈡承前省略

《論語》後面文句的成分，在前面的文句中已經提到過，因而在後面的句子裡省略不說，這樣就造成「**承前省略**」。

1. 主語承前省略

季氏旅於泰山。女謂冉有曰：「女弗能救與？」（）對曰：「不能。」（〈八佾〉三—六）

「對曰：『不能。』」的主語「冉有」承前省略。

「〈關雎〉樂而不淫，〔 〕哀而不傷。」（〈八佾〉三—二〇）

「『哀而不傷。』」的主語「〈關雎〉」承前省略。

子謂〈韶〉，「盡美矣，又盡善也。」〔 〕謂〈武〉，「盡美矣，未盡善也。」（〈八佾〉三—二五）

「不仁者，不可以久處約，〔 〕不可以長處樂。」（〈里仁〉四—二）

「『不可以長處樂』」的主語「不仁者」承前省略。

子貢問曰：「賜也何如？」子曰：「女，器也。」〔 〕曰：「何器也？」〔 〕曰：「〔 〕瑚璉也。」（〈公冶長〉五—四）

「曰：『何器也？』」的主語「子貢」，「曰：『瑚璉也。』」的主語「子」，「瑚璉也」的主語「女」，均承前省略。

子使漆雕開仕。〔 〕對曰：「吾斯之未能信。」（〈公冶長〉五—六）

「對曰：……」的主語「漆雕開」承前省略。

子謂子貢曰：「女與回也孰愈？」〔 〕對曰：「賜也何敢望回？回也聞一以知十，賜也聞一以知二。」（〈公冶長〉五—九）

「對曰：……」的主語「子貢」承前省略。

子張問曰：「令尹子文三仕為令尹，無喜色；三已之，無慍色。舊令尹之政，必以告新令尹，何如？」子曰：「〔 〕忠矣。」（〈公冶長〉五—一九）

「忠矣」的主語「令尹子文」承前省略。

季康子問：「仲由可使從政也與？」子曰：「由也果，於從政乎何有？」（　）曰：「賜也可使從政也與？」（　）曰：「賜也達，於從政乎何有？」（　）曰：「求也可使從政也與？」（　）曰：「求也藝，於從政乎何有？」（〈雍也〉六—八）

「曰：『賜也可使從政也與？』」的主語「季康子」，「曰：『賜也達，於從政乎何有』」的主語「子」，「曰：『求也可使從政也與？』」的主語「季康子」，「曰：『求也藝，於從政乎何有』」的主語「子」，均承前省略。

子游為武城宰。子曰：「女得人焉耳乎？」（　）曰：「有澹臺滅明者，行不由徑，非公事，未嘗至於偃之室也。」（〈雍也〉六—一四）

「曰：……」的主語「子游」承前省略。

子曰：「孟之反不伐，奔而殿，將入門，策其馬，（　）曰：『非敢後也，馬不進也。』」（〈雍也〉六—一五）

「曰：『非敢後也，馬不進也。』」的主語「孟之反」承前省略。

子張問善人之道。子曰：「（　）不踐跡，亦不入於室。」（〈先進〉一一—二〇）

「不踐跡，亦不入於室。」的主語「善人」承前省略。

樊遲問仁。子曰：「愛人。」（　）問知。子曰：「知人。」（〈顏淵〉一二—二二）

「問知」的主語「樊遲」承前省略。

「君子以文會友，〔〕以友輔仁。」（〈顏淵〉一二—二四）

「以友輔仁」的主語「君子」承前省略。

子路問政。子曰：「先之勞之。」〔〕請益。〔〕曰：「無倦。」（〈子路〉一三—一）

「請益」的主語「子路」，「曰：『無倦。』」的主語「子」，均承前省略。

樊遲請學稼。子曰：「吾不如老農。」〔〕請學圃。〔〕曰：「吾不如老圃。」（〈子路〉一三—四）

「請學圃」的主語「樊遲」，「曰：『吾不如老圃。』」的主語「子」，均承前省略。

或問子產。子曰：「〔〕惠人也。」（〈憲問〉一四—九）

「惠人也」的主語「子產」承前省略。

子路宿於石門。晨門曰：「奚自？」子路曰：「自孔氏。」〔〕曰：「是知其不可而為之者與？」（〈憲問〉一四—三八）

「曰：『是知其不可而為之者與』」的主語「晨門」承前省略。

原壤夷俟。子曰：「幼而不孫弟，長而無述焉，老而不死，是為賊。」〔〕以杖叩其脛。（〈憲問〉一四—四三）

「以杖叩其脛」的主語「子」承前省略。

闕黨童子將命。或問之曰：「〔〕益者與？」（〈憲問〉一四—四四）

「益者與」的主語「闕黨童子」承前省略。

孺悲欲見孔子，孔子辭以疾。將命者出戶，（ ）取瑟而歌，使之聞之。（〈陽貨〉一七—二一）

「取瑟而歌」的主語「孔子」承前省略。

子路從而後，遇丈人，以杖荷蓧。子路問曰：「子見夫子乎？」丈人曰：「四體不勤，五穀不分，孰為夫子？」（ ）植其杖而芸。子路拱而立。（ ）止子路宿，殺雞為黍而食之，見其二子焉。明日，子路行以告。子曰：「隱者也。」使子路反見之。（ ）至，則（ ）行矣。（〈微子〉一八—七）

「植其杖而芸」的主語「丈人」，「止子路宿」的主語「丈人」，「至」的主語「子路」，「行矣」的主語「丈人」，均承前省略。

孟氏使陽膚為士師，（ ）問於曾子。（〈子張〉一九—一九）

「問於曾子」的主語「陽膚」承前省略。

2.述語承前省略

子游曰：「事君數，斯辱矣；（ ）朋友數，斯疏矣。」（〈里仁〉四—二六）

「朋友」的述語「事」承前省略，楊伯峻語譯「事」為「對待」。[60]

3.賓語承前省略

60 同註15，頁八九。

子曰：「參乎！吾道一以貫之。」曾子曰：「唯。」子出，門人問〔 〕曰：「何謂也？」

（〈里仁〉四—一五）

「問」的賓語「曾子」承前省略。

「人皆有兄弟，我獨亡〔 〕。」（〈顏淵〉一二—五）

「我獨亡」的賓語「兄弟」承前省略。

4.謂語與補語同時承前省略

閔子侍側，誾誾如也；子路〔 〕行行如也；冉有、子貢〔 〕侃侃如也。（〈先進〉一一—一三）

主語「子路」之後省略了「侍側」這個謂語與補語，又主語「冉有、子貢」同樣省略了「侍側」這個謂語與補語。

5.主語與賓語同時承前省略

康子饋藥，拜而受之。〔 〕曰：「丘未達，不敢嘗〔 〕。」（〈鄉黨〉一〇—一六）

「曰：『丘未達，不敢嘗。』」的主語「子」，「嘗」的賓語「藥」都承前省略。

6.副賓語承前省略

「行有餘力，則以〔 〕行文。」（〈學而〉一—六）

介詞「以」後面的副賓語「餘力」，承前省略。

「起予者商也！始可與〔 〕言《詩》已矣！」（〈八佾〉三—八）

介詞「與」後面的副賓語「商」，承前省略。

「父母之年，不可不知也。一則以（ ）喜，一則以（ ）懼。」（〈里仁〉四—二一）

兩個介詞「以」後面的副賓語「父母之年」，承前省略。

互鄉難與（ ）言。（〈述而〉七—二九）

介詞「與」後面的副賓語「之」（互鄉的人），承前省略。

子路從而後，遇丈人，以杖荷蓧。子路問曰：「子見夫子乎？」丈人曰：「四體不勤，五穀不分，孰為夫子？」植其杖而芸。子路拱而立。止子路宿，殺雞為黍而食之，見其二子焉。明日，子路行以（ ）告。（〈微子〉一八—七）

介詞「以」後面的副賓語「之」，承前省略。李國英、李遠富說：「省略的『之』指代上文敘述的子路遇見荷蓧丈人的經過。」[61]正確可採。

㈢蒙後省略

《論語》前面文句的成分，在後面的文句中已經提到過，因而在前面的句子裡省略不說，這樣就造成「蒙後省略」。

1.主語蒙後省略

「（ ）來，予與爾言。」（〈陽貨〉一七—一）

61 李國英、李遠富主編：《古代漢語教程》（北京：北京師範大學出版社，二〇一〇年六月），頁一八三。

「來」的主語「爾」蒙後省略。

2.主語與狀語蒙後省略

「（ ）弗如也；吾與女弗如也。」（〈公冶長〉五—九）

「弗如也」的主語與狀語「吾與女」蒙後省略。

3.述語蒙後省略

「躬自厚（ ）而薄責於人，則遠怨矣。」（〈衛靈公〉一五—一五）

「躬自厚」後面的謂語「責」蒙後省略。

4.副賓語蒙後省略

「可與（ ）言，而不與之言，失人；不可與（ ）言，而與之言，失言。」（〈衛靈公〉一五—八）

兩個「與」的副賓語「之」都蒙後省略。

二、《論語》的「倒序」與「倒裝」

(一)《論語》的「倒序」

「倒序」是倒置的語序，又稱為「固定的倒置」，是古漢語語法的特色，與現代漢語比較，固定的倒置（倒序）反而是古漢語常用的常式句法，它跟為了強調某種成分的變式句法「倒裝」語法稍不同。郭錫良、李玲璞說：「上古漢語裡常作賓語的疑問代詞有『誰』『孰』『何』『奚』

『曷』『安』等，這些疑問代詞作賓語的時候一定要置於動詞之前。」[62]此說可採。

《論語》所見的「倒序」，可分為以下幾種狀況來探討：

1.「疑問代詞（何、奚、誰、焉）作賓語＋述語」的倒序

《論語》這類的倒序都出現在疑問句。

樊遲曰：「何謂也？」（〈為政〉二—五）

「何謂也」係「謂之曰何也」兼語短語的緊縮：「謂何也」，因為「何」為疑問代詞作賓語，按照上古漢語的語法，再倒裝成為「何謂也」這樣的簡易句型。

「『巧笑倩兮，美目盼兮，素以為絢兮。』何謂也？」（〈八佾〉三—八）

「與其媚於奧，寧媚於竈，何謂也？」（〈八佾〉三—一三）

門人問曰：「何謂也？」（〈里仁〉四—一五）

「鄉也吾見於夫子而問知，子曰：『舉直錯諸枉，能使枉者直。』何謂也？」（〈顏淵〉一二—二二）

「《書》云：『高宗諒陰，三年不言。』何謂也？」（〈憲問〉一四—四〇）

以上六例，「何」是賓語，「謂」是述語。

「何為則民服？」（〈為政〉二—一九）

62 郭錫良、李玲璞：《古代漢語》（北京：語文出版社，一九九五年六月），頁五〇八。

「何」是賓語，「為」是述語。

「二三子何（賓語）患（述語）於喪乎？」（〈八佾〉三—二四）

「能以禮讓為國乎？何有？」（〈里仁〉四—一三）

「由也果，於從政乎何有？」（〈雍也〉六—八）

「賜也達，於從政乎何有？」（〈雍也〉六—八）

「求也藝，於從政乎何有？」（〈雍也〉六—八）

「苟正其身矣，於從政乎何有？」（〈子路〉一三—一三）

「默而識之，學而不厭，誨人不倦，何有於我哉？」（〈述而〉七—二）

「出則事公卿，入則事父兄，喪事不敢不勉，不為酒困，何有於我哉？」（〈子罕〉九—一六）

以上各例「何」是賓語，「有」是述語。

「於予與何誅？」（〈公冶長〉五—一〇）

「何」是賓語，「誅」是述語。

「求仁而得仁，又何怨？」（〈述而〉七—一五）

「何」是賓語，「怨」是述語。

「吾何執？」（〈子罕〉九—二）

「何」是賓語，「執」是述語，解惠全等說：「『執』，持，這裡有『從事』的意思。」[63]此說可採。

「如或知爾，則何（賓語）以（述語）哉？」（〈先進〉一一—二六）

「何傷乎？」（〈先進〉一一—二六）

「何」是賓語，「傷」是述語。

「內省不疚，夫何憂何懼？」（〈顏淵〉一二—四）

「何」是賓語，「憂」、「懼」都是述語。

「必不得已而去，於斯三者何先？」（〈顏淵〉一二—七）

「必不得已而去，於斯二者何先？」（〈顏淵〉一二—七）

以上兩例，「何」是賓語，「先」是述語。

「既庶矣，又何加焉？」（〈子路〉一三—九）

「既富矣，又何加焉？」（〈子路〉一三—九）

以上兩例，「何」是賓語，「加」是述語。

「夫子何（賓語）為（述語）？」（〈憲問〉一四—二五）

「天何言哉？四時生焉，百物生焉，天何言哉？」（〈陽貨〉一七—一九）

---

63 同註27，頁一一七。

《論語》僅有「云何」一例例外，並未採倒序的語法，是即：

「子夏云何？」（〈子張〉一九—三）

「云」是述語，「何」是賓語。

「『相維辟公，天子穆穆。』奚（賓語）取（述語）於三家之堂？」（〈八佾〉三—二）

「衛君待子而為政，子將奚（賓語）先（述語）？」（〈子路〉一三—三）

「子行三軍，則誰與？」（〈述而〉七—一一）

「吾誰欺？欺天乎？」（〈子罕〉九—一二）

疑問代詞「誰」是賓語，「欺」是述語，賓語與述語倒序，「欺（述語）天（賓語）乎」則不倒序，楚坤紅說：「疑問代詞充當的賓語前置，而名詞充當的賓語就不前置。」[64]

「吾之於人也，誰（賓語）毀（述語）誰（賓語）譽（述語）？」（〈衛靈公〉一五—二五）

「擇可勞而勞之，又誰（賓語）怨（述語）？」（〈堯曰〉二〇—二）

「直道而事人，焉（賓語）往（述語）而不三黜？」（〈微子〉一八—二）

2.「疑問代詞（奚）作副賓語＋謂語」的倒序

晨門曰：「奚（副賓語）自（述語）？」（〈憲問〉一四—三八）

許世瑛說：「『奚自』，是個詞結，『自』是述詞（謂語），『奚』是疑問指稱詞，做『自』

64 楚坤紅：〈淺談《論語》中的賓語前置句〉，《青年文學家》二〇〇九年第三期，頁一七八。

的處所補詞，而提前了。」[65]

3.「疑問代詞（何、奚、孰、誰、惡）作副賓語＋介詞」的倒序

《論語》這類型的「倒序」句法都出現在疑問句裡。

(1)「何＋介詞（以、為、用）」的倒序

「不敬，何（副賓語）以（介詞）別乎？」（〈為政〉二—七）

「大車無輗，小車無軏，其何（副賓語）以（介詞）行之哉？」（〈為政〉二—二二）

「居上不寬，為禮不敬，臨喪不哀，吾何（副賓語）以（介詞）觀之哉？」（〈八佾〉三—二六）

「孔文子何（副賓語）以（介詞）謂之文也？」（〈公冶長〉五—一五）

「君子質而已矣，何（副賓語）以（介詞）文為？」（〈顏淵〉一二—八）

「何（副賓語）以（介詞）報德？」（〈憲問〉一四—三四）

「是社稷之臣也，何（副賓語）以（介詞）伐為？」（〈季氏〉一六—一）

「丘何（副賓語）為（介詞）是栖栖者與？」（〈憲問〉一四—三二）

「何（副賓語）為（介詞）其莫知子也？」（〈憲問〉一四—三五）

「『不忮不求，何（副賓語）用（介詞）不臧？』」（〈子罕〉九—二七）

---

65 同註5，頁二六一。

(2)「奚＋介詞（以、為、與）」的倒序

「雖多亦奚（副賓語）以（介詞）為（述語）？」（〈子路〉一三—五）

「由之瑟，奚（副賓語）為（介詞）於丘之門？」（〈先進〉一一—一五）

(3)「孰＋介詞（與）」的倒序

「百姓足，君孰（副賓語）與（介詞）不足？百姓不足，君孰（副賓語）與（介詞）足？」（〈顏淵〉一二—九）

朱城說：「『孰與』即『與孰』，同哪一個。」[66]此說可採。

(4)「誰＋介詞（以、與）」的倒序

「滔滔者天下皆是也，而誰（副賓語）以（介詞）易之？」（〈微子〉一八—六）

這個例子的倒序，陳素素說：「『誰』為介詞『以』的次賓語，因為『誰』是疑問代詞作次賓語，所以提在介詞之前。」[67]

「吾非斯人之徒與而誰與？」（〈微子〉一八—六）

「誰與」是「與誰」的倒序。

(5)「惡＋介詞（乎）」的倒序

66 同註25，頁九五。

67 陳素素：〈「誰以易之」的文法問題〉，《國文天地》第五卷第二期（一九八九年七月），頁六。

「君子去仁，惡乎成名。」（〈里仁〉四—五）

「惡」是表示疑問的副賓語，「乎」是介詞。

4.「指示代詞（是）作副賓語＋介詞」的倒序

「伯夷、叔齊不念舊惡，怨是用希。」（〈公冶長〉五—二五）

「是」是副賓語，「用」是介詞；有的學者將「是用」視為複詞，筆者未採用此看法。

「有事，弟子服其勞；有酒食，先生饌，曾是以為孝乎？」（〈為政〉二—八）

張峰說：「代詞『是』作介詞『以』的前置賓語，『是以』就是『以是』的意思。」[68]此說可採。

「敏而好學，不恥下問，是以謂之文也。」（〈公冶長〉五—一五）

「雖小道，必有可觀者焉。致遠恐泥，是以君子不為也。」（〈子張〉一九—四）

「紂之不善，不如是之甚也。是以君子惡居下流，天下之惡皆歸焉。」（〈子張〉一九—二〇）

以上四例，「是」是副賓語，「以」是介詞。

5.「疑問代詞（何）作謂語＋主語」的倒序

「鳳兮鳳兮！何（謂語）德之衰（主語）？」（〈微子〉一八—五）

---

68 張峰：〈《論語》中的賓語前置句〉，《佳木斯大學社會科學學報》第二十四卷第四期（二〇〇六年七月），頁三九。

許世瑛說：「『何德之衰』是表態繁句，這表態繁句裡的主語『德之衰』是組合式詞結，跟謂語『何』是變了次。」[69]此說可採。

「我之大賢與，於人何（謂語）所不容（主語）？」（〈子張〉一九－三）

許世瑛說：「謂語『何』和主語『所不容』變了次。」[70]此說可採。

6.「否定副詞（不、未、非、毋、未）、莫＋代詞賓語＋述語」的倒序

「不患人之不（否定副詞）己（賓語）知（述語），患不知人也。」（〈學而〉一－一六）

黃慶萱說：「賓語『己』為第一人稱稱代詞，其上『不』為否定副詞，古代漢語在這種條件下必將賓語倒置於述語之上。『不知人』之『人』為名詞，非稱代詞，故不倒置。」[71]此說可採。

「居則曰：『不（否定副詞）吾（賓語）知（述語）也！』」（〈先進〉一一－二六）

「如有政，雖不（否定副詞）吾（賓語）以（述語），吾其與聞之。」（〈子路〉一三－一四）

「豈不（否定副詞）爾（賓語）思（述語）？室是遠而。」（〈子罕〉九－三一）

「日月逝矣，歲不我與。」（〈陽貨〉一七－一）

69 同註5，頁三二九。
70 同註5，頁三四六。
71 黃慶萱：《修辭學》（臺北：三民書局，二〇〇二年十月），頁七八七－七八八。

「未（否定副詞）之（賓語）難（述語）矣。」（〈憲問〉一四—三九）

「吾非（否定副詞）斯人之徒（賓語）與（述語）而誰與？」（〈微子〉一八—六）

「毋（否定副詞）吾（賓語）以（述語）也。」（〈先進〉一一—二六）

「不好犯上，而好作亂者，未（否定副詞）之（賓語）有（述語）也。」（〈學而〉一—二）

「蓋有之矣，我未（否定副詞）之（賓語）見（述語）也。」（〈里仁〉四—六）

「未（否定副詞）之（賓語）思（述語）也。」（〈子罕〉九—三一）

「軍旅之事，未（否定副詞）之（賓語）學（述語）也。」（〈衛靈公〉一五—一）

子路有聞，未（否定副詞）之（賓語）能（狀語）行（述語），唯恐有聞。（〈公冶長〉五—一四）

《論語》也有少數沒有運用倒序語法的特別實例，例如：

「患不（否定副詞）知（述語）人（賓語）也。」（〈學而〉一—一六）

「狂而不直，侗而不愿，悾悾而不信，吾不（否定副詞）知（述語）之（賓語）矣。」（〈泰伯〉八—一六）

祭肉不出三日，出三日，不（否定副詞）食（述語）之（賓語）矣。（〈鄉黨〉一〇—九）

「其未（否定副詞）得（述語）之（賓語）也，患得之；既得之，患失之。」（〈陽貨〉一七—一五）

以上四例，或許是《論語》記錄者的疏忽，沒有採用當時流行的書面語法，或許是當時的口語實錄，因為例子實在太少，「不知為不知」無法妄下定論。

「不患莫（不定代詞）己（賓語）知（述語），求為可知也。」（〈里仁〉四—一四）

「人之言曰：『予無樂乎為臣，唯其言而莫（否定副詞）予（賓語）違（述語）也。』」（〈子路〉一三—一五）

「如其善而莫（不定代詞）之（賓語）違（述語）也，不亦善乎？」（〈子路〉一三—一五）

「如不善而莫（不定代詞）之（賓語）違（述語）也，不幾乎一言而喪邦乎？」（〈子路〉一三—一五）

「自經於溝瀆而莫（不定代詞）之（賓語）知（述語）也？」（〈憲問〉一四—一七）

子曰：「莫（不定代詞）我（賓語）知（述語）也夫！」子貢曰：「何為其莫知子也？」（〈憲問〉一四—三五）

何淑貞說：「『莫我知也夫』裡的賓語『我』是個純粹稱代詞，在否定句裡位於述語之前；而『何為其莫知子也』的『子』字，是以普通名詞借作第二人稱的尊稱，並非純粹稱代詞，所以雖在否定句中也不必前置。」[72]此說可採。

7.「賓語＋之、是＋述語」的倒序

「莫（不定代詞）己（賓語）知（述語）也，斯已而已矣。」（〈憲問〉一四—三九）

---

72 何淑貞：《古漢語特殊語法研究》（臺北：學海出版社，一九八五年四月），頁一二三—一二四。

《論語》的助詞「之」、「是」，都具有將賓語提前到述語前面的作用（參閱第三章第三節「倒序助詞」部分）。

(1)「賓語＋之＋述語」的倒序

「《詩》云：『如切如磋，如琢如磨。』其斯（賓語）之（助詞）謂（述語）與？」（〈學而〉一—一五）

伯夷、叔齊餓于首陽之下，民到于今稱之。其斯（賓語）之（助詞）謂（述語）與？（〈季氏〉一六—一二）

「父母唯其疾（賓語）之（助詞）憂（述語）。」（〈為政〉二—六）

吳仁甫說：「名詞性詞組『其疾』前有副詞『唯』修飾，及物動詞『憂』後無賓語，『之』在句裡起提賓作用。」[73]此說可採。

「古者言之不出，恥躬之不逮也。」（〈里仁〉四—二二）

施向東、冉啟彬說：「言之不出：不出言。助詞『之』用來標誌前面的前置賓語。」[74]

(2)「賓語＋是＋述語」的倒序

周有大賚，善人是富。（〈堯曰〉二〇—一）

---

73 吳仁甫：《文言語法三十辨》（上海：華東師範大學出版社，一九八八年四月），頁六九。

74 同註35，頁二八四。

「善人是富」是「富善人」的倒序句法。

8.「疑問代詞（何）＋賓語＋之、是＋述語」的倒序

「君子居之，何陋（賓語）之（助詞）有（述語）？」（〈子罕〉九—一四）

「未之思也，夫何遠（賓語）之（助詞）有（述語）？」（〈子罕〉九—三一）

「夫子焉不學，而亦何常師（賓語）之（助詞）有（述語）？」（〈子張〉一九—二二）

吳仁甫說：「『何……之有』是『有何……』之倒。」[75]此言為是。

「古者民有三疾，今也或是（賓語）之（助詞）亡（述語）也。」（〈陽貨〉一七—一六）

「末之也已，何必公山氏（賓語）之（助詞）之（述語）也？」（〈陽貨〉一七—五）

「論篤（賓語）是（助詞）與（述語）。」（〈先進〉一一—二一）

「無乃爾（賓語）是（助詞）過（述語）與？」（〈季氏〉一六—一）

這類的倒序，劉慶俄說：「用結構助詞『之』『是』作賓語前置的標誌。」[76]此說可採。

9.「副賓語＋之＋介詞」的倒序

「君子之於天下也，無適也，無莫也，義（副賓語）之（助詞）與（介詞）比。」（〈里仁〉四—一〇）

75 同註73，頁一八九。
76 同註72，頁一三七。

「非夫人（副賓語）之（助詞）為（介詞）慟而誰為？」（〈先進〉一一—一〇）

「非夫人之為慟而誰（副賓語）為（介詞）？」（〈先進〉一一—一〇）

本例的倒序，何淑貞說：「補語副賓語提前到介詞之前，後附結構語助詞『之』為提前標幟。」[77]確為如此。

(二)《論語》的「倒裝」

「倒裝」是因為修辭或特別的需要，而產生的變式句型，這是由於「強調的倒置」所產生的變式句型。

1.「謂語＋主語」的倒裝

《論語》這種情況在疑問句和感嘆句中比較常見，且後面接用語氣詞。解惠全等說：「在感嘆句和疑問句中，有時謂語是感嘆的中心或疑問的重點，為了強調，可以把它提到主語之前，以表示比較強烈的感嘆語氣或突出疑問的重點。」[78]

「巧言、令色，鮮（謂語）矣（語氣詞）仁（主語）。」（〈學而〉一—三、〈陽貨〉一七—一七）

「大（謂語）哉（語氣詞）問（主語）！」（〈八佾〉三—四）

---

77 劉慶俄：《古漢語速成讀本》（北京：中華書局，二〇〇二年三月），頁四二四。

78 同註27，頁二二三。

「周監於二代，郁郁乎文哉！」（〈八佾〉三—一四）

「郁郁乎（謂語）文（主語）哉（語氣詞）」是「文郁郁乎哉」的倒裝，許世瑛說：「主語『文』卻放在謂語『郁郁乎』的下面，『乎』字可以看做形容詞『郁郁』的詞尾，『哉』字是句末表讚嘆的語氣詞。」[79]此說可採。

「君子（謂語）哉（語氣詞）若人（主語）！」（〈公冶長〉五—三、〈憲問〉一四—五）

「臧文仲居蔡，山節藻梲，何如（謂語）其知（主語）也（語氣詞）？」（〈公冶長〉五—一八）

「已（謂語）矣乎（語氣詞）！吾未見能見其過而內自訟者（主語）也（語氣詞）。」（〈公冶長〉五—二七）

「已（謂語）矣乎（語氣詞）！吾未見好德如好色者也。」（〈衛靈公〉一五—一三）

「賢（謂語）哉（語氣詞），回（主語）也（語氣詞）！」（〈雍也〉六—一一，二次）

「甚（謂語）矣（語氣詞）吾衰（主語）也（語氣詞）！」（〈述而〉七—五）

馬漢麟說：「『甚矣吾衰也』是帶有比較強烈的感嘆口氣的倒裝句。比較平直的說法是：『吾甚衰。』」[80]此說可採。

---

79 同註5，頁四一。

80 同註12，頁一五一。

「久（謂語）矣！（語氣詞）吾不復夢見周公（主語）。」（〈述而〉七—五）

「大（謂語）哉（語氣詞），堯之為君（主語）也（語氣詞）！」（〈泰伯〉八—一九）

許世瑛說：「謂語是『大』，主語『堯之為君』是由準判斷簡句『堯為君』轉變而成的組合式詞結。」[81]朱城說：「倒裝句加強感歎語氣的作用。」[82]均可採。

「大（謂語）哉（語氣詞）孔子（主語）！」（〈子罕〉九—二）

「久（謂語）矣哉（語氣詞）！由之行詐（主語）也（語氣詞）！」（〈子罕〉九—一二）

「惜（謂語）乎（語氣詞）！吾見其進也，未見其止（主語）也（語氣詞）。」（〈子罕〉九—二一）

「孝（謂語）哉（語氣詞），閔子騫（主語）！」（〈先進〉一一—五）

楊伯峻語譯本句：「閔子騫真是孝順呀！」[83]這是個倒裝的文句，語譯時可以照白話的語序，語義較為清晰。

「惜（謂語）乎（語氣詞），夫子之說君子（主語）也（語氣詞）！」（〈顏淵〉一二—八）

「何（謂語）哉（語氣詞），爾所謂達者（主語）？」（〈顏淵〉一二—二〇）

---

81 同註5，頁一三八。

82 同註25，頁九八。

83 同註15，頁二四二。

「善（謂語）哉（語氣詞）問（主語）！」（〈顏淵〉一二—二一）
「富（謂語）哉（語氣詞）言（主語）乎（語氣詞）！」（〈顏淵〉一二—二二）
「野（謂語）哉（語氣詞），由（主語）也（語氣詞）！」（〈子路〉一三—三）
「小人（謂語）哉（語氣詞），樊須（主語）也（語氣詞）！」（〈子路〉一三—四）
「誠（謂語）哉（語氣詞）是言（主語）也（語氣詞）！」（〈子路〉一三—一一）
「君子（謂語）哉（語氣詞）若人（主語）！」（〈公冶長〉五—三、〈憲問〉一四—五）
「直（謂語）哉（語氣詞）史魚（主語）！」（〈衛靈公〉一五—七）
「君子（謂語）哉（語氣詞）蘧伯玉（主語）！」（〈衛靈公〉一五—七）
「堂堂（謂語）乎（語氣詞）張（主語）也（語氣詞）。」（〈子張〉一九—一六）

2.「賓語＋述語」的倒裝

「子入太廟，每事（賓語）問（述語）。」（〈八佾〉三—一五）
「入太廟，每事（賓語）問（述語）。」（〈八佾〉三—一五、〈鄉黨〉一〇—二一）
「願車、馬、衣、輕裘（賓語）與朋友共（述語）。」（〈公冶長〉五—二六）
「齊一（賓語）變（述語），至於魯。」（〈雍也〉六—二四）
「魯一（賓語）變（述語），至於道。」（〈雍也〉六—二四）
「法語之言（賓語），能（狀語一）無（狀語二）從（述語）乎？」（〈子罕〉九—二四）
「巽語之言（賓語），能（狀語一）無（狀語二）說（述語）乎？」（〈子罕〉九—二四）

「可以為難矣，仁（賓語）則吾不（狀語）知（述語）也。」（〈憲問〉一四—一）

3.「中心語＋定語」的倒裝

「士志於道，而恥惡衣惡食者，未足與議也。」（〈里仁〉四—九）

馬漢麟說：「『士志於道而恥惡衣惡食者』，其實是『志於道而恥惡衣惡食之士』的倒裝，定語包含的字數較多，放在中心詞的前面讀起來嫌累贅笨重，所以把它倒裝在中心詞的後面，用『者』字煞尾。」[84]此說可採。

「有一言而可以終身行之者乎？」（〈衛靈公〉一五—二四）

「一言」是中心語，「可以終身行之」是定語，中間用「而」連接。許威漢說：「定語放在中心語後這種格式的標誌是煞尾用『者』的情況，必須十分重視。」[85]朱城說：「這種格式的特點是，定語置於中心語後，再用『者』字煞尾。」[86]此說可採。

4.「補語＋謂語」的倒裝

「以吾一日長乎爾。」（〈先進〉一一—二六）

補語「一日」置於謂語「長」的前面。

---

84 同註12，頁一六五。

85 許威漢：《古漢語語法精講》（上海：上海大學出版社，二〇〇二年二月），頁七一。

86 同註25，頁九九。

5.「副賓語＋介詞」的倒裝

這是為了強調副賓語，而將副賓語倒裝在介詞之前，改變了常式的「介詞＋副賓語」句型。

「夫子溫、良、恭、儉、讓以得之。」（〈學而〉一—一〇）

副賓語「溫、良、恭、儉、讓」倒裝於介詞「以」的前面。本例的「以」，施向東、冉啟彬認為是個「連詞」，[87]若是依此分析，則沒有倒裝的句法。

「一言以蔽之，曰：『思無邪。』」（〈為政〉二—二）

副賓語「一言」倒裝於介詞「以」的前面。

「『素以為絢兮。』」（〈八佾〉三—八）

副賓語「素」倒裝於介詞「以」的前面。

「吾道一以貫之。」（〈里仁〉四—一五）

「一」是副賓語，「以」是介詞，副賓語倒裝在介詞的前面。

顏路請子之車以為之椁。（〈先進〉一一—八）

「子之車」是副賓語，「以」是介詞，副賓語倒裝在介詞的前面。

「君子義以為質，禮以行之，孫以出之，信以成之。」（〈衛靈公〉一五—一八）

「義」、「禮」、「孫」、「信」都是副賓語，倒裝在介詞「以」的前面，張家文說：「語用

---

87 同註35，頁二三二。

移位主要是指介詞『以』支配的名詞性的移位，它主要受語用因素的制約。」[88]此說可採。

「君子一言以為知，一言以為不知。」（〈子張〉一九—二五）

「一言」是副賓語，「以」介詞，副賓語倒裝在介詞的前面。

「片言可以折獄者，其由也與！」（〈顏淵〉一二—一二）

「片言」是副賓語，「以」是介詞副賓語倒裝在介詞的前面。

紅紫不以為褻服。（〈鄉黨〉一〇—六）

「紅紫」是副賓語，「以」是介詞，副賓語倒裝在介詞的前面。

關於以上介詞「以」的倒裝緣由，潘玉坤說：「古代典籍中『賓＋以』句所以使用較多，一是因為『以』的多義性，二是因為『以』在從介詞向連詞演化過程的邊緣特徵。」[89]筆者認為除了這兩個原因之外，還有「主題變換」的這個因素存在。試比較下列的兩個句子：

（句一）君子不以紅紫為褻服。

不倒裝的句法，以「人」為主題。

（句二）紅紫不以為褻服。

倒裝的句法，變成了以「物」為主題。

88 張家文：〈古漢語介詞「以」支配成分的移位和省略〉，《古漢語研究》二〇〇一年第四期，頁四五。

89 潘玉坤：〈古漢語中「以」的賓語前置問題〉，《殷都學刊》二〇〇〇年第四期，頁七九。

「賜也，始可與言《詩》已矣。」（〈學而〉一—一五）

「賜」是副賓語，「也」是舒緩的語氣詞，「與」是介詞，本例的常式句型為「始可與賜（也）言《詩》已矣」。

「士志於道，而恥惡衣惡食者，未足與議也。」（〈里仁〉四—九）

副賓語「士志於道，而恥惡衣惡食者」置於介詞「與」的前面。

「鳥獸不可與同群。」（〈微子〉一八—六）

「鳥獸」是副賓語，「與」是介詞，本例的常式句型為「不可與鳥獸同群」。

6.「兼語＋述語一」的倒裝

「事君盡禮（兼語），人以（述語一）為諂也。」（〈八佾〉三—一八）

「雍也可使南面。」（〈雍也〉六—一）

「雍」是兼語，「使」是述語一，本例的常式句型為「可使雍也南面」。

「君子義以為上。」（〈陽貨〉一七—二三）

「義」是兼語，「以」是述語一，本例的常式句型為「君子以義為上」。

「惡徼（兼語）以（述語一）為知者，惡不孫（兼語）以（述語一）為勇者，惡訐（兼語）以（述語一）為直者。」（〈陽貨〉一七—二四）

本例的常式句型為「惡以徼為知者，惡以不孫為勇者，惡以訐為直者。」

7.「述語一＋謂語＋兼語」的倒裝

「比及三年，可使足民。」（〈先進〉一一—二六）

王志生說：「『民』是兼語，本應在『使』後，按常式應為『可使民足』。」[90]此說可採。

三、《論語》的外位

「外位」是將句中某成分提出來，而在原位置運用代詞來替代它的一種語法，黃六平說：「有時因為字句太長，或者為了加重語氣，或者為了使句子結構簡潔，就把某一成分提到句子外面去，而在原來的地位用一個代詞來代替它。」[91]《論語》的外位語法現象，按照其「外位的成分」可分為三類：

㈠主語的外位

「知之為知之，不知為不知，是知也。」（〈為政〉二—一七）

施向東、冉啟彬說：「『是』是指示代詞作判斷句主語，指代前文的『知之為知之，不知為不知』。」[92]此說可採。

「《書》云：『孝乎惟孝，友于兄弟。』施於有政，是亦為政。」（〈為政〉二—二一）

---

90 王志生：〈古漢語兼語結構試析〉，《現代語文》二〇〇五年十一期，頁一八。

91 同註2，頁三七。

92 同註35，頁三〇〇。

「《書》云：『孝乎惟孝，友于兄弟。』施於有政」是外位的主語，主語改用代詞「是」替代。

「八佾舞於庭，是可忍也，孰不可忍也？」（〈八佾〉三—一）

「八佾舞於庭」是外位的主語，主語改用代詞「是」替代。

「富與貴，是人之所欲也，不以其道得之，不處也；貧與賤，是人之所惡也，不以其道得之，不去也。」（〈里仁〉四—五）

「富與貴」、「貧與賤」都是外位的主語，主語改用代詞「是」替代。

「德之不修，學之不講，聞義不能徙，不善不能改，是吾憂也。」（〈述而〉七—三）

「德之不修，學之不講，聞義不能徙，不善不能改」是外位的主語，主語改用代詞「是」替代。

「以不教民戰，是謂棄之。」（〈子路〉一三—三〇）

「以不教民戰」是外位的主語，主語改用代詞「是」替代。

「幼而不孫弟，長而無述焉，老而不死，是為賊。」（〈憲問〉一四—四三）

「幼而不孫弟，長而無述焉，老而不死」是外位的主語，主語改用代詞「是」替代。

「樂，其可知也。」（〈八佾〉三—二三）

「樂」是外位的主語，主語改用代詞「其」替代。

㈡賓語的外位

「夏禮，吾能言之，杞不足徵也；殷禮，吾能言之，宋不足徵也。」（〈八佾〉三—九）

「夏禮」、「殷禮」都是外位的賓語，賓語改用代詞「之」替代。

「朋友信之。」（〈公冶長〉五—二六）

「朋友」是外位的賓語，賓語改用代詞「之」替代。

「吾聞之也，君子周急不繼富。」（〈雍也〉六—四）

「君子周急不繼富」是外位的賓語，賓語改用代詞「之」替代。

「仁者，雖告之曰：『井有仁焉。』其從之也？」（〈雍也〉六—二六）

「仁者」是外位的賓語，賓語改用代詞「之」替代。

「聖人，吾不得而見之矣；得見君子者，斯可矣。」（〈述而〉七—二六）

「聖人」是外位的賓語，賓語改用代詞「之」替代。

「善人，吾不得而見之矣；得見有恆者，斯可矣。」（〈述而〉七—二六）

「善人」是外位的賓語，賓語改用代詞「之」替代。

「俎豆之事，則嘗聞之矣；軍旅之事，未之學也。」（〈衛靈公〉一五—一）

「俎豆之事」是外位的賓語，賓語改用代詞「之」替代；又「軍旅之事」是外位的賓語，賓語改用代詞「之」替代。

「修己以安百姓，堯舜其猶病諸！」（〈憲問〉一四—四二）

「修己以安百姓」是外位的賓語，賓語改用兼詞「諸」（之乎）替代。

㈢兼語的外位

「有事，弟子服其勞；有酒食，先生饌，曾是以為孝乎？」（〈為政〉二—八）

「有事，弟子服其勞；有酒食，先生饌。」是外位兼語，原位的兼語改用代詞「是」替代。

「不教而殺，謂之虐。」（〈堯曰〉二〇—二）

「不教而殺」是外位兼語，原位的兼語改用代詞「之」替代，戴璉璋說：「這類語序變換的條件，是限於以稱謂動詞作第一繫述語的遞繫式。而其變換的方式則是把兼語提到句首，在原位上補資三身代詞『之』；第二繫的準繫詞（曰）多數省略。」[93]此說為是。

四、《論語》的雙重否定

「雙重否定」在古代漢語是一種很特別的句法，黃六平說：「雙重否定不但表示肯定，同時又表示一種全範圍的意義，也就是『皆』的意思。」[94]《論語》也有此語言現象，並且以下列形態出現：

---

93 戴璉璋：〈古代漢語的語序變換〉，《第一屆國際漢學會議論文集》（臺北：中央研究院，一九八一年十月）頁四〇〇—四〇一。

94 同註2，頁一五八。

㈠否定副詞＋否定動詞

《論語》這類型的雙否定表意僅有一例，即是：副詞「不」……動詞「無」。

「見義不為，無勇也。」（〈為政〉二—二四）

㈡否定動詞＋否定副詞

1.動詞「非」……副詞「未」

「非公事，未嘗至於偃之室也。」（〈雍也〉六—一四）

2.動詞「非」……副詞「勿」

「非禮勿視，非禮勿聽，非禮勿言，非禮勿動。」（〈顏淵〉一二—一）

3.動詞「無」……副詞「不」

「我則異於是，無可無不可。」（〈微子〉一八—八）

「自古皆有死，民無信不立。」（〈顏淵〉一二—七）

「苟患失之，無所不至矣。」（〈陽貨〉一七—一五）

㈢否定副詞＋否定副詞

1.副詞「不」……副詞「不」

「不使不仁者加乎其身。」（〈里仁〉四—六）

「喪事不敢不勉。」（〈子罕〉九—一六）

「以吾從大夫之後，不敢不告也。」（〈憲問〉一四—二一，兩次）

2.副詞「莫」……副詞「不」

「上好禮，則民莫敢不敬；上好義，則民莫敢不服；上好信，則民莫敢不用情。」（〈子路〉一三—四）

3.副詞「未」＋「嘗」＋……副詞「不」

「君子之至於斯也，吾未嘗不得見也。」（〈八佾〉三—二四）

4.副詞「未」＋「嘗」＋……副詞「無」

「自行束脩以上，吾未嘗無誨焉。」（〈述而〉七—七）

以上兩種的雙重否定，安作璋說：「『未嘗』加在否定詞前，構成雙重否定，跟『沒有』相當，但語氣委婉。」[95]此說可採。

五、《論語》的被動表示法

古代漢語的被動表示法，有兩大類型：一是沒有帶任何標記字詞的「無標記的被動表示法」，稱為「意念型的被動句」；二是帶有標記字詞的「有標記的被動表示法」，又稱為「結構型的被動句」。[96]因此，《論語》的被動表示法，可分為下列兩種類型：（按：它們都未呈現完全的句子形

95 安作璋主編：《論語辭典》（上海：上海古籍出版社，二〇〇四年七月），頁八一。

96 這是張博的說法，見張博：《古代漢語》（北京：商務印書館，二〇〇八年六月），頁二〇五。

態，僅為句子成分的短語結構，故不能稱為「被動句。」）

㈠意念型的被動表示法

《論語》這類型的被動表示法，有的從意念上判斷被動，有的藉助能願動詞「可」加上另一個動詞來表達被動的意念，張雙棣等說：「在古代漢語裡，動詞前如果帶有助動詞『可』『足』『能』或形容詞『難』『易』，則動詞常常表示被動意義。」[97]易孟醇說：「這類以主動語態出現，而意念上屬於被動的句子，也可以稱之為『意念被動句』。」[98]申小龍說：「這種表示被動意義的句子，形式和一般主動句沒有什麼區別。」[99]

「樂，其可知也。」（〈八佾〉三—二三）

「其可知也」義為「其可被知」。

「不患莫己知，求為可知也。」（〈里仁〉四—一四）

「求為可知也」義為「求為可被人知」。

「朽木不可雕也，糞土之牆不可杇也。」（〈公冶長〉五—一〇）

「不可雕也」義為「不可被雕」；「不可杇也」義為「不可被杇（粉飾）」。

---

97 同註11，頁三二八。

98 易孟醇：《先秦語法》（長沙：湖南大學出版社，二〇〇五年六月），頁一三〇。

99 申小龍：〈什麼叫意念上的被動〉，陳必祥主編：《古代漢語三百題》（臺北：建宏出版社，一九九四年九月），頁五七六。

「君子可逝也，不可陷也。」（〈雍也〉六—二六）

「可逝也」義為「可被逝」；「不可陷也」義為「不可被陷」。

「用之則行，舍之則藏，唯我與爾有是夫！」（〈述而〉七—一一）

施向東、冉啟彬說：「用：被任用，被委以官職。……舍，被棄置，沒有機會任職。」[100]詞義正確。

「故舊不遺，則民不偷。」（〈泰伯〉八—二）

「故舊不遺」義為「故舊不被遺棄」。

「雖之夷狄，不可棄也。」（〈子路〉一三—一九）

「不可棄」義為「不被唾棄」。

「道之將廢也與，命也。」（〈憲問〉一四—三六）

「道之將廢也與」義為「道將被廢」。

「長而無述焉。」（〈憲問〉一四—四三）

「長而無述」義為「長而不被稱述」。

「君子疾沒世而名不稱焉。」（〈衛靈公〉一五—二〇）

---

100 同註35，頁二八五。

張燕嬰語譯「名不稱焉」為「名聲不被世人稱道。」[101]熊澤文語譯為「不為人們所稱頌。」[102]均看出被動的義涵。

比干諫而死。（〈微子〉一八—一）

毛子水語譯此句為「比干因強諫而被殺。」[103]可見其被動的意味。

「四方之政行焉。」（〈堯曰〉二〇—一）

「四方之政行焉」義為「四方之政令被執行」。

㈡結構型的被動表示法

帶有標誌的被動表示法，《論語》有五例。

1.「見」字的被動表示法

《論語》這類型的被動表示法僅有一例，它的句型是「見（副詞）＋述語＋焉（於之）」。

「年四十而見惡焉。」（〈陽貨〉一七—二六）

「見惡」的「見」是表被動的副詞，用在動詞謂語「惡」前面表示被動，「見惡」即「被憎恨」之意，「焉」是兼詞，等於「於之」。劉景農說：「『見』在動詞前只能表被動，要引出施動

---

101 張燕嬰注譯：《論語》（北京：中華書局，二〇一〇年九月），頁二四〇。

102 熊澤文：《論語導讀》（北京：北京師範大學出版社，二〇一二年六月），頁二一七。

103 毛子水：《論語今註今譯》（臺北：臺灣商務印書館，二〇〇九年一月），頁二三一。

者，動詞後邊還需要有『於』，因此『見』和『於』的連用，就形成一種格式。」[104]朱城說：「『見』字句是最古老的一種被動句式；在春秋戰國以後相當長的時間裡，使用都非常普通。」[105]「見」字的被動表示法在《孟子》也有，「百姓之不見保，為不用恩焉。」（《孟子‧梁惠王上》）

2.「為」字的被動表示法

《論語》這類型的被動表示法僅有一例，它的句型是「為（介詞）＋副賓語（施事者、主動者）＋述語」。

「不為酒困。」（〈子罕〉九－一六）

主語「人」概括省略，介詞「為」作用同「被」，「酒」是施事者（主動者），「不為酒困」意即「不被酒困」。許世瑛說：「『不為酒困』用白話說，是『不被酒困擾』，換句話說，也就是『不被酒所醉，使得損身廢事。』」[106]劉景農說：「介詞『為』可引出施動者，也可表示出在後面的動詞帶被動性，所以先秦時期在這種句中只用為。」[107]張世祿分析此被動句法為：「為＋施事者

104 同註36，頁二八八。
105 同註25，頁一一〇。
106 同註5，頁四二六。
107 同註36，頁二九二。

十動詞」[108]，解惠全等說：「這種被動式，有時候在『為』字和謂語動詞之間插進動作行為的主動者。」[109]朱城說：「這種被動句，受事主語往往可以省略。」[110]此四家說法皆確實而可採。

「為」字的被動表示法，上古的語料也有出現：

「戰而不克，為諸侯笑。」（《左傳》襄公十年）

「夫良馬固車，使臧獲御之，則為人笑。」（《韓非子・難勢》）

3.「於」字的被動表示法

《論語》這類型的被動表示法有三例，它的句型是「述語＋賓語＋介詞（於）＋副賓語（施動者）」，介詞「於」表示被動，王麗芬說此種句法：「是先秦被動句常用的表達方式之一，是否是被動的語義關係在句法結構上沒有標誌，完全要靠語境和語意去辨別。」[111]何樂士說：「引進動作行為的施動者。譯時可把『於』譯為『被』，引進施動者。」[112]

「獲罪於天，無所禱也。」（〈八佾〉三－一三）

「獲罪於天」義為「被天責罪」。

108 同註53，頁一九一。

109 同註27，頁一四三。

110 同註25，頁一〇八。

111 王麗芬：〈《論語》介詞「於／于」解析〉，《文教資料》二〇〇四年Z1期，頁一四一。

112 何樂士編：《古代漢語虛詞詞典》（北京：語文出版社，二〇〇六年二月），頁五四六。

「禦人以口給，屢憎於人。」（〈公冶長〉五—五）

「屢憎於人」義為「屢被人憎恨」。

朋友死，無所歸，曰：「於我殯。」（〈鄉黨〉一〇—二二）

「於我殯」義為「被我料理喪事」。

「於」字的被動表示法，上古的語料也有出現：

「勞心者治人，勞力者治於人。治於人者食人，治人者食於人，天下之通義也。」（《孟子·滕文公上》）

4.「乎」字的被動表示法

《論語》這類型的被動表示法僅有一例，它的句型是「述語＋賓語＋介詞（乎）＋副賓語（施動者）」，介詞「乎」表示被動。

「攝乎大國之間。」（〈先進〉一一—二六）

「攝乎大國之間」義為「被大國之間威脅」。

「乎」字的被動表示法，上古的語料也有出現：

「公子翬恐若其言聞乎桓。」（《公羊傳》隱公四年）

「刑賞已諾，信乎天下矣。」（《荀子·王霸》）

由上可知《論語》的被動表示法，數量上不多而且很多是「意念型的被動表示法」，仍然是主動的句型，又「結構型的被動表示法」也未成體系，僅有零星的五個例子而已，尚未發展為完整

「被動句」的句型。

綜之，《論語》是語錄體的作品，因此它的單句和複句的句型都規律簡單，而真正的被動句法在《論語》裡也未十分普遍，可知《論語》的造句法反映了上古春秋至戰國初期的古漢語簡樸的古文句法。

第七章　結論

本章分作二節，第一節建構出《論語》的語法體系並歸納其語法特色，第二節論敘《論語》的價值與影響。

第一節　《論語》的語法體系與語法特色

一、《論語》的語法體系

自語法的觀點來看，《論語》的語法單位有三種，一是「詞」（參閱第二章、第三章、第四章），二是短語（參閱第六章第一節），三是「句子」（參閱第六章第二節）。三者彼此照應，依照漢語語言規律而建構出一套合理的體系，是以熟知體系有助於了解《論語》的整個語法輪廓，無論是對於古代漢語語法的學習、教學或研究，均有所裨益。

表七─一─一　《論語》的語法體系

語法單位				細部分類
一、字	㈠作為「詞素」　㈡構成「單詞」			
二、詞	詞類	㈠實詞		名詞、動詞、形容詞、數詞、量詞、代詞。
		㈡虛詞		副詞、介詞、連詞、助詞、語氣詞、嘆詞、象聲詞。
	構詞	㈠單純詞	按音節	單詞、雙音詞。
		㈡合成詞	派生法	帶詞頭詞、帶詞尾詞。
			重疊法	疊字詞、鑲疊詞。
			複合法	並列複詞、偏正複詞、主謂複詞、述賓複詞、謂補複詞、處置複詞。
		㈢專名的詞（專名）		人名、山名、水名、地名、國名、氏族名、種族名、朝代名、書名、引《詩》篇名、樂名。
特殊的詞法	兼詞			諸、焉、盍。
	詞的兼類			兩個詞類的兼類： 名詞、動詞的兼類。 名詞、形容詞的兼類。 名詞、副詞的兼類。 動詞、形容詞的兼類。

表七—一—一《論語》的語法體系（續）

語法單位		細部分類
特殊的詞法	詞的兼類	動詞、副詞的兼類。 動詞、介詞的兼類。 代詞、連詞的兼類。 副詞、連詞的兼類。 副詞、語氣詞的兼類。
		三個詞類的兼類： 名詞、動詞、形容詞的兼類。 代詞、動詞、形容詞的兼類。 名詞、動詞、副詞的兼類。 動詞、副詞、連詞的兼類。 動詞、介詞、連詞的兼類。 名詞、代詞、連詞的兼類。
	詞類活用	名詞的活用、動詞的活用、形容詞的活用、數詞的活用、代詞的活用。
三、短語	短語的類型	並列短語、定中短語、謂語短語、同位短語、兼語短語、連謂短語、介詞短語、數詞短語、所字短語、者字短語。

表七—一一　《論語》的語法體系（續）

語法單位		細部分類
四、句子	(一)句子的成分	主語、謂語（述語）、賓語、兼語、狀語、補語、定語、中心語、插說語。
	(二)句型	單句：動詞謂語句、名詞謂語句、主謂謂語句、連謂句。 複句：單純複句（並列複句、承接複句、因果複句、條件複句、轉折複句、補充複句）、多重複句。
特殊的句法		省略、倒序與倒裝、外位、雙重否定、被動表示法。

（筆者整理）

《論語》使用的單字有一，三五五個，整部《論語》的經文只有一五，九一八字，可見不論是組字成為詞語，或聯詞成為句子，它們都非常經濟簡潔。從上述體系表來看，《論語》的合成詞、短語與句子這三方面的語法結構，大體上與現代漢語的體系一致，可知其內部語法相當周全完備。

二、論語的語法特色

《論語》的語法特色，可以分成「詞法」和「句法」兩個層面的特色論述：

(一)《論語》的詞法特色

1. 詞類完整，實詞虛詞俱備

《論語》的詞類共有十三種，相當完整，包含實詞六種、虛詞七種，有些詞的本身因為語序、語義的轉變同時隸屬於實詞、虛詞不同的用法，與現代漢語的語法特點相近。

《論語》的名詞，無論是一般名詞或者是專有名詞，語義明確，用法固定。其中以普通名詞、專名出現的頻率較高，抽象名詞、時間名詞、方位名詞相對地少用。

《論語》的動詞，類型繁多，按照性質可分為十四種，它能夠確實描寫出孔子、弟子們及時人的行為或動作。

《論語》的形容詞，數量沒有動詞那麼多，不論是性質形容詞或狀態形容詞，都在狀人、狀事、狀物、狀時、狀地五個方面有精緻的形容或表述。

《論語》的數詞由「一」到「萬」，沒有出現「零」，如許威漢所歸納的古漢語數詞口訣：「古漢語基數的稱述值得注意的情況是『省一』、『加有』、不說『零』。」[1]在序數方面，有數字型的序數，也有非數字型的序數「其次」、「次」。

《論語》的量詞不多見，僅有「度量量詞」、「借用量詞」都是名量詞，沒有動量詞。這個研究結果，與許威漢說的：「先秦名量詞大多數是表度、量、衡單位的，數量不多，動量詞還沒有。」[2]

1 許威漢：《古漢語語法精講》（上海：上海大學出版社，二〇〇二年二月），頁一一三。

2 同註1，頁二三二。

《論語》的代詞以人稱代詞為主，指示代詞也初具規模，而輔助性代詞「所」、「者」造成的「所字短語」、「者字短語」與現代漢語的「所字短語」、「的字短語」前後一貫發展，顯示出「一致性」的特色。

《論語》的副詞可細分成十類，充分發揮修飾謂語及短語的功效。

《論語》的介詞它們的介繫功能強，類型很多，數量非常龐大。其中有的介詞，如：「在」、「於」等，現代漢語仍然沿用。

《論語》的助詞，除了能造成常式的偏正短語、偏正式主謂短語語法結構外，「是」、「之」又能夠造成「賓語＋助詞＋述語」的倒序語法。

《論語》的語氣詞有單用的，也有「雙合」、「三合」的，變化多而語氣豐富，為後代古文的語氣詞丕基。

《論語》的嘆詞，種類和數量都不多。

《論語》的象聲詞，僅有一例，尚未完全發展。

2.詞性靈活，單用兼類互行

《論語》的詞性的表現，有「一個詞單一詞性」的單用情形，如：刀、土、井等；也有「一個詞多種詞性」的兼用情形，如：「言」（兼用作名詞、動詞），單用與兼類並行而不悖，另外又加上「詞類活用」（轉類）來顯現詞性的靈活機動。

3.構詞條理，單詞複詞並用

《論語》以單詞為主軸，複詞為輔，單詞和複詞交織運用，寫成生動活潑的句子，而成為思想及情感表達的載具。

其次，「同義」的單詞和複詞，有並同義行運用的現象：

例一、「朝」與「朝廷」

冉子退朝。（〈子路〉一三—一四）

使用單詞「朝」。

其在宗廟朝廷，便便言，唯謹爾。（〈鄉黨〉一〇—一）

使用單詞「朝廷」。

例二、「賓」與「賓客」

賓退，必復命曰：「賓不顧矣。」（〈鄉黨〉一〇—三）

使用單詞「賓」。

「赤也，束帶立於朝，可使與賓客言也。」（〈公冶長〉五—八）

使用單詞「賓客」。

表七—一—二《論語》的構詞數量統計表

詞彙的類型		細部分類	詞的個數	小計	百分比例
一、單純詞		單詞	一〇二七個	一〇三四個	六六・三七%
		雙音詞	七個		
二、合成詞	嵌字法	帶詞頭詞	三個	三二七個	二〇・九九%
		帶詞尾詞	五二個		
	疊字法	疊字詞	一四個		
		鑲疊詞	一個		
	複合法	並列複詞	九〇個		
		偏正複詞	一四六個		
		主謂複詞	三個		
		述賓複詞	一二個		
		謂補複詞	五個		
		處置複詞	一個		

表七—一—二　《論語》的構詞數量統計表（續）

詞彙的類型	細部分類	詞的個數	小計	百分比例
三、專名的詞	人名	一四五個	一九七個	一二·六四%
	山名	三個		
	水名	四個		
	地邑名	一四個		
	國名	一五個		
	氏名	二個		
	部族名	一個		
	朝代名	五個		
	書名	三個		
	引《詩》篇名	三個		
	樂名	二個		
		總計	一五五八個	一〇〇%

（筆者整理）

從上表來看，《論語》的構詞以單純詞最多占全部三分之二（六六·三七%），其中「單詞」一〇二七個，此為最常見的構詞方式，占全部的一五五八個的六五·九二%，比例最高，可知單詞的簡易、多義、靈活是《論語》的用字主體，一直到現代，很多單詞的詞彙仍然在漢語使用得很便捷。這個研究結果，與李先耕的說法：「在實際言語行為中，無論口語還是書面語，單音詞的使用頻率都相當於或超過複音詞。」[3]相當一致。其次，除去專名的詞，合成詞的比率約占五分之一（二〇・八七%），也說明春秋至戰國初年「雙音節詞彙」的漸漸興盛的趨勢，這可以彌補單詞表義的不足，並可逐步擴充漢語的多樣構詞方式，而為現代漢語的構詞奠下造詞的丕基。此外，《論語》的詞彙幾乎是雅言，來自方言的詞彙鮮見，這種語言現象也孚應了孔子的主張：「《詩》、《書》、執禮，皆雅言也。」

(二)《論語》的句法特色

1.句型簡單，結構有法簡明易懂

在單句方面，《論語》只有出現動詞謂語句、名詞謂語句、主謂謂語句、連謂句這四種，沒有出現形容詞謂語句、兼語句，這說明它句法的簡單易悉，讀起來簡練，其中的道理簡明易行，朱自清說：「《論語》以記言為主，所記的多是很簡單的。孔子主張『慎言』，痛恨『巧言』和『利口』；他向弟子們說話，大概是很質直的，弟子們體念他的意思，也只簡單的記出。」[4]聶石樵說：「《論語》是記言體散文，其特點是文約而旨博，即以簡潔的文字概括豐富的內容。」[5]《論語》

3 李先耕：〈論漢語的單音孤立性〉，《學術交流》一九九四年第四期，頁一〇一。

4 朱自清：〈中國散文發展〉，朱喬森編：《朱自清文集學術論著卷V——文學的美》（臺北：開今文化事業有限公司，一九九四年九月），頁六八。

5 聶石樵：《先秦兩漢史稿》（先秦卷）（北京：北京師範大學出版社，一九九四年四月），頁二二三。

簡單的文句很多都成為後世遵行的至理名言，老少咸宜，成為國人生活的道德準繩、思想航線、政治典範，可謂其來有自。

其次，《論語》的文句不因簡易而缺乏文學趣味，曹伯韓說：「《論語》所談，關於道德修養政治學術各方面，言簡而旨遠，文字多半饒有風趣。」[6]孫伯涵也說：「《論語》的語言是在先秦口語基礎上提煉出來的書面語。它簡潔凝練、準確生動，既無刻意斧鑿之痕，又無艱澀板滯之病，讀來只覺雍容雅致、明白曉暢。其語言本身就在昭示其『文』的價值。」[7]此等看法均能從《論語》的造句法得到驗證。

2.成分單純，語句安排井然有序

不論是常式的單句與複句或者是「倒置」的變式句法，我們都可以運用「語句分析」來探得《論語》各種的成分及其句型，這一點是《論語》句法的優點，如果想學好古文，自《論語》入門，舉一反三可以事半功倍。又因為是語錄體，《論語》沒有使用句首狀語，語法較上古同期的文獻《國語》、《左傳》相對簡易。

3.語態主動，尚未發展被動句型

真正的「被動句」在《論語》沒有成形，《論語》的被動句子十分稀少，也不是很有規則可

---

6 曹伯韓：《國學常識》（北京：生活·讀書·新知三聯書店，二〇〇八年十一月），頁九〇。

7 孫伯涵：〈《論語》的文學價值〉，《通化師範學院學報》第二十四卷第三期（二〇〇三年五月），頁五八。

循，可能的原因是弟子們遵照孔子「辭達而已矣」的教誨，故不會拐彎抹角刻意用被動句來表達情意。

4. 語序固定，語意表達清楚明白

《論語》在語序上固定的特點，與漢語語法的古今語序「穩定性」的特色相吻合。

何淑貞說：

> 語序固定是漢語最突出的特點。王力在《漢語史稿》中說：「詞序的固定是漢語語法穩固性最突出的一種表現，主語在謂語前面，修飾語在被修飾語前面，數千年如一日。」漢語單音節孤立，無形態變化，是按照一定的秩序組詞、組句，表達某種意義，得用某種語序，絕不能隨意。相同的語言材料，不同的語序也許都合語法，語意就會不同。[8]

可見「語序固定」是《論語》的一個語法特色。

葉慶炳說：「《論語》記孔子之言，片言隻語，不嫌瑣碎；直記所聞，不加潤色。故簡約樸實為其特色。」[9]筆者認為因為「簡約」，所以《論語》的文句一般人均喜愛讀它；因為「樸實」，

---

8 何淑貞：〈漢語的語法特點和文化表現〉，《中國語文》第一〇二卷第六期（二〇〇八年六月），頁四。

9 葉慶炳：《中國文學史》（臺北：臺灣學生書局，一九九四年九月），頁二五。

所以《論語》的詞序及句子簡潔，而形成「語錄」的書體。又郭預衡從「語錄」的角度，歸納《論語》的特點如下：第一、其文辭貼近口語，通俗、自然、淺顯，因而令人有親切之感。第二、《論語》所錄要言不煩，多非長篇大論，因而令人有精粹之感。第三、內容大多有感而發，不作無病呻吟，因而令人有真實之感。[10]此等說法與筆者在第二章至第六章所探討《論語》的語法彼此大抵呼應，在在顯現了《論語》的淺易、精練與實在語言特質。

第二節　《論語》的價值與影響

《論語》一書體大思精，內容豐富，所以它的價值是多方面的，對於後世的影響也是與日俱增，含蘊深遠，如李威熊所說：

> 《論語》一書，包含了孔子一生的言行軌範、弟子之間的切磋砥礪、古聖先賢的事蹟，及孔子對當時政治、軍事、外交和經濟的興革意見，具有可貴的史料與經世價值。漢趙岐說：「《論語》者，五經之錧鎋，六藝之喉衿也。」於此可一窺《論語》的經學價值。另外，書中充滿聖賢心聲的

10 郭預衡主編：《中國古代文學史長編》（先秦卷）（北京：北京師範學院出版社，一九九二年五月），頁二六四—二六五。

格言警語，及簡勁有力卻意盡言達的短篇章句，在在都顯現了《論語》的警世與文學價值。[11]

筆者歸結《論語》具有經學、語文教育及文學、修身養心、經世救弊、古代史料及語法研究這五個重要的價值，敘論如下：

第一、經學及儒學思想研究的價值

屈萬里說：「《論語》中之記載，實間有不可信者。雖然，此類不可信之資料，在《論語》中究屬少之又少。故《論語》一書，終不失為研究孔子學說之寶典也。」[12]范壽康說：「《論語》記孔子之言行最備，故是書實儒家秘要，道義之準的也。」[13]毛鵬基說：

> 孔子集歷聖之大成，垂萬世之規範。道貫古今，師表人倫；而《論語》一書，尤為孔子學說之精髓。自容色言動，以至治平要道，靡不畢載。不特字字珠璣，為吾人取之不盡之寶藏，而亦為五經之館鎋，六藝之喉衿。凡欲研習我國學術者，所當服膺也。[14]

---

11 李威熊：《國學常識與應用文》（上冊）（臺北：國立空中大學，一九八七年十月），頁一五八。

12 屈萬里：《古籍導讀》（臺北：臺灣開明書店，一九六八年十一月），頁一一四—一一五。

13 范壽康：〈孔子〉，見唐鉞、朱經農、高覺敷主編：《教育大辭書》（臺北：臺灣商務印書館，一九六四年二月），頁一六三。

14 毛鵬基：《論語會通》（臺北：雅言出版社，一九六九年八月），敘例，頁五。

可見《論語》為深究經學的要徑。

錢穆曾經開出「文化七書」，認為它們是所有大學生及社會人士一定要讀的，所謂「七書」是《論語》、《孟子》、《老子》、《莊子》、《近思錄》、《傳習錄》和《六祖壇經》，[15]《論語》列為首本，可見其重要地位。鄭振鐸謂《論語》「文字雖極簡樸直捷，卻能把孔子的積極的思想完全表現出。」[16]黃開國說：「《論語》較全面、集中地表現了孔子的思想體系，是研究孔子思想的主要材料。」[17]程發軔說：「《文史通義・言公上》：『六藝為文字之權輿，《論語》為聖言之薈萃。』故群經要義，盡匯於《論語》。」[18]日本古城貞吉說：「《論語》一書，自孔子之容貌氣象以及平生之言行舉動皆載在篇章，故孔教之大要亦得於此見之。」[19]更可知《論語》是鑽研孔子思想的最重要經籍。經學是儒學的核心，也是儒家思想的要道，想研究經學，由《論語》入手，以奠定根基，則對於研究經學易於登門入室。

---

15 王財貴：〈經典閱讀——解消迷思，企近智慧〉，李素真主編：《鐵肩擔道義——二十堂名家的國文課》（臺北：商周出版公司，二〇〇七年五月），頁二三六。
16 鄭振鐸：《中國文學史》（繪圖本）（臺北：宏業書局，一九七五年六月），頁七一。
17 黃開國主編：《經學辭典》（成都：四川人民出版社，一九九三年五月），頁二二六。
18 程發軔：《國學概論》（臺北：正中書局，一九七八年五月），頁一二六。
19 〔日本〕古城貞吉著、王燦譯：《中國五千年文學史》（臺北：廣文書局，一九七六年三月），頁五二。

第二、語文教育及文學的價值

《論語》的語言淺而易曉，含蓄有致，為語錄的典範。就語文發展來說，語錄體的寫作體例開宋明理學語錄的先河，而《論語》的文學藝術，也是語文教學的一種教材，所以中學的國文課文都選錄《論語》的某些篇章，作為文藝陶冶的教材及寫作訓練的依憑。關於此點，褚斌杰說：「《論語》作為諸子散文的早期代表，它的思想謹嚴、語言精練、含蘊深刻等特點，都為後代一些作家所取成，我們閱讀時可細心領會。」[20]游國恩也認為《論語》主要特點是「語言簡練，用意深遠，有一種雍容和順、迂徐含蓄的風格。」[21]王更生也持獨到的看法，他說：

> 《論語》各章的語言雖短，其行文既精美絕倫，又蘊藏無限智慧。如果教師在進行教學時，能透過文法、修辭的藝術技巧，來加以點化，必可突顯《論語》論學、論孝的經義。不僅可以增進學生身心修養的完美，更可以借用《論語》的精練語言，提升學生文藝欣賞的高度和為文運思的水準。[22]

---

20 見季羨林主編：《中外文學書目答問》（北京：中國青年書店，一九八六年四月），頁六二。

21 游國恩等主編：《中國文學史》（臺北：五南圖書有限出版公司，一九九〇年十一月），頁七一。

22 王更生：〈從文藝欣賞看國文科《論語》選教學〉，陳滿銘等：《名家論國中國文續編》（臺北：萬卷樓圖書有限公司，一九九八年九月），頁二〇二。

程千帆、程章燦說：

這種富於思想性、形象化，而又充滿幽默感的小品散文，今天讀來，那場面依然是栩栩如生的。要之，《論語》這部最早的私門著述，不僅記錄了孔子的學術思想，闡述了他的「仁」的觀念，而且在先秦說理散文中導夫先路，成為後代語錄體散文的最初典範。[23]

鮑鵬山說：「《論語》關乎家國的理想或理想的家國，關乎人格的理想或理想的人格，甚至，它還是語言範本，關乎理想的文字。」[24]趙明說：「《論語》的文學價值，還在於它文辭儉約，意味雋永，具有含蓄蘊藉、迂徐典雅的語言風格。」[25]此等看法均甚正確。職是之故，錢基博謂《論語》二十篇「蓋繼往開來，而集二帝三王文學之大成者也。」[26]皆為卓見。

第三、佐助修身養心的價值

梁啟超說：「《論語》為二千年來國人思想之總源泉；《孟子》自宋以後勢力亦與此相埒。此二書可謂國人內的外的生活支配者。故吾希望學者熟讀成誦，即不能亦須翻閱多次，務略舉其辭，

23 程千帆、程章燦：《程氏漢語文學通史》（瀋陽：遼海出版社，一九九九年九月），頁三五。
24 鮑鵬山：《孔子是如何煉成的——從喪家狗到萬世師表》（臺北：本事文化有限公司，二〇一〇年十月），頁三五五。
25 趙明主編：《先秦大文學史》（長春：吉林大學出版社，一九九三年一月），頁七七一。
26 錢基博：《中國文學史》（北京：中華書局，一九九三年四月），頁二〇。

或摘記其身心踐履之言以資修養。」[27]是知《論語》和《孟子》的要言名句對於國人修養的滌清有莫大的幫助，朱自清說：「《論語》是孔道弟子們記的。這部書不但彰顯一個偉大的人格——孔子，並且讓讀者學習許多做學問做人的節目：如『君子』、『仁』、『忠恕』，如『時習』、『闕疑』、『好古』、『隅反』、『擇善』、『困學』等，都是可以終身運用的。」[28]讀了《論語》，篇篇佳言警句，都如一盞盞人生的明燈，在順境時教你謙虛，在逆境時鼓舞你果敢，在失望時讓你看到光明的願景，在黑暗裡讓你找到正向的南針，它是幫忙現代人修養身心的好書，正如王熙元說的：「我們讀《論語》的目的，應不只在通曉訓詁義理，或能背誦其文句、熟知其內容而已，當以能進而陶冶身心、鍛鍊志節、對一己的言行與立身處世之道，都能受其薰染而有所助益為尚。」[29]陳福智、黃晨淳、林雅芬說：「《論語》是本從人生道理講到處世哲學的傑作，縱使有艱澀難懂之處，但是讀之，絕對能幫助你改善生活方式之缺失，增加人際關係之和諧。」[30]又如同傅佩榮所說的：「十餘年來，我經常讀《論語》，尤其每到春天，看到萬象更新，一切欣欣向榮，充滿朝氣與活力，就不免隨手取出《論語》，細讀幾段，品味基本道理。」[31]

27 梁啟超：〈國學入門書要目及其讀法〉，見章炳麟等：《國學研究法》（臺北：西南書局，一九八三年一月），頁四〇。
28 朱自清：《經典常談》（臺北：文化圖書公司，一九七六年一月），頁三四。
29 王熙元：《論語通釋》（臺北：臺灣學生書局，一九八八年八月），自序，頁四—五。
30 陳福智、黃晨淳、林雅芬：《必讀中國經典名著90》（臺中：好讀出版有限公司，二〇〇六年一月），頁一六。
31 傅佩榮：〈春讀《論語》〉，見《不同季節的讀書方法》（臺北：九歌出版社，一九九六年四月），頁三五。

錢穆曾經告訴他的孫女錢婉約：「《論語》一書涵義甚深，該反求諸己，配合當前所處的世界，逐一思考，則更可深得。重要當在自己做人上，即一字一句亦可受用無窮。」[32]由此更可知，《論語》裡的金玉良言有助於啟引我們做人處世的智慧。

第四、經世救弊的價值

當前的世界，科技的文明帶動經濟繁榮，改善人類的物質生活，其功甚偉，相對的也產生環保問題、道德沉淪、倫理式微、人心物化、生活腐敗等等弊端。欲改正這些缺失，力挽狂瀾，《論語》中所闡發的孔子思想，正如一盞救弊的燭光，值得我們採行，嚴靈峰說：「當今之世，風俗日偷，道德淪喪；《論語》之於修己、治生，蓋有餘矣。」[33]封恆說：「今世之研究《論語》，必當從『大己』著手，明物察倫，以其真知酌見，求萬眾之清明；視人身若己身，求眾生之養成，擴大修己範圍，才能改造宇宙，共進人類之福祉。」[34]皆為針砭之言。

王熙元說：

> 《四書》中的《論語》，是一部孔子生平言行的紀錄，……這些語錄體的文字，看似尋常，實

---

32 印永清：《百年家族——錢穆》（新北：立緒文化事業有限公司，二〇〇二年十月），頁三九三。

33 嚴靈峰：《論語章句新編》（臺北：水牛圖書出版事業有限公司，一九八八年六月），自序，頁三。

34 封恆：《論語要義暨孔子生平考纂》（臺北：漢京文化事業有限公司，一九八一年七月），頁五。

則絕大部分都是精言粹語，處處閃發著孔子成熟的智慧之光，也顯示出孔子人生體驗之深刻與獨到，直到今天，經歷數千年之久，而仍有其不朽的應用價值。[35]

孔子言論的價值，對於徬徨迷惑的現代人在人生哲學與生活哲理兩方面，有其輔導的應世功效。

賴明德說：

現代是一個人們需要相互尊重，家庭需要溫暖和諧，國家社會需要充滿諒解、愛心的時代，孔子思想啟示人們要「入則孝，出則弟，謹而信，汎愛眾而親仁」，也就是發揚孝道，以塑造美滿的家庭；尊重他人，以建構祥和的社會；對自己的言行負責任而有誠信；對群體的關懷存有豐沛的愛心。[36]

35 王熙元：《關懷國文》（基隆：法嚴出版社，二〇〇一年七月），頁一四〇。

36 賴明德：〈孔子思想對現代社會的啟示〉，見蔡宗陽主編：《慶祝黃錦鋐教授九秩嵩壽論文集》（臺北：洪葉文化事業有限公司，二〇一一年六月），頁三四－三五。

第五、古代史料與語法研究的價值

劉大杰說：「《論語》是古代初期的哲理散文中一部最可靠的書。其中有一部分，（如〈堯曰〉等），雖然也有可疑之處，但它本身的真實性，是無可置疑的。」[37]王忠林等說：「《論語》一書是古代哲理散文萌芽初期中，最可靠的一部書。其中有一部分（如〈堯曰〉等），雖然也有可疑之處，但不影響其價值。」[38]馬勇、顧伯平謂《論語》「內容有孔子談話、答話及弟子間談論。多涉及當時社會經濟情況，是一部珍貴的古代史資料。」[39]胡安順、郭芹納也謂《論語》「內容十分廣泛，涉及到儒家的政治思想、倫理道德、教育觀念以及處世原則等方面，是研究我國古代思想史、文化史和教育史的重要資料。」[40]的確《論語》雖不是史書，但其中所記，十之八九皆為上古實錄，故具有古代史料的價值。

除了上述史料的價值之外，《論語》同時具備了「語料」的價值，它能夠幫助我們了解孔子的生平與學問、上古春秋戰國這段時期書面語言語法的實況。余培林說：「《論語》一書的內容，就是孔子的思想。」[41]因此《論語》是記載孔子思想的第一手珍貴的資料。此外，姜濤說：

37 劉大杰：《中國文學發展史》（臺北：華正書局，一九八〇年五月），頁七二。
38 王忠林等：《中國文學史初稿》（臺北：石門圖書公司，一九七八年十一月），頁八八。
39 馬勇、顧伯平主編：《中國名著大辭典》（合肥：黃山書社，一九九四年四月），頁三七四。
40 胡安順、郭芹納：《古代漢語》（修訂版）（北京：中華書局，二〇〇九年八月），頁五〇八。
41 余培林：〈《論語》導讀〉，黃錦鋐等：《四書導讀》（臺北：文津出版社，一九九二年十月），頁九四。

雖然這部書是輯集了自春秋末年至戰國初年，許多孔子弟子及再傳弟子的記錄斷片而成，但這些記錄斷片所記的，卻絕大部分是孔子講述為學做人之道的話。他的學術思想、政治思想，及生平事蹟，都可以從《論語》中得到直接的材料。因此，我們大可以把《論語》看成是孔子的著作，而且是最可靠的孔子的唯一著作。[42]

周文說：「《論語》在中華文明史上的價值，不僅僅在於它為研究中華文化與民族精神提供了豐富的資料，還在於它同時也是一座語言寶庫。」[43]谷毓說：「《論語》的格言不僅數量豐贍，而且語句流暢，內容深邃，很有深入研究的價值。」[44]梁啟超認為研究國學有兩條路：一是文獻的學問，應該用客觀的科學方法研究；二是德性的學問，應該用內省和躬行的方法研究。[45]《論語》一書兼具「文獻」和「德性」二者的學問，值得大家明其哲理而身體力行，知行並重。

其次，《論語》對於後代的影響是長遠的，跨越時空的侷限，兩千多年以來，《論語》已是國人及世界上許多喜愛儒學的人的必讀經典，袁千正、唐富齡、謝楚發謂《論語》「語言簡練，風格

42 姜濤主編：《中國經典欣賞全集（《論語》）》（臺北：莊嚴出版社，一九八四年十月），序言，頁五。
43 周文：〈《論語》雙音詞綜考〉，《咸寧師專學報》第二十一卷第五期（二〇〇一年十月），頁四一。
44 谷毓：〈《論語》語言的文學性初探〉，《遼寧教育行政學院學報》第二十四卷第五期（二〇〇七年五月），頁一〇一。
45 梁啟超：〈治國學的兩條大路〉，《飲冰室全集》（臺北：文化圖書公司，一九七六年三月），頁三二〇。

迂徐含蓄，能展示人物精神語態乃至性格，在我國散文發展史上有一定地位和影響。」[46]以下分成思想教育、文學、語言三項，加以歸結《論語》對於世界人類的影響。

第一、《論語》導航政教的思想，成為修齊治平標竿

《論語》是世界級的文化資產，也是影響我國各朝代的各界最有力的一部儒家經典。于丹說：

在孔子之後，中國古代有許多名士當自己窮極潦倒的時候，還念念不忘蒼生黎民。詩聖杜甫在自己的茅屋僅能容身、破敗漏雨之時，他想的卻是「安得廣廈千萬間，大庇天下寒士俱歡顏」（〈茅屋為秋風所破歌〉），想讓更多的人住尚好房子。我們不會感到杜甫是在說大話，而是會被那博大的胸襟和熾烈的感情所震撼！再比如范仲淹，他認為一個士人不論是「居廟堂之高」還是「處江湖之遠」，都應該繫念天下君民，都應當「先天下之憂而憂，後天下之樂而樂。」（〈岳陽樓記〉）這樣寬闊的胸懷，這樣高遠的志向，不難看到孔子和《論語》的影響。[47]

林礽乾說：「自元代以法令規定朱注《四書》為考試必讀之書以來，它更成為國家寶典，士子

46 袁千正、唐富齡、謝楚發主編：《中國文學辭典》（古代卷）（西安：三秦出版社，一九八九年七月），頁二一。
47 于丹：《于丹輪語心得》（臺北：聯經出版事業股份有限公司，二〇〇七年四月），頁六五。

聖經，深深的影響著中國的政治、教育、和社會。」[48]蔡宗陽說：

《論語》是一部人人必讀的書。中國幾千年來，不論立身處世和政治社會，都以儒家的思想為主，而《論語》就是最精粹、最可靠的書。宋朝趙普說：「以半部《論語》佐太祖定天下；以半部《論語》佐太宗致太平。」這就是一般人常說的「古人半部《論語》治天下」的明證。[49]

李威熊說：「我國學術文化是以儒家思想為主，而《論語》又是儒家最精粹、最可貴的寶典。尊人倫，重德性，格致誠正，修齊治平的道理，莫不在於斯，所以它是一部人人必讀的古籍。」[50]梁生發更提出《論語》十句經典名言，認為它們可以讓人受益終生：

仁者愛人，知者知人。（〈顏淵〉一二─二〇）

禮之用，和為貴。（〈學而〉一─一二）

不恆其德，或承之羞。（〈子路〉一三─二二）

---

48 林礽乾：〈《論語》導讀〉，周何、田博元主編：《國學導讀叢編》（臺北：康橋出版事業公司，一九七九年四月），頁三四五。

49 蔡宗陽：《國學淺說》（臺北：學生出版社，一九七九年十月），頁四九。

50 李威熊：〈《論語》述要〉，高明主編：《群經述要》（臺北：黎明文化事業有限公司，一九九二年二月），頁一六七。

吾日三省吾身。（〈學而〉一—四）
人而無信，不知其可。（〈為政〉二—二二）
敏而好學，不恥下問。（〈公冶長〉五—一五）
訥於言而敏於行。（〈里仁〉四—二四）
小不忍則亂大謀。（〈衛靈公〉一五—二七）
益者三友，損者三友。（〈季氏〉一六—四）
四海之內皆兄弟。（〈顏淵〉一二—五）[51]

傅佩榮說：

《論語》所蘊藏的普世價值正在發出耀眼的光芒。不僅如此，在當前大家迫切需要又束手無策的「生命教育」的課題上，《論語》也提供了簡明扼要而完整生動的架構。孔子以身教的方式，見證了生命的主體性與主動性。任何人只要真誠，就將察覺內在的力量在敦促自己朝向完美人格的目標前進。[52]

---

51 梁生發：〈學生應永記不忘的十句《論語》經典〉，《陝西國防工業職業技術學院學報》第二十一卷第一期（二〇一一年三月），頁四三—四五。

52 傅佩榮：《解讀論語》（上海：上海三聯書店，二〇〇七年七月），前言，頁一。

可見《論語》是當前具有普世價值的生命教育明燈。是以王餘光、徐雁說：

漢代以來，它是讀書人的必讀書，特別是經過宋代朱熹的注解，列入《四書》之後，便一直成為科舉考試最重要的教科書，宋元明清的做官人、讀書人無不受其影響。即使在今天，《論語》仍有很多讀者，書中許多詞語，被人們在書面上或口頭上經常使用，有人稱《論語》為「中國人的聖書」。[53]

《論語》的格言深受企業家喜愛，王品集團的創辦人戴勝益從高中起即迷上了《論語》，反覆背誦至熟透，不僅啟迪其人生甚多，他更活用《論語》為企業行事及管理準則，他說：

幾十年的閱讀歷程中，讀遍經典卻獨鍾《論語》，它實在而善良，利己又利人，不若《厚黑學》或《孫子兵法》的狡詐，充滿欺壓或反擊理論。至今，辦公室座位後方的書櫃上仍端放《論語》，援引為人生及「王品」之師。[54]

---

53 王餘光、徐雁主編：《中國讀書大辭典》（南京：南京大學出版社，一九九七年七月），頁一一四九。

54 戴勝益：〈精神愉悅無盡藏〉，彭蕙仙等採訪整理：《閱讀是一輩子的事》（臺北：天下遠見出版公司，二〇一〇年九月），頁一三四—一三五。

《論語》傳播到西方其來已久，且具有一定的影響力，「一六八九年（即康熙二十八年）《論語》及《大學》、《中庸》的拉丁文譯本，已在巴黎出版。」[55]孫震說：「我們如果要列舉兩本中國古老的著作，在西方享有較高的知名度，而且可以預期將來會有更多的影響，我的看法是《論語》和《孫子兵法》。」[56]孔祥驊說：「西方人第一本必讀的書是《聖經》，中國人第一本必讀的書是《論語》。」[57]而《論語》對於日本的影響，也很深遠，陳起鳳說：

> 《論語》乃孔門記述孔子言行之書，雖非孔子所作，但多為孔子的言論，非但有修齊治平的大道理，文筆也很精雅。讀時令人玩味無窮。趙普有「半部《論語》治天下」的話，似非誇張。《論語》多係問答方式，與蘇格拉底對話相同，亦宋明語錄之所本。它對異邦影響也很大，於晉武帝太康六年（日本應神天皇十六年，公元二八五年）傳入日本，為我國著作傳入日本的第其後即常為日本教育的中心。[58]

---

55 陳本昌：《中外名人的事業與壽命》（北京：國際文化出版公司，一九九四年五月），頁二六。

56 孫震：〈不打沒有把握的仗〉，《回首向來蕭瑟處》（臺北：天下文化出版股份有限公司，一九九八年一月），頁二三八。

57 孔祥驊：《國學入門》（上海：上海人民出版社，二〇一二年六月），頁一五四。

58 陳起鳳：〈孔子的文學〉，《孔孟月刊》第十五卷第十一期（一九七七年六月），頁四二。

何德功看到「在日本到處可以看到以孔子為代表的儒家思想影響的痕跡，主要表現在日本企業文化、學校教育和社會生活三個方面。」[59]像日本近代化之父澀澤榮一的著作《論語和算盤》深深影響日本企業界，而日本的學校教育往往藉助《論語》彰顯的儒家精神來培養學生的美德，在日本有「論語研究會」、「論語學習會」等民間團體，向人們開展學習《論語》的講座。

此外，深受儒家文化沃潤的韓國，《論語》所產生的影響力同樣宏深，筆者舉兩個實例加以印證：第一個例子，是三星（Samsung）企業集團的創辦人李秉喆（一九一〇—一九八七）在他的「湖巖自傳」裡說：

如果問我，讀過的書對那一本感受最深，受益也最大，我會毫不猶豫地回答：「只有《論語》。」《論語》是對我的性格影響最深的一本書，我的日常生活脫離不了《論語》，而且還靠《論語》充實了我的生活。《論語》蘊涵了自我的、內在的規範，在簡潔的話裡，凝聚了偉大的思想與豐富的人生體驗，它不只教你做人的道理，也告訴你處事的準則。《論語》對人性的約束，與法律是截然不同的兩極。[60]

59 何德功：〈在日本感受《論語》影響〉，《晚晴》二〇〇七年第六期，頁二九。
60 李秉喆原著、朱立熙譯：《第一主義——韓國企業巨人李秉喆自傳》（臺北：經濟與生活出版事業公司，一九八六年十月），頁二七二。

從上述這段話，可以知道企業家李秉喆把《論語》作為做人和做事的規範。第二個例子，是韓國最大電腦公司 TriGem 創辦人李龍兌在他的兒子赴美攻讀物理學博士前夕，李龍兌要求兒子熟背《論語》。到了出發時，李龍兌認為兒子對於《論語》了解不夠深入，要求兒子延遲赴美行程。[61]

梁實秋（一九〇三—一九八七）曾挑選七本值得大家閱讀的好書，其中就有《論語》，他說：「古今來的好書，假若讓我挑選，我舉不出十部。而且因為年齡環境的不同，也不免隨時有些更易。單就目前論，我想是：《柏拉圖對話集》、《論語》、《史記》、《世說新語》、《水滸傳》、《莊子》、《韓非子》，如此而已。」[62]二十一世紀的世界，漢學的經典逐漸受到各國的學者重視與研究，因此，「《論語》是我們民族的一份寶貴文化遺產，值得我們很好地繼承。」[63]

第二、《論語》影響後代的散文，衍為文學詞采的風華

林庚認為「由於《論語》的口語成分，先秦的散文才從呆板的史官文字中解放出來，成熟地進入一個全新的階段。」[64]這個看法很中肯。王力說：「《論語》共二十篇，內容包括政治主張、教

61 孫珮瑜：〈從根培養自信，向外打開視野〉，見天下雜誌記者：《韓國，躍升中》（臺北：天下雜誌公司，二〇〇五年一月），頁一六一。

62 梁實秋：〈好書談〉，見《雅舍小品補遺》（臺北：九歌出版社，一九九七年十一月），頁一二八。

63 程伯安：〈博大精深影響深遠的中國第一書——《論語》〉，《咸寧師專學報》第十五卷第二期（一九九五年五月），頁二〇。

64 林庚：《中國文學簡史》（北京：北京大學出版社，一九九五年七月），頁四五。

育原則、倫理觀念、品德修養方面。語言簡而易曉，為語錄的典範。」[65]又楊子堅說：「《論語》是儒家思想、理論的基礎，對後世產生了深遠的影響。在文學特別是文學語言方面的影響也是很顯著的。」[66]另外，張志烈說：「《論語》由簡短的言談問對、節段的形式構成，語約義豐，不僅有深厚的哲理內容，而且極富文采，顯示高超的散文藝術。」[67]劉文清說：

全書以記言為主，兼記孔子日常行事，為記載夫子言行最詳實之書，最能代表儒家思想，乃研究儒家學說之原始資料，於學術上具不朽之價值。而其文章簡約樸實，片言隻語，不嫌瑣碎，直記所聞，不加潤色，仍不乏雋永趣味。[68]

上述這些意見，都指出《論語》的質樸，對於後世散文的實用靈活與創新變化有著重大的影響力。

第三、《論語》的成語名句意味深遠，豐富漢語的內涵

關於《論語》的成語，趙雷說：「《論語》中四字格成語約有一五〇個，是《論語》成語的基

65 王力主編：《古代漢語》（臺北：藍燈文化事業有限公司，一九八九年一月），頁一七六—一七七。
66 楊子堅：《中國文學史簡編》（南京：南京大學出版社，一九九三年七月），頁二五。
67 張志烈主編：《中國古代散文辭典》（成都：四川人民出版社，一九九四年七月），頁三四九。
68 曾永義主編：《中國古典文學辭典》（臺北：正中書局，一九〇〇年五月），頁六四六。

本形式，占《論語》成語的絕大多數。」[69]張美莉認為它對後世語文的影響深遠為：「豐富了漢語的詞彙系統」、「豐富學生的詞彙量」。[70]以宋裕主編的《中學生常用成語典》為例，其中蒐羅十九個《論語》的成語，可見其風貌：

表七─二─一　《論語》的成語之一

成語	頁次	《論語》出處
工欲善其事，必先利其器。	頁二五	〈衛靈公〉一五─一〇
不在其位，不謀其政。	頁二九	〈泰伯〉八─一四
斗筲之人。	頁四五	〈子路〉一三─二〇
分崩離析。	頁四六	〈季氏〉一六─一
內省不疚。	頁四七	〈顏淵〉一二─四
升堂入室。	頁四八	〈先進〉一一─一五
夫子自道。	頁四九	〈憲問〉一四─二八
民無信不立	頁六三	〈顏淵〉一二─七
危言危行	頁七七	〈憲問〉一四─三

69 趙雷：〈《論語》中的四字格成語〉，《唐山師範學院學報》第二十九卷第六期（二〇〇七年十一月），頁四九。

70 張美莉：〈淺談《論語》的成語和格言警句對漢語的影響〉，《安徽文學》二〇〇八年第十一期，頁二九三。

表七—二—一 《論語》的成語之一（續）

成語	頁次	《論語》出處
而立之年	頁八五	〈為政〉二—四
言必信，行必果	頁八九	〈子路〉一三—二〇
知命之年	頁一一〇	〈為政〉二—四
往者不可諫，來者猶可追	頁一二六	〈微子〉一八—五
卓爾不群	頁一二八	〈子罕〉九—一一
怪力亂神	頁一三二	〈述而〉七—二一
被髮左衽	頁一六四	〈憲問〉一四—一七
躬自厚而薄責於人	頁一七五	〈衛靈公〉一五—一五
朝聞道，夕死可矣	頁二〇九	〈里仁〉四—八
斐然成章	頁二一六	〈公冶長〉五—二二

（筆者整理）

再以繆天華主編的《成語典》為例，其中出自《論語》的成語有九十四個之多：

表七—二—二　《論語》的成語之二

序號	成語	頁次	出處	解釋
〇一	一日之長	頁一	〈先進〉一一—二六	稍長之意。
〇二	一隅	頁一	〈述而〉七—八	指四方形之一角，如言「一隅之地」。
〇三	一以貫之	頁六	〈里仁〉四—一五	言一理以貫通萬事也。
〇四	一言喪邦	頁九	〈子路〉一三—一五	謂一言失誤，遂使國家陷於覆滅也。
〇五	一言興邦	頁九	〈子路〉一三—一五	謂一言而可以使國家興隆也。
〇六	一朝之忿	頁一五	〈顏淵〉一二—二一	猶言一時之憤怒。
〇七	一言以蔽之	頁二〇	〈為政〉二—二	謂以一言而總括其體也。
〇八	三友	頁二八	〈季氏〉一六—四	三友，多指前者而言，亦稱三益友。
〇九	三戒	頁二八	〈季氏〉一六—七	三戒，戒色、戒鬥、戒貪也。
一〇	三省	頁二八	〈學而〉一—四	謂自我檢討下列三者：即忠、信、傳業。
一一	三十而立	頁二九	〈為政〉二—四	言年屆三十者，應有所成立也。
一二	三畏	頁二九	〈季氏〉一六—八	（該書無解釋）
一三	三思而行	頁三三	〈公冶長〉五—二〇	謂行事之前慎為考慮也。
一四	三人行，必有我師焉	頁三七	〈述而〉七—二二	言三人同行，其二人之善者，足為師法也；其不善者，足為師法也。
一五	三月不知肉味	頁三七	〈述而〉七—一四	（該書無解釋）

表七—二—二 《論語》的成語之二（續）

序號	成語	頁次	出處	解釋
一六	下學上達	頁四〇	〈憲問〉一四—三三	謂從事世間篤實之學問，以求通達天理也。
一七	不亦樂乎	頁四二	〈學而〉一—一	樂，愉快也。
一八	不念舊惡	頁四四	〈公冶長〉五—二三	謂不計較以前之過失。
一九	不恥下問	頁四五	〈公冶長〉五—一五	謂向身分較低者求教，不以為恥。
二〇	不得其門而入	頁四九	〈子張〉一九—二三	今泛用約有三義：㈠至一宅前不知大門所在；㈡求學或習技藝未得頭緒；㈢政界中夤緣無門。
二一	不在其位，不謀其政	頁五〇	〈泰伯〉八—一四	謂己身不在某職位，即不謀該職位之事。
二二	不降其志，不辱其身	頁五〇	〈微子〉一八—八	謂不降低己之志氣，亦不污辱己之身分。
二三	中道而廢	頁五二	〈雍也〉六—一二	猶言半途而廢。
二四	乘桴浮海	頁五三	〈公冶長〉五—七	以國內離亂，欲出海隱居也。
二五	五十而知天命	頁五九	〈為政〉二—四	孔子自謂五十而知天地之道。今謂人五十歲，曰知命之年。
二六	五穀不分	頁五九	〈微子〉一八—七	言昏聵無知也。

表七—二—二　《論語》的成語之二（續）

序號	成語	頁次	出處	解釋
二七	人焉廋哉	頁六四	〈為政〉二—一〇	謂人安能隱匿其本性也。
二八	仁人君子	頁六六	〈衛靈公〉一五—九	有愛心有德行者。
二九	仁者不憂	頁六七	〈子罕〉九—二九	言成德者依理而行，故心得其正而無憂也。
三〇	仁者樂山	頁六七	〈雍也〉六—二三	言成德者安於義理而厚重不遷，有似於山，故樂山。
三一	以文會友	頁六九	〈顏淵〉一二—二四	今泛用以文章、博學為交友媒介，曰以文會友。
三二	以德報怨	頁六九	〈憲問〉一四—三四	人有仇怨於我，我不復仇，而以仁愛待之。
三三	來者可追	頁七五	〈微子〉一八—五	謂已往之錯誤不復補救，未來者猶可預防也。
三四	修己安人	頁七八	〈憲問〉一四—四二	言治國之道，在位者修其德，則人民得安也。
三五	升堂入室	頁九四	〈先進〉一一—一五	喻學識道藝已達其精奧之境。
三六	六尺之孤	頁九九	〈泰伯〉八—六	失父幼小之君也。

表七—二—二　《論語》的成語之二（續）

序號	成語	頁次	出處	解釋
三七	分崩離析	頁一〇九	〈季氏〉一六—一	謂分裂、崩潰、離散、析異；強調渙散之詞。
三八	切問近思	頁一〇九	〈子張〉一九—六	問己所未悟之事，思己所未及之事。
三九	剛毅木訥	頁一一四	〈子路〉一三—二七	剛，耿直；毅，堅決；木，不隨和；訥，不善詞令。
四〇	勝殘去殺	頁一一八	〈子路〉一三—一一	謂使民不為惡，則刑罰不中也。
四一	勞而不怨	頁一一九	〈里仁〉四—一八	言事親雖勞苦而不生怨。
四二	匏瓜空繫	頁一二〇	〈陽貨〉一七—七	謂賢才不得意。
四三	十室之邑，必有忠信	頁一二五	〈公冶長〉五—二八	言地雖小邑，必有忠信之人也。
四四	博文約禮	頁一三二	〈雍也〉六—二七	窮學問事理之極，克己復禮以行之之謂也。
四五	博施濟眾	頁一三二	〈雍也〉六—三〇	博施謂廣施德惠於民；濟眾，拯救民眾，免於患難也。
四六	危邦不入，亂邦不居	頁一三三	〈泰伯〉八—一三	今泛用此言，勸人勿去有戰亂之處。
四七	及肩之牆	頁一三五	〈子張〉一九—二三	（該書無解釋）
四八	君子成人之美	頁一四五	〈顏淵〉一二—一六	謂君子成全他人之善事也。

表七—二—二 《論語》的成語之二（續）

序號	成語	頁次	出處	解釋
四九	君子憂道不憂貧	頁一四五	〈衛靈公〉一五—三三	君子但憂學道之有無進步，行道之有無進展，不為口腹升斗憂也。
五〇	和而不同	頁一四九	〈子路〉一三—二三	言君子和順而不阿比苟同。
五一	哀矜勿喜	頁一五〇	〈子張〉一九—一九	謂勿以善折獄而沾沾自喜，宜對犯人有哀憐之心。
五二	待價而沽	頁一五三	〈子罕〉九—一三	謂等待高價而出仕也。
五三	四海兄弟	頁一六〇	〈顏淵〉一二—五	言天下之人，皆可親如兄弟。
五四	四十而不惑	頁一六二	〈為政〉二—四	（該書無解釋）
五五	執鞭之士	頁一七二	〈述而〉七—一二	即御者，謂一般賤役之從事者。
五六	夫子自道	頁一九四	〈憲問〉一四—二八	謂其所言者，適為一己之事。
五七	威而不猛	頁二〇九	〈述而〉七—三八	謂有威儀而不猛烈。
五八	學如不及	頁二一九	〈泰伯〉八—一七	謂為學應汲汲於上進，似有所不及者。
五九	學優則仕	頁二一九	〈子張〉一九—一三	謂學有所成，即可以仕。
六〇	富貴在天	頁二三〇	〈顏淵〉一二—五	謂富貴由天定，非人力所能及。
六一	富貴浮雲	頁二三〇	〈述而〉七—一六	謂富貴不足重視。
六二	崇德辨惑	頁二五五	〈顏淵〉一二—一〇	謂積道德而辨迷惑。

表七—二—二　《論語》的成語之二（續）

序號	成語	頁次	出處	解釋
六三	工欲善其事，必先利其器	頁二五七	〈衛靈公〉一五—一〇	今用以稱有完善之工具，方有優良之產品。
六四	巧言令色	頁二五九	〈學而〉一—三、〈陽貨〉一七—一七	謂好善色，取悅於人。
六五	巧言亂德	頁二五九	〈衛靈公〉一五—二七	謂巧言足以敗壞道德。
六六	己立立人，己達達人	頁二六一	〈雍也〉六—三〇	謂忠恕之道；推己及人之仁心也。
六七	己所不欲，勿施於人	頁二六一	〈顏淵〉一二—二、〈衛靈公〉一五—二四	恕道也。
六八	彬彬君子	頁二八五	〈雍也〉六—一八	謂文質兼備之人。
六九	往者不諫，來者可追	頁二八五	〈微子〉一八—五	謂過去之事已不可改，將來之事則可及時改。
七〇	循循善誘	頁二九〇	〈子罕〉九—一一	謂依次漸進，教導得法。
七一	怨天尤人	頁三〇三	〈憲問〉一四—三五	謂不能以義命自安。
七二	愛欲其生，惡欲其死	頁三一四	〈顏淵〉一二—一〇	謂愛惡不得其正。
七三	懷寶迷邦	頁三二〇	〈陽貨〉一七—一	喻隱匿其才，不為世用。
七四	成人之美	頁三三三	〈顏淵〉一二—一六	謂助人成其美舉。
七五	敏於事慎於言	頁三八三	〈學而〉一—一四	謂行事敏捷，出言謹慎。

表七—二—二　《論語》的成語之二（續）

序號	成語	頁次	出處	解釋
七六	敬而遠之	頁三八五	〈雍也〉六—二二	不親近亦不得罪之意。
七七	斗筲之器	頁三九〇	〈子路〉一三—二〇	喻才短量淺。
七八	既來之，則安之	頁三九六	〈季氏〉一六—一	言既已至此則遂安於此，後人常用此語。
七九	日知其所亡	頁三九九	〈子張〉一九—五	謂日日增加所未識未聞者，即日新之意。
八〇	有過之無不及	頁四二二	〈先進〉一一—一六	言惟有勝過而無不如。
八一	本立而道生	頁四三一	〈學而〉一—二	謂欲求正道，當先務本。
八二	樂山樂水	頁四六五	〈雍也〉六—二三	謂好山或好水，性各不同也。
八三	歲不我與	頁四八〇	〈陽貨〉一七—一	謂時不待人。
八四	死而後已	頁四八四	〈泰伯〉八—七	謂努力不懈，至死方止。
八五	毋友不如己者	頁四九三	〈子罕〉九—二五	孔子戒人擇交之語。
八六	毋意，毋必，毋固，毋我	頁四九三	〈子罕〉九—四	言孔子無此四事。
八七	比而不周	頁四九四	〈為政〉二—一四	謂偏私而不普遍親善。
八八	求仁得仁	頁五〇六	〈述而〉七—一五	今多用為適如其願之意。
八九	溫故知新	頁五四二	〈為政〉二—一一	謂溫習舊時所學，可以獲得新知。
九〇	潔己以進	頁五四五	〈述而〉七—二九	謂潔身自愛也。

表七—二—二《論語》的成語之二（續）

序號	成語	頁次	出處	解釋
九一	無為而治	頁五五六	〈衛靈公〉一五—五	謂化治於無形。
九二	無可無不可	頁五五八	〈微子〉一八—八	俗恆用為依違兩可之辭。
九三	父母之邦	頁五六七	〈微子〉一八—二	謂父母出生之國。今喻祖國也。
九四	父母在不遠遊	頁五六七	〈里仁〉四—一九	謂父母健在時，不應遠離，而廢其定省晨昏之責。

（筆者整理）

褚斌杰說：

《論語》中還有許多語錄，簡明深刻，包含了豐富的生活經驗，被後世一直作為格言傳誦，如「人無遠慮，必有近憂」，「學而不厭，誨人不倦」，「三人行，必有我師」，「歲寒，然後知松柏之後彫也」等等，皆語言簡潔，深入淺出，語約義豐。[71]

是知《論語》對於語言的影響。而且《論語》的語言創造力，也對後人有深遠的啟引作用，金

71 褚斌杰：《中國文學史綱要》（一）先秦、秦漢文學（臺北：曉園出版社，一九九一年六月），頁一四六。

啟華等說：「在藝術方面，《論語》的主要成就表現在文學語言的運用和創造上。」[72]劉國正、黃成穩、紀馥華說：「語言簡約含蓄，其中有很多言論，後來逐步發展為格言和成語，對後代文學語言有很大的影響。」[73]廖仲安、劉國盈說：「《論語》是語錄體散文的典範，雖屬說理文發展的初期形式，但語言精練，涵義豐富深刻，富有感情色彩，具有格言的特色。」[74]最後，筆者以姚力、劉堅主編的《中國詩詞文賦名句全書》佐證《論語》的語言影響，其中收錄不少《論語》的名句，列述於下：

表七—二—三　《論語》的名句

音序	名句	頁碼	出處
B	百工居肆以成其事，君子學以至其道。	一九	〈子張〉一九—七
	博學而篤志，切問而近思。	四八	〈子張〉一九—六
	不逆詐，不億不信，抑亦先覺者，是賢乎！	六〇	〈憲問〉一四—三一
	不念舊惡，怨是用希。	六〇	〈公冶長〉五—二三
	不義而富且貴，於我如浮雲。	七二	〈述而〉七—一六

72 金啟華等主編：《中國文學史》（南昌：江西教育出版社，一九八九年三月），頁一二九。
73 劉國正、黃成穩、紀馥華主編：《中國語文》（香港：麥美倫出版社，一九九一年（未載月份）），第五冊，頁二三六。
74 廖仲安、劉國盈主編、賴明德總校訂：《中國古典文學大辭典》（臺北：旺文社，二〇〇二年一月），頁五〇九。

表七—二—三　《論語》的名句（續）

音序	名句	頁碼	出處
F	發憤忘食，樂以忘憂，不知老之將至。	一一二	〈述而〉七—一九
	剛、毅、木、訥，近仁。	二六一	〈子路〉一三—二七
G	割雞焉用牛刀。	二六五	〈陽貨〉一七—四
	工欲善其事，必先利其器。	二六八	〈衛靈公〉一五—一〇
	躬自厚而薄責於人。	二七五	〈衛靈公〉一五—一五
	古者言之不出，恥躬之不逮也。	二八七	〈里仁〉四—二二
	觀過，斯知仁矣。	二九四	〈里仁〉四—七
	過而不改，是謂過矣。	三〇六	〈衛靈公〉一五—三〇
	過，則勿憚改。	三〇八	〈學而〉一—八
H	何以報德，以直報怨，以德報德。	三二五	〈憲問〉一四—三四
J	見利思義，見危授命。	三九〇	〈憲問〉一四—一二
	見善如不及，見不善如探湯。	三九三	〈季氏〉一六—一一
	見賢思齊焉，見不賢而內自省也。	三九四	〈里仁〉四—一七
	見小利，則大事不成。	三九五	〈子路〉一三—一七
	舉善而教不能，則勸。	四五四	〈為政〉二—二〇
	君子病無能焉，不病人之不己知也。	四六三	〈衛靈公〉一五—一九
	君子不以言舉人，不以人廢言。	四六八	〈衛靈公〉一五—二三

表七—二—三《論語》的名句（續）

音序	名句	頁碼	出處
	君子成人之美，不成人之惡。	四六九	〈顏淵〉一二—一六
	君子恥其言而過其行。	四六九	〈憲問〉一四—二七
	君子以文會友，以友輔仁。	四八一	〈顏淵〉一二—二四
	君子易事而難說也。說之不以道，不說也；及其使人也，器之。	四八一	〈子路〉一三—二五
	君子欲訥於言，而敏於行。	四八四	〈里仁〉四—二四
	君子貞而不諒。	四八四	〈衛靈公〉一五—三七
	君子周而不比，小人比而不周。	四八九	〈為政〉二—一四
K	可與言而不與之言，失人。	四九六	〈衛靈公〉一五—八
	寬則得眾，信則民任焉，敏則有功，公則說。	五〇六	〈堯曰〉二〇—一
L	老者安之，朋友信之，少者懷之。	五一四	〈公冶長〉五—二六
	臨大節而不可奪也。	五四三	〈泰伯〉八—六
M	敏而好學，不恥下問。	五八八	〈公冶長〉五—一五
	名不正則言不順。	五八九	〈子路〉一三—三
N	內省不疚，夫何憂何懼？	六一四	〈顏淵〉一二—四
P	匹夫不可奪志也。	六四二	〈子罕〉九—二六
	譬如為山，未成一簣，止，吾止也。	六四三	〈子罕〉九—一七
	貧而無諂，富而無驕。	六四四	〈學而〉一—一五

表七—二—三 《論語》的名句（續）

音序	名句	頁碼	出處
Q	其身正，不令而行；其身不正，雖令不從。	六五二	〈子路〉一三—六
	巧言、令色，鮮矣仁。	六七四	〈學而〉一—三、〈陽貨一七—一七〉
	巧言亂德，小不忍，則亂大謀。	六七四	〈衛靈公〉一五—二七
R	人潔己以進，與其潔也，不保其往也。	七一八	〈述而〉七—二九
	人無遠慮，必有近憂。	七二六	〈衛靈公〉一五—一二
	人之過也，各於其黨。	七三三	〈里仁〉四—七
	日月逝矣，歲不我與。	七五五	〈陽貨〉一七—一
	日知其所亡，月無忘其所能，可謂好學也已矣。	七五六	〈子張〉一九—五
	如有周公之材之美，使驕且吝，其餘不足觀也已。	七六〇	〈泰伯〉八—一一
S	三軍可奪帥，匹夫不可奪志。	七七八	〈子罕〉九—二六
	三人行，必有我師焉。	七八〇	〈述而〉七—二二
	色厲而內荏，譬諸小人，其猶穿窬之盜。	七八二	〈陽貨〉一七—一二
	食不語，寢不言。	八八一	〈鄉黨〉一〇—一〇
	士志於道而恥惡衣惡食者，未足與議也。	八九五	〈里仁〉四—九
	逝者如斯夫！不舍晝夜。	九一〇	〈子罕〉九—一七

表七—二—三　《論語》的名句（續）

音序	名句	頁碼	出處
T	天下有道，則庶人不議。	九七九	〈季氏〉一六—二
	聽其言而觀其行。	九九〇	〈公冶長〉五—一〇
W	往者不可諫，來者猶可追。	一〇一二	〈微子〉一八—五
	唯仁者能好人，能惡人。	一〇三三	〈里仁〉四—三
	溫故而知新，可以為師矣。	一〇三九	〈為政〉二—一一
	文質彬彬，然後君子。	一〇四三	〈雍也〉六—一八
	我非生而知之者，好古敏以求之者也。	一〇五〇	〈述而〉七—二〇
	吾嘗終日不食，終夜不寢，以思，無益，不如學也。	一〇六八	〈衛靈公〉一五—三一
	毋意，毋必，毋固，毋我。	一〇七二	〈子罕〉九—四
X	先行其言而後從之。	一〇九八	〈為政〉二—一三
	小不忍，則亂大謀。	一一一〇	〈衛靈公〉一五—二七
	小人之過也必文。	一一一四	〈子張〉一九—八
	學而不思則罔，思而不學則殆。	一一五五	〈為政〉二—一五
	學而不厭，誨人不倦。	一一五六	〈述而〉七—二
	學而時習之，不亦說乎？	一一五六	〈學而〉一—一

表七—二—三　《論語》的名句（續）

音序	名句	頁碼	出處
Y	言必信，行必果。	一一七八	〈子路〉一三—二〇
	言寡尤，行寡悔。	一一八二	〈為政〉二—一八
	言之不出，恥躬之不逮也。	一一八六	〈里仁〉四—二二
	言忠信，行篤敬。	一一八七	〈衛靈公〉一五—六
	友直，友諒，友多聞，益矣；友便辟，友善柔，友便佞，損矣。	一二六一	〈季氏〉一六—四
	有教無類。	一二六五	〈衛靈公〉一五—三九
	有朋自遠方來，不亦樂乎？	一二六六	〈學而〉一—一
	有若無，實若虛，犯而不校。	一二六七	〈泰伯〉八—五
	欲速則不達，見小利則大事不成。	一二九四	〈子路〉一三—一七
Z	朝聞道，夕死可矣。	一三三三	〈里仁〉四—八

（筆者整理）

此外，《論語》的經典名句也先後被採用作大學的校訓（motto），例如：

「學而不思則罔，思而不學則殆。」，出自《論語‧為政》，是上海聖約翰大學（St. John's University in Shanghai，1979-1952）的校訓。

「忠信篤敬」，出自《論語‧衛靈公》，是廣州的暨南大學（Jinan University，since1906）的校訓。

「博文約禮」，出自《論語・雍也》，是香港中文大學（The Chinese University of Hong Kong，since1963）的校訓。

《論語》對於後世的影響，無處不在，無遠弗屆，無人不曉。它融通生活哲理在簡潔有力的語錄散文之中，衍為詞彙、文言句法、成語、格言，成為漢語珍貴的文化遺產，它又啟示世人的修身處世之道，亙古而可信，如日月光芒照拂大地，又如陽光時時撫慰著人心，發散出語言的魅力。

總之，《論語》在平實的語句中，以簡易合理的語法表現深厚的哲理，讀起來富有文學趣味，是一部人人必讀的好書，也是我們安心立命的依憑，正如楊叔子說的：「作為中國人，至少要讀兩本書，一本《老子》，一本《論語》。」[75]我們若能從語法入門，充分了解語句的結構，而徹底讀懂《論語》的精義，落實到生活中，身體力行，如此《論語》不僅是一部學習古文語法或古代散文的典籍，它更是二十一世紀的精神生活指南、儒家文化寶典。欲端正人心、明倫教孝，大家應該把《論語》讀到心坎、讀到行動、讀到生活中，而讓它撥亂反正，光耀人寰，成為本世紀人類的智慧明燈。

---

75 楊叔子：〈重讀《論語》——兼談讀書〉，《中國大學教學》二〇〇三年第三期，頁四三。

附錄　《論語》用字一覽表

字總筆畫	用字	小計
一畫	一。	一個
二畫	七、乃、九、二、人、入、八、刀、力、十、又。	一一個
三畫	丈、三、上、下、久、乞、也、于、亡、千、口、土、士、夕、大、女、子、小、尸、山、川、工、己、已、干、弋、弓、才。	二八個
四畫	不、中、之、予、云、互、五、井、亢、仁、今、仍、切、允、內、公、六、兮、凶、分、勿、匹、及、友、反、天、太、夫、升、卞、夭、孔、少、尤、尹、尺、弔、心、戈、戶、手、文、斗、方、日、曰、月、木、止、毋、比、氏、水、火、父、片、牛、犬、王。	五九個
五畫	且、世、丘、主、乎、仕、他、仞、代、令、以、兄、冉、出、功、加、北、半、占、去、古、叩、召、可、史、右、司、四、失、尼、左、巧、市、布、平、幼、奴、弗、弘、必、未、末、本、正、母、民、永、犯、玄、玉、瓜、甘、生、用、由、申、白、皮、目、矢、石、示、立。	六三個

字總筆畫	用字	小計
六畫	交、亦、仰、仲、任、伊、伐、先、共、冰、再、刑、列、匡、危、各、合、吉、同、名、后、回、因、在、圭、地、多、夷、好、如、存、守、安、州、年、式、戎、旨、曲、有、朱、朽、次、死、汎、牟、百、羊、羽、老、而、耳、肉、臣、自、至、舌、舟、色、血、行、衣、西。	六三個
七畫	伯、似、位、何、佚、佛、作、佞、克、免、兵、冶、別、利、助、君、吝、否、吳、吾、告、困、均、坐、壯、孝、宋、完、巫、希、廷、弟、忍、志、忘、忮、成、我、戒、扶、抑、折、改、攻、更、圬、材、杖、杞、束、每、求、汶、沂、沐、沒、沛、狂、牡、牢、狄、甫、矣、秀、私、罕、良、見、角、言、豆、赤、足、身、車、辰、迂、迅、邑、邦、邪、里、防。	八三個
八畫	並、事、亞、亟、享、佩、佾、使、依、侃、來、侍、侗、兕、兩、其、具、到、卑、卒、卓、卷、叔、取、受、周、味、呼、命、和、咎、固、坦、坫、夜、妻、始、姓、孟、季、孤、宗、官、定、宜、尚、居、帛、幸、府、弦、彼、往、征、忠、念、忽、忿、怍、性、怪、怡、或、戾、所、承、拒、拖、放、於、昆、明、易、昔、朋、服、東、松、枉、林、析、枕、果、武、沮、河、治、沽、法、泥、爭、版、物、疚、狎、狐、直、知、社、秉、空、糾、罔、肥、肩、肱、肸、臾、舍、芸、虎、表、近、長、門、附、阼、非。	一一八個
九畫	侮、侯、便、保、俟、信、俎、冠、則、前、勃、勇、勉、南、即、厚、咨、哀、哂、哉、食、首、奔、奕、威、客、室、封、巷、帝、帥、度、待、後、怒、思、急、怨、恂、恆、拜、拱、持、指、故、政、施、星、春、昭、是、柏、某、柔、柙、柳、柴、	九九個

字總筆畫	用字	小計
九畫	殆、洋、洒、津、洫、流、甚、畏、皆、皇、盈、相、盼、省、矜、祇、禹、科、穿、突、紂、約、紅、美、羿、者、致、苗、茍、若、虐、要、貞、負、軍、述、郁、重、陋、降、面、風。	九九個
十畫	俱、倍、倚、借、倦、倩、倫、兼、冢、剛、荊、乘、原、哭、唐、圃、城、夏、奚、孫、宮、宰、害、宴、家、容、射、師、席、庭、徑、徒、卿、恐、恕、恥、恭、息、悌、悔、旅、時、晉、晏、書、朔、朕、栖、栗、校、格、桀、桑、柴、桓、殷、氣、泰、浮、浴、海、浸、涅、涖、烈、狷、畔、畜、畝、疾、病、益、盍、矩、祗、祝、神、秦、笑、納、純、素、缺、羔、耕、能、臭、草、茲、荏、袂、衰、衽、討、訕、託、訒、訐、豈、豹、貢、起、躬、軔、辱、迷、迹、退、追、送、逆、适、酒、釜、馬、高、鬼。	一一七個
十一畫	偃、偏、偷、偲、側、冕、動、務、匏、匿、區、參、唯、商、問、啟、圉、國、域、執、堂、堅、埽、婦、孰、宿、寄、將、專、屏、崇、崔、崩、帶、帷、常、庶、康、庸、張、彫、彬、得、徙、從、御、袗、被、袍、訟、訥、豚、貧、貨、貫、責、貪、赦、通、逝、速、造、連、逞、野、釣、陰、陳、陵、陶、陷、陪、雩、魚、鳥、麻、患、情、惟、悱、悾、惜、戚、授、接、探、教、敏、救、敗、族、既、晝、晨、望、梁、桴、梲、欲、殺、淫、淺、深、淵、清、焉、猛、率、產、祭、移、窒、章、紫、細、紳、紺、終、羞、習、脩、脛、脯、荷、莊、莒、莫、莞、處。	一二九個

字總筆畫	用字	小計
十二畫	麻、備、割、創、勝、勞、博、盜、善、喜、喟、喻、喪、喭、堪、堯、報、奢、奡、媚、富、寒、尊、就、巽、幾、庾、弒、彭、復、循、悲、惑、惠、惡、惰、愠、愉、掌、揖、揭、敝、敢、散、斐、斯、景、晳、曾、朝、期、棖、棄、棘、棣、棺、椁、植、欺、殖、殘、游、湯、溫、焚、無、然、為、犂、猶、琢、甯、畫、異、疏、發、盛、稻、短、硜、童、等、答、策、粟、絕、絞、絜、絢、給、絏、皐、翔、翕、舜、菜、華、菲、虛、衆、裁、進、逸、逮、量、開、間、閑、閔、陽、隅、階、雅、集、雲、順、須、馮、視、觚、詠、詐、貳、貴、費、黃、黍。	一二七個
十三畫	亂、傾、傳、傷、勤、嗅、嗚、塗、塞、奧、廉、廋、微、愆、愈、意、愚、愛、慎、損、敬、新、暇、暑、會、楚、歲、殿、毀、溝、溺、滅、滔、煥、瑚、瑟、當、祿、禽、筲、絺、綌、綏、經、罪、群、義、聖、肆、腥、與、萬、葬、葸、葉、虞、裘、試、詩、誅、誄、貉、貊、賈、賊、路、輅、辟、農、遂、遇、遊、過、道、達、違、鄉、雉、雌、雍、雎、雷、頌、飲、飯、飪、鼓。	八七個
十四畫	僕、僎、兢、厭、嘉、嘗、壽、圖、夢、奪、察、寡、寢、實、寧、對、屢、廄、愬、慈、慢、慟、愿、榮、歌、漆、漢、爾、獄、疑、盡、監、禘、稱、窬、竭、端、箕、算、管、精、維、綽、綱、緅、緇、罰、聚、聞、臧、臺、舞、蒙、蓋、裨、裳、語、誠、誣、誦、誨、說、誘、貌、賓、趙、輔、輕、遠、鄙、際、韶、飾、飽、鳳、鳴、齊。	七七個
十五畫	儀、億、儉、厲、墜、審、寬、寮、履、廟、廢、德、徵、徹、慾、慝、慧、慮、憂、憤、憎、憚、憮、戮、摯、撤、播、撰、數、暴、樊、樂、歎、毅、潤、滕、熟、牖、	八二個

字總筆畫	用字	小計
十五畫	璉、磋、稷、稻、稼、穀、窮、節、緼、總、罷、耦、膚、蔡、蔬、蓧、誰、諂、請、閭、諒、論、賜、賢、賤、賦、質、賚、賞、踐、踖、踧、輟、輗、適、遲、鄭、鄰、養、駕、駟、髮、魯、齒。	八二個
十六畫	儒、器、噫、學、徹、憾、憲、戰、擇、據、樹、澹、燕、獨、瓢、磨、磬、禦、穆、篤、#、興、蔽、蕩、蕢、蕭、衛、衡、親、諫、諸、諾、謀、諶、謂、踰、辨、遷、選、遺、錦、錯、閾、隨、雕、靜、餒、餓、餘、鮀、默。	五一個
十七畫	優、匵、孺、彌、應、擯、戲、擊、斂、濟、濫、燧、牆、獲、盪、磷、糞、縱、縲、聲、膾、舉、臨、薄、薛、薑、薦、薨、襁、褻、蓺、謗、講、趨、蹈、輿、鄹、鍾、隱、雖、鞠、鞟、騂、鮮、黜、點、黻、齋。	四八個
十八畫	擾、殯、歸、瀆、皦、瞻、瞽、禮、簞、簡、簣、糧、繚、翼、舊、藏、覆、謹、蹜、邇、闕、醫、醬、雞、鞭、顏、顓、餲、駢、魋、魏、鯉。	三二個
十九畫	壞、懷、櫝、獸、禱、繪、繫、繹、羹、藝、藥、襜、證、識、譎、譖、辭、醯、鏗、關、闚、離、難、韞、願、顛、類、餼、饉、騧、麑、鼗。	三二個
二十畫	勸、壤、寶、攘、獻、繼、藻、覺、譬、議、躁、騫、黨。	一三個
二十一畫	儺、巍、懼、攝、灌、竈、耰、蘧、譽、鐸、霸、顧、饋、饑、饐、饌。	一六個
二十二畫	儼、懿、權、竊、聽、讀、龜、驕。	八個
二十三畫	變、體。	二個
二十四畫	讓、靈、鬭。	三個
二十五畫	籩、蠻、觀。	三個

字總筆畫	用字	小計
二十七畫	躩、鑽、驥。	三個
	總計	一三五五個

（筆者整理）

主要參考書目

壹、專著

一、古籍

《論語注疏》，〔魏〕何晏集解、〔宋〕邢昺疏，臺北：藝文印書館，一九八一年一月。
《論語集解義疏》，〔梁〕皇侃，《叢書集成新編》第一七冊，臺北：新文豐出版公司，一九八六年一月。
《經典釋文》，〔唐〕陸德明，《四部叢刊正編》第三冊，臺北：臺灣商務印書館，一九七九年十一月。
《論語筆解》，〔唐〕韓愈、李翺，《叢書集成新編》第一七冊，臺北：新文豐出版公司，一九八六年一月。

《論語拾遺》，〔宋〕蘇轍，《叢書集成新編》第一七冊，臺北：新文豐出版公司，一九八六年一月。

《四書章句集注》，〔宋〕朱熹，臺北：學海出版社，一九九一年三月。

《四書纂疏》，〔宋〕趙順孫，臺北：學海出版社，一九八〇年七月。

《助字辨略》，〔清〕劉淇，臺北：臺灣開明書店，一九五八年四月。

《說文解字注》，〔清〕段玉裁，臺北：藝文印書館，一九七九年六月。

《論語正義》，〔清〕劉寶楠，臺北：世界書局，二〇一一年四月。

二、近人論著（按作者姓氏筆畫排列）

㈠《論語》相關的專著

《于丹論語心得》，于丹，臺北：聯經出版事業股份有限公司，二〇〇七年四月。

《論語疑義輯注》，弓英德，臺北：臺灣商務印書館，一九七〇年三月。

《論語今註今譯》，毛子水，臺北：臺灣商務印書館，二〇〇九年十一月。

《論語會通》，毛鵬基，臺北：雅言出版社，一九六九年八月。

《四書白話句解》，王天恨，臺北：文化圖書公司，一九七九年三月。

《論語孟子詞典》，王文清、王世舜、韓慕君編，濟南：山東教育出版社，二〇〇四年十二月。

《論語百則》，王玉貞、朱蒙主編，南京：鳳凰出版社，二〇一一年三月。

《論語通釋》，王熙元，臺北：臺灣學生書局，一九八八年八月。
《孔子給年輕人的七十七個處世智慧》，伍玉成，北京：商務印書館國際有限公司，二〇一一年八月。
《論語辭典》，安作璋主編，上海：上海古籍出版社，二〇〇四年七月。
《論語解讀》，安德義，北京：中華書局，二〇一〇年十月。
《論語通讀》，何根祥，南京：鳳凰出版社，二〇一一年三月。
《論語新繹》，吳宏一，臺北：聯經出版事業股份有限公司，二〇一〇年五月。
《孔子語錄》，宋凝、孟德民主編，武漢：湖北人民出版社，二〇〇八年三月。
《中國文化基本教材》（第一冊），李曰剛，臺北：國立編譯館，一九七三年八月。
《中國文化基本教材》（第二冊），李曰剛，臺北：國立編譯館，一九七四年九月。
《中國文化基本教材》（第三冊），李曰剛，臺北：國立編譯館，一九七四年六月。
《論語》，李申注譯，北京：中華書局，二〇一一年三月。
《論語今解》，李國輝，合肥：黃山書社，二〇一一年十二月。
《論語詞典》，李運益主編，重慶：西南師範大學出版社，一九九三年十月。
《論語今讀》，李澤厚，臺北：允晨文化實業股份有限公司，二〇〇二年六月。
《活活潑潑的孔子》，李霖燦，臺北：雄獅圖書公司，一九九四年一月。
《論語新注新譯》，杜道生，北京：中華書局，二〇一一年六月。

《定州漢墓竹簡論語》，定州漢墓竹簡整理小組，北京：文物出版社，一九九七年七月。
《四書》，林松、劉俊田、禹克坤譯注，臺北：臺灣古籍出版社，一九九六年八月。
《新譯論語讀本》，林耀曾、李勉、方俊吉、施炳華、蔡崇名，嘉義：嘉義縣政府，一九九一年八月。
《論語別裁》，南懷瑾，上海：復旦大學出版社，二〇一一年十一月。
《中國經典欣賞全集（《論語》）》，姜濤主編，臺北：莊嚴出版社，一九八四年十月。
《論語要義暨孔子生平考纂》，封恆，臺北：漢京文化事業有限公司，一九八一年七月。
《論語鑑賞辭典》，施忠連主編，上海：上海辭書出版社，二〇一一年十一月。
《論語真義》，胡齊臨，上海：上海人民出版社，二〇〇九年二月。
《論語本解》，孫欽善，北京：生活・讀書・新知三聯書店，二〇〇九年四月。
《四書讀本》，徐伯超，臺南：綜合出版社，一九七六年八月。
《論語臆解》，陳大齊，臺北：臺灣商務印書館，一九七八年十一月。
《四書廣解》，陳基政，臺南：綜合出版社，一九七八年八月。
《四書注譯》，陳蒲清，廣州：花城出版社，一九九八年三月。
《論語・大學・中庸》，陳曉芬、徐儒宗譯注，北京：中華書局，二〇一二年三月。
《論語正宗》，馬恆君，北京：華夏出版社，二〇〇七年八月。
《孔子語錄》，張榮華編譯，上海：上海古籍出版社，一九九七年七月。

《論語》，張燕嬰注譯，北京：中華書局，二〇一〇年九月。
《四書讀本》，許景重，臺南：大行出版社，一九九一年三月。
《四書導讀》，黃錦鋐、陳滿銘、余培林、張學波，臺北：文津出版社，一九九二年十月。
《解讀論語》，傅佩榮，上海：上海三聯書店，二〇〇七年七月。
《閱讀經典中的孔子》，曾家麟，臺北：商周出版公司，二〇一〇年九月。
《論語集釋》，程樹德，北京：中華書局，二〇一一年一月。
《中國文化基本教材》（第一冊），董金裕、戴坤明，臺北：國立編譯館，一九九八年八月。
《中國文化基本教材》（第二冊），董金裕、戴坤明，臺北：國立編譯館，一九九七年一月。
《中國文化基本教材》（第三冊），董金裕、戴坤明，臺北：國立編譯館，一九九八年八月。
《論語鉤沉》，董楚平，北京：中華書局，二〇一一年十月。
《圖說論語》，馮國超，北京：華夏出版社，二〇〇七年九月。
《論語譯注》，楊伯峻，臺北：五南圖書出版有限公司，一九九九年十一月。
《論語疏證》，楊樹達，上海：上海古籍出版社，二〇〇六年十二月。
《論語》，路鳳山注譯，瀋陽：萬卷出版公司，二〇一〇年十月。
《論語導讀》，熊澤文，北京：北京師範大學出版社，二〇一二年六月。
《論語新解》，蔣伯潛，臺北：啟明書局，二〇〇七年十二月。
《論語解讀》，蔡振清、楚明漢、湯光輝、何文俊、陳文革、易卓，長沙：湖南人民出版社，二〇

○九年八月。
《論語鄭氏注輯述》，鄭靜若，臺北：學海出版社，一九八一年二月。
《論語今注》，潘重規，臺北：里仁書局，二○○○年三月。
《論語導讀》，黎千駒：北京：社會科學文獻出版社，二○一二年六月。
《四書讀本》，賴明德、陳弘治、劉本棟，臺北：黎明文化事業股份有限公司，一九八八年二月。
《論語讀本》，錢遜，北京：中華書局，二○○七年二月。
《論語新解》，錢穆，臺北：東大圖書有限公司，二○○八年十月。
《論語》，閻韜、馬智強注評，南京：鳳凰出版社，二○○六年六月。
《孔子是如何煉成的——從喪家狗到萬世師表》，鮑鵬山，臺北：本事文化有限公司，二○一○年十月。
《新譯四書讀本》，謝冰瑩、李鍌、劉正浩、邱燮友、賴炎元、陳滿銘編譯，臺北：三民書局，一九九三年八月。
《論語章句新編》，嚴靈峰，臺北：水牛圖書出版事業有限公司，一九八八年六月。
《論語會箋》，〔日本〕竹添光鴻，南京：鳳凰出版社，二○一二年四月。

㈡語法學與古漢語教程的專著

《上古漢語語法研究》，方有國，成都：巴蜀書社，二○○七年一月。
《中國語法理論》，王力，臺北：泰順書局，一九七二年九月。

《古漢語通論》，王力，香港：中外出版社，一九七六年一月。
《漢語史稿》，王力，香港：波文書局，一九八一年一月。
《古代漢語》，王力主編，臺北：藍燈文化事業有限公司，一九八九年一月。
《古代漢語常識》，王力，北京：商務印書館，二〇〇二年十二月。
《漢語語法史》，王力，北京：商務印書館，二〇〇三年六月。
《古代漢語教程》，王彥坤、朱承平、熊焰、曾昭聰、劉衛寧，廣州：暨南大學出版社，二〇一一年八月。
《古代漢語簡明讀本》，王海棻，北京：社會科學文獻出版社，二〇〇二年八月。
《漢語古今基本語法手冊》，王朝忠，成都：四川辭書出版社，二〇一〇年五月。
《文言語法》，史存直，北京：中華書局，二〇〇六年二月。
《文言語法綱要》，左松超，臺北：五南圖書出版有限公司，二〇〇三年八月。
《古代漢語常識二十講》，白化文、孫欣，北京：北京燕山出版社，一九九二年十月。
《古漢語語法》，白玉林、遲鐸，北京：中國社會科學出版社，二〇〇八年六月。
《古代漢語專題教程》，朱城主編，北京：中國人民大學出版社，二〇一〇年六月。
《古代漢語》，朱振家主編，北京：高等教育出版社，二〇一〇年五月。
《古漢語詞彙講話》，何九盈、蔣紹愚，北京：中華書局，二〇一〇年十一月。
《文法與修辭》（上冊），何永清，臺北：三民書局，二〇〇一年八月。

《古漢語特殊語法研究》，何淑貞，臺北：學海出版社，一九八五年四月。
《文言語法三十辨》，吳仁甫，上海：華東師範大學出版社，一九八八年四月。
《古代漢語基礎》，吳鴻清，北京：北京大學出版社，二〇一〇年三月。
《中國文法要略》，呂叔湘，臺北：文史哲出版社，一九八五年九月。
《古代漢語語法學》，李佐豐，北京：商務印書館，二〇〇四年九月。
《先秦漢語實詞》，李佐豐，北京：北京廣播學院出版社，二〇〇三年一月。
《古代漢語教程》，李國英、李遠富主編，北京：北京師範大學出版社，二〇一〇年六月。
《中國文法概論》，李維棻，臺北：臺灣商務印書館，一九七八年十一月。
《古代漢語》，沈祥源主編，武漢：武漢大學出版社，二〇一〇年十二月。
《古代漢語》，周及徐主編，北京：中華書局，二〇〇九年七月。
《古代漢語教程》，周光慶、楊合鳴主編，武漢：華中師範大學出版社，二〇〇八年三月。
《中國古代語法——造句編（上）》，周法高，臺北：臺聯國風出版社，一九七二年三月。
《中國古代語法——構詞編》，周法高，臺北：臺聯國風出版社，一九七二年三月。
《中國古代語法——稱代編》，周法高，臺北：臺聯國風出版社，一九七二年三月。
《先秦語法》，易孟醇，長沙：湖南大學出版社，二〇〇五年六月。
《國文法之研究》，金兆梓，北京：商務印書館，一九八三年三月。
《古代漢語基礎》，施向東、冉啟彬主編，北京：北京大學出版社，二〇一〇年四月。

《古代漢語》（修訂版），胡安順、郭芹納主編，北京：中華書局，二〇〇九年八月。

《古代漢語》，荊貴生主編，武漢：武漢大學出版社，二〇一一年十一月。

《中國古代語法學探究》，孫良朋，北京：商務印書館，二〇〇二年六月。

《高級國文法》，徐芹庭，臺北：臺灣中華書局，一九七九年五月。

《古代漢語》，郭錫良、李玲璞主編，北京：語文出版社，二〇一〇年六月。

《古代漢語》，郭錫良、唐作藩、何九盈、蔣紹愚、田瑞娟，北京：商務印書館，二〇〇二年六月。

《古代漢語三百題》，陳必祥主編，臺北：建宏出版社，一九九四年九月。

《古代漢語》，陳重業主編，上海：上海人民出版社，二〇〇三年七月。

《漢語造詞研究》，陳寶勤，成都：巴蜀書社，二〇〇二年三月。

《馬氏文通》，馬建忠，北京：商務印書館，二〇〇〇年十二月。

《馬漢麟古代漢語講義》，馬漢麟，天津：天津古籍出版社，二〇〇四年二月。

《古代漢語》，高小方主編，南京：江蘇教育出版社，二〇〇九年一月。

《古代漢語語法》，康瑞琮，上海：上海古籍出版社，二〇〇八年一月。

《古漢語語法學》，張文國、張能甫，成都：巴蜀書社，二〇〇三年三月。

《古代漢語教程》，張世祿主編，上海：復旦大學出版社，二〇〇七年六月。

《古代漢語語法學》，張玉金，廣州：廣東高等教育出版社，二〇一〇年十一月。

《古代漢語》，張博，北京：商務印書館，二〇〇八年六月。
《漢語語法學》，張斌，上海：上海教育出版社，二〇〇三年十一月。
《古代漢語知識教程》，張雙棣、張聯榮、宋紹年、耿振生，北京：北京大學出版社，二〇〇二年九月。
《論語二十篇句法研究》，許世瑛，臺北：臺灣開明書店，一九七八年十月。
《中國文法講話》，許世瑛，臺北：臺灣開明書店，一九七九年三月。
《古代漢語教學參考》，許征主編、胡安順審定，北京：中華書局，二〇一〇年三月。
《古漢語語法精講》，許威漢，上海：上海大學出版社，二〇〇二年二月。
《漢語文言語法綱要》，黃六平，新北：漢京文化事業有限公司，一九八三年四月。
《文法ＡＢＣ》，楊如雪，臺北：萬卷樓圖書有限公司，一九九八年九月。
《古漢語語法及其發展》，楊伯峻、何樂士，北京：語文出版社，一九九二年三月。
《中國文法語文通解》，楊伯峻，（見《楊樹達叔姪文法名著三種》），臺北：鼎文書局，一九七二年八月。
《古漢語語法講義》，楊劍橋，上海：復旦大學出版社，二〇一〇年八月。
《高等國文法》，楊樹達，臺北：成偉出版社，一九七五年十一月。
《古代漢語讀本》（修訂本），解惠全、徐朝華、王延棟、鄧宗榮、高維國、季紹德，天津：南開大學出版社，二〇〇九年六月。

《中國文法講話》，劉復，臺北：古亭書屋，一九七五年三月。
《漢語文言語法》，劉景農，北京：中華書局，二〇〇七年四月。
《古文中的幾個語法問題》，劉嘉琦，臺北：臺灣商務印書館，一九八二年十一月。
《古漢語速成讀本》，劉慶俄，北京：中華書局，二〇〇二年三月。
《古漢語語法資料彙編》，鄭奠、麥梅翹編，臺北：文海出版社，一九七二年十月。
《古代漢語基礎》，譚全基，臺北：華正書局，一九八一年八月。
《文言文句法分析舉隅》，賴信博著，戴璉璋校訂，臺北：蘭臺書局，一九七三年二月。

㈢國學、語文、教育、傳記等專著

《中國五千年文學史》，〔日本〕古城貞吉著、王燦譯，臺北：廣文書局，一九七六年三月。
《章法論叢》第六輯，中華章法學會主編，臺北：萬卷樓圖書股份有限公司，二〇一二年十一月。
《韓國，躍升中》，天下雜誌記者，臺北：天下雜誌公司，二〇〇五年一月。
《國學入門》，孔祥驊，上海：上海人民出版社，二〇一二年六月。
《中文經典100句——論語》，文心工作室，臺北：商周出版社，二〇〇七年十一月。
《中華聖學淺說》，毛松年，臺北：黎明文化事業有限公司，一九七九年九月。
《國文常識講話》，王力，北京：北京大學出版社，二〇〇九年一月。
《大學語文》，王存信，蘇州：蘇州大學出版社，一九九三年十一月。
《中國文學史初稿》，王忠林、邱燮友、左松超、黃錦鋐、皮述民、傅錫壬、金榮華、應裕康，臺北：石門圖書公司，一九七八年十一月。
《關懷國文》，王熙元，基隆：法嚴出版社，二〇〇一年七月。
《百年家族——錢穆》，印永清，新北：立緒文化事業有限公司，二〇〇二年十月。
《藝文雜談》，朱光潛，臺北：木鐸出版社，一九八七年七月。
《經典常談》，朱自清，臺北：文化圖書公司，一九七六年一月。
《朱自清文集學術論著卷V——文學的美》，朱喬森編，臺北：開今文化事業有限公司，一九九四年九月。
《國學導讀》，李曰剛，臺北：文津出版社，一九八九年八月。
《第一主義——韓國企業巨人李秉喆自傳》，李秉喆原著、朱立熙譯，臺北：經濟與生活出版事業公司，一九八六年十月。
《國學常識與應用文》（上冊），李威熊，新北：國立空中大學，一九八七年十月。
《鐵肩擔道義——二十堂名家的國文課》，李素真主編，臺北：商周出版公司，二〇〇七年五月。
《中國文字科學教學方法十二講》，沈咸恆，臺北：鄉建週刊社，一九四九年十一月。
《國學導讀叢編》，周何、田博元主編，臺北：康橋出版事業公司，一九七九年四月。
《中外文學書目答問》，季羨林主編，北京：中國青年書店，一九八六年四月。
《古籍導讀》，屈萬里，臺北：臺灣開明書店，一九六八年十一月。
《詩經釋義》，屈萬里，臺北：中國文化大學出版部，一九九三年十二月。

《中國文學簡史》，林庚，北京：北京大學出版社，一九九五年七月。
《中國文學史》，林傳甲，臺北：學海出版社，一九八六年三月。
《中國文學史》，金啟華、平慧善、吳企明、朱安群、蕭善因主編，南昌：江西教育出版社，一九八九年三月。
《中國文化史》，柳詒徵，臺北：正中書局，一九七一年三月。
《胡適之先生晚年談話錄》，胡頌平編撰，臺北：聯經出版事業公司，一九八四年六月。
《胡適文存》，胡適，臺北：遠東圖書公司，一九七九年十一月。
《古書校讀法》，胡樸安，臺北：西南書局，一九七九年十月。
《國文百八課》，夏丏尊、葉紹鈞編，北京：生活・讀書・新知三聯書店，二〇〇八年十一月。
《建國方略》，孫中山，臺北：三民書局，一九七六年一月。
《回首向來蕭瑟處》，孫震，臺北：天下文化出版股份有限公司，一九九八年一月。
《中國文學辭典》（古代卷），袁千正、唐富齡、謝楚發主編，西安：三秦出版社，一九八九年七月。
《古籍知識手冊2》臺北：萬卷樓圖書有限公司，二〇〇〇年十月。
《中國古代文學史長編》（先秦卷），郭預衡主編，北京：北京師範學院出版社，一九九二年五月。
《陳立夫儒學研究言論集》，陳立夫，臺北：黎明文化事業股份有限公司，一九八三年七月。

《中外名人的事業與壽命》，陳本昌，北京：國際文化出版公司，一九九四年五月。
《修辭學發凡》，陳望道，上海：復旦大學出版社，二〇一一年三月。
《必讀中國經典名著90》，陳福智、黃晨淳、林雅芬，臺中：好讀出版有限公司，二〇〇六年一月。
《名家論國中國文續編》，陳滿銘等，臺北：萬卷樓圖書有限公司，一九九八年九月。
《國學概論》，馬瀛，臺北：第一文化社，一九六九年一月。
《群經述要》，高明主編，臺北：黎明文化事業有限公司，一九九二年二月。
《認識國學》，張蓓蓓，臺北：臺灣學生書局，二〇〇四年十月。
《國學常識》，曹伯韓，北京：生活・讀書・新知三聯書店，二〇〇八年十一月。
《飲冰室全集》，梁啟超，臺北：文化圖書公司，一九七六年三月。
《雅舍小品補遺》，梁實秋，臺北：九歌出版社，一九九七年十一月。
《國學研究法》，章炳麟等，臺北：西南書局，一九八三年一月。
《教育研究法》，黃光雄、簡茂發，臺北：師大書苑有限公司，一九九一年三月。
《經學辭典》，黃開國主編，成都：四川人民出版社，一九九三年五月。
《名家論國中國文》，黃慶萱等，臺北：萬卷樓圖書有限公司，一九九四年六月。
《修辭學》，黃慶萱，臺北：三民書局，二〇〇二年十月。
《語文教學論叢》，黃錦鋐，基隆：法嚴出版社，二〇〇〇年一月。

《不同季節的讀書方法》，傅佩榮，臺北：九歌出版社，一九九六年四月。
《閱讀是一輩子的事》，彭蕙仙等採訪整理，臺北：天下遠見出版公司，二〇一〇年九月。
《中國文學史》，游國恩等主編，臺北：五南圖書出版有限公司，一九九〇年十一月。
《程氏漢語文學通史》，程千帆、程章燦，瀋陽：遼海出版社，一九九九年九月。
《國學概論》，程發軔，臺北：正中書局，一九七八年五月。
《教育研究法》，葉重新，臺北：心理出版社，二〇〇一年六月。
《中國文學史》，葉慶炳，臺北：臺灣學生書局，一九九四年九月。
《中國文學史簡編》，楊子堅，南京：南京大學出版社，一九九三年七月。
《古代文化常識》（增訂本），楊殿奎、夏廣洲、林治金，濟南：山東教育出版社，一九八八年五月。
《中國文學史綱要》㈠先秦、秦漢文學，褚斌杰，臺北：曉園出版社，一九九一年六月。
《中國散文通史》，漆緒邦主編，長春：吉林教育出版社，一九九四年十二月。
《慶祝黃錦鋐教授九秩嵩壽論文集》，蔡宗陽主編，臺北：洪葉文化事業有限公司，二〇一一年六月。
《國學淺說》，蔡宗陽，臺北：學生出版社，一九七九年七月。
《中學國文教學法》，蔣伯潛，臺北：泰順書局，一九七二年五月。
《先秦大文學史》，趙明主編，長春：吉林大學出版社，一九九三年一月。

《中國文學史》（繪圖本），鄭振鐸，臺北：宏業書局，一九七五年六月。
《中國文學發展史》，劉大杰，臺北：華正書局，一九八〇年五月。
《中國語文》第五冊，劉國正、黃成穩、紀馥華主編，香港：麥美倫出版社，一九九一年（未載月份）。
《中國文學史》，錢基博，北京：中華書局，一九九三年四月。
《中國歷史精神》，錢穆，臺北：東大圖書股份有限公司，二〇〇三年三月。
《先秦兩漢史稿》（先秦卷），聶石樵，北京：北京師範大學出版社，一九九四年四月。

(四)虛詞、辭書相關專著

《校正康熙字典》，（清）張玉書主編、嚴一萍校訂，臺北：藝文印書館，一九六五年一月。
《古代漢語虛詞詞典》，中國社會科學院語言研究所編，北京：商務印書館，二〇〇一年八月。
《古漢語常用字字典》，王力、岑麟祥、林燾等原編；蔣紹愚、唐作藩、張萬起等增訂，北京：商務印書館，二〇〇六年八月。
《古漢語虛詞詞典》（增訂本），王政白，合肥：黃山書社，二〇〇二年十月。
《古漢語虛詞詞典》，王海棻、趙長才、黃珊、吳可穎，北京：北京大學出版社，一九九九年一月。
《中國讀書大辭典》，王餘光、徐雁主編，南京：南京大學出版社，一九九七年七月。
《重編國語辭典》，何容、王熙元主編，臺北：臺灣商務印書館，一九八一年十一月。

《古代漢語虛詞詞典》，何樂士編，北京：語文出版社，二〇〇六年二月。
《古代漢語常用字匯釋》，佘家驥主編，呼和浩特：內蒙古人民出版社，二〇〇一年三月。
《文言虛字》，呂叔湘，臺北：臺灣開明書店，一九八一年十一月。
《中學生常用成語典》，宋裕編，臺北：建興出版社，二〇〇三年一月。
《漢語虛詞辭典》，李科第，昆明：雲南人民出版社，二〇〇一年七月。
《國語活用辭典》，周何、邱德修主編，臺北：五南圖書出版有限公司，一九九三年八月。
《中國詩詞文賦名句全書》，姚力、劉堅主編：，海口：南海出版公司，一九九二年七月。
《中國古典文學辭典》，曾永義主編：臺北：正中書局，一九〇〇年五月。
《古代漢語虛詞類解》，陳霞村，臺北：建宏出版社，一九九五年四月。
《文言複式虛詞》，楚永安，北京：中國人民大學出版社，一九八六年五月。
《中國名著大辭典》，馬勇、顧伯平主編，合肥：黃山書社，一九九四年四月。
《論孟虛字集釋》，倪志僩，臺北：臺灣商務印書館，一九八一年十二月。
《我該知道的虛字》，孫實，臺北：名人出版社，一九七九年九月。
《教育大辭書》，唐鉞、朱經農、高覺敷主編，臺北：臺灣商務印書館，一九六四年二月。
《漢語大字典》（第一卷），徐中舒主編，武漢：湖北辭書出版社、成都：四川辭書出版社，一九八六年十月。
《漢語大字典》（第二卷），徐中舒主編，武漢：湖北辭書出版社、成都：四川辭書出版社，一九八七年十月。
《漢語大字典》（第三卷），徐中舒主編，武漢：湖北辭書出版社、成都：四川辭書出版社，一九八八年五月。
《漢語大字典》（第四卷），徐中舒主編，武漢：湖北辭書出版社、成都：四川辭書出版社，一九八八年七月。
《常用虛字用法淺釋》，許世瑛，臺北：復興書局，一九七八年四月。
《古漢語虛詞》，楊伯峻，北京：中華書局，二〇〇〇年八月。
《簡明古漢語字典》，張永言、杜仲陵、向熹、經本植、羅憲華、嚴廷德編，成都：四川人民出版社，一九九五年二月。
《中國古代散文辭典》，張志烈主編，成都：四川人民出版社，一九九四年七月。
《詞詮》，楊樹達，臺北：臺灣商務印書館，一九七七年一月。
《中國古典文學大辭典》，廖仲安、劉國盈主編、賴明德總校訂，臺北：旺文社，二〇〇二年一月。
《古書虛詞通解》，解惠全、崔永琳、鄭天一，北京：中華書局，二〇〇八年五月。
《文言虛字例解》，趙廣成，濟南：山東人民出版社，一九七八年十一月。
《成語典》，繆天華主編，臺北：復興書局，一九八五年六月。
《簡明文言字典》（修訂本），《簡明文言字典》編寫組編，上海：上海教育出版社，二〇〇八年四月。
《漢語大詞典》（第六卷），羅竹風主編，上海：漢語大詞典出版社，一九九四年十一月。

貳、期刊與學報論文

〈《論語》中的數詞〉，丁桂香，《安陽師範學院學報》二〇〇七年第六期，頁九〇—九二。
〈《論語》中「以」的使用情況探析〉，尹君，《遼寧經濟職業技術學院學報》二〇〇六年第一期，頁一二七—一二八。
〈《論語》「為」字研究〉，尹燁，《三峽大學學報》（人文社會科學版）第二九卷專輯（二〇〇七年六月），頁八二—八三。
〈《論語》中的介賓短語〉，尹戴忠，《湖南人文科技學院學報》第五期（二〇〇四年十月），頁一一五—一一七、一一四。
〈淺說《論語》中的「三」〉，尹戴忠，《湘潭師範學院學報》（社會科學版）第二七卷第六期（二〇〇五年十一月），頁九〇—九一。
〈簡析《論語》中的數詞〉，方亮、查中林，《現代語文》二〇〇七年第十期，頁三一—三二。
〈《論語》中特殊語序探究〉，毛顯會，《牡丹江師範學院學報》（哲社版）二〇〇九年第六期，頁四七—五〇。

〈古漢語兼語結構試析〉，王志生，《現代語文》二〇〇五年第十二期，頁一八—一九。
〈古代數詞「一、三、九」的文化意蘊〉，王秀玲，《文教資料》二〇〇六年第四期，頁七八—七九。
〈《論語》在詞彙學上的重大貢獻〉，王振頂、查中林，《現代語文》二〇〇六年第一期，頁一七—一八。
〈《論語》句尾語氣詞的連用〉，王啟明，《新疆教育學院學報》第二二卷第四期（二〇〇六年十二月），頁七三—七五。
〈《論語》中「以」的用法〉，王景豔，《濱州師專學報》第二〇卷第三期（二〇〇四年九月），頁七二—七四。
〈淺析《論語》中的「是」〉，王嘉源，《文學教育》二〇一三年第一期，頁六九—七一。
〈介詞源流考〉，王應凱，《西安教育學院學報》一九九四年第二期，頁一四—二〇。
〈《論語》中虛詞「也」用法考察〉，王濤，《湖南工業職業技術學院學報》第一〇卷第三期（二〇一〇年六月），頁九六—九九。
〈《論語》介詞「於/于」解析〉，王麗芬，《文教資料》二〇〇四年Z1期，頁一三九—一四二。
〈淺析《論語》中的「乎」〉，任愛偉，《現代語文》二〇〇八年第九期，頁二四—二六。
〈《論語》中的數詞與量詞〉，江明鏡，《昌吉學院學報》二〇〇六年第一期，頁四三—四五。

〈《論語》「焉」字語境與詞義關係探討〉，何玉蘭，《語文學刊》二〇〇六年第九期，頁一一五—一一七。
〈《論語》之問句探究〉，何永清，《崇右學報》第一期（一九八八年七月），頁一—一二。
〈孟子書量詞探究〉，何永清，《孔孟月刊》第二六卷第十二期（一九八八年八月），頁二四—二八。
〈《論語》「子路曾皙冉有公西華章」文章試析〉，何永清，《孔孟月刊》第三四卷第八期（一九九六年四月），頁六—九。
〈《論語》的文學趣味〉，何永清，《中國語文》第八〇卷第二期（一九九七年二月），頁八六—九一。
〈《論語》「樂」字的語法探討〉，何永清，《中國語文》第九七卷第五期（二〇〇五年十一月），頁五一—五五。
〈《論語》「者」字的用法析論〉，何永清，《臺北市立教育大學學報》（人文社會類）第四〇卷第一期（二〇〇九年五月），頁九一—一一八。
〈《論語》「以」字的用法探討〉，何永清，《臺北市立教育大學學報》（人文社會類）第四二卷第一期（二〇一一年五月），頁（一—二四）。
〈梁實秋先生談讀書〉，何永清，《中國語文》第一〇九卷第五期（二〇一一年十一月），頁一一〇—一一二。

〈《論語》數字的探討〉，何永清，張曉生主編：《儒學論叢》第四輯（二〇一一年十二月），頁四三—六四。
〈《論語》的兼語短語探討〉，何永清，張曉生主編：《儒學論叢》第四輯（二〇一一年十二月），頁一一五—一三〇。
〈《論語》「所」字的用法探討〉，何永清，《孔孟學報》第九十期（二〇一二年九月），頁二七五—二九一。
〈《論語》「二三子」的構詞探討〉，何永清，吳肇嘉主編：《儒學論叢》第五輯（二〇一二年十二月），頁六三—七五。
〈《論語》「云」字的用法探析〉，何永清，《國文天地》第二八卷第六期（二〇一二年十二月），頁六三—六五。
〈《論語》「焉」字的用法探討〉，何永清，《新竹教育大學人文社會學報》第六卷第一期（二〇一三年三月），頁一—二〇。
〈《論語》「謂」字用法析論〉，何永清，《臺北市立教育大學學報》（人文社會類）第四四卷第一期（二〇一三年五月），頁二七—四二。
〈漢語的語法特點和文化表現〉，何淑貞，《中國語文》第一〇二卷第六期（二〇〇八年六月），頁四—八。
〈在日本感受《論語》影響〉，何德功，《晚晴》二〇〇七年第六期，頁二九—三〇。

〈《論語》中的「有」字與「無」字〉，宋石青，《語文研究》一九九六年第一期，頁四四—四七。

〈《論語》中的兼語句研究〉，宋紅晶，《安徽文學》二〇〇九年第十一期，頁二八三、二九〇。

〈《論語》中的虛詞「與」〉，李小靜，《青年文學家》二〇〇九年第二十四期，頁二五。

〈《論語》中的疊音及其結合形式〉，李玉珍、朱祥宗，《泰山鄉鎮企業職工大學學報》一九九九年第三期，頁二八—二九。

〈論漢語的單音孤立性〉，李先耕，《學術交流》一九九四年第四期，頁一〇一—一〇五。

〈淺談《論語》中「與」的用法〉，李建業，《語文學刊》二〇〇八年第八期，頁一七〇—一七一。

〈談《論語》中的數詞〉，李建業，《語文學刊》二〇〇五年第十期，頁六五—六六。

〈《論語》中的「於」、「以」比較〉，李爽，《遼寧師範大學學報》（社會科學版）第二三卷第六期（二〇〇〇年十一月），頁七四—七七。

〈《論語》文本中弟子稱謂自己的體例探析〉，李慧媛、吳煥寶、王豔峰，《佳木斯大學社會科學學報》第三〇卷第一期（二〇一二年二月），頁一〇九—一一〇。

〈《論語》語氣詞研究〉，李曉華，《陝西教育》（理論版）二〇〇六年第Z八期，頁四〇一—四〇二。

〈《論語》單音節形容詞研究〉，汪強，《畢節學院學報》二〇〇七年第二期，頁八〇—八四。

〈《論語》語言的文學性初探〉，谷毓，《遼寧教育行政學院學報》第二四卷第五期（二〇〇七年五月），頁九九—一〇二。

〈《論語》雙音詞綜考〉，周文，《咸寧師專學報》第二一卷第五期（二〇〇一年十月），頁四一—四四。

〈三個「之」字的詞性問題〉，竺家寧，《國文天地》第一卷第二期（一九八五年七月），頁七。

〈「而」字詞性及釋義談〉，金幼華，《浙江大學學報》（人文社會科學版）二〇〇五年第六期，頁八八。

〈《論語》中「也」的用法研究〉，姚淑琪，《北方文學》二〇一二年第五期，頁七四—七五。

〈《論語》名字解詁〉，姚淦銘，《鐵道學院學報》第一五卷第二期（一九九八年四月），頁一〇一—一一二。

〈古代漢語兼詞嬗變論析〉，姜寶琦，《雲南教育學院學報》第一二卷第一期（一九九六年一月），頁三三—三八。

〈《論語》句群探討〉，胡力文，《武陵學刊》一九九八年第四期，頁七八—八二。

〈《論語》《孟子》中介詞「以」用法之分析〉，胡曉萍，《綏化師專學報》第二〇卷第四期（二〇〇〇年十二月），頁九〇—九六。

〈《論語》的文學價值〉，孫伯涵，《通化師範學院學報》第二四卷第三期（二〇〇三年五月），頁五八—六一、六六。

〈《論語》「毋吾以也」釋義商榷〉，孫福國，《棗莊學院學報》第二三卷第三期（二〇〇六年六月），頁九三—九五。

〈《論語》介詞「以」的考察〉，徐東娜，《新學術》二〇〇七年第六期，頁四二—四四。

〈《論語》中的否定副詞「不」初探〉，栗君華，《語文學刊》二〇〇九年第十一期，頁一四—一六。

〈《論語》語氣詞研究〉，郭心竹，《文學界》二〇一〇年第四期，頁八八—八九。

〈介詞「以」的起源和發展〉，郭錫良，《古漢語研究》一九九八年第一期，頁一—五。

〈古典文獻的解讀者——專訪楊逢彬教授〉，陳水福，《國文天地》第二六卷第十一期（二〇一一年四月），頁八八—九二。

〈「誰以易之」的文法問題〉，陳素素：《國文天地》第五卷第二期（一九八九年七月），頁六。

〈孔子的文學〉，陳起鳳，《孔孟月刊》第一五卷第十期（一九七七年六月），頁三九—四六。

〈《論語》語法札記三則〉，陳曉強，《甘肅聯合大學學報》（社會科學版）第二二卷第六期（二〇〇六年十一月），頁八九—九一。

〈《論語》數詞研究〉，陸曉華，《阜陽師範學院學報》（社會科學版）二〇〇一年第二期，頁二六—二八。

〈談《論語》中的「是」〉，高小焱，《山東行政學院山東省經濟管理幹部學院學報》二〇〇六年第四期，頁一二八—一三〇。

〈《論語》中「如」字的詞性和用法〉，康文娟，《濮陽職業技術學院學報》第二三卷第三期（二〇一〇年六月），頁五七—五九。
〈《論語》中語氣詞的複用〉，張小芹，《河北理工學院學報》（社會科學版）第五卷第二期（二〇〇五年五月），頁一五九—一六一。
〈《論語》、《孟子》、《左傳》中的「可以」〉，張月明，《古漢語研究》一九九七年第二期，頁五〇—五四。
〈先秦漢語方位詞的語法功能〉，張世祿，《河北大學學報》一九九六年第一期，頁五九—六四、七二。
〈《論語》中的副詞〉，張亞茹，《現代語文》二〇〇六年第三期，頁一四—一七。
〈從《論語》看先秦漢語語氣詞的使用〉，張紅，《語文學刊》二〇〇五年第一期，頁一六—一八。
〈淺談《論語》的成語和格言警句對漢語的影響〉，張美莉，《安徽文學》二〇〇八年第十一期，頁二九二—二九三。
〈古漢語介詞「以」支配成分的移位和省略〉，張家文，《古漢語研究》二〇〇一年第四期，頁四四—四八。
〈《論語》中的賓語前置句〉，張峰，《佳木斯大學社會科學學報》第二四卷第四期（二〇〇六年七月），頁三八—四〇。

〈《論語》中的介詞結構〉，張強，《語文學刊》二〇〇六年第四期，頁一三一—一三三。

〈《論語》疑問句的辨別和句法結構例析〉，張萍，《常熟理工學院學報》（哲學社會科學版）二〇一〇年第一期，頁八五—九〇。

〈《論語》心理動詞簡析〉，張晶晶，《安徽文學》二〇〇九年第四期，頁二九三—二九四。

〈《論語》複音詞相關問題〉，張歡，《唐山師範學院學報》第三五卷第一期（二〇一三年一月），頁二〇—二四、七四。

〈淺談兼語兼詞與兼類的辨析〉，張顯生，《集寧師專學報》一九九五年第二期，頁四六—五二。

〈《論語》詞性變化初探〉，黃洪，《青年文學家》二〇〇九年第二十三期，頁九五。

〈《論語》中的介詞「於」〉，黃婉梅，《安徽師範大學學報》（人文社會科學版）第三四卷第四期（二〇〇六年七月），頁四七四—四七七、四八七。

〈《論語》中的「何」字〉，彭旭軍，《湖南人文科技學院學報》二〇〇六年第四期，頁一一三—一一六。

〈《論語》中「為」的幾種組合——兼談疑問詞尾「為」的詞性問題〉，曾令香，《語文學刊》二〇〇六年第一期，頁八一—八四。

〈《論語》名動形、名動副兼類詞舉隅及義項關係分析〉，游世強，《華章》二〇〇九年第二十二期，頁三二、一五九。

〈博大精深影響深遠的中國第一書——《論語》〉，程伯安，《咸寧師專學報》第一五卷第二期

（一九九五年五月），頁一六—二〇。
〈《論語》的言語特點〉，萬久富，《南通師範學院學報》（哲學社會科學版）第一七卷第二期（二〇〇一年六月），頁七五—七七。
〈《論語》數量詞分析〉，達正岳、尹順民，《甘肅廣播電視大學學報》第一八卷第四期，頁三六—三八、四五。
〈《論語》「焉」字解〉，馮巍，《瀋陽教育學院學報》第五卷第三期（二〇〇三年九月），頁四八—五〇。
〈《論語》中的「乎」〉，楊希英，《廣東技術師範學院學報》二〇〇六年第二期，頁七九—八一。
〈重讀《論語》——兼談讀書〉，楊叔子，《中國大學教學》二〇〇三年第三期，頁四一—四三。
〈《論語》語詞瑣記〉，楊逢彬，《古漢語研究》二〇〇一年第二期，頁一七—二〇。
〈淺談《論語》中的賓語前置句〉，楚坤紅，《青年文學家》二〇〇九年第三期，頁一七八、一八〇。
〈《論語》雙音詞研究〉，寧燕，《新疆教育學院學報》第二一卷第三期（二〇〇五年九月），頁八九—九二。
〈《論語》量詞析論〉，滿方，《山東教育學院學報》二〇〇五年第五期，頁四七—四九。
〈論《論語》、《孟子》中的「於是」用法〉，蔡菲菲，《求索》二〇〇九年第二期，頁一九七—

一九九。
〈古代漢語詞尾縱橫談〉，蔣宗許，《綿陽師範高等專科學校學報》第一八卷第六期（一九九九年十二月），頁二八—三九。
〈《論語》重言詞探微〉，裴金偉、查中林，《綏化學院學報》第二九卷第三期（二〇〇九年六月），頁一一〇—一一二。
〈《論語》中的四字格成語〉，趙雷，《唐山師範學院學報》第二九卷第六期（二〇〇七年十一月），頁四九—五〇。
〈《論語》「三」的用法〉，鄧章應，《沙洋師範高等專科學校學報》二〇〇三年第六期，頁六五—六七。
〈《論語》詞類中的名動同形現象考察〉，鄭豔芳、方平叔，《湛江師範學院學報》第三一卷第一期（二〇一〇年二月），頁八〇—八六。
〈《論語》中「是」字的用法考析〉，劉芳，《高校講壇》二〇一〇年第十九期，頁二一八、二五七。
〈《論語》中「其」字用法辨〉，劉香平，《呂梁高等專科學校學報》二〇〇四年第二期，頁一四—一六。
〈淺析《論語》的「而」〉，劉偉麗，《承德民族師專學報》第二五卷第一期，頁四一—四三、六二。

〈從《論語》中解讀孔子的樂與悲〉，劉晶、張濤，《現代交際》二〇一二年第四期，頁七—八。
〈古漢語中「以」的賓語前置問題〉，潘玉坤，《殷都學刊》二〇〇〇年第四期，頁七九—八六。
〈《論語》中的比較句考察〉，劉鳳，《晉中學院學報》第二五卷第五期（二〇〇八年十月），頁四—六。
〈《論語》中的「你」「我」〉，劉鴻愚、梁莎莎，《才智》二〇一〇年第十六期，頁一四五。
〈情文並茂——談《論語》對詞語的選擇和運用〉，劉蘇鈺，《語文學刊》二〇一〇年第十期，頁一一九—一二〇、一二三。
〈探析《論語》中「是」的用法及其發展流變〉，劉蘭玲，《白城師範學院學報》第二一卷第四期，頁二六—二八。
〈《論語》《孟子》兼語句考察〉，歐陽小英、樊花，《牡丹江大學學報》第一八卷第七期（二〇〇九年七月），頁二九—三〇、三四。
〈《論語》、《孟子》構詞法比較〉，歐陽國泰，《廈門大學學報》（哲社版）一九九四年第二期，頁四一—四四。
〈中國語法中語句分析的商榷〉，戴璉璋，《國文天地》第一卷第一期（一九八五年六月），頁六二—六九。
〈古代漢語的語序變換〉，戴璉璋，《第一屆國際漢學會議論文集》一九八一年十月，頁三九一—四二〇。

〈《論語》中「及」字研究〉，謝宇，《宜賓學院學報》第九期，頁九三—九五。
〈《論語》連動結構研究〉，鍾發遠，《承德民族師專學報》第二五卷第三期（二〇〇五年八月），頁四五—四八。
〈《論語》中的「其」字用法考察〉，鍾應春，《湖南城建高等專科學校學報》第一二卷第四期（二〇〇三年十二月），頁七—八。
〈論語「不亦……乎」之「亦」作用商榷〉，韓琳、張愛萍，《山西廣播電視大學學報》第二期（二〇〇一年六月），頁二六—二七。
〈《論語》中「而」字用法論析〉，韓美娜，《遼寧行政學院學報》二〇〇八年第五期，頁一八四—一八五。
〈《論語》否定副詞初探〉，魏薇，《長城》二〇〇九年第十二期，頁八五—八六。

通識叢書

論語語法通論

作者◆何永清
發行人◆王春申
編輯指導◆林明昌
營業部兼任
編輯部經理◆高珊
責任編輯◆徐平
校對◆鄭秋燕
封面設計◆吳郁婷

出版發行：臺灣商務印書館股份有限公司
23150 新北市新店區復興路 43 號 8 樓
電話：(02)8667-3712　傳真：(02)8667 0709
讀者服務專線：0800056196
郵撥：0000165-1
E-mail：ecptw@cptw.com.tw
網路書店網址：www.cptw.com.tw
網路書店臉書：facebook.com.tw/ecptwdoing
臉書：facebook.com.tw/ecptw
部落格：blog.yam.com/ecptw

局版北市業字第 993 號
初版一刷：2016 年 11 月
定價：新台幣 480 元

ISBN 978-957-05-3058-2（平裝）
版權所有　翻印必究

論語語法通論／何永清著．--初版.-- 新北市：
臺灣商務， 2016.11
面； 公分. --（通識叢書）

ISBN 978-957-05-3058-2(平裝)

1. 論語 2. 研究考訂

121.227 105018209

廣　告　回　信	
板橋郵局登記證	
板橋廣字第1011號	
免　貼　郵　票	

23150
新北市新店區復興路43號8樓
臺灣商務印書館股份有限公司　收

請對摺寄回，謝謝！

傳統現代　並翼而翔

Flying with the wings of tradtion and modernity.

讀者回函卡

感謝您對本館的支持，為加強對您的服務，請填妥此卡，免付郵資寄回，可隨時收到本館最新出版訊息，及享受各種優惠。

■ 姓名：________________ 性別：□ 男 □ 女

■ 出生日期：______年______月______日

■ 職業：□學生 □公務(含軍警) □家管 □服務 □金融 □製造
□資訊 □大眾傳播 □自由業 □農漁牧 □退休 □其他

■ 學歷：□高中以下（含高中）□大專 □研究所（含以上）

■ 地址：________________________________
____

■ 電話：(H) ______________ (O) ______________

■ E-mail：________________________________

■ 購買書名：________________________________

■ 您從何處得知本書？
□網路 □DM廣告 □報紙廣告 □報紙專欄 □傳單
□書店 □親友介紹 □電視廣播 □雜誌廣告 □其他

■ 您喜歡閱讀哪一類別的書籍？
□哲學．宗教 □藝術．心靈 □人文．科普 □商業．投資
□社會．文化 □親子．學習 □生活．休閒 □醫學．養生
□文學．小說 □歷史．傳記

■ 您對本書的意見？（A/滿意 B/尚可 C/須改進）
內容 ________ 編輯________ 校對________ 翻譯________
封面設計________ 價格________ 其他________________

■ 您的建議：________________________________
____

※ 歡迎您隨時至本館網路書店發表書評及留下任何意見

臺灣商務印書館 The Commercial Press, Ltd.

23150新北市新店區復興路43號8樓 電話：(02)8667-3712
讀者服務專線：0800-056196 傳真：(02)8667-3709
郵撥：0000165-1號 E-mail：ecptw@cptw.com.tw
網路書店網址：www.cptw.com.tw 網路書店臉書：facebook.com.tw/ecptwdoing
臉書：facebook.com.tw/ecptw 部落格：blog.yam.com/ecptw